El arte de la
conversación

El arte de la
composición

୧୨

Sexta edición

José Luis S. Ponce de León
California State University, Hayward

HH Heinle & Heinle
Thomson Learning™

United States • Australia • Canada • Denmark • Japan • Mexico • New Zealand
Philippines • Puerto Rico • Singapore • Spain • United Kingdom

The publication of *El arte de la conversación, El arte de la composición,* Sixth Edition, was directed by the Heinle & Heinle College Foreign language Publishing Team:

Wendy Nelson, Senior Acquisitions Director
Stephen Frail, Marketing Manager
Esther Marshall, Senior Production & Development Editor Supervisor
Helen Richardson, Developmental Editor

Also participating in the publication of this program were:

Publisher:	**Vincent P. Duggan**
Associate Marketing Manager	**Kristen Murphy-Lojacono**
Senior Manufacturing Coordinator	**Mary Beth Hennebury**
Production Assistants	**Tom Pozen, Bénédicte Ferru**
Composition	**Publication Services**
Cover Designer	**Jeff Cosloy**
Book Printer/Binder	**Malloy Lithography**

Heinle & Heinle Publishers
20 Park Plaza
Boston, MA 02116

For permission to use material from this text contact us:
web   **www.thomsonrights.com**
fax   1-800-730-2215
phone 1-800-730-2214

UK/EUROPE/MIDDLE EAST:
Thomson Leaning
Berkshire House
168-173 High Holborn
London, WCIV 7AA, United Kingdom

LATIN AMERICA:
Thomson Learning
Seneca, 53
Colonia Polanco
11560 México D.F. México

JAPAN:
Thomson Learning
Placeside Building, 5F
1-1-1 Hitotsubashi, Chiyoda-ku
Tokyo 100 0003, Japan

AUSTRALIA/NEW ZEALAND:
Nelson/Thomson Learning
102 Dodds Street
South Melbourne
Victoria 3205 Australia

ASIA (excluding Japan):
Thomson Learning
60 Albert Street #15-01
Albert Complex
Singapore 189969

SPAIN:
Thomson Learning
Calle Magallanes, 25
28015-Madrid
España

CANADA:
Nelson/Thomson Learning
1120 Birchmount Road
Scarborough, Ontario
Canada MIK 5G4

Library of Congress cataloging-in-Publication Data

Ponce de León, José Luis S.
    El arte de la conversación, el arte de la composición / José Luis S. Ponce de león.—6. ed.
      p. cm.
    Prefatory material in English.
    ISBN 0-8384-0855-9—ISBN 0-8384-0855-9
    1.Spanish language—Conversation and phrase book—English. 2. Spanish language—Composition and exercises. I. title.
PC4121 .P644 2000C834 1999
468.3'421—dc21

99-059635

Printed in the United States of America

1 2 3 4 5 6 7 8 9 04 03 02 01 00

ISBN: 0-8384-0823-0 [Packaged with Atajo]

índice general

members of the group may suggest changes in the script: a new plot, new lines, new ideas, since it may happen that some students strongly disagree with the characters in the *Diálogo*.

The *Ampliación de vocabulario* introduces additional material and questions on each subject. New words are always presented within a context, which makes them self-explanatory, and connects them to actual situations in everyday life. Students can read this section at home and then practice the newly acquired vocabulary in class. The instructor can also present the material in class, writing new words and expressions on the blackboard, and then provide practice through questions and answers addressed to the entire class. Later, a general practice of the whole section can be done with or without the new vocabulary still written on the blackboard. If time is scarce, this section can be shortened by choosing those vocabulary items considered most useful to the group. The material in this section is also used for writing, for example, short essays, newspaper articles, or letters, as suggested in the accompanying exercises.

The *Lecturas sobre la cultura y la lengua* section is for reading as a source of information on the culture of the Hispanic world.

The *Dificultades y ejercicios* section presents several examples of a specific linguistic problem. Its purpose is to help students absorb new expressions through repetition in both oral and written exercises.

The *Pequeño teatro* is an enhanced version of *Ensayo general*. It allows more freedom for conversation while practicing the new vocabulary. The scenarios presented in this section are only suggestions. Both students and instructors can create their own skits, provided they use the new vocabulary.

Sea usted mi intérprete, por favor and *Sea usted mi traductor(a), por favor,* are optional sections. Instructors who prefer not to use English at all in class may skip these two exercises. Presented in English, this section lets students analyse how two different languages express the same idea, not only with different words, but sometimes with a different concept of the surrounding world as well. By playing the part of interpreters or translators, students can reaffirm their grasp of the new structures.

Students act in groups of three: Student A speaks only English; student B is bilingual; student C speaks only Spanish. A asks a question in English; B repeats it, but in Spanish; C answers in Spanish, and B interprets or translates the answer into English.

Cuestiones gramaticales, while not a complete review of grammar, is a section that covers some of the more difficult structural points of the Spanish language. The different chapters, however, can be looked upon as independent units, and instructors can teach or reorganize them at will, although chapters that cover one single subject (for example, the subjunctive; **por/para**; **ser/estar**) should not be separated. The exercises, both oral and written, help the students to see each idea expressed in two different ways. Each linguistic problem may be solved with alternative possibilities. One solution permits avoidance of the problem («**Mañana salgo en dirección a México**»), while the other faces the problem directly («**Mañana salgo para México**»).

After the *Cuestiones gramaticales* section, there is a *Revisión general,* where more practice can be found, both for oral and written activities. These exercises cover the material included in all preceding sections, and can be done all togeth-er after *Cuestiones gramaticales,* or be used in connection with each different section: one set after the *Diálogo,* the others after *Ampliación de vocabulario, Dificultades y ejercicios* and *Cuestiones gramaticales.* The needs of each group of students will dictate how to use the *Revisión general.*

De las pequeñas composiciones a la gran composición aims to develop basic aspects in the art of writing. It provides a balance between the students' cre-ativity and their need to practice the specific vocabulary presented in each les-son. Starting with several short one- or two-paragraph compositions, the students are guided into a longer essay. The purpose is not to write a piece of first-class literature but to practice what has been learned and, at the same time, give students a creative outlet for their ideas.

ACKNOWLEDGMENTS

The author is indebted to these reviewers for their comments and suggestions:

Richard B. Alexander, *University of Arizona*

Diana Frantzen, *University of Wisconsin*

Jorge L. Galindo, *University of Nevada Las Vegas*

Alan Garfinkel, *Purdue University*

Patricia V. Greene, *Michigan State University*

Colleen Kattau, *Ithaca College*

Johanna Damgaard Liander, *Harvard University*

Thomas R. McCallum, *University of Minnesota*

Kathryn McConnell, *Point Loma Nazarene College*

Timothy McGovern, *University of California Santa Barbara*

Jeffrey Oxford, *University of North Texas*

Inmaculada Pertusa, *University of Kentucky*

Dennis Pollard, *University of Michigan*

Lee Skinner, *University of Kansas*

In addition, I wish to express my great appreciation to the people at Heinle & Heinle who supported and contributed to the production of this sixth edition: Robin Baliszewski, Vince Duggan, and especially to Wendy Nelson, Senior Acquisitions Editor. Helen Alejandra Richardson, Developmental Editor, Esther Marshall, Senior Production and Development Editor Supervisor, and Tom Pozen, Production Assistant, have my sincerest thanks for their develop-ment, preparation, and production of this revision.

José Luis S. Ponce de León

El arte de la
conversación

El arte de la
composición

ᐧᑐᑕᑐ

❧

lección preliminar

En algunas universidades hispánicas, los estudiantes forman grupos musicales llamados «tunas» en que llevan ropa del estilo del siglo XVI.

Esta lección preliminar está dividida en varias secciones:

   I. División de las palabras en sílabas

   II. El uso de los acentos

   III. Un poco de ortografía

   IV. Uso de los signos de puntuación

   V. Verbos que rigen una preposición

   VI. Las palabras «puente»: Uso de las conjunciones

Los profesores y estudiantes pueden decidir cómo usar este material. Las posibilidades son varias:

1. Usar esta lección como texto de referencia, consultándola cada vez que surja un problema relacionado con su contenido.

2. Estudiar separadamente cada una de sus seis secciones durante las primeras seis semanas del curso.

3. Estudiarla completamente al principio del curso.

Cada clase decidirá cuál de los diferentes usos satisface mejor las necesidades del grupo.

I. DIVISIÓN DE LAS PALABRAS EN SÍLABAS

El saber dividir una palabra en las sílabas que la componen es importante para: (1) separar la palabra en dos partes cuando no cabe completa al final de una línea; (2) colocar el acento cuando sea necesario.

En las explicaciones que siguen, la letra **v** representa vocal, y la letra **c** consonante.

1. En palabras con la estructura **vcvcvc**... o **cvcvcv**..., cada consonante forma sílaba con la vocal siguiente: **v-cv-cv**... o **cv-cv-cv**...; si hay una consonante final, ésta forma parte de la última sílaba: **cv-cvc** o **v-cv-cvc**

   A-ri-zo-na   Pa-na-má   Ca-ra-cas   O-re-gón

2. Dos consonantes juntas: **vccv**... Las dos consonantes se separan:

   a. La primera consonante forma sílaba con la vocal que la precede; las otras consonantes forman sílaba con la vocal que sigue: **vc-cv**... o **cvc-cv**... excepto en los grupos indicados más abajo:

   Es-pa-ña   Ar-gen-ti-na   En-se-na-da   Den-ver   Kan-sas

   b. Las consonantes siguientes no se pueden separar, y forman sílaba con la vocal que sigue:

p ⎞			
b ⎟	pla-za	Pro-gre-so	pre-si-den-te
c ⎟ + { l r	ha-blar	Bra-sil	a-brir
g ⎟	Cla-ra	cla-se	de-mó-cra-ta
f ⎠	glo-ria	pro-gra-ma	Gra-na-da
	Flo-ri-da	Á-fri-ca	Fres-no
t ⎞ + r	Tri-ni-dad	a-trás	tre-ce
d ⎠	dra-ma	An-drés	a-dre-na-li-na

3. Tres consonantes juntas: **vcccv**...

    a. Cuando hay tres consonantes juntas, las dos primeras forman sílaba con la vocal anterior; la tercera consonante forma sílaba con la vocal siguiente: **vcc-cv**...

    trans-mi-tir   Cons-tan-ti-no-pla   cons-pi-rar

    b. Cuando las dos últimas consonantes del grupo de tres forman las combinaciones **pl**, **pr**, **bl**, **br**, etc., mencionadas antes, la primera consonante forma parte de la sílaba anterior; la segunda y la tercera consonantes son parte de la sílaba siguiente: **vc-ccv**...

    ex-tran-je-ro   ad-mi-nis-trar   con-gre-so   ex-pli-car

    in-cre-men-to   an-glo-sa-jón   in-fra-rro-jo   in-fla-ma-ble

4. Cuatro consonantes juntas son muy raras en español, y se separan en grupos de dos: **vcc-ccv**...

                cons-truc-tor, trans-crip-ción

Todas estas reglas parecen muy complicadas pero, en realidad, la cuestión se resuelve fácilmente. Cuando pronunciamos despacio una palabra, las pausas que hacemos coinciden con la división en sílabas. Es fácil decir: ex-tran-je-ro. Es casi imposible decir: e-xtra-njer-o. Lo mismo con ex-pli-car o ha-blar, y no exp-lic-ar o hab-lar.

5. Las letras **rr** (erre doble) y **ll** (elle) son una letra, no dos, y no se pueden separar. Tampoco se separan los grupos **qu** y **ch**:

    ho-rri-ble   ca-ba-lle-ro   Chi-na   Que-ré-ta-ro   Qui-to

6. Las vocales: Las cinco vocales se dividen en dos grupos. Las vocales **a, e, o** son fuertes; la **i** y la **u** son débiles.

    a. Dos vocales fuertes juntas se separan: **cv-vc**.

    Mon-te-vi-de-o   Le-ón   Ta-os   Le-o-nar-do

b. Una vocal fuerte y otra débil forman diptongo, es decir, una sílaba: **cvv-c**...

Ca-li-for-nia   Ma-nuel   Ma-rio   Sau-sa-li-to   Bue-nos Ai-res

Dos vocales débiles juntas también forman diptongo:

ciu-dad   Luis   Ruiz

c. Cuando la vocal débil de un grupo fuerte-débil o débil-fuerte tiene acento, se rompe el diptongo y hay dos sílabas: **cv-v**... o **cv-vc**

Rí-o   dí-a   dú-o   So-fí-a   Sa-úl

Compare estos pares de palabras:

Ma-rí-a / Ma-rio   An-da-lu-cí-a / Ca-li-for-nia   Pa-úl / Pau-li-na

PRÁCTICA

a. Divida en sílabas las palabras de este párrafo

En los Estados Unidos hay varios estados y muchas ciudades que tienen nombres españoles. En Florida está San Agustín. Durango y Pueblo son ciudades de Colorado. En Texas se encuentran San Antonio y Laredo. La ciudad española de Alburquerque (sí, con erre después de la u) dio su nombre a Albuquerque (sin erre) en Nuevo México. Arizona tiene el Monumento Nacional de Casa Grande. Las Vegas es quizás la ciudad más famosa de Nevada, y en California hay muchísimos nombres españoles, desde San Diego, en el sur, hasta Sacramento, pasando por Los Ángeles, Santa Bárbara, Monterey (que en español se escribe con erre doble: Monterrey), San Francisco y quién sabe cuántos más.

b. Haga lo mismo con cualquier párrafo de este libro.

II. EL USO DE LOS ACENTOS

Después de estudiar la división en sílabas es muy fácil comprender las reglas que rigen el uso de los acentos.

En todas las palabras de más de una sílaba hay una de éstas que se pronuncia con más fuerza que las otras. Es decir, la vocal de esa sílaba lleva el acento tónico, el énfasis, no necesariamente indicado en forma escrita: El amor es algo incomprensible que Cupido dispara con sus flechas.

Si en la sílaba que lleva el acento tónico hay un diptongo formado por una vocal fuerte (**a, e, o**) y una vocal débil (**u, i**), el acento tónico cae sobre la vocal fuerte: Juan y Manuela se divorciaron en Miami.

Si en la sílaba tónica hay un diptongo de dos vocales débiles (**iu, ui**) el acento tónico cae sobre la segunda vocal, sea **u** o **i**: Luis es de Fiume.

Ya sabemos que dos vocales fuertes no forman diptongo: Le-o-nar-do.

En español hay unas reglas que determinan en qué sílaba cae el acento tónico. La función del acento gráfico (´) es indicarnos que esas reglas no son aplicables.

1. Las palabras que terminan en **vocal**, en **n** o en **s** llevan el acento tónico en la penúltima sílaba (la segunda sílaba empezando por el final):

Mi amigo Esteban trabaja en una escuela con otros dos colegas.

Por lo tanto, en una palabra terminada en **vocal**, en **n** o en **s**, cuando el acento tónico no cae en la penúltima sílaba, hay que indicarlo con un acento gráfico:

Andrés se enamoró de Bárbara con una pasión trágica.

Compare: yo compro - él compró; quería que se casaran - se casarán; esperaba que pasaras - tú pasarás; Málaga - Granada - Canadá.

2. Las palabras terminadas en una **consonante** que no sea **n** ni **s** llevan el acento tónico en la última sílaba: Es esencial llegar a la ciudad de Santander.

Por eso, cuando el acento tónico cae en otra sílaba que no sea la última, hay que indicarlo con un acento gráfico:

Es fácil escribir con lápiz.

Compare: nariz - lápiz; papel - cárcel.

3. Hemos visto que cuando hay un diptongo de una vocal fuerte y otra débil, el acento tónico cae sobre la vocal fuerte, la cual no necesita acento gráfico.

Fue a Buenos Aires. Dio un paseo y vio la plaza.

Pero **rió**, del verbo *reír;* **guié**, **guió**, de *guiar,* **guión** (*outline, script*); **frió**, de *freír;* **crié**, **crió**, de *criar* (*to raise,* como en: Los padres crían a los hijos), necesitan acento, pues la **i** es larga, es decir, suena más larga y no forma diptongo con la otra vocal. Compruébelo pronunciando en voz alta: **dio, vio, rió**. La pronunciación de la **i** en **rió** dura más tiempo que la de la **i** en **dio** y **vio**.

Si la pronunciación de la palabra requiere dar más fuerza a la vocal débil del diptongo, hay que indicarlo con un acento gráfico. El acento gráfico sobre la vocal débil rompe el diptongo y forma dos sílabas:

Te-ní-a un tí-o en Rí-o de Ja-nei-ro.

Compare: Ma-rio / Ma-rí-a; Mau-ro / Ra-úl; Ca-li-for-nia / An-da-lu-cí-a.

Ma-rí-a es muy se-ria.   El ai-re de mi pa-ís.

El ba-úl de Mau-ro.   Te-ní-a u-na te-nia (*tapeworm*).

Esto sucede aunque las dos vocales estén separadas por una **h**:

Rehúso a venderle el búho (*owl*) a Raúl.

4. En los monosílabos el acento tónico cae, naturalmente, sobre la única sílaba que hay. Algunos monosílabos, sin embargo, tienen un acento gráfico para distinguirlos de otros monosílabos que se escriben de la misma manera. Compare:

> **Mi** familia es muy importante para **mí**. (**Mi**: adjetivo posesivo; **mí**: pronombre).

> **Tú** estás en **tu** casa. (**Tú**, pronombre; **tu**, adjetivo posesivo).

> **El** coche lo conduce **él**. (**El**: artículo; **él**: pronombre).

> **Te** gusta el **té**. (**Te**: pronombre; **té**: nombre).

> **Si** eso es verdad, es terrible: **Sí**, todo lo quiere para **sí** (= para él). (**Si**: condicional; **sí**: afirmativo; **sí**: pronombre).

> **Se** lo dije ayer. **Sé** que ella **se** casó. **Sé** bueno. (**Se**: pronombre de objeto indirecto; **sé**: del verbo **saber**; **se** casó: reflexivo; **sé** bueno: imperativo del verbo **ser**).

> Pide que le **dé** una taza **de** café. (**Dé**: del verbo *dar*; **de**: preposición).

> **Dé de** comer al perro. (**Dé**: imperativo de *dar*; **de**: preposición).

Cuando la Real Academia Española decidió que se acentuaran estos monosílabos, no mencionó estos otros pares:

> **Di** la verdad: Yo no te **di** nada. (**Di**: del verbo *decir*; **di**: del verbo *dar*).

> **Fue** un accidente terrible. Él lo vio cuando **fue** a la ciudad. (**Fue**: pretérito de *ser* y de *ir;* lo mismo con: **fui**).

> **Ve** a la ventana y **ve** si llegaron. (**Ve**: imperativo de *ir* y de *ver*).

5. Otros pares que se distinguen por el acento:

> **Este** coche es mejor que **éste**. (**Este**: adjetivo demostrativo; **éste**: pronombre demostrativo).

Lo mismo sucede con los otros adjetivos y pronombre demostrativos:

> **Esta** lección es más fácil que **ésta**. **Esa** casa es más grande que **ésa**.

> **Aquel** muchacho es más celoso que **aquél**.

Y así con los plurales: **esos-ésos**, etc.

Los neutros **esto, eso, aquello** (siempre en singular, y se refieren a un hecho, una actividad o una idea abstracta, nunca a personas u objetos) no se acentúan nunca, porque no hay lugar a confusión con los otros adjetivos o pronombres demostrativos. Compare:

> No me gusta **eso** (= ese hecho). No me gusta **ése** (= ese hombre). No me gusta **ésa** (= esa mujer).

6. Hay algunas palabras que sólo tienen acento cuando forman parte de una pregunta o de una exclamación:

¿**Qué** quieres? Quiero **que** vengas. ¡**Qué** idea!

¿**Cuándo** salió? Salió **cuando** terminó el trabajo.

¿**Cómo** está usted? Estoy **como** siempre, ¡**cómo** trabajo sin parar!

¿**Dónde** estás? Estoy **donde** debo estar. ¡Qué horror! ¡**Dónde** estás!

¿**A dónde** (**Adónde**) vas? Voy **a donde** (**adonde**) debo ir. ¡Qué horror! ¡**A dónde** (**Adónde**) vas! (*Adonde / A donde* se usan con verbos de movimiento).

¿Con **quién** hablaste? Hablé con **quien** puede ayudarme. ¡Yo sé **quién** me puede ayudar!

¿**Cuál** prefieres? Prefiero este coche, del **cual** me han hablado bien.

¿**Cuánto** sabes? Sé todo **cuanto** (= todo lo que) hay que saber. ¡**Cuánto** sabes!

Estas palabras también llevan acento cuando la pregunta es indirecta:

Yo no sé **qué** quiere. Dime **dónde** vas a estar.

7. Algunas palabras cambian de significado, según tengan o no tengan acento:

  a. **Sólo** quiero que me dejan **solo**. (**Sólo** = solamente, adverbio; **solo**: adjetivo). El acento en el adverbio se usa cuando hay posibilidad de confusión: **Sólo** trabajo **solo** dos días de la semana. (= Solamente trabajo sin compañía dos días de la semana).

  b. Dime algo **más**, **mas** sin mentirme. (**más**: *more*; **mas**: *but*. Este uso de **mas** está limitado a la poesía).

  c. Juan no ha conseguido trabajo **aún**. Sus padres y **aun** sus amigos le han prestado dinero. (**aun**: incluso, *even;* **aún**: todavía, *yet*)

  d. Para evitar confusiones, la conjunción **o** lleva acento cuando aparece entre números: ¿Esto es 10 **ó** 70?

8. Cuando a un adjetivo acentuado se le añade el sufijo -**mente**, para convertirlo en adverbio, conserva el acento: difícil > difícilmente.

9. Hay palabras que, al cambiar del singular al plural, pueden adquirir o perder un acento gráfico: examen > ex**á**menes. Sin acento gráfico, el acento tónico caería en la segunda **e**: exam**e**nes, por ser palabra terminada en **s**. El acento gráfico sobre la **a** es necesario para que esa sílaba retenga el acento tónico. Lo mismo con: virgen > v**í**rgenes; crimen > cr**í**menes; resumen > res**ú**menes; origen > or**í**genes. Caso contrario: autob**ú**s > autob**u**ses. En el plural el acento tónico cae sobre la **u**, donde debe estar, y no es necesario indicarlo con un acento gráfico. Lo mismo con: situación > situac**i**ones; celebración > celebrac**i**ones.

10. Las palabras terminadas en **vocal + y** no llevan acento: Uruguay, Paraguay, virrey, convoy.

11. La diéresis (¨) no es un acento. Se coloca sobre la **ü** en las sílabas **güe y güi** para indicar que se pronuncia la **u**: Nicaragüense, pingüino, bilingüe, lingüística.

12. En palabras compuestas, si la primera palabra tiene acento, lo pierde: balón + cesto = baloncesto.

PRÁCTICA

a. Explique por qué las palabras de estas frases necesitan o no necesitan acento.

1. Los periódicos, que no informaron al público sobre el accidente automovilístico que ocurrió ayer, informarán en la próxima edición. **2.** La decisión que tomó la comisión que estudia la constitución creó una situación crítica. **3.** En Navidad puse en el salón un árbol de papel. **4.** En este país hay un aire limpísimo. **5.** El tráfico de heroína es intensísimo. Yo sé que mi vecino traficó, pero yo no trafico. **6.** Dolores tiene muchos dólares. **7.** Hoy oí al doctor Radío. Habló por radio. **8.** Yo le dije que entrara, aunque sé que no entrará.

b. Coloque los acentos necesarios.

1. Cuando me preguntan donde vivo, yo siempre digo: en el lugar mas bonito del mundo. **2.** ¿Por que digo que es asi? Porque a mi me parece que es la verdad. **3.** Aqui naci, aqui estan mis raices, en estas calles y plazas donde jugue cuando era niño. **4.** Ya se que se dice por ahi que la industria ha contaminado el aire, y que el trafico es terrible en todas partes. **5.** ¡Que me importa! Yo no me marchare. Cada esquina tiene un recuerdo para mi, y en esta pequeña ciudad pasare el resto de mis dias. **6.** Yo solo me siento solo cuando estoy lejos de aqui.

c. Más práctica. Coloque los acentos que faltan.

1. Los equipos olimpicos saldran por orden alfabetico de acuerdo al nombre de su país. **2.** ¡Que horror! El niño se metio un lapiz en la nariz. **3.** Maria corria bajo la lluvia, y ¡como llovia! **4.** Victor y Victoria se casaran el miercoles veintiseis en la basilica de San Andres, en la ciudad de Cadiz. **5.** El medico opera a la cantante de opera. Yo no la opero. El la opero. **6.** Dame una contestación. Si es si, sere feliz. Si es no, me pondre tristisimo. **7.** ¡Ay! ¡Que emocion senti cuando te vi! ¿Cuando te vere otra vez? **8.** Este libro es magnifico, pero ese es aburridisimo. **9.** Nadie ha venido. Ni aun el director ha venido aun. **10.** Dracula bebio un liquido rojo. Creyo que era sangre, pero era sangria, y se emborracho.

III. UN POCO DE ORTOGRAFÍA

Aunque la ortografía española es mucho más fácil que la inglesa, hay algunos problemillas que conviene examinar. Aquí no vamos a estudiar las reglas de la ortografía española, sino algunos casos concretos que crean dificultades, tanto para los estudiantes extranjeros como para los que tienen el español como lengua materna.

A. ¿Con hache o sin hache?

1. **a**, preposición / **ha**, del verbo **haber** / **¡Ah!**, exclamación:

   ¡**Ah**!, ¡Nuestro amigo **ha** ido **a** México!

2. **abría**, imperfecto de **abrir** / **habría**, condicional de **haber**:

   Si yo hubiera sabido que eran ustedes, yo **habría** abierto la puerta, aunque ya les dije que nunca la **abría** después de las diez.

3. **¡Ay!**, exclamación / **hay**, forma impersonal de **haber** / **ahí**, adverbio

   ¡**Ay**!, **hay** un ratón **ahí**.

4. **he**, de **haber** / **e**, letra y conjunción copulativa / **¡Eh!**, exclamación

   He estado en Francia **e** Italia.   **He** visto a todos, padres **e** hijos.

   ¡Eh! ¡Yo no **he** hecho nada malo!   Sólo **he** escrito la letra **e**.

5. **o**, conjunción / **¡Oh!** exclamación

   ¡Oh! ¿Vienes **o** no vienes?

6. **hecho**, participio de **hacer** / **hecho**, nombre / **echo**, presente de **echar** / **echó**, pretérito de **echar**

   Es terrible lo que has **hecho**. Es un **hecho** que eres un sinvergüenza, y por eso te **echo** (= te expulso) de casa.

   Mi padre me **echó** (= expulsó) de casa; mi jefe me **echó** (= despidió) de mi trabajo. ¿He **hecho** algún **hecho** imperdonable?

Práctica

a. Complete estas frases con **a / ah / ha**.

1. ¡___!, tu hermano me ___ dicho que ____ ido ____ México. **2.** ___ mi jefe le___ ocurrido algo terrible, y me ___ mandado ir a Nueva York ___ hablar con el presidente de la compañía. **3.** ¡___! ¿Es que la compañía ___ sido vendida ___ una multinacional?

b. Complete estas frases con **abría / habría / ¡Ay! / hay / ahí**.

1. El ladrón estaba seguro de que si ___ la caja del banco, ___ dinero.

2. Sonó la alarma y llegó un policía. «¿Quién está ___ ?» preguntó el policía.

3. «No ___ nadie», contestó el ladrón. ¡___! ¡Qué ladrón tan tonto!

c. Complete estas frases con **e / ¡eh! / he / hecho / formas del verbo echar**.

1. Roberto __ Isabel son novios. **2.** Ella está incomodada, y él le pregunta: «¿Qué ___ ____ yo para que estés incomodada?» **3.** «Tú sabes muy bien lo que has ___», contesta Isabel. «Sé que te han ___ de tu trabajo porque has ___ algo terrible. Es un ___ comprobado». **4.** «¡__!, un momento», responde Roberto. «Eso es mentira. Yo no ___ ___ nada».

B. ¡Ay! Hay más problemitas con la hache. No confundir:

1. **el ala** (*wing*) / **¡Hala!** (*come on!, let's go!*)

   ¡Hala! Vamos a volar en **ala** delta (*hang glider*).

2. **ola** (*wave*) / **¡Hola!** saludo:

   ¡Hola! ¿Cómo estás en esta **ola** de calor?

3. **aprender** (*to learn*) / **aprehender** (= *prender, to arrest*)

   ¿Cuándo vas a **aprender?** Si conduces (=manejas) borracho te van a **aprehender.** Sí, seguro que te van a **prender.**

4. **el aria,** composición musical / **haría,** condicional de **hacer**:

   El tenor dijo que haría lo posible para cantar bien el aria.

5. **el as** (*ace*) / **has,** del verbo **haber:**

   Has perdido porque no **has** usado **el as.**

6. **desecho,** de **desechar** (*to reject*) / **deshecho,** de **deshacer** (*to undo*) / **deshacerse de** (*to get rid of*)

   Es muy difícil **deshacerse de** los **desechos** nucleares.

   ¿Quién **deshizo** el paquete? Está todo **deshecho.**

   Yo nunca **desecho** una propuesta razonable.

Práctica

Complete estas palabras con una hache, *si es necesaria*.

1. Le pedí que se casara conmigo, y me des...echó. Mi vida está des...echa. **2.** Yo no canto bien pero ayer canté muy bien un ...aria muy difícil. ¡Qué ...aría yo si cantara siempre así! Me ...aría cantante de ópera. **3.** ¿Qué ...a

pasado? El pajarito se rompió el ...ala derecha. ¡...ala! Vamos ...a llevarlo al veterinario. **4.** Los des...echos nucleares son un problema. ¿Cómo podemos des...acernos de ellos?

C. No confundir la **b** (be) y la **v** (uve), o be alta y ve baja, o be de burro y ve de vaca. Estudie detenidamente estas frases:

1. grabar (*to engrave*) / **gravar** (*to tax*) / **grabe**, del verbo **grabar** / **grave** (*grave, serious*)

El joyero va a **grabar** mis iniciales en esa taza. La P ya está **grabada**.

Van a **gravar** los licores con más impuestos. El tabaco ya está **gravado**.

No **grabe** mis iniciales en esa taza. El enfermo está **grave**.

2. tuvo, del verbo **tener** / **tubo** (*tube*)

En el hospital, él **tuvo** que respirar por un **tubo** que le pusieron.

3. bota (*boot*) / **botar** (*to bounce; to fire from a job; to launch a boat*)/ **votar** (*to vote*); **voto** (*vote*) / **bote** (*boat, tin can*) / **vote**, de **votar**

Es una **bota** nueva.   La pelota no **bota**. Él no **vota** en las elecciones.

El jefe me va a **botar** de mi trabajo.　　Mi jefe no va a **votar** nunca.

El presidente **botó** el barco.　　Él **votó** por su partido.

Llevó **botes** de conservas en el **bote**.　　¡**Vote** usted hoy!

4. revelar (*to reveal, to develop pictures*) / **rebelar**(**se**) (*to revolt*)

El general no quiere **revelar** si el ejército se va a **rebelar** o no.

El fotógrafo **reveló** las fotos del día en que el general **se rebeló**.

El revelado de las fotos en color es caro.

5. bacilo (*germ*) / **vacilo**, del verbo **vacilar** (*to hesitate*)

Yo **vacilo** mucho. No sé si este **bacilo** es el que causa la enfermedad.

6. barón (*baronet*) / **varón** (*male*)

El barón murió sin hijo **varón**, y el título pasó a otra rama de la familia.

7. bienes (*property*) / **vienes**, del verbo **venir**

El barón murió y te dejó muchos **bienes**. ¿Cuándo **vienes** a verlos?

8. a ver / haber

Vamos a **ver**, ¿va a **haber** una fiesta, sí o no?

Si él va **a ver** al jefe, va a **haber** un lío enorme.

PRÁCTICA

a. Complete las palabras siguientes, usando la **b** o la **v**.

> **Modelo:** En el campo hay un ...urro y una ...aca.
>
> *En el campo hay un <u>burro</u> y una <u>vaca</u>.*

1. El re...elado de las fotografías que tomó el fotógrafo de prensa re...eló que el general que se re...eló era bien conocido. **2.** Los soldados que se re...elaron pronto re...elaron sus verdaderas intenciones: derribar al gobierno. **3.** La situación es gra...e. Las terribles escenas de la re...elión están gra...adas en mi retina. **4.** Y todo empezó porque el gobierno dijo que iba a gra...ar más la gasolina. ¡Cómo si no estuviera ya bastante gra...ada! **5.** El Presidente tiene que gra...arse en la cabeza la idea de que no puede gra...ar más a la población. **6.** ¡Por favor, señor Presidente, no gra...e más productos. **7.** Si lo hace, me parece que los militares lo van a ...otar. **8.** Y ya sabe usted lo que pasa cuando el país queda bajo la ...ota militar. **9.** La población no puede ...otar, y si no ...ota con sus ...otos va a ...otar con sus ...otas, es decir, violentamente. **10.** No hay que ...acilar. La revolución es como un ...acilo que puede atacar a la nación en cualquier momento; por eso yo no ...acilo en decirle la verdad. **11.** La libertad es uno de nuestros mejores ...ienes, y si ...iene la revolución todo se va al diablo.

b. Complete estas frases con **a ver** / **haber**.

1. Mañana vamos ___ una película. Ven con nosotros. Ya sabes que no va a ___ clase. **2.** Voy a dar una fiesta. ___ si puedes venir. Va a ____ mucha gente, y vas ___ a muchos amigos. **3.** Si vuelves ____ a ese muchacho va a ____ un lío familiar.

D. No confundir la **ll** y la **y**:

1. **haya**, subjuntivo de **haber** / **halla**, presente de **hallar** (= encontrar) / **allá**, adverbio de lugar

> No creo que ella **haya** encontrado trabajo, aunque siempre dice que el que busca, **halla**. Sé que lo buscaba **allá** por Los Ángeles.

2. **¡Vaya!**, exclamación / **vaya**, subjuntivo de **ir** / **valla** (*fence*)

> **¡Vaya!**, quieres que yo **vaya** al jardín, y quieres que pinte la **valla**.
>
> ¡Y qué larga es! **¡Vaya valla** que tienes!

3. **Se calló**, del verbo callarse / **se cayó**, del verbo caerse / **cayo** (*a tropical key, like Key West*) / **callo** (*callus, corn*)

> El niño **se cayó**, lloró un poco y después **se calló**.
>
> Anda sin zapatos por las playas del **cayo**, y tiene **callos** en los pies.

PRÁCTICA

a. Complete estas frases con **haya** / **halla** / **allá** / **valla** / **vaya** / **¡Vaya!**

1. ¡___ ___ que saltó el caballo! **2.** Quien busca, ___. **3.** Yo no creo que ___ existido la Atlántida, ___ en medio del océano Atlántico. **4.** Mi padre quiere que yo ___ a reparar la ___ del jardín.

b. Complete estas frases con **(se) calló** / **(se) cayó** / **cayo** / **callo**.

1. En la Florida hay ___ , y en algunos pies hay ___. **2.** La torre de Pisa está muy inclinada, pero todavía no ___ . **3.** Le dije al niño que no hablara en clase, y él me obedeció y ___ .

E. En el sur de España y en toda Hispanoamérica, es fácil confundir la **c**, la **s** y la **z**, porque las tres suenan como una **s**. ¡Pero hay diferencias!

1. abrazar (*to embrace, to hug*) / **abrasar** (*to burn*)

Ahí están los dos **abrazados** y **abrasados** de pasión.

2. ... va a hacer ... / **... va a ser**

¿Qué **va a ser** este niño cuando sea mayor? ¿Qué **va a hacer** este niño cuando sea mayor?

3. casar (*to marry off*) / **casarse** (*to get married*) / **cazar** (*to hunt*) / **la casa** / **la caza**; **el caso** (*the case*) / **el cazo** (*saucepan*)

El juez fue a la **casa** de los novios, los **casó**, y después se fue a su **casa**.

Luego se fue de **casa**, se fue de **caza**, y **cazó** varios conejos.

Él **se casó** con una mujer rica y así **cazó** una fortuna.

El **caso** es que no encuentro el **cazo** para calentar el agua.

4. cocer (*to boil, to cook*) / **coser** (*to sew*)

¿Vas a **cocer** los garbanzos, o vas a **coser** los botones?

5. asar (*to roast*) / **azar** (*chance*) / **azahar** (*orange blossom*) / **asada** (*roasted*) / **azada** (*hoe*)

En Nevada son legales los juegos de **azar**.

En España, las novias siempre llevan a la boda un ramito de **azahar**.

Me gusta la carne **asada**, y es muy fácil **asarla** en el horno.

En el campo trabajo con una **azada**.

6. cerrar (*to close*) / **serrar** (*to saw*)

Cerré la puerta y **serré** las patas de la mesa.

Cierra la ventana. No quiero ver la **Sierra** Nevada.

Práctica

Complete estas frases con las letras **c**, **z** o **s**.

1. No nos gusta matar animales, por eso en mi ca...a nadie ca...a. **2.** Con el fuego de sus ojos me abra...ó, y con sus bra...os me abra...ó. **3.** Él va a co...er los frijoles en un ca...o que compró cuando se ca...ó. **4.** Se necesita una aguja para co...er, y un ca...o para co...er. **5.** La ruleta es un juego de a...ar. **6.** Un horno sirve para a...ar y una ...ierra sirve para ...errar madera.

F. Un caso especial: **x / j**

Por razones históricas, algunos nombres y adjetivos se escriben con **x**, pero también se pueden escribir con **j**: México = Méjico; mexicano = mejicano; Oaxaca = Oajaca; oaxaqueño = oajaqueño; Texas = Tejas; texano = tejano.

IV. USO DE LOS SIGNOS DE PUNTUACIÓN

Los signos de puntuación indican pausas.

A. El punto (**.**) sirve para indicar el fin de un período que tiene sentido por sí mismo. Si el período que sigue está muy relacionado con el anterior, los dos están separados por **un punto y seguido** (no hay nuevo párrafo). Si la oración siguiente introduce otro tema, o un aspecto diferente del mismo tema, empezamos un nuevo párrafo después de cerrar el anterior con un **punto y aparte**.

El punto también se usa en las abreviaturas. Veamos dos párrafos en los que hay dos puntos y seguido, un punto y aparte y un punto usado en una abreviatura:

> Muchos norteamericanos no quieren aprender lenguas extranjeras. Dicen que cuando viajen por otros países, siempre encontrarán gente que hable inglés. El inglés, en su opinión, es una lengua universal.
>
> Si Ud. piensa lo mismo, no tardará en convencerse de su error.

B. La coma (**,**). Aunque el estilo personal determina, en cierto modo, el uso de las comas, hay ciertas reglas básicas.

1. Se usan comas para separar los diferentes elementos de una enumeración. Los dos últimos están unidos por **y**, **o**, o su forma negativa, **ni**.

> Me gusta ir al cine, al teatro, a la ópera y a los conciertos.

> Las películas son excelentes, buenas, regulares o malas.

> Esa ópera no tiene interés, buena música ni buenos cantantes.

2. También hay enumeraciones de frases separadas por comas, excepto las dos últimas:

> Me gusta ir al cine, ver teatro, escuchar ópera y asistir a conciertos.

3. Cuando reproducimos por escrito lo que dice una persona, separamos con comas las palabras (generalmente nombres o títulos) con que esa persona se dirige a otra:

Te aseguro, Enrique, que ese trabajo no es para mí.

Señorita, escuche bien lo que le digo.

4. El sujeto, aunque tenga más de una palabra, no debe estar separado de su verbo por una coma:

Los sofás de esta sala son muy cómodos.

El director de la orquesta me parece malo.

5. Puede suceder que el sujeto vaya cualificado por una o más palabras, o por una frase, que lo describen. En este caso:

Si esas palabras tienen una función limitativa, no van separadas por comas:

Los actores cansados de trabajar se marcharon al hotel. (Los que no estaban cansados no se marcharon).

Si su función es descriptiva general, esas palabras se escriben entre comas:

Los actores, cansados de trabajar, se marcharon al hotel. (Todos están cansados, y todos se marcharon al hotel).

6. Del mismo modo, van entre comas palabras o expresiones de carácter explicativo o exclamativo, como: es decir, o sea, sin embargo, por último, en primer lugar y otras más:

Soy de Managua, es decir, soy nicaragüense.

Mi trabajo, por desgracia, no está muy bien pagado.

Llegaron los actores y, poco después, empezaron a trabajar.

Di algo, por favor, para probar el micrófono.

7. Se usan comas para separar dos oraciones, cuando en la segunda no se menciona el verbo porque es el mismo que en la primera:

El tenor cantó con entusiasmo, la soprano con pasión.

8. Y, finalmente, se usan las comas para evitar ambigüedades:

Llegó la autora de la novela, nacida en México.

Sin coma, la oración diría que la novela nació en México.

9. Cuando una oración subordinada precede a la principal, se la separa con una coma. Compare:

Cuando llegó el director, todos empezaron a trabajar.

Todos empezaron a trabajar cuando llegó el director.

C. El punto y coma (;) se usa cuando en un párrafo hay más de una oración, y en él hay muchas comas. El punto y coma nos permite establecer una pausa sin cerrar la oración. Es frecuente el uso del punto y coma, en párrafos o períodos largos, antes de **pero** y **aunque**:

> El joven estudiante extranjero llegó a la universidad donde iba a estudiar, y todo le parecía un lío; no comprendía lo que querían los profesores, lo que tenía que hacer ni lo que esperaban de él; pero se acostumbró pronto, por suerte para él.

D. Los dos puntos (:) se usan:

1. Después de una oración completa que anuncia una enumeración:

> La oficina estuvo muy ocupada ayer: todos trabajaron desde las seis de la mañana, no salieron en todo el día y terminaron el trabajo muy tarde.

2. Cuando se cita a alguien. En este caso la cita comienza con mayúscula. Compare la cita directa, con dos puntos y mayúscula, con la indirecta.

> El director dijo: Es necesario que trabajemos más.

> El director dijo que es necesario que trabajemos más.

3. Después de la introducción de una carta, con mayúscula o minúscula:

> Queridos amigos: estoy trabajando en una oficina ...

> Queridos amigos:

> Estoy trabajando en una oficina ...

E. Los puntos suspensivos (...) son la forma escrita de una pausa larga que indica vacilación, dificultad en completar una idea o, simplemente, que el final se da por conocido. También se usan para crear expectación:

> Ese profesor enseña ... bastante bien. Sin embargo, si no prepara la clase ...

> ¿Qué nota crees que me dio? Me dio ... una A.

PRÁCTICA

a. En cada una de las líneas siguientes hacen falta puntos. Colóquelos, y escriba la letra mayúscula necesaria.

Modelo: La oficina está abierta el jefe la abrió hace unos minutos.

> *La oficina está abierta. El jefe la abrió hace unos minutos.*

1. Él se interesa por las estrellas sus estrellas son las de cine. **2.** Los libros estaban en el suelo los estudiantes los recogieron en un momento y los pusieron en orden. **3.** Me duele verte sufrir en silencio cuéntame qué te pasa. **4.** No hay café ¿vamos a comprarlo? hay un mercado aquí cerca podemos ir a pie.

b. En las frases siguientes, coloque las comas que sean necesarias.

Modelo: Ayer después de trabajar fui a ver un coche nuevo.

Ayer, después de trabajar, fui a ver un coche nuevo.

1. Los ingenieros y los directores se reunieron, estudiaron el nuevo modelo, hablaron de las dificultades, que eran muchas, y después de tomar un café, se fueron a casa. **2.** En la reunión, hablaron el director, los ingenieros, los mecánicos y otros. **3.** Los coches mal hechos, no tuvieron éxito. Los bien hechos, sí. **4.** Los coches mal hechos no tuvieron éxito, Todos estaban mal hechos. **5.** Los fabricantes del coche, una firma alemana, quisieron probar una técnica nueva, no bien estudiada, y el nuevo modelo fue un desastre. **6.** Le prometo, señor, director, que esto no volverá a suceder. **7.** Le prometí al director que esto no volvería a suceder. **8.** Trabajaremos por la mañana y, si es necesario, por la tarde, también. **9.** Trabajaremos por la mañana, por la tarde y por la noche, si es necesario. **10.** Los motores, desgraciadamente, no tienen bastante fuerza.

c. En el párrafo siguiente, ponga los signos de puntuación necesarios.

Tengo un amigo que cuando viaja por el extranjero, siempre lleva en el bolsillo un diccionario de la lengua del país, donde está, él dice que los diccionarios solucionan todos los problemas pero, yo sé muy bien que no es cierto. un día en España, él entró en una librería y empezó a ver libros. un dependiente le preguntó, si quería algún libro en particular. y él después de buscar en el diccionario el verbo *to browse*, le dijo que no que solamente había entrado para pastar. el dependiente lo miró con asombro, porque, en español pastar es lo que hacen los animales cuando están en el campo comer hierba.

Además de los signos de puntuación estudiados hay otros que indican:

1. Cambios en la entonación de la voz

2. Información adicional al contenido de una oración

3. Una cita

F. Signos de puntuación que indican cambios de entonación en la voz: **los signos de interrogación ¿...?** y de **admiración ¡...!**

1. Los signos de interrogación indican exactamente eso: una pregunta. El signo inicial (¿) es necesario en español porque el orden de las palabras no indica al lector que lo que sigue es una pregunta: ¿Eres tú ...? = ¿Tú eres...? En inglés, por el contrario, es obligatorio el cambio de orden (*Are you...? — You are ...*) o el uso de un verbo auxiliar: *Do you ...? —You ...* En español una oración, afirmativa o negativa, puede convertirse en una pregunta con un simple cambio en la entonación, o con ese cambio de entonación más la colocación del sujeto detrás del verbo. Además, cuando el sujeto es un pronombre, no es necesario expresarlo, excepto si se quiere destacar su importancia.

Negación: (Tú) no sabías que vamos a tener un examen.

Pregunta: ¿(Tú) no sabías que vamos a tener un examen?

Pregunta: ¿No sabías (tú) que vamos a tener un examen?

2. Cuando hay varias preguntas cortas, todas seguidas, referidas a la misma cuestión, van separadas por un punto y coma; la primera pregunta empieza con mayúscula:

Me preguntó muchas cosas: ¿Dónde estuvo usted ayer?; ¿qué hizo?; ¿con quién habló?; ¿a qué hora volvió a su casa?

3. La interrogación también puede comenzar al principio o en medio de la oración, según la intención del hablante. La forma escrita refleja este hecho.

Ese artículo, ¿trata de la educación bilingüe?

¿Ese artículo trata de la educación bilingüe?

4. El uso de **los signos de admiración** sigue los mismos principios:

Dicen que vamos a tener que escribir muchas composiciones.

¡Dicen que vamos a tener que escribir muchas composiciones!

¡Qué examen tan difícil!; ¡qué preguntas!; ¡qué problemas!

La profesora hace muchas preguntas, y ¡qué preguntas!

Ese libro, ¡es carísimo!

¡Ese libro es carísimo!

G. Signos de puntuación que indican adición de información a una oración: **el paréntesis ( )**, **la raya** (—) y **el guión** (-)

1. El paréntesis, o **la raya,** permiten introducir alguna información adicional:

La lección preliminar (muchos libros tienen una lección preliminar) puede usarse dividida en varias secciones.

Es una lección preliminar —como tantas otras— que puede dividirse en varias secciones.

2. En las narraciones que incluyen conversaciones, se usa la raya para indicar que hay un cambio en las personas que hablan; la raya también separa las palabras del autor y las palabras de sus personajes.

—Muchos profesores —dijo Craig— son demasiado blandos con los estudiantes.

—No estoy de acuerdo —interrumpió Anne— con esa idea tuya.

3. El **guión** se usa:

    a. cuando hay que dividir una palabra al final de una línea: Ari-zona.

    b. Para indicar la división en sílabas: Ca-li-for-nia.

H. Signos que indican una cita: **las comillas " " / ' '**. En español se usan más las comillas bajas : « ».

Se escriben entre comillas las palabras tomadas directamente de un texto, o en las que se repite algo dicho por alguien:

    Mi amiga ha tenido mucho éxito. Puede decir, como César: «Llegué, vi, vencí».

No se usan comillas cuando la cita está hecha en forma indirecta:

    Mi amiga puede decir, como César, que llegó, vio, venció.

Las comillas también indican que la palabra es extranjera o que está usada con ironía.

    Vive en un «cottage».
    Su «fortuna», la tiene en su imaginación.

Las comillas sencillas (' ') se usan dentro de una cita indicada por comillas dobles:

    «Tu novela es 'magnífica'», me escribió un crítico literario. A mí no me gustan esas comillas en 'magnífica'.

Obsérvese que en español, a diferencia del inglés, las comillas se escriben antes de las comas o de los puntos.

    He lives in a "mansion." Vive en una «mansión».

PRÁCTICA

Ponga signos de interrogación, de admiración, rayas y comillas en este texto.

—No me gusta tu actitud hacia los abogados —dijo Pilar.

A mí tampoco —añadió Anne— porque indica cómo diría yo falta de respeto hacia todo el sistema judicial.

Por qué dices eso —intervino Manuel. Qué exagerada eres.

Exagerada yo —exclamó Anne. Cómo es posible que me llames exagerada. Quien exagera eres tú.

—Sin abogados no habría problemas legales —dijo Manuel.

Mira, ésa es la simplificación más tonta que he oído —concluyó Pilar.

V. VERBOS QUE RIGEN UNA PREPOSICIÓN

Algunos verbos requieren de una cierta preposición cuando van seguidos de otro verbo en infinitivo. Las preposiciones más frecuentes en estos casos son **a**, **con**, **en**, **de**.

A. Verbo + **a** + infinitivo

Verbos que expresan movimiento en dirección a un lugar o acción:

1. Los dos muchachos **se acercaron a** hablar con Anne y con María Luisa. **2.** Después de un rato todos **bajaron a** nadar en la piscina. **3.** Anne prefería **ir a** jugar al tenis. **4.** Pero si juegan al tenis no **llegarán a** cenar a las seis, como prometieron. **5.** Anne sabe que si practica mucho **llegará a** jugar (terminará jugando) tan bien como Brad. **6.** Si juegas conmigo, le dijo ella, mañana te **llevo a** cenar a un buen restaurante. **7.** Bueno, si quieres **salir a** cenar, yo estoy de acuerdo. ¿A dónde me vas a invitar? **8.** Podemos **subir a** cenar al restaurante que hay en el último piso de un hotel muy elegante. **9.** ¿O prefieres **venir a** cenar a mi casa? **10.** Sí, no quiero **volver a** cenar (cenar otra vez) en el restaurante de ese hotel. **11.** Además, está muy lejos, y tengo que **volver a** estudiar (regresar a estudiar) después de cenar.

Verbos que expresan el comienzo de una acción:

1. Los muchachos brasileños **se pusieron a / comenzaron a** bailar. **2.** Cuando llegó la policía el ladrón **se echó a** correr. **3.** Al saber la terrible noticia, todos **se echaron a / se pusieron a** llorar. **4.** ¿Cuándo **te decidirás a** hacer algo útil? **5.** Tengo prisa. No puedo **detenerme a / pararme a** hablar contigo. **6.** Los ecologistas **se disponen a** protestar contra la lluvia ácida.

Otros casos:

1. Tienes que **acostumbrarte a / habituarte a** hablar con propiedad. **2.** En España **me aficioné a** las corridas de toros. **3.** Mis amigos **me animaron a** ir a México con ellos. **4.** Quiero **aprender a** hablar español bien. **5.** Mi hermano **aspiraba a** ser actor, y se quedó en extra. **6.** No quiero **arriesgarme a** navegar a vela cuando hay mucho viento. **7.** Hoy no **me atrevo a** salir del puerto. **8.** El jefe me **autorizó a** hablar en su nombre. **9.** Si quieres te **ayudo a** preparar los exámenes. **10.** Mucha gente quiere **contribuir a** mitigar el hambre en África. **11.** Quiero **dedicarme a** ayudar a la humanidad. **12.** Si me **enseñas a** navegar a vela, yo te **enseño a** hablar español. **13.** Mi amiga me **invitó a** ir al cine con ella. **14.** Quiero ver el mundo. No quiero **limitarme a** viajar por este país. **15.** Quisieron **obligarme a** firmar, pero yo **me negué a** hacerlo. **16.** Pensaba **ofrecerme a** ayudarlo, pero él **se apresuró a** decirme que no necesitaba ayuda. **17.** Mucha gente **se opone a** intervenir en la política de otros países. **18.** Es imposible convencerte. **Renuncio a** hacerlo. **19.** Tu trabajo está aquí. Tienes que **resignarte a** vivir en este pueblo. **20.** La inflación **tiende a** subir un poco cada año.

B. Verbos + **con** + infinitivo

1. No tengo dinero para viajar, y durante las vacaciones tengo que **conformarme con / contentarme con** ir al parque. **2.** Pero **sueño con** ir a algún lugar exótico, como Machu Picchu o la selva del Amazonas. **3.** Mi vecino me **amenazó con** llevarme a los tribunales. **4.** Si quieres dejar de fumar, **basta con** tener fuerza de voluntad. **5. Cuento con** tener vacaciones este verano.

C. Verbos + **en** + infinitivo

1. Steven **se empeña en** navegar hoy, aunque hace demasiado viento. **2. Insiste en** salir, pero María Luisa le dice que no irá con él. **3.** Los dos **quedaron en** verse más tarde para cenar juntos. **4.** Steven **tarda en** llegar, y su amiga se preocupa.

D. Verbos + **de** + infinitivo

1. Anne **acababa de** llegar a casa cuando sonó el teléfono. **2.** Era Brad, que le preguntó si **se había acordado de** comprar las entradas para ir al teatro. **3.** "Yo nunca **me olvido de** hacer lo que prometo", le contestó Anne. **4.** "Entonces iré a buscarte ahora. Ya **me aburrí de** estar en casa". **5.** "De acuerdo. Ya sabes que siempre **me alegro de** verte. Nunca **me canso de** verte. Nunca **me harto de** estar contigo". **6.** "Y yo nunca **dejaré de** quererte". **7.** "Oye, otra cosa. **Ocúpate de** comprar el vino para la fiesta de mañana. Y **encárgate de** decirle a María Luisa que traiga los discos".

PRÁCTICA

Complete estas frases con la preposición adecuada.

1. Los cuatro amigos quedaron ___ verse a las cinco. **2.** Los muchachos tardaron un poco ___ llegar. **3.** "Nos hartamos ___ esperar", dijeron ellas. **4.** "No se incomoden, que hoy las llevaremos ___ cenar a un lugar muy interesante". **5.** "Pero tenemos poco dinero, y tendrán que conformarse ___ ir a un restaurante barato". **6.** "¿Interesante y barato? ¿Cuándo dejarás ___ tomarnos el pelo?" **7.** "Es un lugar muy original. No se cansarán ___ ver a la gente que hay allí". **8.** "Tú siempre te empeñas ___ ir a unos lugares muy raros y un poco peligrosos". **9.** "No se preocupen. Nosotros nos ocuparemos ___ defenderlas". **10.** "¡Qué machotes! Creen que nosotras soñamos ___ salir con dos 'héroes'".

E. Verbo **tener** + nombre + **de**

1. En una democracia todos **tienen el derecho de** votar, y también **tienen el deber de** votar. **2.** «**Tengo el gusto de / el placer de** presentarle a mi amigo X», es una fórmula social que se usa en las presentaciones. **3.** Si no crees en lo sobrenatural, ¿por qué no **tienes el valor de** pasar una noche en un cementerio? ¿O es que **tienes miedo de** ver fantasmas? **4.** Todos **tenemos necesidad de** salir de vacaciones de vez en cuando. **5.** Trabajo tanto que no **tengo tiempo de** cenar con la familia.

F. Verbos + preposición + nombre / pronombre

   1. Romeo **se enamoró de** Julieta. **Está enamorado de** ella, y quiere **casarse con** ella. **2.** Quiere **entrar en** la iglesia con su amada Julieta, para **unirse a** ella en matrimonio. **3.** Está dispuesto a **renunciar a** su vida de soltero. **4.** Pero los padres de Julieta no la dejan **salir de** casa. **5.** La probrecita tiene que quedarse en casa **jugando a** las cartas con su mamá.

G. Verbos que no toman preposición en español, excepto cuando se trata de la **a** personal. Sus equivalentes ingleses sí toman preposición: *to look for, to ask for, to wait for, to listen to.*

   1. Buscamos trabajo en un restaurante. **Buscamos a** la jefa de personal. **2. Pedimos** trabajo en su oficina. Le **pedimos a** la jefa que nos dé trabajo (Pero: **Preguntamos por** la jefa.) **3. Esperamos** la cita con impaciencia. **Esperamos a / por** la jefa durante media hora. **4.** Mientras esperamos **escuchamos** la radio. Despúes **escuchamos a** la jefe con atención.

Práctica

Complete estas oraciones con la preposición adecuada, <u>si es necesaria</u>.

   1. Cuando hablo español no tengo miedo ___ cometer errores. **2.** Pero tengo que resignarme ___ aceptar que los cometo de vez en cuando. **3.** Una amiga nicaragüense me ayuda ___ mejorar mi español. **4.** El problema es que no tengo tiempo ___ estudiar. **5.** Además, no sé si estoy enamorado ___ ella o no. **6.** Yo creo que me casaré ___ ella dentro de algún tiempo. **7.** Al mismo tiempo, no me gusta que me obliguen ___ tomar decisiones. **8.** Ella debe esperar ___ un momento oportuno. **9.** Creo que no es mucho pedir ___ un favor tan sencillo. **10.** Si esperamos ___ unos meses más, será más fácil animarse ___ dar ese paso tan importante. **11.** Basta ___ tener un poco de paciencia. **12.** Pero si ella me amenaza ___ dejarme, ¿qué haré? **13.** Tengo necesidad ___ verla. **14.** Busco ___ una solución para este problema sentimental. **15.** Ayer le pedí ___ unos meses para decidirme. **16.** La invité ___ cenar y le hablé del asunto. **17.** Ella se limitó ___ sonreír enigmáticamente. **18.** Pero yo me niego ___ tomar una decisión. **19.** Tengo que acostumbrarme ___ vivir con mis dudas. **20.** Algún día saldré ___ este laberinto. **21.** Y entraré ___ un nuevo período de mi vida. **22.** Vivir es como jugar ___ algo: unas veces ganas, otras pierdes.

VI. LAS PALABRAS «PUENTE»: USO DE LAS CONJUNCIONES

Hay unas palabras invariables, llamadas conjunciones, que unen palabras o grupos de palabras, estableciendo una relación entre ellas. Simplificando mucho su concepto, vamos a llamarlas «puentes», y vamos a ver varios grupos de las más útiles y frecuentes. Dentro de cada grupo, el significado de los diferentes puentes es muy parecido.

1. Puentes que establecen la idea de *condición:*

> Pasaré el verano donde tú quieras, **a condición de que / con tal (de) que / siempre que / siempre y cuando** (*provided that*) la casa esté cerca del mar.

> Llevaré una bicicleta, **en caso de que** (*just in case*) la playa esté un poco lejos.

2. Puentes que establecen la idea de *objeción:*

> Pasaré el verano donde tú quieras, **a menos que** (*unless*) / **a no ser que** (*except if*) la casa esté lejos del mar.

> Alquilaré esa casa cerca del mar, **aunque** (*even though*) / **a pesar de que** (*in spite of the fact that*) es muy cara.

> No iré contigo a las montañas, **aunque** (*even if*) / **por más que** (*no matter how much*) insistas.

3. Puentes que establecen la idea de *propósito:*

> Quiero una casa cerca del mar **para que / a fin de que** (*so that*) podamos hacer deportes acuáticos.

4. Puentes que establecen la idea de *causa y efecto:*

> Es natural que quieras ir a las montañas, **puesto que / ya que / toda vez que / dado que** (*since*) no te gusta el mar.

> Tenemos intereses diferentes, **por consiguiente / por lo cual / por lo tanto / así que** (*therefore / thus*) tú irás a las montañas y yo iré a la costa.

> Un filósofo francés del siglo XVII, René Descartes, dijo: Pienso, **por lo tanto / por esta razón / luego** (*therefore*) existo. Dicho al revés: Existo, **pues / ya que** (*since*) pienso.

5. Puentes que establecen la idea de *simultaneidad:*

> Me gusta viajar. Me hice guía de turistas, y así gano dinero **al mismo tiempo que / mientras que** (*at the same time / while*) viajo.

PRÁCTICA

Sustituya las conjunciones *en bastardilla* por otra que no cambie el significado de la frase.

Modelo:　　Iré a tu fiesta, *a no ser que* tenga que trabajar esa noche.

　　　　　　Iré a tu fiesta, <u>a menos que</u> tenga que trabajar esa noche.

1. Yo hablo italiano, *ya que* me crié en Italia. **2.** Yo me crié aquí, y no lo hablo, *aunque* mis padres vinieron de Italia. **3.** Siempre me hablaban inglés en casa, *por tanto* no sé hablar italiano. **4.** Mis padres vinieron de Francia, y mis padres me hablaban en francés *para que* yo lo aprendiera. **5.** Yo no hablaré francés perfectamente, *a no ser que* vaya a Francia por unos meses. **6.** Financiaré mi estancia en Francia trabajando en un hotel, *al mismo tiempo que* vaya a la universidad. **7.** Mi padre me dice que me pagará un viaje a México, *siempre y cuando* prometa aprender español. **8.** Él quiere que yo lo aprenda, *a fin de que* pueda hablar con mi familia mexicana. **9.** Mi padre vino de Veracruz, *así que* tiene familia allí. **10.** *Por consiguiente,* yo viviré con mis tíos y primos. **11.** Ellos no hablan inglés, *por lo cual* yo tendré que hablar español todo el día. **12.** Mis primos tienen muchos amigos de mi edad, *así que* también hablaré español con ellos. **13.** El problema es que todos ellos quieren aprender inglés, y *por lo tanto* van a querer hablar inglés conmigo. **14.** Yo les enseñaré inglés, *a condición de que* ellos me enseñen español. **15.** Yo aprenderé español *mientras que* ellos aprenden inglés. **16.** Así, cuando vuelva aquí, yo hablaré español, *a menos que* pierda el tiempo en México. **17.** Además, quiero que mis primos aprendan inglés *para que* puedan venir a estudiar aquí. **18.** En la familia podremos decir: Hablamos dos idiomas, *luego* somos bilingües. **19.** O de otra manera: Somos bilingües, *ya que* hablamos dos idiomas. **20.** *Por consiguiente,* podremos viajar entre los dos países sin problemas lingüísticos. **21.** Y yo también me divertiré más cuando vaya a México, *pues* podré hablar con los mexicanos.

lección **1**

❦

vida de estudiante

Estudiantes estadounidenses se inscriben en sus clases para el nuevo semestre.

☙❧

Personajes: *Brad, joven norteamericano; María Luisa, hija de Manuel, español, y de Pilar, mexicana; luego entra Manuel con Anne y Craig, padres de Brad.*

BRAD	Oye, ¿adónde han ido **los viejos**[1]?
MARÍA LUISA	Creo que fueron al *campus*. **No tardarán en llegar.**[2]
BRAD	**Por cierto**,[3] ¿cómo se dice *campus* en español?
MARÍA LUISA	Pues mira, las universidades antiguas no tienen un *campus*. Los edificios de las diferentes **facultades**[4] están **desperdigados**[5] por toda la ciudad. En las universidades modernas sí hay un campus, y en él están concentrados todos los edificios: facultades, gimnasio, biblioteca, residencias... A ese lugar le llamamos una Ciudad Universitaria.
BRAD	Empiezo a estar **despistado**.[6] Acabas de mencionar las residencias. ¿Son lo que nosotros llamamos *dormitories*? Entonces, ¿qué es un dormitorio?
MARÍA LUISA	Es una habitación donde hay camas para dormir. En México le llaman recámara.
BRAD	¡Ah! Bueno, otra cosa. Me parece que también tengo dificultades con la palabra **facultad**.
MARÍA LUISA	Las universidades están divididas en facultades: Facultad de Medicina, Facultad de Ciencias, Facultad de Filosofía y Letras, Facultad de Ciencias Políticas, etc. Cada facultad tiene un **profesorado**[7] con el pomposo nombre de **claustro de profesores**. Lo contrario del profesorado es **el alumnado**, o **el estudiantado**, es decir, todos los estudiantes.
BRAD	Hablando de profesores, ahí vienen nuestros sabios padres.

(Entran MANUEL, CRAIG y ANNE).

MANUEL	¡Esta universidad es magnífica! ¡Qué biblioteca! ¡Qué laboratorios! ¡Es fabulosa!
CRAIG	No exageres, Manuel. Es bastante buena, pero no es de las mejores.
MARÍA LUISA	Mi padre siempre habla con mucho entusiasmo.
ANNE	Bueno, un poco de entusiasmo en la vida **no viene mal**.[8] ¿No crees? Bueno, ¿qué habéis hecho vosotros mientras estuvimos en la universidad?
BRAD	Pues mira, tu hija estuvo explicándome algunos problemas del vocabulario académico.
CRAIG	**Calla**,[9] Brad, que hoy Manuel nos volvió locos a tu madre y a mí con esos problemas. Ahora ya sé que los estudiantes escuchan al profesor y toman **apuntes**,[10] y que si estudian reciben buenas **notas**.[11] Éstas son dos palabras que **se prestan a confusiones**.[12] Es un **lío**.[13]

[1] los padres
[2] llegarán pronto
[3] *by the way*
[4] *schools, departments*
[5] diseminados
[6] sentirme perdido
[7] *faculty*
[8] está bien
[9] *don't tell me;* also: *be quiet*
[10] *notes*
[11] *grades*
[12] se confunden fácilmente
[13] *mess*

MANUEL Lío... ¿para quién? El lío también funciona **al revés.**[14] Vuestra *high school* es nuestro **colegio**, **instituto** o **liceo**; vuestra *private school* es nuestro **colegio (privado, particular)**, y vuestro *college* es quién sabe qué, porque no tenemos un sistema universitario **semejante.**[15]

14 el sentido contrario

15 igual

MARÍA LUISA Pues me parece que aún **se nos olvidan**[16] algunas cosillas. A su *diploma* nosotros le llamamos **título: título de bachiller** al terminar el bachillerato en el instituto o en el colegio, y **título de licenciado** en Ciencias Económicas, o en **lo que sea,**[17] al **licenciarnos**[18] en la universidad. Por cierto, en algunos países dicen **egresar** en lugar de licenciarse.

16 olvidamos

17 whatever
18 to graduate

CRAIG ¡Basta, por favor! La cabeza me da vueltas. Vamos a tomar un aperitivo o una copa de algo. Ya ves qué buen alumno soy, Manuel. Ya aprendí a distinguir entre **copa** y **bebida.**

BRAD ¿En qué se distinguen?

CRAIG Pues verás. Una copa de... lo que sea, es lo que aquí llamamos *a drink*, así, en términos generales. *Let's have a drink:* Vamos a tomar una copa. La bebida es lo que nosotros llamamos *liquor:* Me gustan las buenas bebidas. Y, para terminar, **el licor** es *liqueur:* Después de cenar me gusta tomar una copita de licor. ¿Comprendes, hijo?

BRAD Gracias por **la conferencia,**[19] profesor. Yo, en mis **lecturas**[20] también aprendí que cuando se bebe demasiado uno **se emborracha, se pone borracho, se agarra una borrachera**, o...

19 lecture
20 readings

ANNE Pero, ¿qué lenguaje es ése? ¿En qué libros has aprendido ese español?

BRAD ¡Oh! En una novela española que me recomendó María Luisa.

COMPRENSIÓN

OBJETIVO: Absorber el vocabulario nuevo (**en negritas**). En pares, preparen y háganse preguntas que incluyan las palabras y expresiones nuevas. Para facilitar esta absorción, cada pregunta debe ofrecer dos o más opciones, una de las cuales da la respuesta adecuada.

Modelos: 1. Cuando una palabra **se presta a confusiones**, ¿es muy clara o ambigua?

Cuando una palabra se presta a confusiones, es ambigua.

2. En lenguaje familiar, ¿**los viejos** son los hijos o los padres?

En lenguaje familiar los viejos son los padres.

3. Si yo digo que **no tardaré en llegar**, ¿voy a llegar inmediatamente, muy tarde o pronto?

Si dices que no tardarás en llegar, llegarás pronto.

Y así con el resto del nuevo vocabulario.

Práctica general

En pares, preparen sus propias preguntas y háganselas unos a otros. Todos deben usar en sus preguntas y respuestas las palabras o expresiones que están **en negritas** en el diálogo.

Posibles preguntas

1. El primer día que pasó usted / pasaste tú en esta universidad, ¿**estaba(s)** muy **despistado(a)**?¿Por qué sí o por qué no?
El primer día que pasé en esta universidad, yo (no) estaba despistado(a) porque...

2. ¿Por qué **no viene mal** una buena **nota**?
Una buena nota no viene mal porque...

3. ¿Por qué es importante tomar buenos **apuntes** en clase?
Es importante tomar buenos apuntes en clase porque...

Ensayo general (Rehearsal)

A. Con el material del diálogo, en grupos, elaboren una escena de una obra de teatro, de una película o de una serie de la televisión. Decidan quiénes serán actores y actrices, directores de escena y apuntadores (*prompters*), y luego ensayen la escena. Los actores, naturalmente, no han tenido tiempo de aprender de memoria sus papeles. Cuando no los recuerden, los apuntadores les dirán *en inglés* lo que, más o menos, tienen que decir, y los actores improvisarán sus frases *en español*. Veamos un ejemplo:

Actriz	Oye, ¿adónde han ido los viejos?
Actor	Mmmm. No sé. ¿Qué tengo que decir?
Apuntador(a)	*Tell her they went to the campus, and that they won't be long.*
Actor	Fueron al campus, y van a volver pronto.
Director(a)	Un momento. Está bien, pero es mejor que uses la expresión «no tardar en + infinitivo».
Actor	Está bien. Fueron al campus, y no tardarán en volver.

Lo que dicen los apuntadores sirve para refrescar la memoria de los actores, pero no es una frase que éstos deben, simplemente, traducir. Al contrario, sobre la idea dada en inglés por los apuntadores los actores crean su papel, e incluso pueden usar su imaginación para cambiar el argumento (*plot*) de la escena que están ensayando.

B. Los estudiantes son un grupo de críticos que hacen comentarios sobre la escena que los actores están ensayando. Unos critican a los personajes: «María Luisa es pedante y habla como una profesora», «Brad parece un poco tonto...», etc. Otros critican el contenido de la escena y sugieren cambios para hacerla más interesante. Otros proponen una escena completamente diferente.

AMPLIACIÓN DE VOCABULARIO

A. Los niños pequeños van **al jardín de infancia**, y después van a **una escuela pública** o a **un colegio particular (privado)** hasta que llegan a la edad de comenzar **el bachillerato**, que dura, más o menos, desde los diez hasta los dieciséis o diecisiete años. **Los estudios de bachillerato** se hacen en **un colegio**, **instituto** o **liceo estatales**, o en **un colegio** que, en algunos casos, pertenece a **una orden religiosa** como la de los jesuitas, los agustinos o los salesianos.

Después de terminar esos estudios se consigue **el título de bachiller**, que permite **ingresar** en la universidad para hacer **una carrera universitaria**. Muchos jóvenes, sin embargo, no llegan a hacer estudios universitarios, y van a **una escuela de formación profesional** donde aprenden **un oficio** que les permite **ganarse la vida**.

PRÁCTICA

a. En pares, háganse y contesten las siguientes preguntas.

1. ¿Qué hacen los niños en un jardín de infancia? **2.** ¿Dónde se estudia el bachillerato en este país? **3.** En general, ¿a qué edad se ingresa en la universidad? **4.** ¿Cuántos años duran aquí, más o menos, los estudios universitarios?

b. Prepare varias preguntas y hágaselas a su compañero(a).

c. En una breve carta (no más de diez líneas) explíquele a un(a) amigo(a) extranjero(a) (un[a] compañero[a] de clase) qué tiene que hacer para conseguir un *High School Diploma* en los EE.UU. Intercambien cartas con un(a) compañero(a) y corrijan los errores, si los hay.

B. Para ingresar en la universidad hay que **solicitar** la admisión presentando **una solicitud**. Una vez aceptada, hay que **matricularse** y pagar **los derechos de matrícula**. En general, las universidades particulares son más caras que las universidades estatales. En algunos países **la enseñanza primaria**, **la secundaria** y **la superior** o **universitaria** son completamente o casi **gratuitas** (cuestan poco o nada). Si alguien no tiene dinero, puede pedir **una beca**.

PRÁCTICA

a. Como la clase entera, háganse y contesten las siguientes preguntas.

1. ¿Qué hay que presentar para ingresar en esta universidad? **2.** Esta universidad, ¿es particular o estatal? **3.** ¿Creen ustedes que la enseñanza, a todos los niveles, debería ser gratuita? Expliquen su opinión. **4.** ¿Qué criterios hay para recibir una beca?

b. Preparen varias preguntas originales y háganselas a sus compañeros(as).

c. Escriba una breve carta a la Oficina de Admisiones de una universidad, pidiéndoles que le envíen los formularios necesarios para solicitar el ingreso en esa universidad.

C. Cada **curso** (año) tiene varios **cursos** (**asignaturas**, materias). Esto es un poco confuso, pues la palabra **curso** se usa en dos sentidos: «Soy estudiante de primer curso (año) y estoy tomando cuatro cursos (asignaturas): historia, economía, sociología y español». En el sistema norteamericano, cada curso (asignatura) vale varias unidades o puntos. Para **cumplir los requisitos** de una carrera hay que haber completado un cierto número de unidades, es decir, hay que tomar algunos cursos que son **obligatorios** y hay que tomar algunos **electivos**. En el mundo hispánico los estudiantes de cada curso (año) no tienen un nombre especial: son simplemente estudiantes de primer año, de segundo año, etc. Al mismo tiempo, los que acaban de ingresar son **los novatos**, y los que ya han estado varios años en la universidad son **los veteranos**. En las residencias de estudiantes los veteranos hacen **novatadas** a los pobres novatos; les hacen **bromas** que, a veces, son **pesadas** o **de mal gusto**.

PRÁCTICA

a. En pares, háganse y contesten las siguientes preguntas.

1. ¿Por qué crees que hay asignaturas obligatorias? **2.** En general, ¿cuándo se toman los cursos electivos? **3.** En las universidades norteamericanas hay unas instituciones llamadas fraternidades. ¿Son frecuentes las novatadas en esas fraternidades? ¿Por qué hay frecuentes críticas a esa tradición? **4.** ¿Cuál es tu idea de una broma de mal gusto?

b. Prepare una pregunta original y hágasela a su pareja.

c. Escriba una breve carta (no más de diez líneas) al periódico de la universidad explicando por qué las fraternidades (no) deben ser suprimidas.

D. En los EE.UU. hay dos divisiones del año académico: algunas universidades tienen un sistema de tres **trimestres** por año académico, otras tienen dos **semestres**. Frecuentemente también hay un **trimestre de verano** en el que se ofrece una lista limitada de cursos.

Los estudiantes deben **asistir** a clase. No deben **faltar**. Durante cada curso, y especialmente al final, los estudiantes tienen que **examinarse**. Hay **exámenes parciales**, que se hacen frecuentemente a lo largo del curso; hay **un examen de mediados de curso**, y hay **un examen final**. Al final del curso los estudiantes **sacan** (reciben) **una nota**. En el mundo hispánico los nombres de las notas varían de un país a otro. En España, por ejemplo, las notas son (de mejor a peor): Matrícula de Honor, Sobresaliente, Notable, Aprobado y Suspenso. Los estudiantes **aprueban** (infinitivo: **aprobar**) o **suspenden** (no tienen éxito, son reprobados) los cursos; es decir, los profesores **los**

aprueban o **los suspenden**. En **el argot** o **la jerga** (lengua especial) de los estudiantes de España, **colgar** un curso significa suspenderlo, no aprobar ese curso: «No estudié bastante y colgué el curso de Física», o: «La profesora de Física me colgó». En Argentina, «la profesora **me bochó**».

PRÁCTICA

a. Todos juntos, hagan y respondan las siguientes preguntas.

1. ¿Qué ventajas y qué inconvenientes ven ustedes en el sistema de trimestres y en el de semestres? **2.** ¿Creen que los estudiantes norteamericanos están obsesionados con las notas? Si creen que sí, ¿por qué lo están? **3.** En los EE.UU. muchos profesores se lamentan de que algunos estudiantes no son capaces de escribir bien en inglés. ¿Tienen razón? ¿Creen que esto es consecuencia del uso excesivo de exámenes del tipo «Cierto - Falso», que no exige que los estudiantes escriban? **4.** ¿Cómo les explicarían a unos amigos extranjeros el sistema de notas que se usa aquí?

b. Preparen preguntas originales y háganselas a otros estudiantes.

c. En una breve carta (no más de diez líneas) al periódico de la universidad, explique por qué se debe cambiar del sistema de semestres al de trimestres, o a la inversa.

E. Cuando un profesor explica muy bien las lecciones, se dice que enseña muy bien o que **es buen profesor**. Los estudiantes **toman apuntes** y si los estudian bien **sacan buenas notas**.

Hay profesores que enseñan bien, y los hay que enseñan mal; los hay fáciles y los hay difíciles. De estos últimos se dice que **exigen** mucho, que son muy **exigentes** o, en la jerga estudiantil, que son **un hueso**.

PRÁCTICA

a. Como una clase entera, háganse y contesten las siguientes preguntas. El / La profesor(a) o un(a) estudiante hace una encuesta (*poll*) en la clase:

1. En el mundo de la enseñanza, ¿hay profesores que saben mucho pero que son malos profesores? Explique su respuesta. **2.** ¿Hay muchas conferencias en su universidad? ¿Van a ellas los estudiantes? ¿Quién atraería a muchos estudiantes si diera una conferencia, y por qué? **3.** ¿Cuál es su concepto de «enseñar bien»? **4.** Si un profesor tiene fama de ser un hueso, ¿tomaría sus cursos? Explique por qué sí o por qué no.

b. Luego, cada estudiante añade una pregunta a la encuesta, y se la hace a los demás.

c. En una breve nota a un(a) amigo(a), recomiéndele que tome los cursos de un(a) cierto(a) profesor(a) y adviértale que no tome los cursos de otro(a). Dele sus razones.

F. Los nombres españoles de algunas facultades y carreras: **Derecho o Leyes** (*Law*); **Medicina**; **Ciencias Económicas**; **Ciencias Políticas**; **Ciencias Exactas** (*Mathematics*); **Ciencias Químicas** (*Chemistry*); **Farmacia**; **Biología** o **Ciencias Biológicas**; **Gestión** o **Administración de Negocios** (o **de Empresas**) donde también se estudia **Mercadeo** (*Marketing*); **Antropología**; **Sociología**; **Filosofía y Letras**, que incluye: **Lenguas Clásicas, Lenguas Modernas, Lingüística, Historia, Geografía** y **Arte**; **Periodismo**; **Informática**, donde se aprende a hacer programas para los ordenadores (en Hispanoamérica: computadores o computadoras); **Ingeniería** y **Arquitectura**. La música se estudia en **los Conservatorios**, y los que quieren ser pintores o escultores estudian en **la Escuela de Bellas Artes**. Todo esto, naturalmente, puede variar de un país a otro.

PRÁCTICA

a. En pares, háganse y contesten las siguientes preguntas. El/La profesor(a) o un(a) estudiante hace una encuesta entre los estudiantes:

1. ¿Qué facultades les parecen más difíciles? **2.** ¿Qué carrera les parece más útil y práctica? **3.** ¿Qué carrera tiene mejor futuro? **4.** ¿Prefieren estudiar una carrera en el campo de las Humanidades o de las Ciencias? Expliquen su respuesta.

b. Luego, cada estudiante añade una pregunta a la encuesta y se la hace a los demás.

LECTURAS SOBRE LA CULTURA Y LA LENGUA

A. Aunque las palabras **escuela** y *school* expresan la misma idea, hay algunas diferencias culturales. En general, la palabra «escuela», con minúscula, hace pensar en la institución que se ocupa de instruir a los niños. Así, si un joven dice que «va a la escuela», los hispanohablantes que lo escuchen se sorprenderán de que todavía esté en un nivel tan elemental. En esos casos es preferible decir: «Voy a la universidad».

B. Los sistemas educativos del mundo hispánico varían de un país a otro. Los jóvenes terminan **el bachillerato** y luego pasan a la universidad. Cuando terminan sus estudios universitarios reciben **un título de licenciado en** ..., la carrera que hayan estudiado. Este título o **licenciatura** es algo más importante que un B.A. norteamericano. Su equivalente más próximo sería el *Master of Arts* o *Master of Sciences,* o, en algunos casos, equivale a ciertos títulos norteamericanos como el LL.D. o el M.D. Así, el título de Licenciado en Derecho permite practicar la carrera de abogado, el de licenciado en Medicina indica que esa persona es médico, etc. El título más alto es el de **doctor en** ..., que corresponde al Ph.D. de este país. **El doctorado** existe en muchas carreras, pero el ser llamado doctor está, en la práctica, monopolizado por los médicos en casi todos los países. Los títulos académicos se usan más en la vida social de los países hispanoamericanos que en las relaciones sociales en España. En España a ningún abogado se le ocurriría hacerse llamar «señor Licenciado», cosa muy frecuente, por el contrario, en algunos de los demás países hispánicos.

C. Las universidades tienen su prestigio individual basado en su antigüedad o en la excelencia de su enseñanza. En el mundo hispánico se encuentran algunas de las universidades más antiguas de Europa y, ciertamente, las más antiguas de América. La gran decana es, sin duda alguna, la Universidad de Salamanca, en España, fundada en 1215. Después de la llegada de los españoles a América pronto se fundaron, en 1551, las universidades de México y de San Marcos, en Lima, y en 1676 la de San Carlos, en Guatemala. Las dos primeras universidades americanas son, así, 125 años más antiguas que la primera universidad norteamericana, Harvard, fundada en 1636.

D. Los que van a la universidad, **los universitarios**, tienen el prestigio social de **una formación intelectual** o **universitaria. Una formación jurídica** conduce, frecuentemente, a **la política**, y muchos **políticos** son abogados. El prestigio intelectual abre también las puertas de la diplomacia, y es muy frecuente que los novelistas y poetas famosos representen a sus países en el extranjero. Así lo hicieron la poeta chilena Gabriela Mistral (1889–1957) que recibió el Premio Nobel de poesía, igual que su compatriota, Pablo Neruda (1904–1973); el poeta nicaragüense Rubén Darío (1867–1916); el novelista guatemalteco Miguel Ángel Asturias (1899–1974) y otros más. En general, la gente de letras tiene más prestigio social en la cultura hispánica que en otras culturas.

DIFICULTADES Y EJERCICIOS

A. Uso de: **escapársele / olvidársele / acabársele / caérsele** algo a alguien. Estas formas, muy frecuentes en español y sin un paralelo exacto en inglés, tienen dos funciones:

1. Establecen una relación más personal, a veces afectiva, entre la acción del verbo y la persona que sufre las consecuencias de esa acción:

   Se murió mi perro.   (Un hecho expresado sin comentarios.)

   Se me murió mi perro.   (Yo siento su muerte profundamente.)

2. Expresan un deseo de disminuir u ocultar la responsabilidad:

   Perdí el perro.   (No tengo excusa. Yo lo perdí.)

   Se me perdió el perro.   (El sujeto del verbo es: el perro. Inconscientemente se busca evitar la responsabilidad de haberlo perdido.)

Observe las dos diferentes estructuras:

Anne olvidó las llaves.

A Anne se le olvidaron las llaves.

Esta estructura es muy frecuente con los verbos usados anteriormente, y también puede usarse con otros verbos, empleando el idioma de una manera muy creativa. Lo más aproximado a esto en inglés sería la forma *...on me, ... on you, ...on us* con que se puede terminar una frase, pero no es muy frecuente. Veamos algunos casos en español:

Los padres, a un hijo que bebe demasiado:	No te nos emborraches.
Al hijo que no cuida su salud:	No te nos pongas enfermo.
En la misma situación:	Cuídatenos mucho.
Al hermano mayor, para que cuide al menor:	Cuídanoslo.

En todos estos casos, el pronombre **nos** establece la relación afectiva entre el sujeto del verbo y los padres que dan los consejos.

El verbo *to drop* corresponde a **caérsele algo a alguien**, cuando la caída es involuntaria. Cuando es voluntaria, *to drop* corresponde a **dejar caer algo** o, más voluntariamente todavía, **tirar (al suelo)**. Vea la diferencia:

1. Al niño se le cayó la taza, y se rompió.

2. No se le cayó. La dejó caer. Es más, la tiró al suelo.

Práctica ✎

Con la información dada en estas frases, conviértalas en otras que usen la estructura **se me**, **se te**, **se le**, **se nos**, **se les** + *verbo* en esta historia de una excursión llena de accidentes.

Modelo: El perro se escapó de nosotros.

(A nosotros) se nos escapó el perro.

1. Olvidé el vino. A mí se ... **2.** Los niños acabaron la comida y todavía tenían hambre. A los niños se ... **3.** El reloj de mi mujer cayó al agua. A mi mujer se ... **4.** Mi hijo rompió los pantalones. A mi hijo se ... **5.** Nosotros terminamos los refrescos. A nosotros se ... **6.** Mis hijos perdieron el mapa. A mis hijos se ...

Practicando al contestar ✑

a. En pares, háganse y contesten las siguientes preguntas.

1. ¿Qué haría usted / harías tú si durante un viaje se le / se te terminara el dinero? **2.** ¿Tiene / tienes buena memoria? ¿Se le / se te olvida algo con frecuencia? ¿Qué se le / se te olvida? **3.** ¿Alguna vez perdió / perdiste algo importante? ¿Qué se le / se te perdió? **4.** ¿Por qué cree usted / crees tú que hay casos de padres a los que se les escapan los hijos? ¿Es un fenómeno bastante frecuente en su / tu país?

b. Usando la estructura **se me** + *verbo,* cuente los desastres de un viaje lleno de accidentes. Posibles desastres: El avión se fue cuando usted llegó al aeropuerto. Usted perdió el billete. Luego perdió las maletas (valijas / velices). La cartera cayó del bolsillo y la perdió. Llamó por teléfono a su casa, y su hermano le dijo que su perro escapó y que su gato murió. ¿Qué más desastres se le ocurren?

B. Uso de: **perder** y sus equivalentes en inglés

1. perder (extraviar)	*to lose*
2. perder (no ganar)	*to lose*
3. perder (malgastar el tiempo, la ocasión)	*to waste*
4. derrochar (malgastar el dinero)	*to waste, to squander*
5. perderse (no encontrar el camino; extraviarse)	*to get lost*
6. ¡Déjame en paz!	*Get lost!* (lit.: *Leave me in peace!*)
7. una pérdida de tiempo	*waste of time*

1. No encuentro el dinero. No sé si lo dejé en el hotel o si lo **perdí**. **2.** Mejor, así no puedes **perder** más dinero jugando a la ruleta. **3.** No te gusta el juego. Para ti venir a un casino es **perder** el tiempo. **4.** Sí, y para ti venir a un casino es **derrochar** el dinero. **5.** Y ahora, ¿cómo volvemos al hotel? Me parece que **nos hemos perdido**. **6.** ¡Tú siempre tan pesimista! **¡Déjame en paz!** **7.** Decirte que no debes ir al casino es **una pérdida de tiempo**.

La expresión **¡Déjame en paz!**, aunque no muy cortés, es un poquito más aceptable que otras de igual significado, como: **¡Vete al diablo! ¡Vete al cuerno!**, y otras peores.

En los ejemplos anteriores hemos visto el verbo **perder**. El nombre que expresa esa acción en unos casos es **la pérdida**, en otros es **el derroche**.

Tuvo muchas **pérdidas** jugando a la ruleta.

Ir a un casino es **una pérdida** de tiempo.

Él derrocha el dinero. Con tanto **derroche** pronto se verá sin nada.

¡Atención al acento! No hay que confundir **una pérdida** (*a loss*) con **una perdida** (*a loose woman*). **Un perdido** es un hombre de mala reputación.

PRÁCTICA ✎

a. Elimine las palabras *en bastardilla* y sustitúyalas por otra expresión que no cambie el sentido de la frase.

Modelo: Creo que *perdí* el dinero en el parque.

   Creo que <u>extravié</u> el dinero en el parque.

1. El equipo jugó muy bien, pero *perdió*. **2.** Hay que terminar el trabajo. No debemos *perder* el tiempo. **3.** El barrio antiguo es un laberinto, y *nos perdimos*. **4.** Estoy muy incomodado contigo. *¡Déjame tranquilo!* **5.** En mi opinión, jugar a la ruleta es una *mala utilización* de tiempo. **6.** Y además es *una manera de tirar el dinero*. **7.** Mi vecino abandonó a su familia y se escapó con una *mujer de mala reputación*. **8.** Él nunca fue un buen marido. Siempre fue *un hombre de mala reputación*. **9.** Para mi vecina, perder a su marido no fue una gran *privación*.

b. En menos de diez líneas cuente la historia de dos amigos suyos que se arruinaron. Uno no tiene dinero porque no supo administrarlo bien. El otro lo tiró por la ventana.

PRACTICANDO AL CONTESTAR

En pares, háganse y contesten las siguientes preguntas cambiando de la forma **usted** a la forma **tú**.

1. ¿Administra bien su tiempo? ¿En qué pierde el tiempo algunas veces?

2. ¿Qué actividad le parece a usted un derroche de dinero?

3. Si usted se pierde en las calles de una ciudad extranjera, ¿qué hace?

4. ¿Cómo son los hombres y mujeres a quienes la sociedad llama unos perdidos y unas perdidas?

C. Uso de: equivalentes españoles de *to miss*

1. perder (no llegar a tiempo)	*to miss*
2. perderse (no dejar de + infinitivo)	*to miss*
3. echar de menos (notar la ausencia) extrañar	*to miss*
4. faltar a (no asistir)	*to miss*
5. no poder dejar de (**ver, encontrar**)	*not to miss*
6. no dar en el blanco (fallar)	*to miss*
7. no encontrar (dejar de ver por minutos)	*to miss*
8. no comprender / no entender (algo)	*to miss*

1. Llegué tarde a la estación y **perdí** el tren. (= No llegué a tiempo.) **2.** Debes ver esa película. Es magnífica. **No te la pierdas**. (= No dejes de verla.) **3.** Nuestros hijos están en Europa, y los **echamos de menos** en casa. (= Notamos su ausencia.) **4.** **Has faltado** a clase (= No has asistido) cuatro veces. Tienes cuatro faltas. **5.** Te será fácil encontrar mi casa. Es la única pintada de blanco. No **puedes dejar de encontrarla** (**verla**). (= La verás.) **6.** El terrorista disparó dos veces. Afortunadamente **no dio en el blanco**. (= Falló el tiro.) **7.** Fui a ver a la profesora de arte, pero **no la encontré**. (= Había salido hacía unos minutos.) **8.** Tienes un humor muy fino y mucha gente **no lo entiende**. (= Es un humor demasiado fino.)

PRÁCTICA ✎

a. Reescriba las frases siguientes usando sinónimos de las expresiones que están *en bastardilla*.

Modelo: La conferenciante *no llegó a tiempo al* avión.

La conferenciante <u>perdió el</u> avión.

1. No *dejes de ver* esa película. Es muy buena. **2.** No te vimos en la conferencia. *Notamos tu ausencia.* **3.** Si *no asistes* a clase vas a tener una mala nota. **4.** Fui a ver a la profesora en su despacho, pero *había salido*. **5.** Es muy fácil encontrar el liceo. Es un edificio grande que está en la plaza. *Te será imposible no verlo.* **6.** El policía disparó contra el terrorista, pero *falló*. **7.** Ese muchacho es bastante sucio. Yo le dije de una manera indirecta que bañarse o ducharse todos los días es muy bueno, pero él *no entendió*. **8.** Cuando no estás conmigo *pienso mucho en ti*. **9.** La próxima vez que esa profesora dé una conferencia, no debes *dejar de ir a oírla*.

b. Un caso de Spanglish. Complete estas frases, eliminando las expresiones inglesas que están *en bastardilla*.

Modelo: ¿Cuándo vas a volver? *I miss you.*

¿Cuándo vas a volver? Te echo mucho de menos.

1. Esa conferencia va a ser magnífica. *Don't miss it.* **2.** Hubo un examen parcial el lunes *and I missed it.* ¿Puedo hacerlo otro día? **3.** Bueno, le dejaré hacerlo, pero... *don't miss class again.* **4.** Las películas de vaqueros son, a veces, muy simples. Los buenos usan muy bien los revólveres. Los malos... *they miss all the time.* **5.** Uso muy poco la tarjeta de crédito y no sé cuándo la perdí. *I missed it today.* **6.** Si la tarjeta está en casa la encontraré. Si busco bien, *I cannot miss it.* **7.** La profesora dio una explicación tan complicada que, francamente, *I missed it.* **8.** Cuando llegué a tu casa, ya habías salido. *I missed you* por unos minutos. **9.** ¡Las playas de Ixtapa! *How I miss them!*

PRACTICANDO AL CONTESTAR ♫

a. En pares, contesten las siguientes preguntas.

1. Cuando estás de viaje, ¿qué o a quién echas de menos? **2.** ¿Qué pasa si faltas mucho a clase? **3.** ¿Qué espectáculo te gustaría haber visto, pero te lo has perdido? **4.** ¿Has perdido alguna vez una cita importante? ¿Qué pasó?

b. Preparen preguntas originales y háganselas a sus colegas.

PEQUEÑO TEATRO

La clase se divide en grupos. Los estudiantes de un grupo hacen el papel de consejeros de estudiantes extranjeros. Los del otro grupo son esos estudiantes de otros países, quienes se sienten completamente perdidos ante las complejidades del sistema educativo norteamericano. Los extranjeros tienen que matricularse, pero no comprenden bien el sistema y hacen preguntas sobre él. Los consejeros contestan sus preguntas, preparan programas de estudios, etc. Sugerencias:

1. ¿Qué es eso de «unidades»?

2. ¿Qué diferencia hay entre las asignaturas obligatorias y las electivas?

3. ¿Cómo está dividido el año académico?

4. ¿Cómo son los exámenes y cómo funciona el sistema de notas?

SEA USTED MI INTÉRPRETE, POR FAVOR

Interpretar es pasar de un idioma a otro oralmente. Cada estudiante debe preparar varias preguntas que incluyan el nuevo vocabulario. Un(a) estudiante hace la pregunta en inglés, otro(a) estudiante (su intérprete) la repite, pero en español. Un(a) tercer(a) estudiante responde en español y el o la intérprete pasa la respuesta al inglés.

Algunas posibilidades:

1. What do I have to do to apply for a scholarship?

2. Is it important to take notes in class?

3. When are you going to graduate, and what is your major?

4. When do I have to pay the registration fees?

SEA USTED MI TRADUCTOR(A) POR FAVOR

Traducir es pasar de un idioma a otro por escrito. Cada estudiante prepara unas frases en inglés que incluyan el vocabulario nuevo, y las intercambia con otros(as) estudiantes, que se las devuelven traducidas al español para corregir los errores, si los hay.

Algunas posibilidades:

1. Translate this sentence for me, please, and do it fast. Don't make me waste my time.

2. My dog ran away, or got lost, and I miss him.

3. My message is very clear. You cannot miss it: Get lost!

4. I think that translating these silly sentences is a waste of time.

CUESTIONES GRAMATICALES

LA POSICIÓN DE LOS ADJETIVOS

En general, en español los adjetivos siguen al nombre: **la Casa Blanca**, y en inglés lo preceden: *the White House*. Es necesario, sin embargo, refinar este concepto.

A. Adjetivos que preceden al nombre:

1. Los adjetivos demostrativos:
   Este profesor es fácil, y **esa** profesora es un hueso.

2. Los adjetivos de número:
   a. Números cardinales: Habrá **dos** exámenes parciales.
   b. Números ordinales: El **primer** examen será el mes próximo.

Los números ordinales, sin embargo, siguen al nombre cuando identifican a un gobernante: El rey Juan Carlos I (**primero**) de España. En español, los números ordinales, después de **décimo**, son bastante complicados (por ejemplo: el 95º es el **nonagésimo quinto**) y en su lugar suelen usarse los números cardinales. En ese caso, cuando el número cardinal está usado como ordinal, sigue al nombre: Viven en el piso **veinte** (o: Vive en el **vigésimo** piso).

B. Los demás adjetivos preceden o siguen al nombre según la función que tengan. Esta función depende, en gran parte, del punto de vista del hablante.

1. Función generalizadora: El hablante considera que una cierta cualidad (expresada por el adjetivo) pertenece a todo un grupo (expresado por el nombre), o da por descontado que esa cualidad forma parte integrante, inseparable, del nombre. En esos casos, el adjetivo precede al nombre:

   Las facultades están desperdigadas por las **estrechas** calles de la **antigua** ciudad. (Todas las calles son estrechas en esa ciudad, que es antigua).

2. Función descriptiva: El hablante añade al nombre una cualidad que lo caracteriza y distingue de otros de su mismo tipo:

   El tráfico es muy difícil por las calles **estrechas** de la ciudad **antigua**. (En la parte antigua de la ciudad, distinta de la parte moderna, hay calles estrechas y calles anchas).

Vemos, pues, que la realidad y el punto de vista del hablante determinan la colocación de los adjetivos. A veces la realidad es tan obvia que no hay lugar para el punto de vista del hablante. Por ejemplo, no tiene sentido hablar de la Pompeya antigua, pues no hay una Pompeya moderna. Hay que decir: ... de la **antigua** Pompeya. Pero es posible decir: Hay muchos monumentos en la Barcelona **antigua**. Todos sabemos que Barcelona fue fundada hace muchos siglos, y en este sentido es una **antigua** ciudad. Pero también es una ciudad moderna e industrial, y su barrio antiguo, muy hermoso, es sólo una parte de Barcelona.

C. Algunos adjetivos, cuando están asociados a ciertos nombres, forman lo que podemos llamar un tópico, un cliché, y preceden al nombre. Tienen una función generalizadora:

el **fiero** león	pero: el perro **fiero**
el **manso** cordero	el toro **manso**
la **esbelta** palmera	la muchacha **esbelta**
la **blanca** nieve	la nieve **gris** y **sucia**
la **buena** / **mala** suerte	la suerte **terrible**

D. Como en inglés los adjetivos siempre preceden al nombre, la sutil diferencia que el español puede establecer anteponiéndolos (función generalizadora) o posponiéndolos (función descriptiva) tiene que expresarse con palabras que no son una traducción literal del adjetivo español:

una **cierta** noticia	a ***certain*** *piece of news*
una noticia **cierta**	a ***true*** *piece of news*
el **pobre** muchacho	*the **poor** (**pitiful**) boy*
el muchacho **pobre**	*the **poor** boy (he has no money)*
un **gran**(de) hombre	*a **great** man*
un hombre **grande**	*a **big** man*
una **antigua** sirvienta	*a **former** servant*
una sirvienta **antigua**	*a servant **of many years***

E. Cuando un adjetivo está modificado por un adverbio, generalmente tanto el adverbio como el adjetivo siguen al nombre:

un examen **excesivamente difícil**

una profesión **altamente especializada**

un profesor **muy joven**

¡Qué estudiante **tan inteligente**!

F. Cuando hay varios adjetivos referidos a un nombre, su función descriptiva o generalizadora determina su posición:

1. Varios adjetivos descriptivos siguen al nombre, separados por comas o unidos por las conjunciones **y** o **e**:

   Las universidades **italianas**, **alemanas** y **francesas**.

   Los profesores **inteligentes** e **innovadores**.

2. Varios adjetivos generalizadores, y los incluidos en el grupo **A** (adjetivos demostrativos y números), preceden al nombre:

   Esa **magnífica** y **enorme** Ciudad Universitaria. (Cualidades inherentes a esa universidad).

Naturalmente, ya sabemos que la función generalizadora o descriptiva puede depender del punto de vista del hablante:

Esa Ciudad Universitaria **magnífica** y **enorme**. (Dos cualidades que la distinguen de otras universidades).

3. Cuando hay adjetivos generalizadores y descriptivos referidos al mismo nombre, los primeros preceden y los últimos siguen al nombre. Comparemos estas frases:

Los **magníficos** cursos de esa profesora tienen gran éxito.

(Todos sus cursos son magníficos y todos tienen éxito).

Las clases **aburridas** no tienen gran éxito.

(Las que son aburridas no tienen éxito, las otras sí).

Los **innovadores** programas **universitarios** fueron bien recibidos.

(Todos esos programas universitarios son innovadores).

Los programas **universitarios innovadores** fueron bien recibidos.

(Sólo los programas innovadores fueron bien recibidos. Los otros, no).

El inglés no tiene esta flexibilidad, pero en la lengua hablada se expresa la misma idea dando más énfasis a uno de los dos adjetivos: *The **innovative** university programs...*

PRÁCTICA

a. En pares, hagan una frase que incluya la idea adjetiva expresada entre paréntesis, colocando el adjetivo o los adjetivos donde sea necesario.

Modelo: Mis amigos (todos son simpáticos) están aquí.

Mis <u>simpáticos</u> amigos están aquí.

1. Las catedrales españolas (todas son antiguas) son magníficas. **2.** En el Valle de la Muerte (todo el valle es árido) hace mucho calor. **3.** El león (como todos los leones, es feroz) devoró un cordero (como todos los corderos, es manso). **4.** Las playas de Puerto Rico (todas son hermosas) atraen a muchos turistas. **5.** Las playas (las que son limpias, no las sucias) son más atractivas. **6.** Los problemas mundiales (todos son terribles) preocupan a muchos sociólogos. **7.** Los problemas (los económicos, no los otros) preocupan al Presidente. **8.** Napoleón fue un hombre famoso (use *grande* en lugar de *famoso*). Pero no era un hombre de mucha estatura (use *grande* en lugar de *mucha estatura*).

b. Escriba una breve nota para atraer estudiantes a su universidad. Usando muchos adjetivos, mencione que la universidad está en una ciudad con mucha historia, muchos monumentos y parques y playas muy bonitas. Los edificios de la universidad son antiguos y también modernos. La biblioteca es muy buena, y en el mundo de los deportes, los equipos de la universidad tienen mucho éxito. Hay estudiantes de muchos países y la vida de la cultura es muy activa.

Modelo: *La universidad está situada en una antigua ciudad...*

REVISIÓN GENERAL

DIÁLOGO

A. Conteste estas preguntas usando en sus respuestas las palabras que están *en bastardilla.*

Modelo: ¿Qué título recibiste cuando terminaste *el bachillerato*?

Posible respuesta: *Cuando terminé el bachillerato recibí el título de bachiller.*

1. ¿Cree que tardará o no *tardará en llegar* el día en el que el ingreso en las universidades será gratuito? Explique su respuesta. **2.** ¿Cuáles son *las facultades* más populares en su universidad? **3.** En su ciudad, ¿dónde están los edificios comerciales? ¿Están concentrados en *el centro* o están *desperdigados* por la ciudad? **4.** ¿Dónde estaría más *despistado(a),* en una universidad de su país o en una universidad extranjera? Explique el porqué de su respuesta. **5.** ¿Por qué hay conflictos, a veces, entre *el profesorado* y *el alumnado*? **6.** ¿Por qué *no viene mal* tener un ordenador (una computadora)? **7.** ¿A quiénes les presta sus *apuntes*? **8.** ¿Por qué son importantes *las notas*? **9.** ¿Por qué cree que *se presta a confusiones* el uso del indicativo o del subjuntivo en español? **10.** Si le pido que escriba su nombre *al revés,* ¿lo escribe de izquierda a derecha o de derecha a izquierda? **11.** En los EE.UU., ¿dónde son más altos *los derechos de matrícula,* en una universidad privada o en una *universidad estatal*? **12.** En su clase, ¿hay estudiantes con nombres *semejantes*? ¿Puede mencionar algún caso? **13.** ¿Por qué da prestigio social tener un *título de licenciado*? **14.** Cuando va a la cafetería de la universidad, ¿bebe usted su refresco favorito o bebe *lo que sea*? **15.** ¿Cuándo va a *egresar*? **16.** En su universidad, ¿hay algún lugar donde tomar unas copas, *licores y otras bebidas alcohólicas*? ¿Por qué lo hay o no lo hay? **17.** ¿Sobre qué le gustaría oír una *conferencia*? **18.** ¿Cuál es su *lectura* favorita?

PRÁCTICA DE SINÓNIMOS

B. Use el nuevo vocabulario en lugar de las palabras *en bastardilla.*

Modelo: Quien bebe *mucho alcohol se pone borracho.*

Quien bebe muchas copas se emborracha.

1. Algunos jóvenes, cuando van a una universidad muy grande, se sienten *perdidos*. **2.** Los edificios de la universidad están *distribuidos* por todo el campus. **3.** Si estamos en el mes de mayo, podemos decir que el final del curso *llegará pronto*. **4.** Una A en un examen nunca *es mal recibida*. **5.** A, B, C, D y F son las *calificaciones* en el sistema norteamericano. **6.** Cuando tengo apetito, yo como *cualquier cosa*. **7.** Es difícil escribir *de derecha a izquierda*. **8.** Los nombres de dos países, Suiza y Suecia, se *pueden confundir fácilmente*. **9.** No quiero oírte más. *No hables*. **10.** Espero *egresar* después de cuatro años en la universidad. **11.** Mis amigos y yo celebramos el final de curso tomando *algo alcohólico*. **12.** Es muy grosero *emborracharse* en una fiesta. **13.** Con la televisión, muchos niños nunca adquieren el hábito de la *acción de leer*.

C. Escriba una breve nota a un amigo explicándole lo que tiene que hacer para solicitar una beca.

AMPLIACIÓN DE VOCABULARIO

A. Conteste estas preguntas usando el vocabulario estudiado.

Modelo: ¿Quiénes van al jardín de infancia?

Posible respuesta: *Los niños pequeños van al jardín de infancia.*

1. ¿Dónde se estudia el bachillerato? **2.** ¿Qué universidades particulares famosas conoce usted? **3.** Más o menos, ¿a qué edad se consigue el título de bachiller? **4.** ¿Por qué es necesario tener un oficio? **5.** ¿Cuándo se solicita una beca? **6.** ¿Qué son los derechos de matrícula? **7.** ¿Cuántos cursos suelen tomar los estudiantes cada trimestre? **8.** ¿Qué requisitos hay que cumplir para licenciarse? **9.** ¿Son obligatorias las lenguas extranjeras en su universidad? **10.** ¿A quiénes les hacen novatadas? **11.** ¿Qué tipo de bromas le parecen pesadas o de mal gusto? **12.** ¿Quiénes suspenden los exámenes? **13.** ¿Qué es «colgar» un curso? **14.** ¿Qué se estudia en una facultad de informática?

B. Complete estas frases usando el vocabulario nuevo.

Modelo: Los alumnos de lenguas clásicas estudian... (*latín, griego y otras lenguas antiguas*).

1. Si estudio informática, tengo que trabajar con... **2.** Si quiero ser abogado(a) tengo que ir a la facultad de... **3.** Y si quiero trabajar en un diario, estudio en la facultad de... **4.** En la Escuela de Bellas Artes se estudia... **5.** En una universidad se puede adquirir una buena formación... **6.** Tengo hermanos en muchas ciudades. La familia está... **7.** Cuando estoy perdido(a), estoy... **8.** Es difícil leer un texto en un espejo, porque las líneas aparecen al... **9.** No tengo dinero para estudiar, pero voy a solicitar una... **10.** En algunas escuelas no hay que pagar derechos de matrícula, porque la enseñanza es... **11.** Para licenciarme tengo que cumplir todos los... **12.** Los estudiantes nuevos son los... **13.** Ponerle a alguien un ratón muerto en el plato es una broma... **14.** En la mitad del curso hacemos un examen de... **15.** Un profesor que suspende mucho es...

C. Escriba una breve nota al (a la) presidente de su universidad protestando por la subida de los derechos de matrícula, y explíquele los problemas que esto significa para los estudiantes.

DIFICULTADES Y EJERCICIOS

A. Conteste estas preguntas con estos verbos: perder, olvidar, caer, morir, acabar, terminar, romper, escapar.

Modelo: Tus pantalones están rotos. ¿Qué te pasó?

Se me rompieron los pantalones.

1. Acabamos todo nuestro dinero. ¿Qué nos pasó? **2.** Los niños perdieron el perrito. ¿Qué les pasó? **3.** El gato de mi hermano murió. ¿Qué le pasó a mi hermano? **4.** La policía detuvo al atracador, pero escapó. ¿Qué le pasó a la policía? **5.** No pude abrir el coche porque dejé la llave en casa. ¿Qué me pasó? **6.** Eduardo tenía una copa en la mano, y ahora la copa está en el suelo. ¿Qué le pasó a Eduardo? (¡No conteste diciendo que Eduardo se emborrachó!) **7.** En la fiesta ya no hay más cerveza. ¿Qué nos pasó?

B. Conteste estas preguntas usando un sinónimo de perder, perderse o derrochar.

Modelo: Perdí las llaves.

Extravié las llaves.

1. La conferencia fue muy poco interesante. *Perdí* el tiempo. **2.** Desde que Tom ganó la lotería, *derrocha* el dinero. **3.** Tengo muy mala suerte en la lotería. *Siempre pierdo.* **4.** El primer día que estuve en Buenos Aires casi no pude volver al hotel porque *me perdí.* **5.** Tenía que tomar el avión a las diez, pero *lo perdí.* **6.** Es una película muy buena. No *te la pierdas.*

CUESTIONES GRAMATICALES

Conteste estas preguntas con sus propias ideas.

    1. ¿Qué diferencia hay entre un gran hombre y un hombre grande?

    2. En su opinión, ¿qué país pequeño es un gran país?

    3. ¿Qué diferencia ven ustedes entre una casa vieja y una casa antigua?

    4. ¿Por qué cuestan mucho dinero los coches antiguos?

    5. ¿Qué es peor, ser un pobre hombre o ser un hombre pobre? Explique su respuesta.

    6. Si digo que los soldados valientes pelearon muy bien, ¿había soldados cobardes en el grupo?

    7. Y si digo que los valientes soldados pelearon muy bien, ¿cuántos había que no fueron valientes?

8. ¿Por qué no tiene sentido hablar de la Pompeya antigua mientras que sí lo tiene hablar de la antigua Pompeya?

9. ¿Por qué, en general, se habla de los viejos abuelos y no de los abuelos viejos?

De las pequeñas composiciones a la gran composición

Hasta ahora hemos conversado y hemos escrito breves notas sobre temas académicos y sobre el uso de los adjetivos. Ahora nuestras breves notas se van a convertir en una narración un poco más larga.

A. OBJETIVOS

Las composiciones que se harán en este curso tienen dos finalidades principales:

1. Practicar el vocabulario, las expresiones idiomáticas y las cuestiones gramaticales que se estudian en cada lección.

2. Cultivar el arte de escribir de una manera clara y sencilla.

1. Para conseguir el primer objetivo es indispensable usar la mayor cantidad posible del material presentado en cada lección. Al ponerse a escribir, cuando ya tenga una idea de lo que va a decir, busque en las páginas de la lección, seleccione algunas de las palabras, expresiones y cuestiones gramaticales estudiadas, y encuentre la manera de incluirlas en el texto, subrayándolas. Así se puede ver fácilmente si de verdad se ha practicado el nuevo material. Si no hay bastantes elementos nuevos, la composición ha servido, simplemente, para practicar lo que ya se sabía antes de estudiar la lección.

Este uso obligado de cierto vocabulario y de ciertas estructuras gramaticales limita un poco la creatividad pero, no se olvide, la cuestión no es sólo usar lo que ya se sabía antes, sino también practicar lo que se acaba de aprender.

2. El segundo objetivo, escribir de una manera clara y sencilla, es algo que necesita práctica y atención, y en cada lección se estudiará un aspecto diferente del arte de escribir. No hay que olvidar, sin embargo, que el objeto principal de este libro es enseñar a escribir en español, y no se puede dedicar mucho espacio a una teoría general de la composición tal como se la estudia en un curso de *English Composition*. Mucho de lo aprendido en esos cursos puede ser aplicado a éste, teniendo en cuenta las diferencias entre las dos lenguas en algunos aspectos del arte de escribir como, por ejemplo, en el uso de los signos de puntuación.

B. Método

Formato. Al principio del curso las composiciones no deben ser muy largas, y deben ser escritas siempre <u>a doble espacio</u>, dejando un amplio margen a la izquierda. De este modo habrá lugar para correcciones y comentarios, y para la identificación de los diferentes tipos de errores. La composición debe tener por lo menos una página y media. Lo importante no es la cantidad, sino la calidad.

Correcciones. Los errores deben estar claramente identificados y explicados. Al principio del curso los estudiantes y los profesores pueden ponerse de acuerdo sobre una clave de abreviaturas que identifiquen el tipo de error cometido. La corrección del error se escribirá en los espacios dejados entre las líneas y la abreviatura identificativa aparecerá en el margen izquierdo. En el ejemplo que se da a continuación las abreviaturas identifican los errores cometidos:

> ac. = acento; Ang. = anglicismo; conc. = concordancia; p-p = por/para; se = ser/estar; p-i = pretérito-imperfecto

ac. Ang.	Durante mis vacaciónes tuve muy buen tiempo.
conc.	Mis amigos y yo fui a México, y el viaje fue muy bueno
p-p s-e	por nosotros, porque estamos estudiantes de español
p-i	y allí practicamos mucho. Un día nosotros conocíamos
	a unos estudiantes mexicanos que nos recibieron muy
	bien.

Este método permite que los estudiantes comprendan claramente la naturaleza de su error, con lo cual podrán evitar su repetición. Además, se puede asignar un valor en puntos a cada uno de los errores, y así no sólo será más fácil dar una nota por el trabajo realizado, sino que los estudiantes podrán ver el porqué de cada nota.

C. La experiencia personal

En la primera composición del curso podemos escribir sobre la experiencia personal en la universidad, en el instituto o en otras escuelas. En esta composición basada sobre una experiencia personal se deben seguir unas cuantas reglas:

Modelo 1: Escribir en primera persona cuando se habla de una experiencia propia:

> *El primer día que pasé en la universidad estuvo lleno de problemas.*

Modelo 2: Narrar lo que le pasó a otra persona, citando lo dicho por ella:

> *El primer día que mi hermana pasó en la universidad estuvo lleno de problemas.*

> *—Cuando llegué allí —me dijo— yo no conocía a nadie y no sabía qué hacer. Por suerte conocí a un muchacho que me ayudó. Nos hicimos amigos, y terminamos siendo novios.*

Modelo 3: Usar la tercera persona cuando se narra la experiencia de otro. En el caso de la hermana, la historia sería así:

Mi hermana me contó que cuando llegó a la universidad ella no conocía a nadie. Por suerte conoció a un muchacho que la ayudó. Se hicieron amigos y terminaron siendo novios.

PRÁCTICA

Escoja uno de los tres modelos y escriba un breve (no más de diez líneas) relato sobre: a) sus primeros días en la universidad (modelo 1). b) cite lo que un(a) amigo(a) le ha contado sobre su primer día en la universidad (modelo 2). c) cuente con sus propias palabras lo que le pasó a un(a) amigo(a) en su primer día en la universidad (modelo 3).

D. EL ENSAYO BASADO EN UNA EXPERIENCIA PERSONAL

Es posible contar una experiencia personal pura y simple, sin filosofar sobre ella ni intentar llegar a ninguna conclusión. Por otro lado se puede usar la narración de esa experiencia como instrumento para probar una tesis; por ejemplo, probar que el primer día en una universidad es muy difícil, pero que allí pueden establecerse amistades muy firmes que llegan a ser muy importantes en la vida. Es decir, escribimos un breve ensayo.

Si queremos probar algo, debemos:

a. Comenzar con un párrafo en el que se presenta la tesis, es decir, qué es lo que se va a probar.

b. Contar la experiencia personal.

c. Establecer la relación que hay entre esa experiencia y la tesis.

d. Llegar a una conclusión.

PRÁCTICA

Escriba un «miniensayo» (aproximadamente media página a doble espacio) en el que sus experiencias de los primeros días en la universidad le hagan llegar a una cierta conclusión.

POSIBLES TEMAS PARA UNA CONVERSACIÓN / COMPOSICIÓN

ATAJO

GRAMMAR:	Accents; Adjective agreement; Adjective position
PHRASES:	Talking about past events; Talking about the recent past; Writing an introduction; Linking ideas; Making transitions; Sequencing events; Weighing the evidence; Writing a conclusion
VOCABULARY:	Studies; University

A. Experiencias personales:

  1. Mi obsesión con las notas

    Sugerencias:
    a. Mencione que ya en el liceo usted sabía que las notas determinan si se podrá entrar o no en una universidad.
    b. Hay mucha competitividad entre los buenos estudiantes.
    c. La actitud de algunos estudiantes que se burlan de los que son estudiosos
    d. Las notas pueden llegar a ser una obsesión que crea problemas.

  2. Mi futuro: ¿Qué quiero ser? ¿Qué especialidad debo elegir?

    Sugerencias:
    a. Cuando se es muy joven, es difícil saber qué es lo que se quiere hacer en la vida.
    b. La dificultad de escoger entre muchas opciones
    c. ¿Estudiar algo que me gusta o algo que me permitirá encontrar un buen empleo?
    d. No hay problema si se tiene una vocación muy clara.

  3. Otros posibles temas

    a. La dificultad de elegir cursos
    b. ¿Qué esperaba y qué encontré en la universidad?

B. La experiencia personal como base para una tesis:

  1. Papel de las humanidades en el mundo tecnológico

    Sugerencias:
    a. Usted ve la importancia de la tecnología en el mundo actual.
    b. Usted ve que los licenciados en ciencias encuentran trabajos mejor pagados que los que se licencian en humanidades.
    c. Esos trabajos, ¿son atractivos o simplemente bien pagados?
    d. Para usted, ¿las humanidades son un lujo o una necesidad?
    e. Usted ve / no ve el peligro de llegar a un mundo con muchos técnicos y pocos poetas y artistas.

    Conclusión: (Esto es algo que usted debe decidir, en un sentido o en otro.)

  2. La formación universitaria, ¿derecho o privilegio?

    Sugerencias:
    a. Hace años, la formación universitaria era privilegio de una minoría.
    b. Usted (no) nació en una situación privilegiada.
    c. Usted (nunca) tuvo que enfrentarse con muchos obstáculos.
    d. Cuando era muy joven (no) sabía con seguridad si iría a la universidad.

    e. La economía familiar (no) influye en las posibilidades de acceso a una
formación universitaria.

    f. Se dice que ahora la universidad es más asequible que antes.

Conclusión: (Los argumentos que usted ha presentado decidirán si, en su
opinión, la formación universitaria es un derecho de todos o
el privilegio de una minoría.)

3. Otros posibles temas

    a. La importancia de una formación universitaria

    b. La enseñanza de lenguas extranjeras en los EE.UU.

lección **2**

❧❧

problemas sociales

Una manifestación es siempre una demostración de que hay algún problema
en la sociedad.

꩜

Personajes: *Los dos matrimonios*

el jurado - jury

MANUEL Los periódicos de aquí dan la impresión de que los norteamericanos son muy aficionados a **los pleitos**.[1]

[1] litigios judiciales, *law suits*

ANNE ¿Por qué lo dices?

MANUEL Pues te diré. Constantemente se lee que alguien está **demandando**[2] a alguien por las razones más frívolas. He leído algunos casos que son increíbles.

[2] *to sue*

PILAR Si no nos das algunos ejemplos no sabremos de qué estás hablando.

MANUEL Muy bien, aquí hay un caso: un muchacho que **pone pleito**[3] a los fabricantes de una radio de bolsillo porque los considera responsables de que un coche lo haya **atropellado**.[4]

[3] demanda

[4] *run over*

CRAIG No comprendo. ¿**Qué tiene que ver**[5] la radio con el atropello?

[5] ¿qué relación tiene...?

MANUEL Según él, mucho. La radio era un «walkman», y él iba por la calle con **los auriculares**[6] puestos y, ¡claro!, al cruzar la calle el muchacho no oyó venir un coche y ¡pum!, se metió delante del auto y fue atropellado.

[6] *earphones*

ANNE Pero, ¿qué tiene que ver eso con los fabricantes de la radio? En todo caso el muchacho demandaría al conductor, digo yo.

MANUEL No, su abogado dice que la radio debía tener la advertencia de que es peligroso llevar puestos los auriculares al atravesar las calles.

PILAR ¿Es posible? Pero... eso es de sentido común.

BRAD No me sorprendería nada que ganara el pleito. Hay **jurados**[7] con ideas muy originales sobre la responsabilidad.

[7] *juries*

MANUEL Es inconcebible. En Europa ningún juez habría aceptado esa **demanda**,[8] ni ningún abogado se habría **atrevido a**[9] **presentarla**.[10]

[8] *suit*

[9] *to dare*

[10] *to file*

CRAIG ¿Sabes lo que pasa? Hay mucha gente que siempre busca a alguien a quién **echarle la culpa**[11] de sus propios errores. Y si hay dinero **por medio**,[12] **mejor que mejor**.[13]

[11] *to blame*

[12] incluido

[13] aún mejor

MANUEL He leído casos aún más fantásticos: Una señorita que estaba teniendo **un lío**[14] con un hombre casado le puso pleito a la esposa porque ella, la esposa, había exigido a su marido que cortara sus relaciones con **la amante**,[15] es decir, con **la demandante**.[16]

[14] relación

[15] "la otra"

[16] *plaintiff*

PILAR ¿Cómo dices? ¿**La querida**[17] puso pleito a la esposa legítima? ¡Pero... eso es el colmo! Y, ¿cómo terminó el asunto?

limit

[17] amante

MANUEL En ese caso concreto creo que el juez **la mandó al cuerno**.[18]

[18] la mandó al diablo

PILAR **Menos mal**.[19] **Era lo que faltaba**,[20] que el juez le hubiera dado una indemnización **por daños y perjuicios**.[21]

[19] bien

[20] sería demasiado

ANNE Bueno... hay casos de *palimony* que no me parecen tan **disparatados**.[22]

[21] *damages*

PILAR ¿Casos de qué?

un disparate

[22] absurdos · *no tiene lógica*

ANNE Hay abogados que consideran que, cuando dos personas viven juntas sin estar casadas, hay ciertos derechos en caso de que se separen.

MANUEL ¡Uy! Si esa doctrina legal llegara a algunos países hispánicos, donde tantos hombres tienen amantes... ¡**los líos**[23] que habría!

[23] conflictos

ⓐ

PILAR   Pues a España ya llegó, querido. Y es más: en Cataluña la ley reconoce
las **parejas de hecho**,[24] sean del sexo que sean.

ANNE   ¡Uy! ¡Eso sí que es controvertido aquí!

[24] *de facto couples*

matrimonio
contrato

COMPRENSIÓN

En pares, usen el vocabulario del diálogo que está **en negritas**. Un(a) estudiante hace preguntas y ofrece dos o más posibles respuestas. Otro(a)
estudiante escoge la respuesta adecuada.

Modelos: 1. ¿A quiénes les gustan mucho **los pleitos**? ¿A los médicos, a los
abogados o a los artistas?

Los pleitos les gustan mucho a los abogados.

2. **Demandar** a alguien, ¿es preguntarle algo, mandarle un regalo o
llevarlo a los tribunales?

Demandar a alguien es llevarlo a los tribunales.

3. ¿Dónde se ponen los **auriculares**, en las orejas o en la nariz?

Los auriculares se ponen en las orejas.

PRÁCTICA GENERAL

En pares, preparen preguntas que incluyan el vocabulario del diálogo, que está
en negritas, y háganselas a su compañero(a). Usen el vocabulario nuevo en sus
respuestas.

Modelos: 1. ¿En qué situación **le pondrías pleito** a alguien?

2. ¿Por qué crees que es **un lío** tener **un lío** amoroso?

3. ¿Por qué el tema de **las parejas de hecho** es tan controvertido?

ENSAYO GENERAL (REHEARSAL)

A. En grupos, con el material del diálogo elaboren una escena de una obra de
teatro, de una película o de una serie de la televisión. Decidan quiénes serán
actores y actrices, directores de escena y apuntadores (*prompters*), y luego
ensayen la escena. Los actores, naturalmente, no han tenido tiempo de
aprender de memoria sus papeles. Cuando no los recuerden, los apuntadores
les dirán *en inglés* lo que, más o menos, tienen que decir, y los actores
improvisarán sus frases *en español*. Veamos un ejemplo:

ACTRIZ   Los norteamericanos son muy aficionados a los pleitos.
ACTOR   Sí.
DIRECTOR(A)   No, no, no. Tienes que decir algo más.
APUNTADOR(A)   *Ask her why she says that, and ask her to give an example.*
ACTOR   ¿Por qué dices eso? ¿Puedes darnos un ejemplo?

Lo que dicen los apuntadores sirve para refrescar la memoria de los actores,
pero no es una frase que éstos deben, simplemente, traducir. Al contrario, sobre

la idea dada en inglés por los apuntadores los actores crean su papel, e incluso pueden usar su imaginación para cambiar el argumento (*plot*) de la escena que están ensayando.

B. Además de ensayar la escena, los estudiantes también pueden criticar las ideas de los personajes.

C. Un grupo de estudiantes puede representar a los abogados y defender a los miembros de esta profesión. Otros la critican.

AMPLIACIÓN DE VOCABULARIO

A. En muchas sociedades **la violencia (la delincuencia)** es un problema muy serio. Hay **violencia urbana** y también la hay en zonas rurales que, durante *en la ciudad* algún tiempo, parecían más **seguras. La delincuencia juvenil** y **el tráfico de estupefacientes (drogas)** tienen mucho que ver con el problema. Hay muchos **delincuentes juveniles** y **toxicómanos (drogadictos). El narcotráfico** está en manos de **narcotraficantes** internacionales y muchos jóvenes se agrupan en **bandas** o **pandillas**.

PRÁCTICA

a. En grupos, contesten las siguentes preguntas.

1. ¿Por qué creen ustedes que hay tanta delincuencia juvenil? **2.** ¿Qué harían ustedes para que las calles fueran más seguras? **3.** ¿Qué harían ustedes para controlar el narcotráfico? ¿O creen que es imposible controlarlo? **4.** ¿Por qué los jóvenes forman pandillas?

b. Escriba una breve noticia de periódico informando que la policía ha detenido a un grupo de jóvenes que se dedicaba al tráfico de drogas.

B. En las ciudades hay **violencia (delincuencia**, problemas de **seguridad ciudadana**), hay **delitos** (infracciones de la ley) y también hay **crímenes (homicidios/asesinatos). El robo** es **un delito**, y **el ladrón** (quien **roba**) es **un delincuente.** Matar es **un delito** más grave: es **un crimen**, y quien lo comete es **un criminal, homicida** o **asesino.** Es decir, atención al uso de las palabras **crimen** y **criminal**: en español se refieren a un delito grave de sangre *delito es más* o de mucha violencia. Por eso es posible decir en español: «En mi ciudad hay *general* mucha **violencia (delincuencia)** (*crime*); hay muchos **delitos (robos**, por ejemplo) (*crimes*), pero no hay **crímenes (asesinatos/homicidios)** (*murders*)». **La delincuencia informática** no usa armas, usa **ordenadores** (computadoras) para **estafar** (*swindle*) a la gente.

PRÁCTICA

a. En grupos, contesten las siguientes preguntas.

1. ¿Cuál de los dos términos es más general, delito o crimen? **2.** En su opinión, ¿hay delitos que son tan graves como un crimen? Si sí, ¿cuáles son? **3.** Se dice que es imposible eliminar el narcotráfico. ¿Están ustedes

de acuerdo? ¿Por qué sí o por qué no? **4.** Los narcotraficantes, ¿son delincuentes, son criminales, o las dos cosas?

✎ **b.** Alguien entró en una casa para llevarse objetos de valor. También mató
al dueño de la casa. Escriba una breve noticia de periódico.

(C.) El robo no es el único delito frecuente. Hay **atracos** (robos en las calles y
medios de transporte), **asaltos** (a los bancos) y robos de pisos (robo en las
casas). **Los atracadores** y **los asaltantes** que **atracan** y **asaltan** casi
siempre tienen armas: cometen **robos a mano armada**. También hay
secuestros (raptos). Los secuestradores (raptores) que **secuestran** o
raptan suelen pedir **un rescate** (mucho dinero) antes de **dejar en libertad**
al **secuestrado**. Una variante del secuestro es **el secuestro de aviones** o **la
piratería aérea.** También hay delitos **contra la honestidad: la violación** y
la corrupción de menores. Los violadores (los que **violan**) **abusan de** su
víctima. **Los corruptores de menores** hacen lo mismo con jóvenes menores
de una cierta edad, que puede variar de país a país o de estado a estado. Las
palabras **honestidad** y *honesty* son falsos cognados. En general **la honradez**
está relacionada con cuestiones financieras, los contratos, etc. **La honestidad**
se refiere a cuestiones relacionadas con el sexo pero, por influencia del inglés,
es frecuente usar **honesto** en el sentido de **honrado**.

PRÁCTICA

✦ **a.** Todos juntos, contesten las siguientes preguntas.

> **1.** ¿Les preocupan a ustedes los atracos? ¿Qué precauciones toman?
> **2.** ¿Por qué se habla mucho ahora de la corrupción de menores? **3.** ¿Qué
> harían ustedes si fueran pasajeros en un avión secuestrado? **4.** ¿Qué les
> parece más importante, la honradez o la honestidad?

✎ **b.** Escriba una breve noticia sobre un delito (atraco, robo, secuestro, violación) cometido el día anterior.

D. La policía lucha contra la delincuencia. **Los policías** o **guardias**, cuando
están de servicio, **patrullan** las calles en sus **coches patrulla.** Pueden
detener a **los sospechosos** o **presuntos delincuentes**, especialmente si los
sorprenden **en flagrante delito** (cuando lo están cometiendo; en lenguaje
familiar, cuando los atrapan **con las manos en la masa**). A veces hay casos de
brutalidad policial cuando los policías **golpean** (**pegan**), **aporrean** o
torturan a los detenidos.

PRÁCTICA

✦ **a.** En grupos de tres, discutan lo siguiente.

> **1.** ¿Creen que si más coches patrullan en la calles podrían terminar con
> la delincuencia urbana? **2.** ¿Qué quiere decir eso de «presunto» cuando se
> habla de delincuentes? **3.** ¿Conocen ustedes algún caso de brutalidad poli-
> cial en su ciudad? **4.** ¿Qué entienden ustedes por «torturar» a alguien?

✎ **b.** Escriba una carta a un periódico denunciando un caso de brutalidad policial o, por el contrario, aprobando que la policía actúe enérgicamente contra los delincuentes.

E. Un problema muy frecuente es **el acoso sexual**. Una persona con autoridad sobre otra intenta obtener favores de carácter sexual. En las familias hay casos de **violencia doméstica**. En general las víctimas son las mujeres, que son **maltratadas**, o sea que reciben **malos tratos** de sus esposos o amantes. El hombre **amenaza** a la mujer, o **le pega**, **la maltrata** y hasta la mata. Cuando la mata por celos, es un caso de **crimen pasional**. A veces la mujer reacciona y es ella quien mata al hombre. Otras veces es un hijo quien mata al padre que le pega a su madre.

PRÁCTICA

✑ **a.** En pares, contesten las siguientes preguntas.

1. ¿Por qué muchos creen que la violencia doméstica y el acoso sexual son ahora más frecuentes que antes? **2.** ¿Por qué hay hombres que creen tener derecho a golpear a sus mujeres? **3.** ¿Es justificable el crimen pasional? **4.** ¿Es justificable que un hijo mate a su padre para defender a su madre?

✎ **b.** Escriba una carta al alcalde o alcaldesa (*mayor*) de su ciudad en la que explique por qué es necesario abrir un refugio para mujeres maltratadas.

✎ **c.** Escriba una carta al presidente o presidenta de su compañía en la que denuncie un caso de acoso sexual por parte de un(a) supervisor(a).

F. Cuando hay causas legales suficientes, un juez **procesa**, al acusado, es decir **dicta auto de procesamiento** (*prosecutes*) contra el sospechoso. (Atención: **procesar** = *to indict*; **tramitar** = *to process*. **Procesaron** al narcotraficante = *The drug dealer was indicted*. La solicitud fue **tramitada** en pocos días = *The application was processed in a few days*.) En **los procesos criminales los fiscales** acusan y **los abogados defensores** defienden. El procesado puede tener una buena **coartada** (prueba de que no estaban en el lugar donde se cometió el delito) y su inocencia queda probada. En **los juicios civiles** hay **demandados** y **demandantes** (que inician el proceso), los cuales buscan **indemnización** por **daños y perjuicios**, reales o imaginarios.

PRÁCTICA

✑ **a.** En pares, contesten las siguientes preguntas.

1. ¿Qué diferencia hay entre un fiscal y un abogado defensor? **2.** Se repite mucho que los tribunales son muy blandos con los delincuentes. ¿Qué piensan ustedes de eso? **3.** ¿Qué es una coartada? **4.** ¿Creen ustedes que en los EE.UU. hay un exceso de demandas civiles basadas en motivos frívolos? ¿Conocen ustedes algún caso?

✎ **b.** Escriba una breve noticia sobre lo ocurrido en un tribunal donde se juzgó a un criminal.

LECTURAS SOBRE LA CULTURA Y LA LENGUA

A. Ser un Quijote. Don Quijote de la Mancha, el famoso personaje creado por Miguel de Cervantes (1547–1616) es un hombre idealista, capaz de sacrificarse por cualquier causa que le parezca justa. Esto lo lleva muchas veces al desastre, pero él nunca aprende a ser un hombre práctico y realista. Por eso se dice de alguien que se guía por su idealismo, sin reparar en las consecuencias, que **es un Quijote**. Por ejemplo, un joven que se lanzó, él solo, a la defensa de una muchacha a la que atacaba una pandilla de delincuentes juveniles, es un Quijote.

B. Hacer / ser una quijotada es, más o menos, lo mismo. Muchas veces, cuando una persona sola lucha contra los prejuicios de toda una comunidad, termina en el desastre. Lo hace, sin embargo, llevada por su sentido de la justicia. Lo que esa persona hace **es una quijotada**. No tiene nada material que ganar, pero sigue su conciencia. ¿Cómo expresarían ustedes, en inglés, estas dos ideas?

C. Se armó la de San Quintín. En 1557 los españoles derrotaron a los franceses en la batalla de San Quintín, por eso se dice que «**se armó la de San Quintín**» cuando hay una pelea muy grande y caótica.

DIFICULTADES Y EJERCICIOS

A. Uso de: **pegar**

pegar	adherir, encolar	*to glue (together)*
pegar	golpear	*to hit*
pegar/fijar	poner en una pared	*to post*
pegar(se)	contagiar	*to infect with*

1. Para **pegar** las fotografías en el álbum necesitas un poco de goma de pegar (cola, sustancia adhesiva). **2.** Una pandilla lo atacó, **le pegó** y le robó la cartera. En este caso **pegar** necesita un pronombre de objeto indirecto, pues indica que alguien le pega (golpes) a otro. Compare: **Lo** atacaron y **lo** golpearon. **Lo** atacaron y **le** pegaron. **3.** Estaban **pegando** unos carteles en una pared, cuando vieron un letrero que decía: Prohibido **fijar** (**pegar**) carteles. **4.** Cuando mi hijo mayor se pescó la gripe, se la **pegó** a todos sus hermanos.

PRÁCTICA ✎

Sustituya **pegar** por el equivalente adecuado en cada caso.

Modelo: Se me rompió la tetera. Voy a ver si puedo pegar los pedazos.

Se me rompió la tetera. Voy a ver si puedo <u>encolar</u> los pedazos.

1. Me dijeron en la tienda que esta goma lo *pega* todo: papel, cristal... **2.** ¡No te acerques a mí! No quiero que me *pegues* tu catarro. **3.** ¿Crees que esta

goma es buena para *pegar* porcelana? **4.** El médico dice que el niño puede
pegarle la enfermedad a su hermano. **5.** Lo atacaron en la calle, le robaron
el dinero y *le pegaron*. **6.** Prohibido *pegar* carteles. **7.** No se debe *pegar* a los
animales. **8.** Si quieres, puedes colgar fotografías, pero no las *pegues* en la
pared. **9.** Hubo un gran escándalo de prensa cuando un periodista acusó a
la policía de *pegar* a los detenidos. **10.** La gripe es una enfermedad que se
pega mucho.

PRACTICANDO AL CONTESTAR

En pares, contesten las siguientes preguntas.

1. ¿Te gusta la arqueología? ¿Qué hacen los arqueólogos cuando
encuentran un vaso o un ánfora completos, pero rotos en muchos pedazos?
2. Un refrán español dice: «La letra con sangre entra». ¿Cómo lo
interpretas? ¿Estás de acuerdo con lo que dice? **3.** Cuando hay elecciones,
¿qué influencia tienen sobre ti los carteles de propaganda electoral que ves
pegados en las paredes? **4.** Si tuvieras que cuidar a enfermos contagiosos,
¿qué precauciones tomarías para que no te pegaran su enfermedad?

B. Uso de: **pegarse, pegarse a; pelearse (con); discutir, tener una
discusión con...; hablar de...; pelear, luchar**

1. a. pegarse = golpearse contra, darse un golpe contra	*to hit oneself*
b. pegarse = golpearse (con), darse de golpes (con)	*to fight, to hit each other*
c. pegarse = contagiarse	*to be catching*
2. pegarse a	*to stick; to glue oneself to*
3. a. pegarse = tener un pelea con	*to fight (brawl) with*
b. pelearse (**con**) = reñir *debatir*	*to fight, to quarrel (with)*
4. a. discutir (**con**)	*to argue with*
b. tener una discusión (**con**)	*to have an argument (a fight)*
5. hablar de...	*to discuss*
6. pelear, luchar = combatir	*to fight (combat)*

1. a. Al salir corriendo **me pegué con** el brazo **contra** la puerta, y ahora
me duele mucho el codo.

b. Los dos muchachos **se pegaron** detrás de la escuela.

c. Algunas enfermedades **se pegan** más que otras.

2. Los sellos (las estampillas) estaban húmedos y **se pegaron** unos **a** otros.

3. a. Es un hombre violento, y cuando bebe **se pelea** (**se pega**) **con** todos.

b. Mi novia y yo **nos peleamos** ayer, pero ya hicimos las paces.

4. a. Mi novia y yo **discutimos** ayer por cuestiones de celos. A mí no me gusta **discutir con** ella porque la quiero mucho, pero a veces me pongo muy celoso y eso no le gusta.

b. Mi novia y yo **tuvimos una discusión** por cuestiones de celos, y no nos hablamos por tres días.

5. Empezamos **hablando de** política y terminamos **discutiendo**.

6. Los soldados **pelearon** (**lucharon**) con gran heroísmo.

PRÁCTICA

En lugar de las palabras en *bastardilla,* use las expresiones estudiadas.

1. Me caí y me *di un golpe en* la rodilla. **2.** Todos *lucharon* hasta el último hombre. **3.** Iba en su coche a toda velocidad y *se dio un golpe* contra un árbol. **4.** Los dos se quieren mucho, pero siempre están *riñendo.* **5.** Los dos muchachos empezaron a *darse de golpes,* pero sus amigos los separaron. **6.** *Tuve una pelea* y me rompí la chaqueta. **7.** ¿Es cierto que el tifus *se contagia?* **8.** Los dos se *golpearon* con furia. **9.** Mi madre no permite que *conversemos de* política cuando se reúne la familia. **10.** Es muy frecuente que los novios *tengan problemas,* pero siempre hacen las paces.

PRACTICANDO AL CONTESTAR

En pares, contesten las siguientes preguntas.

1. En la televisión hay muchas peleas. ¿Qué efecto tiene esto sobre los televidentes, especialmente los niños? **2.** ¿Qué relación encuentras tú entre las peleas y la masculinidad? **3.** En una guerra, ¿lucharías hasta morir, aun sabiendo que la guerra estaba perdida? ¿Por qué lo harías, o no lo harías? **4.** ¿Qué le haría pelearte con tu novio(a) o con unos buenos amigos?

C. Uso de: **echarle la culpa** (de algo a alguien), **culpar; tener la culpa (de);** **la culpa la + tener + ... ; la culpa + ser + de ... ; la culpa + ser +** adjetivo posesivo; **ser culpable (de)**

1. echarle la culpa (de algo a alguien) **culpar**	} *to blame*
2. tener la culpa (**de**) **la culpa la + tener...** **la culpa + ser + de** **la culpa + ser +** adjetivo posesivo **ser culpable** (**de**)	} *to be guilty of,* or *to be somebody's fault*

Verdaderamente, nuestro amigo Ernesto tiene muy mala suerte. Siempre le sucede algo malo.

1. Todos **le echan la culpa** (a él). **Le culpan** (a él) de todo, en un coro que repite la misma idea en formas diferentes.

2. Ernesto **tiene la culpa de** todo; **la culpa la tiene** Ernesto; **la culpa es de** Ernesto; **la culpa es suya**... ¡Pobre Ernesto! En la mayoría de los casos él no **es culpable de** nada.

PRÁCTICA

Elimine las palabras que están *en bastardilla* y use otras equivalentes que no cambien el significado de la frase.

1. En un artículo sobre la violencia urbana, el periodista *culpó* a los traficantes de estupefacientes. **2.** El detenido dijo que él no *tenía la culpa* de nada. **3.** El violador dice que *la culpa la tiene* la violada por llevar un vestido muy provocativo. **4.** Hay quien dice que los tribunales son demasiado blandos con los delincuentes: Los tribunales *son responsables* de la violencia urbana. **5.** Otros dicen que la *responsabilidad* la tiene la pobreza. **6.** El acusado se declaró *inocente*. **7.** ¿Cómo puede decir que *no tiene la culpa* del robo si lo agarraron con las manos en la masa?

PRACTICANDO AL CONTESTAR

En grupos, contesten con sus propias ideas.

1. En su opinión, ¿quiénes tienen la culpa de estos problemas sociales?: **a.** la desintegración de la familia; **b.** la pobreza; **c.** los estupefacientes; **d.** la impersonalidad de la vida urbana; **e.** los delitos de carácter sexual; **f.** los atropellos y otros accidentes automovilísticos; **g.** el excesivo número de pleitos; **h.** los atracos; **i.** la piratería aérea.

PEQUEÑO TEATRO

1. La clase puede convertirse en un congreso de sociólogos que hablan de los problemas de la sociedad.

2. La clase debe considerar una demanda de responsabilidad civil. Algunas posibilidades:

   a. Un ladrón pone pleito a los dueños de una casa porque, al intentar entrar por un balcón, se cayó y se rompió una pierna.
   b. Una persona ve cómo un suicida se tira del puente Golden Gate de San Francisco y exige una compensación monetaria porque lo que vio le ha causado gran ansiedad y falta de sueño, los cuales le impiden trabajar.

3. Un grupo de sociólogos habla del gran deporte de los norteamericanos: demandarse unos a otros por los motivos más frívolos. Los sociólogos dan ejemplos de casos que conocen, y los comentan.

Sea usted mi intérprete, por favor

En grupos de tres. Estudiante A sólo habla inglés. Estudiante B es bilingüe. Estudiante C sólo habla español. A hace una pregunta en inglés, B la repite en español, C contesta en español y B repite esa respuesta en inglés para que A comprenda. Los estudiantes preparan sus propias preguntas.

Algunas posibilidades:

1. Is crime a problem in your city? What type of crime is more frequent?

2. Is it safe to walk in the streets at night? Do you do it? Explain.

3. What would you do if you were mugged?

4. Do you know of any case of sexual harassment?

Sea usted mi traductor(a), por favor

En grupos de tres. Usando el vocabulario nuevo, escriban varias preguntas en inglés y repártanlas entre sus colegas, quienes se las devolverán traducidas al español y con su correspondiente respuesta. Corrijan los errores, si los hay.

CUESTIONES GRAMATICALES

Los pronombres relativos

En español, los pronombres relativos más frecuentes (**que**, **quien**, **el cual**, **el que** y sus variantes) funcionan como diplomáticos: representan a alguien o algo, que es su antecedente.

A. Cuando se refieren a personas

> **1. Que, quien, quienes, el que (los que, la que, las que), el cual (los cuales, la cual, las cuales)**

Estos pronombres pueden referirse a personas, lo mismo que los pronombres ingleses *that / who*, pero en inglés, para las personas, se prefiere *who*. El problema para el angloparlante está en saber cuándo sólo se puede usar **que**, como en el ejemplo que sigue, y no ninguno de los otros pronombres.

> Los traficantes **que** controlan el mercado ganan mucho. (Los otros, los que no lo controlan, no ganan mucho).

Entonces, ¿cuándo se usan los otros pronombres? Veamos:

2. **Que = quien / el cual** (y sus variantes) son intercambiables <u>después de una coma</u>:

    Los traficantes, **que / quienes / los cuales** controlan el mercado, ganan mucho. (Todos los controlan y todos ganan mucho).

3. **Que = el que / la que / los que / las que** indican una posibilidad entre varias. La diferencia de uso entre **que** y **el que** y sus variantes es ésta: **que** <u>puede</u> ir detrás de una coma o no, con un cambio de significado; **el que** y sus variantes <u>siempre</u> están después de una coma:

    Los traficantes, **que** controlan el mercado, ganan mucho. (Todos lo controlan y todos ganan mucho).

    Los traficantes **que** controlan el mercado ganan mucho. (Los otros no).

    Los traficantes, **los que** controlan el mercado, ganan mucho. (Los otros no).

4. Hay una sutil diferencia entre **el cual** (sin alternativas) y **el que** (varias alternativas), y es muy importante dentro de algunos contextos:

    El policía visitó a su madre, **la cual** vive en Lima.

    El policía visitó a su madre, **la que** vive en Lima. (¿Tiene varias madres?)

    El policía visitó a su hermana, **la que** vive en Lima. (Tiene otras hermanas).

5. Se usan **quien**, **el que**, **el cual** (y sus variantes), y no **que**, después de una preposición, especialmente después de **sin** y **por**:

    Los ladrones, **a quienes** (**a los cuales / a los que**) nadie vio, se llevaron mucho dinero.

    Los ladrones **de quienes** (**de los cuales / de los que**) te hablo están muy bien organizados.

    Ese narcotraficante, **contra quien** (**contra el cual / contra el que**) hay una demanda de extradición, está escondido, y nadie sabe dónde.

    Las pandillas, **sin las cuales** este barrio sería muy tranquilo, son un problema muy serio.

    Esa parte de la frontera, **por la cual** pasan la droga, no está bien vigilada.

6. **Quien** puede aparecer sin antecedentes, pero no es frecuente. Los siguientes pares de oraciones tienen el mismo sentido:

    La persona que no ha visto Sevilla, no ha visto maravilla.
    Quien no ha visto Sevilla, no ha visto maravilla.

    No hay nadie que pueda controlar el narcotráfico.
    No hay **quien** pueda controlar el narcotráfico.

PRÁCTICA ✎

Con dos frases diferentes forme una frase única, eliminando las palabras *en bastardilla* y usando en su lugar el pronombre relativo correspondiente.

Modelo: Es un traficante famoso. A ese *traficante* lo busca la policía.

> Es un traficante famoso <u>a quien</u> / <u>al cual</u> / <u>al que</u> busca la policía.

1. Son unos piratas aéreos. *Esos piratas* secuestran aviones por razones políticas. **2.** Ahí están los dos policías. *Esos dos policías, y no otros,* atraparon al ladrón. **3.** Ahí están los dos policías. *Esos policías* atraparon al ladrón. **4.** Es uno de los jefes de la compañía. *Ese jefe, no los otros,* es culpable de acoso sexual. **5.** Detuvieron a unos narcotraficantes. *Esos traficantes, y no otros,* trajeron mucha heroína la semana pasada. **6.** Llegó el fiscal. *Ese fiscal* estará encargado de la acusación. **7.** Detuvieron a un ladrón de pisos. A *ese ladrón de pisos lo* atraparon con las manos en la masa. **8.** Quieren que castiguen a dos policías. *Esos policías, y no otros,* golpearon al violador. **9.** *La persona que* no ha visto Granada, no ha visto nada. **10.** En mi opinión no hay *nadie que* tenga una solución para el problema de la violencia urbana.

B. Cuando los pronombres se refieren a objetos

1. Se aplican las reglas anteriores, con la diferencia de que nunca se usan **quien** ni **quienes**, que sólo se usan para referirse a personas.

La cocaína **que** viene de ese país es muy fuerte. (La otra no).

La cocaína, **la que** viene de ese país, es muy fuerte. (La otra no).

La cocaína, **que** viene de ese país, es muy fuerte. (Toda viene de ese país).

La cocaína, **la cual** viene de ese país, es muy fuerte. (Toda viene de ese país).

2. Preposición + **que**. Cuando se refiere a objetos, **que** puede ir precedido de preposiciones cortas como **de, en, con**.

El rescate **de que** te hablo fue enorme.

El coche **en que** se lo llevaron era rojo.

La pistola **con que** dispararon es de gran calibre.

En la mayoría de los casos, sin embargo, se prefieren las formas **el que, el cual** y sus variantes, especialmente cuando las preposiciones son **sin** o **por**, o cuando son largas, como **bajo, contra, desde, entre, hacia, hasta, para, según, sobre**.

El rescate **del que** te hablo fue enorme.

El coche **en el que** se lo llevaron era rojo.

La inseguridad ciudadana, **sin la cual** esta ciudad sería un paraíso, es un problema muy serio.

El barrio **por el que** andan las pandillas es muy violento.

La ley, **bajo la cual** todos vivimos, debe ser obedecida.

El narcotráfico, **contra el cual** se lucha tanto, es difícil de eliminar.

Varios delincuentes, **entre los que** había dos menores, fueron detenidos ayer.

La frontera, **hacia la cual** se dirigen los secuestradores, está muy vigilada.

C. Lo que = lo cual son formas neutras intercambiables que se refieren siempre a acciones, no a objetos ni personas. Compare:

Cometió varios errores, **lo que (lo cual)** le costó muy caro. (El acto de cometer errores le costó muy caro).

Cometió varios errores, **los que (los cuales)** le costaron muy caros. (Los errores le costaron muy caros).

PRÁCTICA

Como clase entera, hagan una frase con las dos dadas, eliminando las palabras que están *en bastardilla* y usando en su lugar el pronombre relativo correspondiente.

Modelo: El crimen fue cometido con una pistola. *Esa pistola* todavía no ha sido encontrada.

El crimen fue cometido con una pistola, <u>que</u> / <u>la cual</u> todavía no ha sido encontrada.

1. A la población le preocupan los robos de *pisos. Los robos de* pisos son muy frecuentes. **2.** Muchas pandillas tienen armas. *Esas armas* son fáciles de conseguir. **3.** Hay muchos atracos. *Esos atracos* ocurren especialmente de noche. **4.** Hay muchos asaltos a bancos. De *esos asaltos* se queja mucho la prensa. **5.** Se lee mucho sobre la piratería aérea. *Esa piratería aérea* es un problema internacional. **6.** Los secuestradores pidieron un rescate. *Ese rescate* era exorbitante. **7.** Ha habido varias violaciones. *Esas violaciones* preocupan mucho a toda la población. **8.** Un policía le pegó a un atracador. *Ese acto de pegar a un atracador* está prohibido por la ley. **9.** El acusado tenía una buena coartada. Gracias a *esa coartada* salió en libertad.

D. Un relativo muy poco usado: **cuyo, cuyos, cuya, cuyas**

Este pronombre relativo casi no se usa en la conversación sino que se prefieren otras formas.

Mi vecino, **cuyo** hijo fue secuestrado, no tiene dinero para el rescate.
Mi vecino, **a quien** le secuestraron el hijo, no tiene dinero para el rescate.

Conclusión: Algo **que** debemos evitar.

De todos los pronombres relativos, **que** es el peor enemigo de la buena prosa. Vamos a ver cómo arreglamos este párrafo, infestado de «ques»:

> Dicen **que** el ladrón **que** atracó el banco **que** está cerca del monumento **que** construyeron en honor de **los que** defendieron la ciudad, **que** fue atacada tantas veces en la guerra **que** tuvimos con el país **que** es nuestro vecino, tenía una pistola con **la que** amenazó a **los que** trabajan en el banco.

Hay dos posibilidades: encontrar otros pronombres relativos equivalentes a **que**, o eliminarlo por completo. Veamos:

> Dicen **que** el atracador del banco cercano al monumento construido en honor de los defensores de la ciudad, tantas veces atacada en nuestra guerra con el país vecino, tenía una pistola con **la cual** amenazó a los empleados del banco.

Todavía no es una buena prosa, pero es un poquito mejor que la del primer párrafo.

REVISIÓN GENERAL

Diálogo

Conteste a estas preguntas utilizando en sus respuestas las palabras que están *en bastardilla*.

1. ¿Por qué hay tantos *pleitos* en nuestra sociedad? **2.** ¿En qué caso es frecuente que una mujer divorciada, con hijos, tenga que *demandar* a su ex marido? **3.** Si el perro de un vecino muerde a alguien, ¿por qué creen que vale o no vale la pena *ponerle pleito* al dueño del animal? **4.** ¿En qué circunstancias es la ley muy estricta con los que *atropellan* a alguien? **5.** ¿Por qué está prohibido conducir (manejar) cuando se está usando un radio que necesita *auriculares*? **6.** ¿Por qué cree que es más fácil *atreverse a* hacer algo peligroso cuando se ha bebido demasiado? **7.** ¿Qué problema social le preocupa? ¿A quién *le echan la culpa de* ese problema? **8.** Hay gente que se casa por interés. ¿Cree usted que si el matrimonio es con una persona rica, *mejor que mejor*? **9.** ¿Por qué cree usted que algunas sociedes son muy estrictas con los *líos* amorosos de los políticos, y otras no les dan importancia? **10.** ¿Cree usted que la sociedad es más tolerante con un hombre que tiene *una amante* que con una mujer que tiene *un amante*? Si es verdad, ¿por qué? **11.** Si alguien le dice que *se vaya al cuerno*, ¿cómo reacciona? **12.** ¿Cree usted que los jurados son demasiado generosos cuando dan compensaciones *por daños y perjuicios*? **13.** ¿Por qué lo que es una idea *disparatada* en una sociedad, puede ser una idea muy razonable en otra? ¿Puede dar algún ejemplo?

AMPLIACIÓN DE VOCABULARIO

A. Conteste estas preguntas en forma breve, clara y sencilla.

Modelo: ¿Qué es un homicida?

Un homicida es una persona que mata a otra persona.

1. ¿Qué hace un narcotraficante? **2.** ¿Qué tipo de problema tiene un toxicómano? **3.** ¿Qué es una pandilla? **4.** ¿Qué es «agarrar a alguien con las manos en la masa»? **5.** ¿Qué es una coartada?

B. Conteste estas preguntas usando el vocabulario estudiado.

Modelo: ¿Quién es el abogado que acusa?

El abogado que acusa es el fiscal.

1. ¿Quién preside un tribunal? **2.** Cuando un coche pasa por encima de alguien, ¿qué tipo de accidente ha ocurrido? **3.** ¿Cómo está una persona que ha bebido demasiado? **4.** ¿Cómo llamamos a alguien que roba? **5.** ¿Qué nombre tiene el delito de atacar sexualmente a alguien? **6.** En un proceso civil, ¿qué pide el demandante?

C. Complete estas frases con una idea suya, usando el vocabulario estudiado.

Modelo: Un homicidio es un... Robar un coche es un...

Un homicidio es un crimen. Robar un coche es un delito.

1. Cuando no hay delincuencia en las calles, decimos que las calles son ... **2.** Quién comete un atraco es un ... **3.** Quien comete un delito es un ... **4.** Y quien comete un crimen es un ... **5.** Robar es un .... **6.** Matar es un ... **7.** Los narcotraficantes transportan y venden ... **8.** En general, los raptores piden un ... **9.** Cuando una familia sale de vacaciones, el delito que más teme es ... **10.** Los delincuentes juveniles del barrio se organizaron en una ... **11.** En las calles de las grandes ciudades hay muchos ... **12.** Los bancos tienen sistemas de alarma para evitar los ... **13.** A las compañías aéreas les preocupan mucho los actos de ... **14.** Quien abusa de un o una menor comete el delito de ... **15.** Para un abogado es muy difícil defender a un acusado cuando lo han atrapado con las manos en ...

DIFICULTADES Y EJERCICIOS

En las frases siguientes, elimine las palabras *en bastardilla* y use las expresiones estudiadas en la sección «Dificultades y ejercicios».

Modelo: Está prohibido *pegar* carteles.

Está prohibido fijar carteles.

1. En el parque, mi perro *tuvo una pelea* con otro perro. **2.** Yo digo que el otro perro *es responsable* de esa pelea. **3.** El dueño del otro perro dice que la *responsabilidad* la tiene el mío. **4.** Yo *acuso* al otro perro de todo lo sucedido. **5.** Al final, el dueño del otro perro y yo casi nos *dimos golpes.* **6.** Yo creo que la violencia *es contagiosa,* y pasó de los perros a las personas. **7.** Los perros, posiblemente, piensan que es al revés: la violencia humana *se contagia* a los perros. **8.** Bueno, la cuestión es *pasar la responsabilidad* a otros.

CUESTIONES GRAMATICALES

Complete estas frases con el pronombre relativo adecuado.

Modelo: De todos los tipos de violencia, la violencia juvenil es ___ más me preocupa.

De todos los tipos de violencia, la violencia juvenil es <u>la que</u> más me preocupa.

1. Consideran que ese hombre es el presunto delincuente, porque él es ____ estuvo en la escena del crimen poco antes de ocurrir éste. **2.** Perdió mucho dinero en los casinos, ____ lo arruinó. **3.** La policía no tiene ningún sospechoso, y no sabe a ____ buscar. **4.** Ése es el juez de ___ dicen que es muy estricto. **5.** Cuando alguien me demanda, ¿con ___ debo hablar? Con un abogado, naturalmente. **6.** Los violadores, ____ son un peligro para las mujeres, son castigados por la ley.

De las pequeñas composiciones a la gran composición

Después de conversar y de escribir breves notas sobre problemas sociales y sobre los pronombres relativos, ahora podemos escribir algo más largo. Vamos a escribir un ensayo.

ENSAYO

Hemos visto en la lección anterior cómo una experiencia personal puede ser la base de un ensayo en el cual presentamos una tesis y llegamos a unas conclusiones. Puede suceder, también, que presentemos nuestras ideas sobre algún tema sin que en nuestra exposición entre la anécdota de una experiencia personal. Es posible escribir sobre un tema abstracto, como «La justicia», o sobre una abstracción en contacto con el mundo concreto, como «La justicia en nuestra sociedad». En estos casos, quien escribe intenta convencer a los lectores de que la tesis presentada es válida, y para hacerlo presenta argumentos que conduzcan a la conclusión deseada. La estructura básica de este tipo de composición puede sintetizarse así:

A. Presentación del tema   B. Argumentación   C. Conclusión

A. PRESENTACIÓN DEL TEMA: Al presentar el tema quizá sea necesaria una definición que evite ambigüedades. Así, si escribimos sobre «La violencia urbana», ya indicamos que vamos a escribir sobre la violencia en las ciudades. Y si el tema es muy amplio, podemos establecer unos límites claros, indicando, por ejemplo, que al hablar de «El narcotráfico internacional» nos referimos al que existe entre dos determinados países, no en todo el mundo. Hay que evitar comenzar las definiciones con la forma «...es cuando...». Podemos decir que «un homicidio» es la muerte violenta de una persona, pero no debemos escribir que «un homicidio es cuando alguien mata a otra persona». Hay que evitar esa forma «es cuando... » Y, naturalmente, debemos evitar definiciones que no definen, sino que repiten el término definido. Si leemos que «Ser juez es trabajar como juez», seguimos sin saber qué es ser juez.

PRÁCTICA

Escriba el primer párrafo de un breve ensayo sobre algún problema social. Empiece expresando la intención de su ensayo y delimite la cuestión social que va a comentar (violencia en las calles, delitos contra la propiedad, delitos sexuales, etc.). Indique por qué, en su opinión, es importante hablar de este tema.

B. ARGUMENTACIÓN: Los argumentos presentados deben ser lógicos y convincentes, aunque esto no garantiza que sean irrebatibles. Se debe escribir con un cierto distanciamiento, usando expresiones impersonales como «...se puede ver, entonces, que...», o empleando la primera persona del plural: «...vemos, entonces, que...». Debe evitarse el uso de la forma «yo», aunque ésta no es una regla inviolable si se quiere introducir un toque personal en el texto.

PRÁCTICA

Escriba el segundo párrafo de su ensayo. Puede empezar presentando uno o varios casos tomados de la vida real. Esos casos le dan argumentos para sostener su tesis. Por ejemplo, son un peligro para la sociedad, hacen muy difícil la coexistencia ciudadana, son consecuencia de..., conducen a...

C. CONCLUSIÓN: Hay unas cuantas expresiones que suelen preceder a la conclusión, como «por lo tanto, por consiguiente, así, resulta que, se deduce que» y otras, que establecen una relación entre la tesis, los argumentos presentados y la conclusión alcanzada, creando así un conjunto armónico.

PRÁCTICA

Escriba el párrafo final de su breve ensayo, en el cual los argumentos presentados hacen inevitable la conclusión a la que usted ha llegado.

POSIBLES TEMAS PARA UNA CONVERSACIÓN / COMPOSICIÓN

ATAJO

Grammar: Relatives
Phrases: Writing an essay; Writing an introduction; Linking ideas; Making transi-
              tions; Sequencing events; Expressing intention; Weighing the evidence;
              Writing a conclusion
Vocabulary: Violence

Recuerde: Use lo más posible las palabras y expresiones presentadas en esta
lección, subrayándolas. Haga lo mismo con los pronombres relativos.

1. La justicia, ¿igual para todos?

   Sugerencias:
   a. ¿Por qué se representa a la justicia como una mujer con los ojos ven-
      dados?
   b. ¿Cuáles son las diferencias entre la teoría y la práctica?
   c. ¿Predominan los miembros de ciertos grupos sociales en la población
      penal?
   d. ¿Hay diferentes explicaciones de este hecho?
   e. Importancia de poder pagar un(a) buen(a) abogado(a)
   f. ¿Hay otros aspectos socioeconómicos del problema: antecedentes
      familiares, nivel de instrucción, discriminación, empleo?
   g. ¿Hay alguna necesidad de enfrentarse con ese problema?
   h. ¿Hay alguna necesidad de encontrar soluciones?

2. La jungla urbana

   Sugerencias:
   a. La violencia en las calles es un hecho real
   b. Posibles causas, como la pobreza, la desintegración familiar y otras
   c. Posibles soluciones

3. Otros posibles temas:

   a. Los abogados en la sociedad
   b. La familia y la delincuencia juvenil
   c. Dificultad de eliminar el narcotráfico
   d. La violencia, ¿es inevitable en una sociedad industrializada?
   e. La glorificación de la violencia en el cine y en la televisión
   f. Los pleitos, deporte nacional

൦ൟ

la juventud moderna

Una terraza de café en la Plaza Mayor de Madrid es un buen lugar para conversar con los amigos.

❦

Personajes: *María Luisa, Brad. Más tarde: Rita y Steven.*

BRAD	Bueno, María Luisa, ¿**qué te parecen**[1] mis amigos? Ya has conocido a **unos cuantos**[2] desde que llegaste.
MARÍA LUISA	Pues mira, me parecen bien, excepto uno que **me presentaste**[3] ayer. Es un fresco.
BRAD	¿Cuál de ellos? Había muchos en la fiesta.
MARÍA LUISA	Creo que se llama Clark, o **algo así**.[4] Tuve que **pararle los pies**[5] ... ¡qué **pulpo**![6] ...Ése es de los que se creen que cuando una muchacha lo mira es porque quiere **ligar**[7] con él.
BRAD	Bueno, ser un poco **atrevido**[8] no está mal. ¿No crees?
MARÍA LUISA	Verás, ser un poco **lanzado**[9] está bien, pero hay que saber hacerlo **con gracia**.[10] Además, ese niño no me gustó. Lo encontré muy frívolo. Lo único que le interesa son las fiestas y **los ligues**.[11]
BRAD	Es natural, ¿no? ¿De qué querías que te hablara? ¿De filosofía?
MARÍA LUISA	**No me tomes el pelo**,[12] Brad. Tú sabes muy bien lo que quiero decir. Algunos de tus amigos son muy interesantes, pero hay otros que... francamente, son de una ignorancia sublime. **Y eso que**[13] están en la universidad. ¿Cómo es posible que confundan Paraguay con Uruguay, o que me pregunten si en Brasil hablan español?
BRAD	¡**Caray**![14] Yo también los confundo. Es que en nuestras escuelas no estudiamos geografía.
MARÍA LUISA	¿Es posible? E historia, ¿tampoco? Quien no sabe geografía, no sabe dónde está, y quien no sabe historia, no sabe de dónde viene.
BRAD	¡Chica! ¡Qué criticona estás hoy! Así nadie te va a llevar a bailar. ¡Tú esperas que todos los estudiantes de aquí sean tan **sabiondos**[15] como tú. ¿**Qué mosca te ha picado hoy**?[16]
MARÍA LUISA	Perdona, Brad, ya sé que no se debe generalizar, pero creo que hay que interesarse por el mundo que nos rodea.
BRAD	¡Uy! ¡Qué filosófica estás!

(Llegan RITA y STEVEN).

RITA	¡Hola! ¿Cómo están?
BRAD	Yo, muy bien. María Luisa está de mal humor, criticando a derecha e izquierda. Dice que aquí somos todos muy frívolos e ignorantes.
MARÍA LUISA	**No le hagas caso**,[17] Rosita. Yo no dije que lo sean todos, pero algunos lo son.
STEVEN	Rita y yo venimos a preguntarles si quieren venir a una fiesta mañana en mi casa. Van a venir Bárbara, Fred y...
MARÍA LUISA	¿Va a ir Fred? Entonces voy. Ese niño me gusta mucho.
BRAD	Claro, te gusta mucho porque es tan sabiondo como tú, y además estudia filosofía.
MARÍA LUISA	Pues sí, me gusta por todo eso, y además, porque **está muy bueno**.[18] Ya ves, yo también puedo ser frívola.

1. qué piensas de
2. algunos
3. *to introduce*
4. algo parecido
5. pararlo
6. *octopus*
7. iniciar una aventura amorosa
8. *agressive*
9. *daring*
10. *with charm*
11. aventuras
12. no te burles
13. a pesar de que
14. *Heck!*
15. sabios, pero pedantes
16. ¿por qué estás incomodada?
17. no creas lo que dice
18. *is very sexy*

BRAD	Tu madre se horrorizaría si te oyera hablar así.
MARÍA LUISA	Sí, ya lo sé. Mamá está un poco **anticuada**.[19]
BRAD	Y tú eres una sabionda moderna, liberada, lanzada y un poco fresca. Me parece que Fred va a tener que pararte los pies.
MARÍA LUISA	No lo creo. Quizá yo sea lanzada, pero lo hago con gracia.

[19] *old-fashioned*

COMPRENSIÓN

En pares, preparen preguntas con dos o tres respuestas posibles usando el vocabulario que está **en negritas**. Hág.anselas a otro(a) estudiante para que escoja la respuesta adecuada.

Modelos: 1. Cuando yo le pregunto a alguien «**¿qué te parece**...?», ¿le estoy pidiendo su opinión, pidiendo un favor o pidiendo dinero?

Cuando le preguntas a alguien «¿qué te parece...?» le estás pidiendo su opinión.

2. Si a mi fiesta vienen **unos cuantos amigos**, ¿vienen muchísimos o algunos?

Si a tu fiesta vienen unos cuantos amigos, vienen algunos.

3. **Presentar** a dos personas ¿es hacer que se conozcan, hacerles un regalo o presionarlas?

Presentar a dos personas es hacer que se conozcan.

PRÁCTICA GENERAL

En pares, preparen preguntas que incluyan el vocabulario que está **en negritas**, y háganselas a otros(as) estudiantes.

Modelos: 1. ¿Por qué crees que (no) es posible ser **lanzado** o **fresco**, pero **serlo con gracia**?

2. En sociedad ¿qué es mejor, ser **atrevido** o ser **tímido**? Explica tu opinión.

3. Decir de alguien que es **sabiondo(a)**, ¿es un bueno o malo? Explica tu opinión.

ENSAYO GENERAL (Rehearsal)

A. Todos juntos, como si fueran un grupo de críticos de teatro, comenten el contenido del diálogo:

1. Esta conversación es frívola y está llena de estereotipos.

2. La gente joven de ahora no se preocupa por estos temas.

3. María Luisa es una pedante insoportable.

4. Sus críticas a los jóvenes norteamericanos no están justificadas.

5. Brad parece tonto.

B. Dividan el diálogo en varias partes, y escriban en grupos una nueva versión, con los mismos personajes pero con una conversación diferente, que les parezca más natural entre los jóvenes de su edad.

AMPLIACIÓN DE VOCABULARIO

A. En los países hispánicos los jóvenes **se hablan de tú** (se **tutean**) desde que se conocen, o hasta cuando se hablan sin conocerse. El plural de **tú** es **vosotros(as)**, que sólo se usa en España. En el sur de España y en las Islas Canarias se usa mucho la forma **ustedes** como plural de **tú**, y en Hispanoamérica se usa exclusivamente la forma **ustedes**. La forma **vosotros** tiene unas terminaciones verbales propias: **Vosotros queréis** ir a la fiesta; **vosotras no queríais** ir. ¡**Bebed**! ¡**No bebáis**! En sus conversaciones, muchos españoles pronuncian mal este final en **-d** del imperativo afirmativo, y lo convierten en un infinitivo: ¡**Entrar**! No se considera gramaticalmente correcto, pero es muy frecuente. En Argentina, Uruguay y partes de Centroamérica en lugar de la forma **tú** se usa mucho **vos**, que tiene sus formas verbales propias: **Vos tenés** muchos amigos; **vos hablás** mucho.

PRÁCTICA

a. En pares, contesten las siguientes preguntas.

1. En inglés sólo existe la forma *you*. ¿Cómo se puede expresar familiaridad en la conversación? **2.** En inglés, ¿crees que *to be on a first name basis* expresa la idea de **tutearse**? Si crees que no, ¿qué otra expresión sugerirías? **3.** ¿Cómo decides tú cuándo debes **tutear** a alguien, o usar la forma «usted»? **4.** ¿Cómo le explicarías a alguien que está estudiando inglés por qué no debe usar la forma *thou*?

b. Escriba una breve carta a un(a) amigo(a) extranjero(a) que va a venir a este país, explicándole cuándo debe usar *you* y cuándo debe usar *Mr. ...*, *Mrs. ...*, *Miss. ...* o *Ms. ...*

B. Las relaciones entre los jóvenes de **ambos** (los dos) sexos varían de una cultura a otra, y cambian también según las generaciones. La sociedad española y las de algunos países hispanoamericanos han cambiado mucho en los últimos años; ciertas formas de conducta que hubieran sido inconcebibles hace poco tiempo son ahora aceptadas **sin pestañear** (sin expresar sorpresa), y la virginidad femenina no tiene la importancia de antes. La virginidad masculina siempre fue considerada como algo inexistente después de una cierta edad. Ahora muchos **solteros** (hombres y mujeres que **no están casados**) deciden **vivir con su compañero(a) sentimental** sin casarse, o **se casan sólo por lo civil**, **ante un juez**, sin prestar atención ninguna a los ritos religiosos. Para otros, casarse **por la Iglesia** es, simplemente, un acto social.

Práctica

a. En pares, contesten las siguientes preguntas.

1. ¿Qué entiendes por «valores tradicionales» en cuestiones de relaciones entre ambos sexos? **2.** Casarse por la Iglesia, ¿es una afirmación de creencias religiosas, o es para algunos un simple acto social? Explica tu opinión. **3.** ¿Qué opiniones hay en tu sociedad sobre vivir juntos sin estar casados? **4.** En tu opinión, ¿qué conducta personal era inaceptable hace pocos años, y es aceptada ahora sin pestañear?

b. Escriba una breve carta a su mejor amigo(a) invitándolo(a) a su boda. Explique que la boda (no) va a ser religiosa.

c. Escriba una breve carta en la que su amigo(a) (no) acepta la invitación, y por qué.

C. Aunque en los países hispánicos la separación entre la juventud y las generaciones anteriores no es tan marcada como en otras sociedades, los jóvenes tienen su propio **argot** que muchas veces pasa a otros grupos sociales. En español **ligar** significa «atar, unir, enlazar», pero ahora se usa en el sentido de «establecer una relación que no es de simple amistad». **El ligue** (acto de ligar) es el comienzo de algo que puede terminar de diferentes maneras, según el grado de libertad de costumbres de los participantes. Los jóvenes **se conocen** en clases, cafés, bares, discotecas o cualquier otro lugar, hablándose espontáneamente, sin necesidad de **presentación**, o después de **ser presentados** por algún amigo común. En España, como en los países hispánicos, no hay leyes que prohíban a los jóvenes entrar en locales donde se consumen **bebidas alcohólicas**, y en las universidades hay bares, que sirven como centro de reunión donde los estudiantes se conocen y comparten unos vasos de vino o unas cervezas.

Práctica

a. En pares, contesten las siguientes preguntas.

1. En tu sociedad, ¿tienen los jóvenes algún argot especial? ¿Cómo es? **2.** Entre la gente joven, ¿dónde es más fácil ligar? **3.** En tu sociedad, ¿cómo y dónde se conocen los jóvenes? ¿Son necesarias las presentaciones? **4.** ¿Por qué crees que la sociedad norteamericana tiene tantas leyes contra el consumo de las bebidas alcohólicas?

b. Escriba una breve carta al rector o rectora de su universidad, y pídale una cita para hablar del consumo de bebidas alcohólicas en algunas fiestas de estudiantes.

D. Dos personas pueden **quedar citadas** (**estar citadas, citarse, tener una cita,** ponerse de acuerdo para encontrarse en un lugar y salir juntos). Una persona nunca es **una cita** (*date*) de otra persona. Además, **una cita** no necesariamente tiene carácter sentimental; es posible tener una cita con el dentista, o para hablar de negocios. De ser simples **conocidos**, dos jóvenes pueden pasar a ser amigos, y si **flirtean** o **coquetean** un poco, o si hay **el flechazo** de Cupido, **se enamoran**. **Enamorarse de** alguien significa sentir **cariño** (amor) y **ternura** (afecto), y si los dos **están enamorados** pueden decidir **hacerse novios**, es decir, tomar en serio su relación amorosa. **El noviazgo**, sin embargo, puede terminar en **boda**, conducir al **matrimonio** o no. **Los novios** pueden **reñir, pelearse** o **tener un disgusto** por cuestiones de **celos**, o por cualquier otro motivo, y **la riña** o **pelea** puede conducir a **la ruptura**. Si ésta es unilateral, quien rompe el noviazgo **planta** o **deja plantado(a)** a la otra persona: Enrique y María fueron novios durante seis meses, pero luego ella **lo plantó** (**lo dejó plantado**) y se casó con otro. **Dejar plantado** también puede significar no ir a una cita: **Quedamos citados** a las cinco, pero ellos **me dejaron plantado**.

PRÁCTICA

a. En pares, contesten las siguientes preguntas.

1. ¿Qué te parece la gente que siempre llega tarde a las citas? **2.** ¿Crees en el flechazo? Explica tu opinión. **3.** ¿Por qué crees que riñen más los novios? **4.** ¿Cómo reaccionas cuando alguien te deja plantado(a)?

b. Escriba una breve carta a su novio(a) anunciándole la ruptura del noviazgo. Explique las razones de la ruptura.

LECTURAS SOBRE LA CULTURA Y LA LENGUA

A. Algunas palabras que expresan virtudes, o defectos, no necesariamente expresan la misma idea en diferentes culturas. En el mundo norteamericano, especialmente en el mundo de los negocios, es buena cosa ser *aggressive,* mientras que ser **agresivo** es un defecto, y muy serio, en el mundo hispánico. Si una compañía necesita un *aggressive executive* debe anunciar que busca un **directivo dinámico, emprendedor** o **activo**, pero nunca agresivo. Un borracho puede estar agresivo en una taberna, pero una persona con un alto cargo en una compañía nunca deber serlo ni estarlo. Y si un muchacho es agresivo con las chicas, es que las amenaza y les pega. Si alguien es *aggressive with the opposite sex,* es **un(a) lanzado(a), atrevido(a)** o **fresco(a)**.

B. ¿Cómo le explicarían ustedes a un amigo de habla española qué es una *blind date*? No una «cita ciega», ciertamente. ¿Qué les parecen estas sugerencias?: **a.** Voy a salir con un(a) amigo(a) de unos amigos; **b.** Mis amigos me invitaron a una fiesta y me encontraron pareja; **c.** Voy a salir con alguien a quien nunca he visto; **d.** Tengo una cita-sorpresa. ¿Alguna otra posibilidad?

DIFICULTADES Y EJERCICIOS

A. Uso de: **parecer, el parecer, al parecer, a (mi, tu, su...) parecer, parecerle** (algo a alguien), **parecerse, parecerse a, ser parecido a, tener parecido con, el parecido, parecido** (adjetivo), **ser bien parecido**.

parecer = tener aspecto de ser + adj.	*to seem; to look*
el parecer = la opinión	*opinion*
al parecer = según parece	*apparently*
a mi (tu, ...) parecer	*In my (your . . . opinion)*
parecerle (algo a alguien) = creer	*to seem (= to think)*
parecerse	*to look alike*
parecerse a	
ser parecido a	*to look like*
tener parecido con	
el parecido = la semejanza	*resemblance*
parecido (adjetivo) = casi igual	*almost similar to*
ser bien parecido = ser guapo	*to be good-looking*

1. Parece increíble: este niño **parece** débil, pero es fuerte como un roble.

2. El médico nos dio su **parecer**: el niño está muy bien. **A su parecer** (en su opinión) no tenemos que preocuparnos. **Al parecer** lo que necesita es tomar más el sol y el aire.

3. Me parece que María Luisa y su madre **se parecen mucho**.

4. María Luisa **se parece a** Pilar, y Pilar **se parece a** María Luisa. Es decir, María Luisa **es parecida a** su madre, y su madre **tiene mucho parecido con** su hija. **El parecido** es extraordinario: tienen unos rasgos muy **parecidos**.

5. María Luisa dice que Brad es muy **bien parecido**, muy guapo.

PRÁCTICA 🖉

Use una de estas variantes de **parecer** en lugar de las palabras que están *en bastardilla*.

Modelo: Este niño *tiene aspecto de ser* débil, pero es muy fuerte.

   Este niño <u>parece</u> débil, pero es muy fuerte.

1. A María Luisa le gustan los chicos *guapos*. **2.** Brad y su padre *son casi iguales*. **3.** Tengo una sortija que es *casi igual* a la tuya. **4.** Nos gustaría saber tu *opinión* sobre nuestra idea de vivir juntos. **5.** Nuestros padres dicen que, *en su opinión,* no es buena idea. **6.** *Según parece,* no están de acuerdo con algunas costumbres modernas. **7.** Tú tienes *mucha semejanza* con tu hermano. **8.** *Creo* que te equivocas. **9.** Todo eso que me contaste *tiene aspecto de ser* increíble. **10.** *¿Tú crees* que el monstruo de Frankenstein es *guapo*?

PRACTICANDO AL CONTESTAR

a. En pares, contesten las siguientes preguntas.

1. En tu familia, ¿a quién te pareces? ¿Quién tiene más parecido contigo? **2.** ¿Te parece que ser bien parecido es indispensable para ser artista de cine? Explica tu opinión. **3.** Cuando hay problemas en un matrimonio amigo, ¿les das tu parecer? ¿Por qué sí o por qué no? **4.** Cuando ves una película de aventuras, ¿crees que te gustaría encontrarte en una situación parecida?

b. En su opinión, ¿quién se parece a quién en su familia? Cuente una breve historia familiar a su compañero(a).

B. Uso de: **aguantar**, **soportar**, **mantener**

aguantar/ soportar = tolerar	*to bear, to stand*
soportar = sustentar (el peso de...)	
mantener = sustentar (a alguien)	*to support*

«Dicen que hay que **aguantar** las adversidades de la vida, pero la mía es **inaguantable**», me confió mi amigo. Al pobre hombre no le gusta su trabajo, y me dijo que no puede **soportar** a su jefe, que su jefe es **insoportable**. Además, no gana bastante para **mantener** a su familia, y viven en una casa tan vieja que las paredes casi no pueden **soportar** el tejado.

PRÁCTICA

a. Use las expresiones nuevas en lugar de las palabras que están *en bastardilla.*

1. Mi jefe es *imposible de aguantar.* **2.** Su conducta es *imposible de soportar.* **3.** Hasta que los hijos son mayores, los padres tienen que *sustentarlos.* **4.** Los hijos de mi vecino hacen un ruido que no puedo *tolerar.* **5.** La vida está muy cara. No sé que haré para *sustentar* a mi familia. **6.** Las columnas *sustentan* el peso del tejado. **7.** ¡Qué trabajo tan aburrido! No lo *soporto.* **8.** Ella se divorció porque no podía *tolerar* más los celos de su marido. **9.** Él no quiere trabajar. Prefiere que su mujer lo *sustente.* **10.** Y ella, ¿cómo *aguanta* esa situación?

b. Escriba una breve carta a un(a) amigo(a) en la que se lamenta de su situación actual, llena de problemas familiares y económicos. A pesar de todo, es optimista y tiene grandes planes para el futuro.

PRACTICANDO AL CONTESTAR

En pares, contesten lo siguiente con sus propias ideas.

1. ¿Cuál es tu definición de una persona inaguantable? **2.** ¿Qué es más difícil de soportar, un dolor físico o un dolor moral? **3.** ¿Te gustaría encontrar a alguien que te mantuviera? Explica por qué sí o por qué no. **4.** ¿Qué cosas en la vida te parecen inaguantables?

PEQUEÑO TEATRO

En grupos, preparen y actúen alguna de las situaciones que siguen.

1. Dos pares de estudiantes hacen el papel de padres ultraconservadores. Otro par de estudiantes hace el papel de una joven pareja que anuncia a sus padres respectivos que ellos, los jóvenes, van a vivir juntos sin casarse.

2. Un empleado, o una empleada, habla con su abogado(a) sobre una posible demanda por acoso sexual.

3. Una pareja tiene una escena de celos.

SEA USTED MI INTÉRPRETE, POR FAVOR

En grupos de tres. Estudiante A sólo habla inglés. Estudiante B es bilingüe. Estudiante C sólo habla español. Usando el vocabulario estudiado, estudiante A hace una pregunta en inglés. Estudiante B la traduce al español. Estudiante C contesta en español, y estudiante B traduce la contestación al inglés.

Algunas posibilidades:

1. What is your idea of an aggressive person?

2. When you meet somebody for the first time, how do you decide whether to use the first or the last name in your conversation with your new acquaintance?

3. You had a fight with your girl(boy)friend. Why?

4. Do you believe in love at first sight? Why, or why not?

SEA USTED MI TRADUCTOR(A), POR FAVOR

Estudiante A es un(a) novelista que escribe en inglés. Estudiante B es su traductor(a). Estudiante A escribe unas cuantas frases de su próxima gran novela, y su traductor(a) las traduce al español. Luego estudiante B es el (la) novelista, y A es el (la) traductor(a).

Algunas posibilidades:

1. What shall I do? My life is a mess. I am a great novelist, but my books don't sell and ... how am I going to support myself?

2. Ernest had a fight with his girlfriend. Questions of jealousy, I am sure. He is so possessive! He cannot stand the fact that she is a very inteligent, independent woman.

CUESTIONES GRAMATICALES

Uso de: POR y PARA (I)

En lugar de hacer una lista de los casos en que se usa **por** y de los casos en que se usa **para**, vamos a considerar unos conceptos abstractos que están en contraste.

CONTRASTE A: Razón (**por**) - Propósito (**para**)

La razón de nuestros actos es algo que siempre está detrás de ellos: Es algo que encontramos explorando hacia atrás. La misma idea explica el uso de la expresión en inglés: *What was in the back of your mind?* La razón explica el por qué, el *why* de nuestras acciones.

El propósito de una acción está siempre en el futuro: Es el objetivo de la acción.

El propósito explica el para qué, el *what for* de nuestros actos.

Razón: **por**	Bebe por olvidar.	(Bebe porque quiere olvidar).
Propósito: **para**	Bebe para olvidar.	(Bebe con la intención de olvidar).

La idea de **razón**, **motivo** o **explicación** de una acción (**por**) puede expresarse también de otros modos:

Le dieron el trabajo
$\begin{cases} \text{por / por ser} \\ \text{porque es} \\ \text{a causa de que es} \\ \text{y la razón es que es} \\ \text{y la explicación está en que es} \\ \text{y el motivo es que es} \end{cases}$
inteligente.

Lo mismo sucede con la idea de **propósito**, **intención** o destino de una acción (**para**):

Le dieron el trabajo
$\begin{cases} \text{para} \\ \text{con el objeto de} \\ \text{con el propósito de} \\ \text{con la intención de} \end{cases}$
ayudarle.

Si comprendemos bien la diferencia entre **razón**, que siempre mira hacia atrás, y **propósito**, que mira hacia adelante, una parte del problema del uso de **por** y **para** se soluciona fácilmente. En muchos casos pueden usarse las dos preposiciones. El uso de una u otra depende de lo que se quiera decir.

Razón: **por**	Propósito: **para**
Beben demasiado, y por eso no voy a sus fiestas.	Beben demasiado, y para eso no voy a sus fiestas.
Se casó por dinero.	Se casó para tener dinero.
Fui a la fiesta por la música.	Fui a la fiesta para oír la música.
Coquetea con otros por dar celos a su novio.	Coquetea con otros para dar celos a su novio.
Él la plantó por otra.	Él la plantó para ligar con otra.

PRÁCTICA

a. Todo juntos, usen **por** o **para** en lugar de las palabras *en bastardilla,* sin cambiar el sentido de la frase.

Modelo: Se casó con una mujer rica *porque quería* dinero.

Se casó con una mujer rica <u>por</u> dinero.

1. Va a muchas fiestas, siempre *con la intención de* flirtear. **2.** *Como es* simpático, tiene muchos amigos. **3.** *Si quieres* salir con María, tienes que citarte con ella. **4.** No soporta a su marido *a causa de* las escenas de celos que le hace. **5.** Ella no lo quiere *porque es* guapo, sino *porque es* cariñoso. **6.** Se quieren mucho, pero siempre se pelean *a causa de* los celos. **7.** *Si tu propósito es* ligar, debes ir a una discoteca. **8.** Los dos se citaron *con la intención de* ir al cine. **9.** Ella tuvo que pararle los pies a su amigo, *porque él es un* pulpo.

b. Escriba una cartita con el objeto de dar las gracias a un miembro de la familia que le ha regalado algo, y explique con qué propósito va a usar el regalo recibido.

c. Escriba una breve carta con el propósito de invitar a un(a) amigo(a) pasar un día juntos en la ciudad, con el objeto de visitar algún museo, o simplemente pasear o ir de compras. La invitación es para celebrar que le han dado un trabajo muy bueno. Explique qué trabajo es, y la razón de haberlo conseguido.

CONTRASTE **B**: Razón (**por**) - Sorpresa (**para**)

En este caso, el uso de **por** es igual al estudiado en el Contraste **A**. Por el contrario, el uso de **para** en este contraste expresa **sorpresa ante un hecho inesperado**.

Razón: **por**	Sorpresa: **para**
Por (ser) italiano, sabe mucho de ópera.	Para (ser) italiano, no sabe mucho de ópera.

En las dos columnas se acepta como cierta una generalización: todos los italianos saben mucho de ópera.

En la frase de la izquierda hay una relación causa-efecto: Él es italiano y, por lo tanto, sabe mucho de ópera.

En la frase de la derecha se muestra sorpresa ante un hecho inesperado: es italiano y, sin embargo (¡qué raro!), no sabe mucho de ópera.

Veamos otros casos de contraste razón-sorpresa:

Razón: **por**	Sorpresa: **para**
Es culto por haber viajado mucho. (Viajar da cultura).	Es inculto, para haber viajado mucho. (Viajó, pero no aprendió nada).
Es fuerte por ser joven.	Es débil para (ser) joven.
Es guapo por ser hijo de una mujer guapa.	Es feo para (ser) hijo de una mujer guapa.

En las frases de la columna de la izquierda podemos usar **porque** en lugar de **por**, sin cambiar el sentido. En las frases de la derecha podemos usar otras expresiones en lugar de **para**, también sin cambiar el sentido:

Es culto porque ha viajado mucho.	Es inculto, a pesar de que ha viajado.
Es fuerte porque es joven.	Es débil, aunque es joven.
Es guapo porque es hijo de una madre guapa.	Es feo, a pesar de ser hijo de una madre guapa.

PRÁCTICA

a. Las oraciones siguientes indican razón o sorpresa, y expresan unas cuantas generalizaciones discutibles. Todos juntos, eliminen las palabras *en bastardilla* y, en su lugar, pongan **por** o **para** sin cambiar el sentido de la frase. En los casos **4** y **5** hay que introducir el verbo **ser**.

> **Modelo:**   *A pesar de* ser tan culto, es muy poco interesante.
>
> *Para* ser tan culto, es muy poco interesante.

1. Lo invitan a muchas fiestas *porque es* simpático. **2.** *A pesar de ser* español, es muy rubio. **3.** *Considerando que tiene* setenta años, está muy ágil. **4.** Baila muy bien la salsa *porque es* hispanoamericano. **5.** *Como es* mexicano, canta muy bien los corridos. **6.** *Aunque es* diplomático, no tiene tacto ninguno. **7.** *Considerando que es* brasileño, no baila bien la samba.

b. Usted hace su primer viaje a un país extranjero llamado Ruritania. Llega a la capital, Sorpriska, con muchas ideas preconcebidas sobre cómo van a ser la ciudad y sus habitantes, pero queda sorprendido al ver que sus ideas no corresponden a la realidad. Escriba una carta a un miembro de su familia contándole las diferencias entre lo que esperaba encontrar y lo que encontró. Por ejemplo, puede decirle que usted estaba convencido de que todos los ruritanos son muy altos, pero los hay de todos los tamaños. Sorpriska, a pesar de ser la capital de un país rico, le pareció pequeña y pobre. La comida en un restaurante muy caro y elegante era mala, y los museos y otros monumentos, muy famosos en el mundo, no lo (la) impresionaron mucho.

CONTRASTE **C:** Tránsito por el tiempo (**por**) - Propósito (**para**)

Aquí el concepto de propósito (**para**) es igual al estudiado en el Contraste A.

Tránsito por el tiempo: **por**	Propósito: **para**
Iré a México por un mes.	Iré a México para (estar allí) un mes.
Me quedaré en Acapulco por seis días.	Iré a Acapulco para (quedarme allí) seis días.

Tránsito por el tiempo: Estaré en México durante un mes, y en Acapulco durante seis días.

Propósito: Mi intención es estar en México durante un mes, y en Acapulco durante seis días.

PRÁCTICA

a. En pares, pongan **por** o **para** en lugar de las palabras *en bastardilla,* sin cambiar el sentido de la frase.

> **Modelo:**   Te esperé *desde las cuatro hasta las cuatro y media* (= media hora).
>
> Te esperé <u>por</u> media hora.

1. Fuimos a Punta del Este *con la intención de estar allí* una semana.   [handwritten: para estar] **2.** Si vas a la capital, quédate allí *durante* unos días.   [handwritten: por] **3.** Estaré allí *el lunes, el martes y el miércoles* (= tres días).   **4.** El matrimonio se separó *durante* seis meses, pero ahora están juntos.   [handwritten: por] **5.** Fui a México con *la intención de* asistir a la boda de unos amigos.   [handwritten: para]

b. Un grupo de gente joven piensa ir de vacaciones durante una semana, con la intención de descansar después de los exámenes. Escriba una carta a un hotel pidiendo información sobre lo que a usted y a sus amigos les interesa: playas, museos, discotecas, etc., y sobre los precios durante un día o durante toda la semana.

CONTRASTE **D**: Tránsito por el espacio (**por**) - Destino (**para**)

Tránsito por el espacio: **por**	Destino: **para**
Voy a México por El Paso.	Mañana salgo para México.
Hace tiempo que no voy por allá.	Hace tiempo que no voy para allá.
Toda la gente joven anda por la playa.	Toda la gente joven salió para la playa.

La idea del tránsito por el espacio es muy amplia: Indica que voy a México atravesando El Paso; que hace tiempo que no recorro México (= que no viajo a través de México, de un lado para otro); que los jóvenes pasean en la playa.

La idea del destino nos dice que: Mañana salgo en dirección a (hacia) México; que hace tiempo que no voy hacia allá; que los jóvenes se fueron en dirección a la playa.

PRÁCTICA

a. En pares, eliminen las palabras *en bastardilla,* usando en su lugar **por** o **para**, sin cambiar el significado de la oración.

> **Modelo:**   Se marcharon *con destino a* Arizona.
>
> Se marcharon <u>para</u> Arizona.

1. Después de la boda salieron *con destino a* España en viaje de novios.   [handwritten: para] **2.** En Madrid pasearon *a lo largo de* la calle de Alcalá.   [handwritten: por] **3.** En la ciudad había mucha gente *en* todas partes.   [handwritten: por] **4.** Se fueron *con dirección a* la Plaza Mayor *atravesando* la Puerta del Sol.   [handwritten: para] **5.** Escribieron unas postales *destinadas a* sus amigos.   [handwritten: para] **6.** Luego se fueron *en dirección a* su hotel.   [handwritten: para]

✎ **b.** Usted es guía de turistas y prepara un programa para la visita (diez días) de unos jóvenes extranjeros a este país. Empiezan en Nueva York (dos días), salen con dirección a Washington (dos días), siguen con dirección a varias ciudades de Virginia, Carolina y Georgia, con el objeto de ver mansiones históricas de antes de la Guerra de Secesión (cuatro días) y terminan el viaje en Miami (dos días). De allí salen en dirección a su país de origen.

CONTRASTE **E**: Tiempo impreciso (**por**) - Tiempo límite (**para**)

Este contraste, también relacionado con el paso del tiempo, existe cuando se indica un momento determinado, pero sin gran precisión (**por** = más o menos, alrededor de), y cuando se establece un plazo máximo, un tiempo límite (**para** = lo más tarde).

Tiempo impreciso: **por**	Tiempo límite: **para**
Van a casarse por diciembre.	Van a casarse para diciembre.
Visitarán a sus amigos por junio.	Visitarán a sus amigos para junio.

El tiempo impreciso indica que se casarán más o menos en diciembre, y que visitarán a sus amigos alrededor de junio.

El tiempo límite indica que se casarán lo más tarde en diciembre, quizá antes, pero no después de diciembre, y que visitarán a sus amigos en junio, quizá a finales de mayo, pero no en julio ni agosto.

PRÁCTICA

✦ **a.** En lugar de las palabras *en bastardilla* use **por** o **para**, sin cambiar el sentido de la frase.

> **Modelo:** Creo que fueron a Francia *más* o *menos en* agosto del año pasado.
>
> *Creo que fueron a Francia por agosto del año pasado.*

1. Los novios llegarán *lo más tarde a* las tres. *(para)* **2.** Mi hermano y su mujer vendrán a visitarnos *más o menos en* Navidad. *(por)* **3.** Si no vienen en Navidad, vendrán *aproximadamente en* marzo. *(por)* **4.** *Lo más tarde* el mes próximo regresarán de su viaje. *(para)* **5.** La casa estará terminada *como máximo en* marzo. *(para)*

✎ **b.** Después de hacer el viaje preparado por el (la) guía de turistas, usted escribe una carta a su familia contándole adónde ha ido y lo que vio, pero no recuerda muy bien las fechas ni cuántos días estuvo en cada ciudad.

PRÁCTICA DE LOS CONTRASTES **A, B, C, D, E**

✦ **a.** En grupos de tres, usen **por** o **para** en lugar de las palabras *en bastardilla,* como han hecho en los ejercicios anteriores.

1. A *pesar de ser* extranjero, el novio de nuestra amiga Helen habla inglés bien. **2.** Sí, pero no le dieron un puesto en la tele *a causa de* su acento. **3.** Él hace muchos ejercicios *con el propósito de* mejorar su acento. **4.** ¿Se va a casar con Helen *más o menos* el mes próximo? **5.** ¿Y cuándo van a salir *con dirección a* Francia? **6.** Después de la boda, que será *lo más tarde* el mes próximo. **7.** Piensan ir a Francia, *con el propósito de* estar allí algún tiempo. **8.** Van a visitar muchas ciudades, y a viajar *a lo largo de* todo el país. **9.** Luego van a regresar a Estados Unidos *vía* Canadá. **10.** ¿Tú crees que él se casa *porque ella tiene* dinero? **11.** Sí, pero como él es un inmigrante ilegal, también se casa *porque necesita* la tarjeta verde. **12.** Y ella ¿se casa con él *a causa del* amor? **13.** No, lo compra, digo, se casa con él simplemente *porque él es* guapo. **14.** *A pesar de ser* tan jóvenes, ya son muy cínicos. **15.** ¡Oh, no! Los dos se casan *a causa del* idealismo. El ideal de Helen es tener un marido guapo, y el ideal de su novio es conseguir el permiso de residencia. **16.** Me parece que ese matrimonio no va a andar bien *durante* mucho tiempo. **17.** Pues yo creo que nacieron uno *destinado al* otro. **18.** No me gusta esta historia *porque tiene todos* los estereotipos: el amante latino oportunista, la mujer rica que lo compra... ¡Uf!

b. Cuente la historia de un(a) amigo(a) que busca un empleo (¿qué razones tiene para buscarlo, y con qué propósito?). Le dicen que es demasiado joven pero que, a pesar de ser joven, está muy bien preparado(a). Le proponen trabajar durante seis meses con el objeto de saber si va a hacer bien su trabajo. Tendrá que pasar algún tiempo en cada uno de los departamentos de la compañía, y si sale bien de la prueba le darán el trabajo definitivamente más o menos en junio, o lo más tardar en agosto.

REVISIÓN GENERAL

DIÁLOGO

A. Con el vocabulario del diálogo, dé una explicación breve, clara y sencilla.

Modelo: Si tengo unos cuantos dólares, ¿tengo muchos o tengo pocos?

Si tienes unos cuantos dólares, tienes pocos.

1. En sociedad, ¿cuál es una manera frecuente de conocer a otras personas? **2.** ¿Qué es «pararle los pies a alguien»? **3.** Un pulpo es un animal que vive en el mar. ¿Por qué se dice de un muchacho que «es un pulpo»? **4.** En la vida social, ¿prefieres a la gente tímida o a la gente atrevida, y por qué? **5.** ¿Es posible ser un pulpo con gracia? **6.** ¿Cómo reacciona una persona muy tímida cuando le toman el pelo? **7.** Cuando alguien está insoportable, ¿por qué se le pregunta «qué mosca te ha picado»? ¿Qué relación tiene esta expresión con las moscas? **8.** ¿A quién le hace usted caso, y por qué?

B. Con el vocabulario del diálogo, prepare preguntas y hágaselas con un(a) compañero(a).

AMPLIACIÓN DE VOCABULARIO

A. Conteste estas preguntas con una definición breve, clara y sencilla.

Modelo: ¿Qué es tutearse?

Posibles respuestas:

Tutearse es <u>tratarse/hablarse de tú</u>.
Tutearse es <u>usar la forma tú cuando hablamos con alguien</u>.
Tutearse es <u>una manera de indicar que hay familiaridad con otra
persona</u>.

1. ¿Qué es el flechazo? **2.** ¿Qué es coquetear? **3.** ¿A quién le llamaría usted «un pulpo»? **4.** En su opinión, ¿qué diferencia hay entre la pasión y la ternura? **5.** ¿Qué diferencia hay entre un ligue y un noviazgo? **6.** ¿En qué circunstancias dejaría usted plantado(a) a alguien? **7.** ¿A qué tipo de padres le parece mal si un hijo o una hija vive con alguien sin casarse? **8.** ¿Con quién se tutea usted? **9.** ¿A quién trata de usted? **10.** ¿Por qué cree usted que mucha gente acepta sin pestañear las escenas violentas de algunas películas? **11.** ¿Qué es más frecuente en su sociedad, casarse por la Iglesia o casarse por lo civil? **12.** Entre jóvenes, ¿son necesarias las presentaciones para conocerse? **13.** ¿Con quién le gustaría tener una cita? **14.** ¿Cómo son las citas con un dentista? **15.** ¿Le gusta que coqueteen con usted? ¿Por qué sí o porque no? **16.** ¿Qué cree usted que es más importante, el cariño o la pasión? **17.** ¿Qué le hace sentirse celoso(a)? **18.** ¿Le parece posible vivir con alguien durante muchos años sin reñir nunca? **19.** ¿Qué puede causar una ruptura en un noviazgo? **20.** Los noviazgos de los adolescentes, ¿siempre van en serio? **21.** ¿Tendría usted un disgusto muy grande si su novio(a) lo (la) dejara plantado(a)?

B. Usted está dirigiendo una película y escribe una breve historia que usará luego para dar instrucciones a sus actores.

1. Posibilidades: Una fiesta de gente joven. Dos jóvenes (A y B) se miran. Es el flechazo. No se conocen. Se acercan y se presentan. Joven A propone salir juntos al día siguiente con el objeto de (ir al cine, a un restaurante, a un museo, etc.). Joven B no acepta. Joven A insiste. Joven B acepta. Joven A espera en la plaza durante algún tiempo. Joven B no llega. Joven A ve a joven C. Segundo flechazo. Joven B llega, por fin, pero demasiado tarde.

2. ¿Se le ocurre alguna otra historia que se pueda contar con el vocabulario de esta lección?

DIFICULTADES Y EJERCICIOS

A. Conteste estas preguntas usando las palabras *en bastardilla*.

Modelo: ¿*Te pareces a* alguien de tu familia?

Sí, <u>me parezco a mi</u> ...

1. ¿Qué animal doméstico *parece* un tigre pequeñito? **2.** Tener animales en los parques zoológicos, ¿*le parece* una buena idea? **3.** En general, ¿*qué les parece a* los padres la idea de que algunas parejas vivan juntas sin casarse? **4.** ¿A qué otro animal *se parecen* las panteras? **5.** ¿Es usted *parecido(a)* a alguien de su familia? **6.** ¿Cree usted que los hermanos siempre *se parecen* algo, aunque sea muy poco? **7.** ¿Por qué los seres humanos *nos parecemos* a los chimpancés? **8.** ¿Por qué se dice que muchas ciudades pequeñas son muy *parecidas*? **9.** Cada generación tiene sus problemas, pero... ¿son *parecidos esos problemas*? Dé un ejemplo. **10.** *A su parecer,* ¿cómo es un hombre *bien parecido*? **11.** En una familia, ¿quiénes *mantienen* a los hijos? **12.** ¿Hasta qué edad cree usted que hay que *mantener* a los hijos? **13.** ¿Cuántas horas de trabajo ininterrumpido puede *aguantar* usted? **14.** ¿Le gustan los niños? ¿Hay algún momento en que los encuentra *insoportables*?

B. Conteste estas preguntas eliminando las palabras *en bastardilla* y usando un sinónimo en su lugar.

Modelo: ¿Los padres *sustentan* a los hijos?

Sí, los padres <u>mantienen</u> a los hijos.

1. Las ruedas de un coche ¿*sustentan* todo el peso del automóvil? **2.** En general, ¿los modelos y las modelos son *guapos*? **3.** ¿Es un tigre *casi igual* a otro tigre? *parecido* **4.** *Según parece,* ¿es frecuente el flechazo? **5.** ¿*Qué piensa de* la política del *le parece* gobierno? **6.** ¿*En su opinión,* siempre hay *semejanza* entre hermanos? **7.** ¿Le interesa saber mi *opinión* sobre sus problemas académicos? **8.** ¿Sus problemas *el parece* *tienen aspecto de ser* difíciles? **9.** Sus problemas y los míos ¿son *casi iguales*? *parecen*

C. Usando **parecer** y sus variantes, explique cómo, en su opinión, dos personas que usted conoce (o dos ciudades, dos películas, dos islas tropicales) son prácticamente iguales, casi iguales o muy diferentes.

CUESTIONES GRAMATICALES

A. En lugar de las expresiones *en bastardilla,* use **por** o **para**.

Modelo: Él bebe *porque quiere* olvidar.

Él bebe <u>por</u> olvidar.

1. Otelo mató a Desdémona *a causa de* los celos. **2.** Estuvieron casados *durante* unos años. **3.** Los jóvenes van a la discoteca *con la intención de* bailar. **4.** *A pesar de que es* extranjero, habla inglés muy bien. **5.** *Si quiere* ligar, usted tiene que ser un poco lanzado(a). **6.** La boda de Elena y Enrique será *más o menos en* enero. **7.** Los novios van a salir *en dirección a* México en avión. **8.** Primero irán a la capital, *con la intención de* estar allí una semana. **9.** Después saldrán *con dirección a* Puerto Vallarta, pasando antes *a través de* Guadalajara. **10.** Quieren ir a Puerto Vallarta *a causa de* las magníficas playas que hay allí. **11.** Andrés e Isabel, después de unos días de casados, tuvieron su primera riña *a causa de* los celos. **12.** Estuvieron sin hablarse *durante* toda una tarde. **13.** Pero pronto se reconciliaron *con el propósito de* quererse siempre. **14.** Los dos se casaron *a causa del* amor. **15.** Si tienen algún disgusto, es *durante* pocos días. **16.** Mis amigos hablan un argot especial, *con el propósito de* que nadie los entienda. **17.** He tenido una riña con mis amigos *a causa de* cuestiones políticas. **18.** *Al* fin terminamos este ejercicio.

B. En una breve carta, conteste (usando **por** / **para**) a un(a) amigo(a) extranjero(a) que le ha hecho muchas preguntas sobre este país. Algunas de las preguntas que le hizo:

¿Cuál fue la causa de la guerra de independencia? ¿Con qué propósito las colonias americanas se separaron de Inglaterra? ¿Cuánto tiempo, más o menos, duró la Guerra de Secesión? ¿Con qué objeto tiene este país tantas armas? ¿Cuál es la razón de tenerlas? ¿Durante cuántos años sirven los Presidentes? ¿Cuándo crees que habrá una Presidenta, a lo más tardar? No se limite a contestar estas preguntas una por una, en forma aislada. Escriba su carta de forma que las ideas estén bien unidas unas con otras.

De las pequeñas composiciones a la gran composición

En la primera lección hemos practicado el arte de escribir sobre una experiencia personal, con dos enfoques diferentes. En uno, nos limitamos a contar una experiencia pura y simple. En el otro, unimos la narración de esa experiencia a la presentación de una tesis, llegando a unas conclusiones que la prueban. Es decir, hemos practicado el arte de escribir un pequeño ensayo.

En la segunda lección avanzamos un paso más, y aprendimos a escribir ensayos basados no necesariamente en una experiencia personal, sino en nuestra propia opinión sobre una situación o sobre una idea abstracta.

Ahora entraremos en otro terreno: la descripción y la narración.

Cualquier diccionario nos dice que la descripción es el dibujo o la representación de algo mediante palabras; y nos informa que la narración es el relato de algo que ha sucedido. La descripción de una persona se llama retrato, y vamos a estudiarla en otro lugar.

LA DESCRIPCIÓN

1. El caso más frecuente es el de la descripción de un lugar: nuestra clase, una habitación, una ciudad, un paisaje. ... También se puede describir un sentimiento, como el amor o el miedo; e incluso se puede describir una idea abstracta, como la frivolidad o la ilusión, aunque en este caso ya estamos muy cerca de la meditación personal sobre un tema determinado.

2. La descripción fotográfica (llamemos así a una descripción objetiva, pura y simple, sin intenciones artísticas) se limita a indicar cómo es un objeto, o un lugar, sin que los sentimientos de quien escribe entren en la descripción. Los adjetivos tienen una función informadora: grande, pequeño, alto, bajo... y no tienen connotaciones afectivas. Así es la descripción de un paisaje en un libro de geografía o de geología. Quien describe, de todos modos, debe tener en cuenta algunos principios: selección de los detalles más importantes, eliminación de detalles innecesarios y organización del conjunto con orden, claridad y concisión.

PRÁCTICA

DESCRIPCIÓN FOTOGRÁFICA. Escriba una breve descripción (no más de una página) de un objeto o un lugar conocidos. Hágalo sin introducir en ella ningún elemento personal o afectivo. Algunas sugerencias:

   a. Descripción de la víctima de un crimen encontrada por la policía en un parque

   b. Descripción de la ropa que lleva un(a) modelo

   c. La policía publica la descripción de un presunto delincuente a quien se busca

   d. La policía describe una casa donde ha encontrado drogas

   e. En la televisión anuncian el tiempo que va a hacer mañana

3. En la descripción artística, quien escribe introduce elementos personales, sensaciones e impresiones relacionadas con el objeto o lugar descritos. Aparecen ahora adjetivos con valor estético y afectivo: hermoso, horrible, atractivo ..., y abundan las comparaciones, algunas de ellas tópicos muy repetidos: «Era un árbol majestuoso, que se alzaba al cielo como la torre de una catedral...» También se establecen relaciones entre el objeto de la descripción y los sentimientos de quien describe: «Bajo el ardiente sol del verano, la amplia playa desierta tenía una atmósfera inmóvil que adormecía con su silencio y su calor».

PRÁCTICA

DESCRIPCIÓN ARTÍSTICA. En la descripción artística el objeto descrito debe resultar atractivo, ya sea con fines de venta o para comunicar a los lectores todo el significado afectivo que el objeto tiene para quien lo describe.

   a. Anuncio de un nuevo modelo de coche: su elegancia, belleza de líneas...

   b. El lugar (centro comercial, plaza, discoteca) donde se reúne la gente joven

   c. El lugar donde conocí a mi novio(a)

LA NARRACIÓN

En una narración contamos una historia, y lo más frecuente es seguir un orden cronológico que va del principio al fin. Si lo hacemos al revés estamos usando una técnica retrospectiva: empezamos por el final y luego saltamos al principio. También podemos destruir la cronología. Así se hace en algunas novelas modernas, en las que el lector es llevado de hoy a ayer, y de ayer a mañana, en continuos cambios que, si no son manipulados con gran arte, pueden conducir a una anarquía temporal incomprensible.

En la narración se suelen usar los verbos en sus tiempos pasados, y generalmente, están en tercera persona: «Ellos se miraron con pasión y...».

PRÁCTICA

Escriba una breve narración sobre uno de los siguientes temas:

a. La fiesta en la que conocí a alguien muy interesante, y cómo terminó la historia

b. La historia de mi noviazgo

c. La historia de mi matrimonio

DESCRIPCIÓN Y NARRACIÓN

Muchas veces estos dos conceptos se combinan para formar un todo armónico. En los cuentos y novelas los autores nos dicen cómo es una casa, o una ciudad, o un paisaje, y nos cuentan algo que pasa allí. Es decir, combinan la descripción con la narración, como en estas líneas: «Mi perro es de raza desconocida, un animalito bastante feúcho, no muy grande, con pelo corto de un color entre mostaza y chocolate, a quien yo encontré abandonado en la calle un día de lluvia. Lo traje a casa, lo sequé, le di de comer (¡y cómo comió!), y después de relamerse bien el hocico me miró con sus ojos grandes, castaños, redondos como botones, y en ellos pude leer un ¡Gracias, amigo! que nunca olvidamos, ni él ni yo».

PRÁCTICA

DESCRIPCIÓN Y NARRACIÓN. La fórmula es, más o menos: «Cómo es X (una persona) y qué le pasó» o «Cómo es X (un lugar) y qué pasó allí». Recuerde, éste es un ejercicio técnico, como hacer escalas en un piano. No es necesario escribir una composición larga. Algunas sugerencias:

a. Algún edificio famoso. ¿Conoce usted la historia de Saint Simeon, en California, o la de alguna casa famosa en su ciudad? Describa la casa y cuente por qué es famosa.

b. ¿Qué lugar tiene algún recuerdo importante para usted? Describa el lugar y cuéntenos qué pasó en él.

c. Escriba sobre alguna persona que haya tenido mucha influencia en su vida, y por qué la tuvo.

d. Usted tiene que escribir unas líneas sobre un personaje famoso, cómo es, o era, y qué pasó para que llegara a ser famoso.

POSIBLES TEMAS PARA UNA CONVERSACIÓN / COMPOSICIÓN

ATAJO 💿

Grammar:	Prepositions **por** / **para**
Phrases:	Describing objects / people / the past; Linking ideas; Making transitions; Sequencing events; Talking about past events / the present / the recent past
Vocabulary:	Body; Clothing; Colors; Face; Gestures; Hair; People; Personality
Recuerde:	Use la mayor cantidad posible de palabras presentadas en esta lección, <u>subrayándolas</u>. Haga lo mismo con **por** y **para**.

1. La glorificación de la juventud

    Sugerencias:
    a. La juventud siempre ha sido algo deseable en todas las culturas.
    b. Escriba su descripción personal de la juventud.
    c. ¿En qué se ve la glorificación de la juventud? En la publicidad, por ejemplo. ¿Otros casos?
    d. ¿Cómo es la vida de un(a) joven ahora? ¿Con qué problemas se enfrenta?
    e. ¿Es cierto que los jóvenes se consideran inmortales y nunca piensan en la enfermedad o en la vejez?
    f. ¿Hay una necesidad de establecer una mejor comunicación entre las generaciones?

2. ¿Cómo seré yo a los cincuenta años?

    Sugerencias:
    a. Cómo soy ahora
    b. Cómo es mi vida ahora
    c. Qué espero del futuro
    d. Escriba su descripción personal de la vejez
    e. Cómo espero envejecer

3. El sexismo en nuestra sociedad

    Sugerencias:
    a. Qué se entiende por sexismo
    b. Cómo se expresa el sexismo en nuestra sociedad
    c. Escriba una narración de algunos casos de sexismo que usted conoce.
    d. Cómo reacciona la sociedad ante este problema
    e. ¿Cuáles son algunas posibilidades para el futuro?

4. Otros posibles temas

    a. La revolución sexual, ¿aceptada por todos?
    b. Un día en la vida de...
    c. La historia de un matrimonio feliz
    d. La historia de un matrimonio desgraciado

lo típico y lo tópico

En Guatemala hay algo más que indígenas en los mercados. En la capital hay
edificios modernos muy originales.

⁕⁓

Personajes: *Los dos matrimonios, María Luisa y Brad*

MARÍA LUISA	Fíjate en este anuncio de una compañía aérea, Brad. Nunca he visto tantos **tópicos**[1] juntos.
BRAD	¿Qué tiene de especial? A mí me parece muy bonito y muy apropiado. Si es un **anuncio**[2] de vuelos a España es natural que tenga fotografías de toreros y de señoritas con mantilla y castañuelas.
MARÍA LUISA	Claro, y si fuera un anuncio de vuelos a México tendría una foto de un hombre con un sombrero muy grande, durmiendo la siesta al pie de un cacto, ¿no?
PILAR	Ése es un **lugar común**[3] difícil de encontrar.
CRAIG	Pues circula mucho **por ahí,**[4] igual que la señorita brasileña con varios kilos de fruta en el sombrero, **a la**[5] Carmen Miranda.
BRAD	Bueno, pero... ¿qué quieren que hagan los que preparan estos anuncios? Todo eso es lo típico, ¿no creen?
MARÍA LUISA	No, no es lo típico, es **lo tópico.**[6]
ANNE	Francamente, en el extranjero yo encontré muchos tópicos sobre los Estados Unidos. Unos creen que aquí **se atan los perros con longanizas,**[7] y otros creen que sólo hay drogas, crímenes y **vaqueros.**[8]
MARÍA LUISA	¡Vaqueros! Yo **llevo aquí varias semanas**[9] y sólo los he visto en los anuncios de unos cigarrillos.
BRAD	Cuando quieras me vestiré de vaquero.
MARÍA LUISA	¿Vaquero, tú? ¡Los únicos caballos que has montado en tu vida son los del **tiovivo!**[10]
ANNE	Es increíble la cantidad de tópicos que se repiten por ahí, y mucha gente los cree **a pies juntillas.**[11] **La culpa la tienen**[12] las películas, que dan una visión estereotipada de cada país.
BRAD	Decir eso es **hablar en tópicos.**[13] La cuestión es mucho más compleja.
ANNE	Oiga, joven, ¿desde cuándo critica usted a su madre?
PILAR	Déjalo, Anne. Todos los jóvenes necesitan criticar a sus padres.
BRAD	Otra **frase hecha.**[14]
CRAIG	Pero, ¿qué mosca te ha picado hoy?
MARÍA LUISA	**Está de mala uva**[15] porque un ligue que tenía lo ha plantado.
PILAR	¡Niña! Ésa es una expresión muy **vulgar.**[16]
MARÍA LUISA	¿Vulgar «estar de mala uva»? ¡Ay, mamá, qué poco sabes de lo que se dice por ahí! Yo sé otras expresiones mucho peores. Lo que dije es muy vulgar, pero en el otro sentido de la palabra: es muy frecuente.
PILAR	Bueno, vamos a dejar esto. Me parece que nos estamos saliendo del **tema de la conversación,**[17] que era el de los tópicos.

[1] *clichés*

[2] *ad*

[3] tópico

[4] *around*

[5] al estilo de

[6] idea abstracta del tópico

[7] hacer dinero es muy fácil* *Literally, to use a string of sausages as a leash.*

[8] *cowboys*

[9] hace varias semanas que estoy aquí

[10] *carrousel*

[11] completamente

[12] la culpa es de

[13] repetir tópicos

[14] tópico

[15] está de mal humor

[16] no elegante

[17] *topic*

BRAD   ¡**Hala**,[18] María Luisa, continúa con tu análisis sociológico de los   [18] *go ahead*
                   carteles[19] turísticos!   [19] *posters*
MARÍA LUISA   No, me parece que voy a hacer un análisis sicológico de tus frus-
                   traciones.

COMPRENSIÓN

En grupos, preparen y háganse preguntas usando el vocabulario que en el Diálogo
está **en negritas**. Cada pregunta debe ofrecer dos o tres posibles respuestas.

Modelos: 1. **Un tópico,** ¿es un lugar común, es el tema de una conversación o
               es algo raro?

               Un tópico es un lugar común.

               2. Si alguien quiere vender un producto, ¿guarda el producto en casa
               o publica **un anuncio** en un periódico?

               Si alguien quiere vender un producto publica un anuncio en un periódico.

               3. Si yo digo que el periódico está *por ahí*, ¿sé exactamente donde
               está, sé aproximadamente donde está o no sé donde está?

               *Si dices que el periódico está por ahí, sabes aproximadamente donde
               está.*

PRÁCTICA GENERAL

A. En pares, preparen preguntas que incluyan el vocabulario que en el Diálogo
está **en negritas**. Luego, háganselas a sus compañeros(as), que deben usar el
vocabulario en sus respuestas.

Modelos: 1. ¿Por qué dice Anne que muchos extranjeros creen que en los
               Estados Unidos **se atan los perros con longanizas**?

               2. ¿Qué **tópicos** incluirías tú en un **cartel** turístico de Nueva York?

               3. ¿Cuál es tu concepto de una persona **vulgar**?

B. En tarjetas o en pequeños trozos de papel, escriban preguntas como las del
modelo del ejercicio oral. Luego intercambien tarjetas con sus compañeros(as)
y escriban las respuestas.

ENSAYO GENERAL (Rehearsal)

A. En grupos, repártanse los papeles de los personajes del Diálogo y
reproduzcan la escena como si la estuvieran preparando para el teatro o la
televisión. Además de los actores y actrices, hay directores(as) y apun-
tadores(as). Cuando los personajes no recuerden lo que tienen que decir, los
(las) apuntadores(as) se lo sugieren *en inglés*.

B. Otra posibilidad: Escoja a uno de los personajes del Diálogo, critique sus opiniones y dé las suyas propias sobre el tema comentado.

AMPLIACIÓN DE VOCABULARIO

A. Una vulgaridad es un tópico, un lugar común, una frase hecha, algo trivial que se dice cuando no se tiene una opinión personal, original, sobre el tema de la conversación. **Decir vulgaridades** significa, por lo tanto, **hablar en tópicos**, repetir trivialidades. **Una expresión vulgar** es un dicho frecuente, popular y común. **Una persona 'vulgar** es alguien sin características extraordinarias que la separen de la mayoría de la gente, y **la lengua vulgar** es la hablada por todos. Al mismo tiempo, **vulgar** y **vulgaridad** también pueden indicar algo **grosero**, poco elegante: «Cuando se incomoda usa un lenguaje tan **vulgar** que parece otra persona. **La vulgaridad** de su lenguaje es asombrosa». En este ejemplo las palabras «vulgar» y «vulgaridad» significan lo mismo que *vulgar* y *vulgarity*.

PRÁCTICA

a. En pares, contesten las siguientes preguntas.

1. En el mundo de hoy, ¿quién crees que tiene ideas originales, y quién sólo repite vulgaridades? **2.** ¿Crees que el lenguaje grosero es más aceptable en un hombre que en una mujer? Explica tu opinión. **3.** ¿Crees que ahora hay más tolerancia con el lenguaje grosero? ¿Por qué sí o por qué no? **4.** En la vida social, ¿qué te parece una vulgaridad? Por ejemplo, ¿te parece una vulgaridad hablar de dinero? **5.** ¿Otras preguntas?

b. Usted es un padre o una madre muy estricto(a), y escribe una breve carta a su hijo(a) para recordarle que nunca debe usar lenguaje vulgar.

B. Los tópicos sobre un país son, a veces, fomentados por sus habitantes. **Lo típico**, lo que es más representativo y simbólico del país, se convierte fácilmente en **lo tópico** cuando es explotado, generalmente con fines turísticos. Cuando los turistas regresan a sus países con los objetos típicos que han comprado durante sus vacaciones, ayudan a confirmar los tópicos que circulan por ahí: Todos los españoles saben **tocar las castañuelas** y la guitarra, y todos **bailan flamenco** y van a **las corridas de toros**, donde aplauden a **los toreros**; todos los escoceses (habitantes de Escocia, al norte de Inglaterra) **tocan la gaita**; todos los indios norteamericanos **tejen cestos** y **mantas**; en el Oeste todos usan **sombreros de vaquero**; todos los mexicanos llevan **sarape** y unos sombreros enormes, con **el ala** muy ancha. Los carteles turísticos también fomentan la circulación de los tópicos: En los países tropicales todos tocan las maracas; en Norteamérica todas las ciudades tienen rascacielos; en Perú hay llamas por todas partes; en Hawaii todos llevan **collares de flores**. Cuando un visitante descubre que la realidad es muy diferente **se lleva una**

desilusión, es decir, **se queda desilusionado** porque no encuentra lo que esperaba ver por todas partes.

PRÁCTICA

a. En pares, contesten las siguientes preguntas.

1. Si has viajado, ¿qué objetos típicos de algún país viste en las tiendas de los aeropuertos? **2.** ¿Cómo se podrían evitar los tópicos en los carteles turísticos? **3.** ¿Qué incluirías tú en unos carteles turísticos de la ciudad o estado donde vives? **4.** ¿Cuándo te has llevado una desilusión?

b. Usted es dueño(a) de una agencia de viajes, y escribe una carta circular a todos sus empleados para darles instrucciones de cómo hacer la publicidad de sus viajes sin caer en una repetición de tópicos.

LECTURAS SOBRE LA CULTURA Y LA LENGUA

A. Las corridas de toros son parte de la cultura hispánica, aunque no se celebran en todos los países hispánicos. Hay corridas de toros en España, Guatemala, Panamá, México, Colombia, Venezuela y Perú, y también se celebran en Portugal y en el sur de Francia. Sobre las corridas de toros hay opiniones para todos los gustos. Para unos, las corridas son un arte; para otros, una crueldad injustificable. Su influencia se siente en el idioma, pues hay muchas expresiones relacionadas con **el toreo** (el arte de **torear**) que se usan con relativa frecuencia en la conversación.

En **el ruedo** (*ring*) los toreros **torean** al toro, lo hacen moverse de un lado para otro agitando una capa roja, procurando que el toro no consiga herir o matar al torero. Así, **torear a alguien** expresa la idea de jugar con alguien: «Esa chica no quiere decir ni sí ni no. Cree que puede torearme, pero yo no me dejo torear». También puede significar «evitar a alguien»: «Hace dos semanas que estoy toreando a mis acreedores». ¿Cómo expresaríamos estas ideas en inglés? ¿Qué hace el ligue que me torea? *Playing with me? Teasing me?* Y, ¿qué hago yo con mis acreedores? *Am I dodging them, or avoiding them?* ¿Otras posibilidades?

Puede suceder que el torero pierda el control del toro, y entonces escapa corriendo y salta la barrera (la valla que rodea el ruedo), es decir, él **se salta a la torera**, con agilidad y gracia, un obstáculo. Así, cuando alguien no hace caso de las reglas del juego, o de las leyes, se dice que esa persona **se salta a la torera** todos los reglamentos.

En el toreo el torero debe matar al toro. Es muy difícil hacerlo, y por eso al acto de matar al toro se le llama **la hora de la verdad**, es decir, el momento en el que el torero debe probar que es un experto en su arte. «Ya aprendí toda la teoría, y ahora tengo que ponerla en práctica. Llegó la hora de la verdad». ¿Hay alguna expresión parecida en inglés?

Cuando el toro muere tiene un espasmo y se queda con las patas rígidas: **Estiró la pata**, es decir, murió. Decir que alguien «estiró la pata» no es una forma muy respetuosa de hablar del difunto, pero la expresión no es rara. ¿Qué decimos aquí? ¿Hay alguna frase que hace referencia a darle una patada a un cubo (*bucket*)? Y, ¿qué relación tiene esa frase con la costumbre de ahorcar a los delincuentes?

Después de la muerte del toro, unas mulas arrastran (*drag*) el cuerpo muerto del pobre animal. Por eso, **estar para el arrastre** significa estar muy cansado. Entonces, si estoy para el arrastre, ¿cómo estoy? *Am I exhausted? Worn out?*

B. La religión católica también ha dado muchas expresiones al español. En la cultura hispánica, la mención del nombre de Dios y de los santos es una muestra de devoción, no de falta de respeto. Exclamaciones como **¡Dios mío!**, **¡Por Dios!**, **¡Jesús, María y José!**, **¡Por todos los santos del cielo!**, **¡Por los clavos de Cristo!**, son frecuentes en la conversación de la gente religiosa. En muchos países católicos hay una larga tradición anticlerical, y los que no sienten mucha simpatía por la Iglesia evitan usar esas expresiones. Cuando alguien estornuda, mucha gente dice: **¡Jesús!**, pero la gente que no es religiosa prefiere decir **¡Salud!**. Cuando alguien se ha dado un golpe muy grande en la cabeza, se dice que **se ha roto la crisma**, una referencia al bautismo, y cuando uno iba a decir algo y de repente se le olvida lo que iba a decir, **se le fue el santo al cielo**.

¿Cuál es la actitud norteamericana hacia el uso de expresiones de carácter religioso en la conversación? ¿Qué se quiere evitar cuando se dice *gosh*, o *for Pete's sake*? ¿Qué otros eufemismos se usan?

C. En la cultura norteamericana, el vocabulario de los deportes y de los negocios ha pasado a la conversación diaria. Si alguien está *off base*, está confundido o despistado. Si alguien se cansa de luchar, se rinde o se harta, *he threw in the towel*, o *the sponge*, como un boxeador. Si me siento *like a million dollars*, me siento muy bien, me siento como un rey. Y si la historia de mi fortuna es un cuento de ir *from rags to riches*, y yo soy un *self-made man*, quiero decir que empecé con nada, que todo lo gané yo con mi esfuerzo, o se usa la expresión inglesa, o una versión española que la traduce literalmente: «Soy un *self-made man*, un hombre que se hizo a sí mismo».

DIFICULTADES Y EJERCICIOS

A. Uso de: **tocar**, **tocarle** (un premio) **a alguien; tocarle** (el turno) **a alguien**.

tocar	to touch
tocar (= hacer sonar)	{ to play an instrument / to ring a bell
tocarle (un premio) a alguien (= ganar)	to draw a prize
tocarle (a alguien) (= ser el turno de alguien)	to be one's turn

Le **toqué** la frente al niño, y noté que tenía fiebre.
Andrés Segovia **tocaba** la guitarra muy bien.

Las campanas de la iglesia **tocan** todas las mañanas.

Si no **tocas** el timbre (de la puerta), nadie nos abrirá.

Espero que algún día **me toque** el premio gordo de la lotería.

Hoy **te toca** (a ti) lavar los platos.

Práctica ✎

Conteste las siguientes preguntas eliminando las palabras *en bastardilla* y usando en su lugar la variante más adecuada de **tocar**.

Modelo: ¿Le gustaría *ser un gran artista de* la guitarra?

Me gustaría <u>tocar</u> muy bien la guitarra.

1. Cuando *suenan* las campanas de las iglesias ¿se oyen en toda la ciudad? **2.** ¿Es cierto que *usted ganó* el premio gordo de la lotería? **3.** En su familia ¿quién lava los platos? ¿Cuándo *es su turno de* lavarlos? **4.** Cuando va a visitar a alguien, ¿usted da golpes muy fuertes en la puerta o *hace sonar* el timbre? **5.** Si después de una tormenta hay un cable eléctrico en medio de la calle, ¿por qué no es una buena idea *poner la mano en* el cable? **6.** ¿Qué música le gustaría *interpretar* en el piano? **7.** ¿Otras preguntas?

Practicando al contestar ♪

Usted ha ganado la lotería y con el dinero quiere organizar un conjunto (*a band*). Proponga a un grupo de por lo menos tres compañeros(as) quién usará cada uno de los instrumentos y cómo se turnarán para usarlos.

B. Uso de: **desilusionar, decepcionar**; **desilusionarse (con), decepcionarse (con)**

desilusionar, decepcionar (= causar una desilusión, una decepción)	*to disenchant, to disappoint*
desilusionarse (decepcionarse) con (= llevarse una desilusión, una decepción)	*to be disenchanted, to be disappointed*

1. Cuando María Luisa dijo que no sabía bailar flamenco **desilusionó (decepcionó), causó una desilusión (una decepción)** a sus amigos norteamericanos.

2. Pero ella también **se desilusionó (se decepcionó), se llevó una desilusión (una decepción)** cuando fue a Texas y no vio vaqueros por todas partes.

3. VARIANTES. **Desilusionarse (decepcionarse)**, pero no **llevarse una desilusión (una decepción)** puede significar también **perder el interés** por algo demasiado difícil, o imposible: «Cuando vimos que todo sería inútil, **nos desilusionamos (nos decepcionamos)** y abandonamos el trabajo».

PRÁCTICA ✎

a. Conteste las preguntas reemplazando las palabras *en bastardilla* por las expresiones estudiadas.

> **Modelo:** Usted fue a una ciudad que creías muy bonita, y cuando la vio le pareció muy fea. ¿Qué ciudad le *causó una desilusión*?
>
> *(Nombre de una ciudad) me <u>desilusionó</u> porque ...*

1. Usted fue a un espectáculo de ballet, y cuando anunciaron que la primera bailarina estaba enferma, ¿por qué se llevó usted una *desilusión*? **2.** Usted siempre empieza a trabajar con entusiasmo, pero a veces, ¿por qué *pierde el interés* y lo deja? **3.** Si usted tiene fe en alguien, ¿qué le haría perder esa fe y le *causaría una decepción*? **4.** Su hermana tiene dos hijos, y cuando usted va a visitarla, los niños siempre esperan que usted les lleve un regalito. ¿Cuándo *se decepcionan*? **5.** Su padre esperaba que usted fuera ingeniero, pero usted es guitarrista. ¿Siente que *le ha causado una desilusión* a su padre? **6.** Si usted cree el tópico de que muchos japoneses saben judo, ¿le *desilusionaría* conocer a un japonés que no sabe nada de judo? **7.** ¿Otras preguntas?

b. Escriba una breve carta a un(a) amigo(a) contándole que empezó a trabajar con mucho entusiasmo en una empresa, pero que pronto perdió el interés cuando vio que nada era como usted esperaba.

PRACTICANDO AL CONTESTAR ♫

En pares, respondan a las siguientes preguntas.

1. ¿Crees que alguna vez le causaste una desilusión a alguien? ¿Qué pasó? **2.** ¿Cómo reaccionarías si alguien a quien admiras mucho te decepcionara en algo? Por ejemplo, si descubrieras que esa persona es oportunista y no tiene escrúpulos. **3.** Cuando empiezas un trabajo, ¿qué te hace desilusionarte y abandonarlo? **4.** En la universidad, ¿qué te ha decepcionado?

C. Uso de: **ilusionar; ilusionarse (con), estar ilusionado (con); hacerse la ilusión (de que); hacerse ilusiones**

ilusionar (= entusiasmar)	*to thrill*
ilusionarse (con) (= entusiasmarse con)	*to be thrilled*
estar ilusionado (con) (= estar entusiasmado con)	*to be excited*
hacerse la ilusión de (que) (= imaginarse)	*to imagine*
hacerse ilusiones (= engañarse a sí mismo)	*to kid oneself*

1. Ilusioné a los niños con la idea de ir a Disneyland.

2. Cuando les dije que iríamos allí, **se ilusionaron con** la idea.

3. Están ilusionados con el viaje.

4. Se hacen la ilusión de que van a ser piratas o exploradores (= **se hacen la ilusión de** ser piratas o exploradores).

5. Pero yo les advertí que el viaje no es seguro, y les dije que **no se hicieran ilusiones,** porque quizá no podríamos ir.

Observación: **Hacerse ilusiones** se usa casi siempre en forma negativa: **No te hagas ilusiones.** No podremos ir a Disneyland.

PRÁCTICA ✎

a. Conteste a las preguntas eliminando las palabras que están *en bastardilla.*

> **Modelo:** ¿Por qué cree que los niños *se entusiasman* con la idea de ir a Disneyland?
>
> *Los niños se ilusionan con la idea de ir a Disneyland porque ...*

1. Antes de ir a Disneyland, ¿por qué *se entusiasman* los niños pensando que van a ver a Mickey Mouse? **2.** ¿Cree que el viaje será caro? ¿Usted *se engaña a sí mismo* en cuanto al precio? **3.** ¿Por qué no *se imagina* que es millonario, y usted lleva a los niños a Disneyland? **4.** Si usted los *entusiasmó* con la idea, ¿cree que usted puede decirles que no irán?

b. Escriba una breve carta a un(a) amigo(a) contándole que está muy entusiasmado(a) con los planes de un fabuloso viaje que va a hacer.

PRACTICANDO AL CONTESTAR ✍

En pares, contesten a las siguientes preguntas.

1. Cuando tenías ocho o nueve años, ¿con qué te ilusionabas? **2.** La contaminación del aire es un peligro para toda la humanidad. ¿Eres optimista o no te haces ilusiones sobre el futuro del mundo? Explica por qué. **3.** ¿Te haces a veces la ilusión de ser otra persona? ¿Quién o qué te haces la ilusión de ser? **4.** ¿Admiras mucho a alguien, o deseas mucho algo? ¿Quién o qué te ilusiona? **5.** ¿Otras preguntas?

D. Uso de: **ilusión; desilusión, decepción; engaño**

ilusión = entusiasmo	*enthusiasm*
ilusión = esperanza	*hope*
ilusión = sueño, algo inalcanzable	*dream*
ilusión = algo que no existe	*illusion*
ilusión = falsa idea, idea equivocada	*delusion*
desilusión / decepción	*disappointment*
engaño	*deception*

El pintor trabajó con mucha **ilusión**, convencido de que aquél iba a ser su mejor cuadro.

Tenía la **ilusión** de ser el mejor pintor del país. Ésa era su esperanza.

Aunque a veces pensaba que esa esperanza era un sueño, una **ilusión** inalcanzable.

Además, pensaba él, la fama es algo que no existe, es una **ilusión**.

Y él sabía que no debía basar su vida sobre una falsa idea: la **ilusión** de que la fama le daría la felicidad.

Hacer eso lo llevaría a una gran **desilusión**, y no quería tener una **decepción**.

El ser famoso no significa nada, es un gran **engaño**.

PRÁCTICA ✎

Como hemos visto, **ilusión** puede significar muchas cosas. Lea las frases siguientes y reescríbalas eliminando **ilusión** y usando en su lugar otro término. Atención a los elementos que nos dan el sentido de la frase.

Modelo: Pon más interés en tu trabajo. Debes trabajar con más *ilusión*.

Pon más interés en tu trabajo. Debes trabajar con más <u>*entusiasmo*</u>.

1. Mi abuelo ya no espera nada de la vida. Dice que vive sin *ilusiones*. **2.** Yo le digo que siempre hay que soñar con algo. Hay que tener *ilusiones*. **3.** Él me dice que la felicidad, como los sueños, es *una ilusión*. **4.** Él es muy escéptico, y me dice que esperar la felicidad es partir de una premisa falsa, de una *ilusión*. **5.** Y me cita de memoria los famosos versos de Calderón de la Barca, para que yo los traduzca al inglés:

> *¿Qué es la vida? Un frenesí.*
> *¿Qué es la vida? Una ilusión,*
> *una sombra, una ficción,*
> *y el mayor bien es pequeño:*
> *que toda la vida es sueño,*
> *y los sueños, sueños son.*

PEQUEÑO TEATRO

A. Unos estudiantes son turistas que visitan un país del cual sólo conocen unos cuantos tópicos. Los otros estudiantes hacen el papel de habitantes de ese país, dispuestos a explotar la ignorancia de los turistas. ¿Qué esperan ver en los Estados Unidos los turistas no muy cultos? ¿Qué «Estados Unidos típico» inventaría para esos turistas una agencia de viajes?

B. Caso contrario: Un grupo de turistas cultos quiere visitar Estados Unidos, para estudiar la cultura norteamericana. ¿Qué itinerario prepararía la agencia de viajes para mostrar a estos turistas el Estados Unidos real, y no el de los tópicos?

C. Se puede hacer lo mismo con otros países que sean conocidos por, al menos, una parte de la clase.

D. Otra posibilidad: Un grupo defiende, y otro critica, ciertos tópicos que circulan por ahí:

  a. Los latinos son románticos, apasionados.
  b. Los nórdicos son fríos, inexpresivos.
  c. Los asiáticos son misteriosos.
  d. Los matrimonios católicos tienen muchos hijos.
  e. El viajar ilustra.
  f. Los pobres son pobres porque no quieren trabajar.

SEA USTED MI INTÉRPRETE, POR FAVOR

En grupos de tres. Estudiante A sólo habla inglés y hace preguntas para que estudiante B, que es bilingüe, las repite en español. Estudiante C contesta en español, y estudiante B pasa la respuesta al inglés.

Algunas sugerencias:

1. What clichés are in circulation about Italy and the Italians?

2. What would be a terrible disappointment for you?

3. Do you think the professor should teach a few vulgar expressions in class?

4. Why did Calderón de la Barca say that «life is a dream»?

5. Other questions?

SEA USTED MI TRADUCTOR(A), POR FAVOR

En grupos de tres. Un(a) estudiante escribe telenovelas (*soap operas*) y sus traductores(as) ponen el texto en español. Traductores(as): Atención a las palabras subrayadas, que forman parte del vocabulario estudiado.

Algunas sugerencias:

MARY You <u>touched</u> my heart when I saw you <u>full of enthusiasm</u> with the idea of becoming a great painter, but I must confess that I am completely <u>disenchanted</u>. I <u>imagined</u> that my portrait (*retrato*) was going to be beautiful, like me, but ... since when do I have three eyes and two noses? What a <u>disappointment</u>!
ERNEST You don't understand. I am a modern painter, like Picasso. <u>Don't kid yourself</u>. I am not a camera. I am an artist.
MARY That's what you think.

CUESTIONES GRAMATICALES

USO DE: POR Y PARA (II)

En la lección anterior hemos visto que **por** y **para** contrastan en estas situaciones:

Por	Para
A. Razón	Propósito
B. Razón	Sorpresa
C. Tránsito por el tiempo	Propósito
D. Tránsito por el espacio	Destino
E. Tiempo impreciso	Tiempo límite

Veamos otros contrastes:

CONTRASTE **F**: Tránsito de objetos y personas (**por**) - Propósito (**para**)

Tránsito de objetos quiere decir que algo cambia de manos, como cuando se compra o vende algo. Tránsito de personas indica substitución de una persona por otra.

Tránsito de objetos: **por**	Propósito: **para**
Pagué $20 por una entrada del concierto.	Pagué $20 para ir al concierto.
Cambié la entrada del concierto por unos discos.	Vendí la entrada del concierto para comprar unos discos.
Tránsito de personas: **por**	Propósito: **para**
Trabajo por mi hermano (= en lugar de mi hermano).	Trabajo para mi hermano (= él es mi jefe).
El embajador habla por su gobierno (= en lugar de su gobierno).	El embajador habla para su gobierno (= con la intención de que su gobierno lo escuche).

Al usar **por** para expresar el tránsito (la sustitución) de personas, nos encontramos con una ambigüedad del español. «Trabajo por mi hermano» puede significar:

Trabajo en lugar de mi hermano.	(tránsito)
Trabajo porque mi hermano lo quiere.	(razón)
Trabajo porque mi hermano lo necesita.	(razón)
Trabajo gracias a mi hermano.	(razón)

PRÁCTICA

a. En pares, háganse las siguientes preguntas unos a otros. En sus respuestas tienen que usar **por** o **para** en lugar de las palabras *en bastardilla*.

Modelo: ¿Trabajas *en lugar de* tu hermano, porque está enfermo?

Sí, trabajo <u>por</u> mi hermano, porque está enfermo.

1. ¿Te pagan bien *a cambio de* tu trabajo? **2.** Si te dan un texto lleno de palabras groseras, ¿cambias las palabras groseras *y en su lugar escribes* otras más aceptables? **3.** ¿Te gustaría ir a España *a causa de* su cultura o *con la intención de* aprender a bailar flamenco? **4.** ¿Los delegados estudiantiles hablan *en representación de* toda la clase? **5.** ¿Por qué no debes decir «estirar la pata» *en lugar de* «morir»? **6.** ¿Te dieron tu empleo *gracias a* tus méritos o *con la intención de* explotarte? **7.** ¿Cuándo estás tan cansado que dices que estás *dispuesto al* arrastre? **8.** Cuando viajas, ¿tomas fotos *con la intención de* venderlas a una revista, o simplemente *la razón es que quieres* tener un recuerdo? **9.** ¿*A cambio de* qué entregarías tu coche? **10.** ¿Tú estudias *con la intención de* qué?

b. Usted está escribiendo un guión (*script*) para una película en la que se cuenta como después de una gran catástrofe desaparece el dinero, y la gente revierte a una economía de trueque (*barter economy*). Escriba una breve escena en la que los personajes intercambian productos («Te doy un kilo de frijoles por dos kilos de papas») y explique cuál es su propósito («Para poder dar de comer a mis hijos»).

CONTRASTE **G**: Opinión (**por**) - Opinión (**para**)

Tanto **por** como **para** sirven para dar una opinión en dos maneras diferentes.

tomar + **por** + adjetivo pronombre + tener + **por** + adjetivo	**para** + nombre / pronombre + verbo
Mi hermano tomó a mi amiga por inglesa (= creyó que era inglesa)	Para él, mi amiga era inglesa.
Te tengo por sexista (= en mi opinión eres sexista)	Para mí, eres sexista.

PRÁCTICA

a. En pares, un(a) estudiante hace una pregunta, y el (la) otro(a) estudiante la contesta usando las tres estructuras posibles estudiadas.

Modelo: ¿Me consideras una persona culta?

<u>Te tengo por</u> una persona culta.

<u>Te tomo por</u> una persona culta.

<u>Para mí, eres</u> una persona culta.

1. Si un(a) joven es muy rubio(a), ¿te parece natural que todos crean que es sueco(a), o noruego(a), o de otro país nórdico? a. Todos lo (la) ... b. Todos lo (la) ... c. Para todos ... **2.** Si un señor habla con un fuerte acento británico, ¿tu primera impresión es que él es inglés? a. Yo lo ... b. Yo lo... c. Para mí ... **3.** Si alguien va por la calle con un sombrero texano, ¿te parece natural que todos crean que es vaquero? a. Todos lo ... b. Todos lo ... c. Para todos ... **4.** Si conoces a un español que constantemente habla de las corridas de toros, ¿tú creerías que es torero? a. Yo lo ... b. Yo lo ... c. Para mí ... **5.** Si yo hablara con un acento de Buenos Aires, ¿todos creerían que soy argentino? a. Todos te ... b. Todos te ... c. Para todos ...

b. Después de ir a una reunión internacional de estudiantes, usted escribe una carta a un amigo(a) en la que le cuenta cómo todos los estereotipos en los que usted creía desaparecieron. Usted se imaginaba que todos los (aquí una nacionalidad) eran (altos, bajos, rubios, morenos, etc.) y se llevó la sorpresa de que no siempre es así.

CONTRASTE **H**: Intención vaga (**estar por** + infinitivo)-Disposición (**estar para** + infinitivo)

Intención vaga: **estar por** + inf.	Disposición: **estar para** + inf.
Estoy por ir al café (= estoy pensando en ir al café).	Estoy para ir al café (= a punto de salir hacia el café).
Estamos por ir al cine (= estamos pensando en ir al cine).	Estamos para ir al cine (= listos para ir al cine).

PRÁCTICA

a. En grupos, háganse las preguntas unos a otros, usando en sus respuestas **estar por** + infinitivo, o **estar para** + infinitivo.

Modelo: ¿Puedo ir a tu casa ahora, o *en este momento vas a* salir?

No vengas, porque <u>*estoy para*</u> *salir.*

1. Nuestro amigo Ernesto se cree muy inteligente, pero ¿estás *pensando en* decirle que se hace ilusiones? **2.** ¿No te parece que él siempre *tiene el vago proyecto de* hacer algo extraordinario? **3.** ¿No has visto que cuando dice que ya está *a punto de* hacerlo, siempre cambia de opinión? **4.** Cuando lo viste ayer, ¿te dijo que *pronto iba a* ir a Nepal? **5.** ¿Te dijo que está *pensando en* entrar en un monasterio budista? **6.** ¿Estás *pensando en* decirle que debería quedarse allí para siempre? **7.** ¿Por qué te callaste cuando estabas *a punto de* decírselo?

b. Escriba una breve carta a un(a) amigo(a), reprochándole que siempre tiene muchos proyectos, pero que nunca hace nada y cite algunos casos que prueban lo que Ud. dice.

CONTRASTE **I**: Parcialidad (**estar por**) - Disposición (**estar para**)

Es una variante del contraste H. La diferencia es que puede usarse con verbos en infinitivo, con nombres, pronombres, adverbios o cláusulas subordinadas.

Parcialidad: **estar por**

Si podemos escoger entre ir a Puerto Rico o a Jamaica, estoy por ir a Puerto Rico (= soy partidario de ir a P.R.).
Estoy por Puerto Rico.
En el conflicto entre mi hermano y su mujer, estoy por él.
Entre salir hoy o mañana, estoy por mañana (= prefiero mañana)
Estoy por que salgamos mañana.

Disposición: **estar para**

No estoy para viajar (= no estoy en condiciones de viajar; no tengo ganas de viajar; no tengo humor para viajar).

No estoy para viajes.
Si ella me llama, no estoy para ella, pero siempre estoy para él.
Estaré listo para mañana. (Caso de tiempo límite: Contraste E).
Estaré listo para que salgamos mañana.

Como se ve, **estar para** se usa <u>casi</u> siempre en forma negativa:

Papá está de mala uva hoy, y no está para bromas.
El abuelo está muy viejito, y no está para viajar.
El abuelo ya no está para viajes.
Ya no está para eso. Sólo está para que lo cuidemos mucho.

PRÁCTICA

a. En pares, contesten las preguntas usando **estar por** o **estar para** en lugar de las palabras *en bastardilla*.

Modelo: Si alguien está de mal humor, ¿tú crees que *necesita* bromas?

Si alguien está de mal humor, y no <u>está para</u> bromas.

1. En los problemas de la familia, ¿tú nunca *eres partidario de* nadie? **2.** ¿Tú siempre *prefieres* la paz familiar por encima de todo? **3.** Francamente, ¿no *tienes ganas de* líos familiares? **4.** Pero tarde o temprano ¿no crees que hay que decidir, aunque uno no esté *en disposición de tomar* decisiones?

b. En su familia hay horribles problemas, y usted escribe a un miembro de la familia y le explica cuáles son esos problemas, y por qué usted no quiere verse metido en ellos.

J USOS SIN CONTRASTE

Hay casos en los que los usos de **por** y **para** no están en contraste. No hay, por lo tanto, paralelismos que puedan ofrecer dificultades.

1. Acción sin terminar: **por** + infinitivo
   Tengo tres lecciones por estudiar (= sin estudiar).
   Hay muchos problemas por resolver (= sin resolver).

2. Voz pasiva: **por**
   Hay lugares comunes que son repetidos por mucha gente.
   Algunas ciudades son muy visitadas por los turistas.

3. Repetición insistente: nombre + **por** + nombre

Publicaron el discurso del presidente, frase por frase.

4. Expresión de cantidades: **por**

El banco paga el 7% (siete por ciento) de interés.

El nuevo rico quería una biblioteca, y compró los libros por kilos.

Los huevos se venden por docenas.

Resumen de todos los contrastes

por	**para**
A. Razón:	A. Propósito:
Habla por hablar.	Habla para convencer.
B. Razón:	B. Sorpresa:
Por ser diplomático, tiene tacto.	Para diplomático, no tiene tacto.
C. Tránsito por el tiempo:	C. Propósito:
Voy a México por dos meses.	Voy a México para (estar) dos meses.
D. Tránsito por el espacio:	D. Destino:
Voy a México por El Paso.	Mañana salgo para México.
E. Tiempo impreciso:	E. Tiempo límite:
Llegarán por Navidad.	Llegarán para Navidad.
F. Tránsito de objetos/personas:	F. Propósito:
Cambié el coche viejo por uno nuevo.	Vendí el coche para comprar otro.
Él habló por toda la familia.	Él habló para toda la familia.
G. Opinión:	G. Opinión:
Te tengo por inteligente.	Para mí eres inteligente.
H. Intención vaga:	H. Disposición:
Estoy por salir.	Estoy para salir.
I. Parcialidad:	I. Disposición:
En este problema estoy por ti.	No estoy para problemas.

J. Usos sin contraste:

1. Acción sin terminar: El trabajo está por hacer.

2. Voz pasiva: Esos tópicos son dichos por mucha gente.

3. Repetición insistente: Sólo repite frases hechas, tópico por tópico.

4. Expresión de cantidades: Repite las vulgaridades por docenas.

PRÁCTICA DE TODOS LOS CONTRASTES

a. En pares, háganse las siguientes preguntas unos a otros, y respondan usando en su respuesta **por** o **para**, **estar por** o **estar para** en lugar de las palabras *en bastardilla*.

> **Modelo:** En cuestiones políticas, *¿eres partidario de qué* ideología?
>
> *En cuestiones políticas estoy por ...*

1. ¿Tienes buena memoria? ¿Puedes recitar un poema muy largo verso *tras* verso? **2.** ¿Conoces a algunos amigos que vivieron juntos *durante* algún tiempo, y después se casaron? **3.** ¿Crees que tienes muchos amigos *porque eres* rico o *porque eres una* buena persona? **4.** ¿Estás *pensando que quizá debiera* aprender otro idioma, además del español? **5.** ¿Adónde se fueron tus amigos? ¿Se fueron *hacia* Venezuela? **6.** ¿Cuánto pagarías *a cambio de* un ordenador (una computadora) usado(a) pero en buen estado? **7.** ¿Tienes tu casa siempre limpia y ordenada, o algunos días son las tres, y la cama *sin* hacer? **8.** Si conoces a alguien de Viena, ¿qué dirías si, *considerando que es* vienés, baila muy mal el vals? **9.** ¿Tienes mucho éxito en las fiestas *porque sabes* bailar flamenco o *a causa de* otra razón? **10.** ¿Cuándo eras muy joven y vivías con tus padres, ¿tenías que volver a casa *lo más tardar a* qué hora? **11.** Si vas a Guatemala ¿irás *atravesando* qué país? **12.** Cuando habla el Presidente ¿sus palabras *son destinadas a* todos los ciudadanos o sólo a los senadores? **13.** Cuando Cristóbal Colón salió de España con sus tres carabelas, ¿creyó que salía *con dirección a* América o *con dirección a* Asia?

b. Escriba una lista de propósitos para el nuevo año. Désela a otro(a) estudiante para que la critique. Por ejemplo:

Nunca más voy a hablar por hablar. Siempre hablaré para decir algo.

Si voy a México por un par de semanas, será para divertirme, pero también para practicar mi español.

Si tengo a alguien por inteligente, respetaré sus opiniones.

En asuntos familiares, procuraré no estar ni por unos ni por otros.

REVISIÓN GENERAL

DIÁLOGO

A. En pares, háganse unos a otros y contesten a las preguntas.

Modelo: ¿Qué es un tópico?

> *Posible respuesta: Un tópico es un lugar común.*

1. ¿Por qué el vaquero es una parte de la mitología norteamericana? **2.** ¿A quiénes les gusta más andar en tiovivo, a los niños o a los mayores? **3.** ¿Hasta qué edad creen los niños a pies juntillas en Santa Claus? **4.** ¿Tienes ideas originales o hablas en tópicos? **5.** ¿Hay alguna frase hecha que mucha gente repite frecuentemente, *you know what I mean*? **6.** ¿Qué tema de conversación prefieres? **7.** En general, ¿cómo son los carteles turísticos? **8.** ¿Qué haces cuando un amigo está de mala uva? **9.** ¿Otras preguntas?

B. En pares, háganse las siguientes preguntas unos a otros. Usen las palabras estudiadas en lugar de las palabras *en bastardilla*.

Modelo: ¿Un tópico es *un lugar común*?

             Sí, un tópico es <u>una frase hecha</u>.

1. No encuentro mi libro. ¿Sabes si está *en alguna parte donde tú estás*? **2.** ¿Por qué muchos extranjeros creen que el Oeste americano está lleno de *hombres a caballo*? **3.** En Disneyland ¿hay *caballitos de madera que dan vueltas*? **4.** ¿Por qué mucha gente cree *completamente* que hay habitantes en otros planetas? **5.** ¿Por qué prefieres no hablar cuando estás de *mal humor*? **6.** ¿Tú crees que hay *materias* de conversación que no se deben tratar delante de los niños? **7.** ¿Tú crees que una manera fácil de decorar una habitación es poner *grandes fotografías turísticas* en la pared?

C. Escriba un breve informe que resume lo dicho por los personajes del diálogo. Por ejemplo: «Un personaje se lamenta de que haya tantos tópicos en la industria del turismo, pero a otro le parece natural, y no ve otra alternativa... etc.».

AMPLIACIÓN DE VOCABULARIO

A. Conteste las siguientes preguntas.

Modelo: ¿Qué dos sentidos tiene el adjetivo *vulgar*?

             Puede significar <u>común, corriente</u> o también <u>grosero</u>.

1. Cuando el alemán Martín Lutero tradujo la Biblia a la lengua vulgar, ¿a qué lengua la tradujo? **2.** ¿Dónde cree usted que hay más lenguaje grosero, en la televisión o en el cine? **3.** ¿En qué bailes se tocan mucho las castañuelas? **4.** ¿Por qué los amantes de los animales son contrarios a las corridas de toros? **5.** ¿Es popular el baile flamenco en los Estados Unidos? **6.** ¿Cuál es el instrumento musical nacional de Escocia, Irlanda y Galicia? **7.** ¿Qué se ponen al cuello los bailarines hawaianos?

B. Escriba un breve artículo de periódico en el que critica que en muchos programas de televisión se repite lo que, en su opinión, es una colección de tópicos y estereotipos.

DIFICULTADES Y EJERCICIOS

A. Conteste las siguientes preguntas.

1. ¿Qué instrumento le gustaría tocar? **2.** Cuando usted va a visitar a alguien, ¿qué hace al llegar delante de la puerta? **3.** ¿Por qué está o no está contento(a) usted cuando le toca trabajar en domingo? **4.** ¿Qué gran ilusión tiene usted en la vida? **5.** ¿Qué le desilusionaría más? **6.** ¿Con quién se ha desilusionado? **7.** ¿Con qué se ha decepcionado? **8.** ¿De qué se hace usted ilusiones, de llegar a ser famoso(a), rico(a) o qué? **9.** ¿Usted cree que alguien se hace la ilusión de casarse con usted? Explique por qué sí o por qué no. **10.** ¿Qué clase de viaje tiene usted la ilusión de hacer? **11.** ¿Por qué cree usted que (no) es posible vivir sin ilusiones? **12.** Los jóvenes de su generación, ¿están ilusionados con el futuro o son pesimistas y no se hacen ilusiones? Explique por qué. **13.** ¿Se ha engañado a sí mismo(a) alguna vez? ¿Qué idea equivocada ha tenido usted?

B. En pares, contesten las siguientes preguntas eliminando las palabras que están *en bastardilla.*

Modelo: ¿Es cierto que los pesimistas creen que la felicidad es *algo que no existe*?

Sí, los pesimistas creen que la felicidad es <u>una ilusión</u>.

1. ¿Por qué hay mucha gente que *sueña con* ser artista de cine? **2.** A veces, cuando estás trabajando, ¿cierras los ojos y *te imaginas* que estás en una playa tropical? **3.** ¿Alguna vez has *causado una desilusión* a tus amigos? **4.** Cuando un trabajo parece muy interesante, ¿qué te hace *llevarte una desilusión* con él, y dejarlo? **5.** ¿Qué trabajo tienes ahora? ¿Estás *entusiasmado(a)* con él? **6.** ¿Trabajas con *entusiasmo*? **7.** ¿*Sueñas con* llegar a ser presidente(a) de una compañía? **8.** ¿Alguna vez *te engañaste a ti mismo(a)*? ¿Qué pasó?

C. Escriba en su diario una serie de sueños que ha tenido. Naturalmente, usted se despierta y... «los sueños, sueños son».

CUESTIONES GRAMATICALES

A. En pares, háganse y contesten las siguientes preguntas.

Modelo: ¿Hablas bien español? ¿Crees que podrían tomarte por cubano?

Posible respuesta: Creo que (no) podrían <u>tomarme por</u> cubano.

1. Donde trabajas, ¿te pagan por semana o por mes? **2.** En este curso, ¿cuántas lecciones quedan por estudiar? **3.** Cuando vas al cine, ¿cuánto pagas por una entrada? **4.** Cuando vas al cine, ¿cuánto pagas para entrar? **5.** Para ti, ¿cuál es el tópico más repetido sobre los Estados Unidos? **6.** ¿Crees que sabes todo el vocabulario de la lección, palabra por palabra? **7.** ¿Has leído todas las páginas, línea por línea? **8.** ¿Para quién trabajas? **9.** ¿Por quién harías un gran sacrificio? **10.** ¿A qué hora estaremos listos para salir de clase?

B. En grupos, háganse preguntas unos a otros usando en sus respuestas **por / para**, **tener por / tomar por** o **estar por / estar para**, en lugar de las palabras *en bastardilla*.

Modelo: ¿Todos *vamos a* salir *ahora mismo* ?

Todos <u>estamos para</u> salir.

1. *En tu opinión*, ¿es muy difícil tocar la guitarra? **2.** ¿Hay que pagar mucho dinero *a cambio de* un coche nuevo? **3.** Picasso era español, pero como vivió muchos años en Francia ¿crees que mucha gente lo *considera* francés? **4.** Ya llevas bastante tiempo estudiando español. ¿Estás ahora *jugando con la idea de* ir a México para practicarlo? **5.** ¿Estás muy ocupado y siempre te queda algo *sin* hacer? ¿Qué te queda *sin* hacer? **6.** Si un amigo estuviera enfermo, ¿irías a trabajar *en lugar de* él? **7.** En los bancos, ¿pagan interés *a cambio de* los depósitos que se tienen allí?

C. Usted tiene la obsesión de los viajes. Haga una lista de los lugares para donde querría salir mañana mismo, y explique sus razones. Por ejemplo: «Definitivamente, tengo que salir <u>para</u> Italia mañana mismo. Quiero viajar <u>por</u> el país <u>para</u> ver sus ciudades, famosas <u>por</u> sus monumentos... etc.» ¿Qué otros países querría visitar?

De las pequeñas composiciones a la gran composición

EL PUNTO DE VISTA EN LA NARRACIÓN

En la narración en tercera persona, que es la forma más frecuente de la novela o del cuento, hay siempre, naturalmente, un autor. Al iniciar su narración el autor escoge, consciente o inconscientemente, un punto de vista desde el cual va a decir lo que nos quiere contar. Para hacerlo tiene varias posibilidades:

A. El autor puede estar claramente presente en su narración, de una manera más o menos directa.

   1. Él habla directamente a sus lectores, y no les deja olvidar que es él quien está contando la historia. Ésta es una forma típica de muchos escritores del siglo XIX: «Esta historia que voy a contarles, queridos lectores, no es una historia triste...»

2. Otras veces, sin hablar tan directamente a sus lectores, el autor está presente con sus opiniones, expresadas con verbos en la forma *yo*: «Los amigos de María dicen que ella está siempre contenta porque es feliz. El problema es, digo yo, saber si está siempre contenta porque es feliz, o si es feliz porque está siempre contenta».

En este párrafo el autor es quien escribe ese «digo yo» que nos transmite su opinión sobre la felicidad de María.

PRÁCTICA

Recuerde: Use lo más posible el vocabulario de esta lección, y subraye las palabras usadas.

1. Usted es periodista y escribe para denunciar un caso de discriminación, hablando directamente a sus lectores, por ejemplo: «¿Qué harían ustedes en mi situación?». Describa a la persona víctima de discriminación: cómo es, qué proyectos tenía para el futuro. Cuente qué pasó. Hable de sus emociones cuando se vio víctima de discriminación.

2. Cuente la misma historia sin hablar directamente a sus lectores, pero incluya sus opiniones sobre lo sucedido, por ejemplo: «A mí me parece que esto es intolerable».

B. El autor empieza a desaparecer. Ya no habla en la forma *yo*, pero todavía expresa sus opiniones:

«María siempre está contenta, porque es feliz».

El autor nos dice algo que todos pueden ver: «María está contenta», y luego añade una explicación: «porque es feliz». Es decir, el autor se concede a sí mismo el derecho a entrar en los pensamientos de su personaje, para luego comunicarlos a sus lectores: Es un autor omnisciente, lo sabe todo. Veamos un caso más claro todavía:

«María está siempre contenta. Ella sabe que es feliz, y cuando piensa en su felicidad una ligera sonrisa le alegra la cara».

PRÁCTICA

Usted comienza una novela, en la que su protagonista es un(a) gran viajero(a). Describa a esa persona, su aspecto físico y sus pensamientos. Usted puede entrar dentro de la cabeza de su personaje diciendo, por ejemplo: «...y entonces él (ella) pensó que...», «...él (ella) se sintió indignado(a)...». Su protagonista es una persona culta que expresa su indignación porque en las tiendas de «souvenirs» para turistas todo parece confirmar los tópicos que circulan sobre el país.

C. Autor ausente

1. El autor se retira. Nunca nos da su opinión. Nunca entra en los pensamientos de sus personajes. Se limita a contarnos lo que se puede ver: «María siempre tiene aspecto de estar contenta, y una ligera sonrisa le alegra la cara».

2. El autor desaparece casi por completo. Ya ni siquiera cuenta su historia. Se limita a hacernos oír a sus personajes:

—María, tú siempre estás contenta —dijo Pepe.

—Es que soy muy feliz —explicó ella.

—Se te nota en la cara. Tienes una ligera sonrisa que te la alegra toda.

Lo único que nos dice el autor es quién habla: «dijo Pepe», «explicó ella». Y cuando ya no es necesario, como en la tercera línea, ni siquiera eso nos dice. Ésta es una técnica que ya se parece mucho al teatro: El diálogo tiene más importancia que la narración.

PRÁCTICA

1. Usted cuenta otra vez la historia de su protagonista viajero(a), pero ahora no puede entrar en sus pensamientos. Para expresarlos usted depende completamente de la apariencia física y de los gestos: «...hizo un gesto de irritación...».

2. La misma historia, pero en forma dialogada. Su protagonista viaja con un(a) amigo(a) y hace comentarios sobre lo que ve en las tiendas de recuerdos turísticos:

—Fíjate que cosa más horrorosa, ese collar de flores de plástico. Es indignante —exclamó Elena.

—No te pongas así, mujer —le dijo su novio—. A mucha gente le gustan esos collares.

—Pues no debieran gustarles.

***

Cuando en una composición contamos una historia, aunque sea muy breve, usamos la técnica de la novela. Podemos escoger el punto de vista desde el cual vamos a contar nuestra historia, o podemos combinar varios puntos de vista. En este caso, ¡atención!, hay que hacerlo con mucho cuidado. Si, por ejemplo, hemos estado usando la técnica del autor ausente (C.1 o C.2), y después de varias páginas introducimos una opinión del autor («...pero yo creo que ella mentía...») el lector se preguntará quién es ese *yo* que está hablando. En la lección próxima veremos algunas de las ventajas y de las limitaciones de cada uno de los posibles métodos.

POSIBLES TEMAS PARA UNA CONVERSACIÓN / COMPOSICIÓN

ATAJO 🔵

Grammar:	Prepositions **por/para**.
Phrases:	Describing people, places, the past, the present; Talking about past events, recent events; Sequencing events; Linking ideas; Making transitions
Vocabulary:	Nationality; Dreams and aspirations; Emotions: positive, negative; Expressing irritation; Gestures

Pueden conversar sobre estos temas, o pueden escribir una breve narración en la que se cuente algo que le ha pasado a alguien, usando las tres técnicas básicas.

A. Autor presente.   B. Autor presente de manera indirecta.   C. Autor ausente.

1. Tópicos sobre los Estados Unidos

Técnica A, autor presente

Sugerencias:

> Les voy a contar la historia de mi amigo Enrique cuando vino a los Estados Unidos por primera vez. Él sólo conoce a los EE.UU. a través del cine. Al llegar a San Francisco, lo primero que me preguntó fue cuándo íbamos a tener un terremoto. Y así con toda una colección de <u>tópicos</u> que <u>él creía a pies juntillas</u>. ¿Qué les parece mi amigo Enrique?

Técnica B, autor presente de manera indirecta

Sugerencias:

> Enrique vino a los EE.UU. por primera vez. Él sólo conoce a los EE.UU. a través del cine. Su cabeza está llena de <u>lugares comunes</u> sobre este país, y él sólo <u>habla en tópicos</u>. En San Francisco le preguntó a un amigo norteamericano, riendo nerviosamente, cuándo iban a tener un terremoto. —Enrique es un poco tonto —pensó su amigo.

Técnica C, autor ausente

Sugerencias:

> Enrique vino a los EE.UU.
> —Es mi primera visita a los Estados Unidos —dijo.
> —¿Qué esperas ver? —le preguntó su amigo.
> —Pues todo lo que hay: <u>vaqueros, indios</u>...
> Su amigo lo miró con una sonrisa irónica.
> —Pues <u>te vas a llevar una desilusión</u>.

Ahora conversen o escriban algo parecido sobre los EE.UU., o sobre otro país, pero en una composición más larga, naturalmente.

2. Otros posibles temas

    a. Una visita a Disneyland. ¿Estados Unidos típico o Estados Unidos en tópico?

    b. Una visita al estudio de un artista que se dedica a pintar carteles turísticos

    c. París (o cualquier otra ciudad) vista por quien no la ha visto nunca

    d. Unos amigos hablan de la dosis de verdad que ellos ven en algunos tópicos.

lección **5**

❦

el español, lengua trasatlántica

Desde una cabina de teléfono, en una calle de Madrid, se puede hablar con millones de personas a los dos lados del Atlántico, y todos hablan español.

∾

en cuanto = as soon as

Personajes: *María Luisa y Craig son invitados a una fiesta donde hay varios estudiantes hispanoamericanos y una estudiante española que* **acaba de llegar**[1] *de Madrid.*

GUILLERMO (MEXICANO)	Pasen, pasen, **el guateque**[2] ya **está a toda marcha**,[3] sobre todo alrededor de **la alberca**.[4]
MARÍA LUISA	Mira, allí está Almudena, que acaba de llegar de Madrid.
ALMUDENA	¡Hola, María Luisa! Oye, ¿quién es este **guaperas**[5] que te acompaña?
MARÍA LUISA	Es Craig. **Anda**,[6] Craig, dale las gracias a Almudena, que acaba de llamarte **guapetón**.[7]
CRAIG	Gracias, guapa, todas las muchachas me dicen lo mismo.
ALMUDENA	**¡Vaya!**[8] Además de guapo eres **presumido**.[9]
CRAIG	¡No, **ni mucho menos!**[10]
MARÍA LUISA	**No le hagas caso**,[11] Almudena. Craig siempre ha sido un poco **fantasioso**.[12] Bueno, vamos a ponernos los trajes de baño para **echarnos unos buenos clavados**.[13]
ALMUDENA	¿Para echarnos qué? ¿Qué es eso de echarnos unos clavados?
MARÍA LUISA	¡Ah, **claro!**[14] No lo comprendes. Creo que en España dicen **darse un chapuzón, o tirarse de cabeza**, ¿no?
ERNESTO (ARGENTINO)	¡Vengan ya! ¡Vamos todos a **la pileta!**[15]
ALMUDENA	¿A **la piscina**,[16] quieres decir?
CRAIG	A ver si **se ponen de acuerdo**.[17] ¿Vamos a la alberca, a la pileta o a la piscina?
MARÍA LUISA	Todo es lo mismo, *the swimming pool*. Ya ves qué rico es el español. En México, alberca; en Argentina, pileta; y en España y en otros países, piscina.
CRAIG	¡Claro! Y los pobres extranjeros que estudiamos español tenemos que aprender tres palabras en lugar de una.
ALMUDENA	Lo mismo que los pobres extranjeros que aprendemos inglés en Europa con profesores ingleses. **En cuanto**[18] llegué aquí **me di cuenta de que**[19] iba a tener que aprender muchas palabras nuevas.
CRAIG	¿Cómo cuáles?
ALMUDENA	¡Uf! Muchas. Un *lift* es un *elevator*, un *biscuit* es un *cookie*, y en un coche *bonnet* es *hood*, *boot* es *trunk*, *petrol* es *gas*...
CRAIG	**¡Basta ya!**[20] **A lo mejor**[21] resulta que aquí no hablamos inglés.
ALMUDENA	Eso dicen algunos ingleses.
GUILLERMO	Bueno, **déjense de**[22] comparar vocabulario y vamos a comer algo. He preparado unos **tacos** fabulosos.
ALMUDENA	Tiene gracia. **Un taco** en España es **una palabrota**.[23]
GUILLERMO	Pues vamos a comer unas palabrotas muy **sabrosas**.[24]

Notas:

1 has just arrived
2 la fiesta
3 muy animado
4 pool
5 hombre guapo
6 come on
7 guapo
8 Well, well
9 vanidoso
10 not at all
11 don't pay attention
12 imaginativo
13 to dive
14 of course
15 pool
16 pool
17 agree
18 as soon as
19 I realized
20 enough
21 quizá
22 stop
23 swear word
24 deliciosas

COMPRENSIÓN

En pares, preparen varias preguntas que incluyan las palabras que están **en negritas,** y ofrezcan dos o tres respuestas posibles. Otro(a) estudiante escoge una de las posibles respuestas.

Modelo: 1. Si Almudena **acaba de llegar**, ¿llegó hace tres meses o hace pocos días?

Si Almudena acaba de llegar, es que llegó hace pocos días.

2. Si Guillermo da **un guateque**, ¿da una bebida tropical, da una fiesta o da una conferencia?

Si Guillermo da un guateque, es que da una fiesta.

3. Una **alberca**, una **piscina** y una **pileta** ¿son diferentes nombres para una flor, un lugar donde se puede nadar o un lugar donde hay muchos peces?

Una alberca, una piscina y una pileta son diferentes nombres para un lugar donde se puede nadar.

PRÁCTICA GENERAL

A. En pares, preparen preguntas que incluyan el nuevo vocabulario, y háganselas a otros(as) estudiantes, que tienen que usar en la respuesta las palabras estudiadas.

Modelo: 1. En tu opinión, ¿cuándo se puede decir que **un guateque está a toda marcha**?

Un guateque está a toda marcha cuando...

2. ¿A quién le llamarías tú **guaperas** o **guapetón**?

Yo le llamaría guaperas o guapetón a...

3. ¿Cuál es tu concepto de una persona **presumida**?

Para mí, una persona presumida es...

B. En grupos de tres, escriban preguntas como las del modelo anterior en unas tarjetas o en trozos de papel. Dénselas a sus compañeros(as) para que éstos(as) escriban su respuesta.

ENSAYO GENERAL (REHEARSAL)

A. En grupos, repártanse los papeles de los personajes y representen la escena del Diálogo. Un(a) director(a) da instrucciones e insiste en que todos usen el vocabulario nuevo. Un(a) apuntador(a) refresca la memoria de los actores cuando no recuerden lo que tienen que decir, pero se la refresca *en inglés.* Recuerden, no es necesario reproducir las frases exactamente como están en el Diálogo.

B. Como un grupo de críticos, hagan comentarios sobre la escena, los personajes, el lenguaje usado (¿es natural? ¿suena artificial?), etc.

AMPLIACIÓN DE VOCABULARIO

Cuando un idioma se habla en diferentes países, es inevitable que haya algunas diferencias en el uso de esa lengua. A pesar de esas diferencias, todos los que hablan una lengua común pueden conversar sin mayores problemas, aunque de vez en cuando puede haber algunas sorpresas. El español de los Estados Unidos tiene unas características especiales, que veremos en otra lección.

A. Veamos algunos casos de verbos de uso frecuente. El verbo usado en España equivale a la forma americana dada entre corchetes [ ]. Atención: América no es solamente los Estados Unidos. América es un continente donde hay muchos países.

1. El músico tocó tan mal que le **tiraron** [le **aventaron**] (*throw*) tomates.

2. Me **despidieron / echaron** [**botaron, corrieron**] de mi trabajo.

3. El papel **se atascó** [**se atoró**] (*got stuck*) y ahora la impresora (*printer*) no funciona.

4. Mi perro siempre viene cuando le **silbo** [**chiflo**] (*whistle*).

5. Todos **se levantaron** [**se pararon**] cuando entró el Presidente, y estuvieron **de pie** [**parados**] hasta que el Presidente se sentó.

6. Cuando volví a casa **deshice las maletas** [desempaqué las valijas / los velices]. *suitcase*

7. Mañana te **devuelvo** [**regreso**] el dinero que **me prestaste** [**te presté**]. Este uso de **prestar** es frecuente en América Central. En casi todos los países **prestar** es *to loan*, y **pedir prestado** es *to borrow*, pero algunos hispanoamericanos usan **prestar** en el sentido de **pedir prestado**, lo cual crea confusiones incluso para otros hispanohablantes. No hay problema cuando **regresar** significa **volver**: Todos **volvieron / regresaron** a casa después del trabajo.

8. El teatro está **situado** [**ubicado**] en la Avenida Principal.

9. Oí que un niño me llamaba. **Me di la vuelta** [**me volteé**] y vi a mi hijo.

10. Me porté muy mal, y ahora **estoy avergonzado** [Méx.: **estoy apenado**].

11. No me gusta hablar en público. **Me da vergüenza** [Méx.: **me da pena**].

12. **Me dan pena** [**Me dan lástima**] los perros abandonados.

13. Tengo que salir **a las dos menos veinte** [**a las veinte para las dos**].

14. Ya te has recuperado de tu enfermedad. **Tienes buen aspecto** [te ves muy bien].

15. **Cuéntame** [**Platícame**] qué pasó.

16. **Te sienta** muy bien ese vestido. [**Te ves muy bien con** ese vestido].

17. Los hombres **se afeitan** [**se rasuran**] con una **maquinilla de afeitar** [**rastrillo**].

18. Entró la policía y **registró** [**esculcó**] la casa.

19. En las puertas de un edificio público puede verse **tire** [**jale**] o **empuje**.

20. No se debe **conducir un coche** [**manejar un carro**] después de **beber** [**tomar**].

Práctica

a. Prepare una pequeña historia y cuéntesela a sus amigos(a), quienes tienen que decidir si el que habla es español o hispanoamericano, y por qué creen que es de España o de América.

Modelo: En la oficina yo estaba encargado(a) de las impresoras de los ordenadores, pero un día se atascaron todos los papeles y fue un lío. Cuando entró la jefa del departamento, yo me levanté muy cortés. Ella me miró muy seria y me dijo: Lo siento, pero tengo que despedirlo(a). (Quien habla es español(a). Indicios: ordenador en lugar de computadora, atascarse en lugar de atorarse, levantarse en lugar de pararse; despedir en lugar de botar o correr).

b. Escriba una breve carta a un(a) amigo(a). En lugar de las palabras subrayadas, use el vocabulario nuevo, el de España o el de América, pero no los mezcle. En su carta le dice a su amigo(a) que muy pronto le pagará el dinero que le debe. Su amigo(a) le dio ese dinero para que usted hiciera un viaje. Cuéntele, por ejemplo, que estuvo en un hotel situado en el centro. Cuando llegó al hotel vació el equipaje y luego salió a pasear a las 10:40 A.M. Termine la carta diciéndole que está entristecido porque no puede pagarle ahora.

B. En las ciudades: En las calles, la gente anda por **las aceras** [Méx.: **banquetas**; Perú: **veredas**; América Central: **andenes**] y las tiendas exhiben sus mercancías en los **escaparates** [**vitrinas**]. En los parques hay **césped** [Méx.: **pasto**; El Salvador: **grama**]. Mucha gente usa el transporte público (**autobuses / buses**) [Méx.: **camiones**; Cuba, Puerto Rico, República Dominicana y las Islas Canarias: **guaguas**].

Práctica

a. En grupos, cuénteles a unos(as) amigos(as) que ha estado en una ciudad muy bonita, donde las partes de la calle por donde anda la gente son muy anchas, donde hay ropa muy elegante en la parte delantera de las tiendas, los parques tienen muchas zonas verdes y el transporte público es muy bueno. Sus amigos(as) tienen que averiguar (*guess*) en qué país estuvo usted.

b. Escriba una tarjeta postal a un(a) amigo(a) y cuéntele en pocas palabras cómo es la ciudad desde donde le escribe. Por el vocabulario usado, su amigo(a) sabrá en qué país está usted.

C. En las casas: Una **habitación** / **un cuarto** (de uso general) muy importante es el **dormitorio** [Méx.: **recámara**]. Para no tener frío de noche ponemos en la cama una **manta** [Cuba: **frazada**; Méx.: **cobija**]. Para tener luz eléctrica necesitamos **bombillas** [Méx: **focos**; Cuba: **bombillos**; Chile: **ampolletas**; Argentina: **lamparita**] y encendemos y apagamos la luz con una **llave de la luz** o un **interruptor** [Costa Rica y Nicaragua: **suich**; Venezuela y Puerto Rico: **suiche**]. *If we take a shower*, en España **nos damos una ducha** en la **ducha** [México: **nos damos un regaderazo** en la **regadera**]. En España una **regadera** es un *watering can*. El agua sale de **un grifo** [Argentina y Paraguay: **canilla**; y en casi todos: **llave de agua**].

PRÁCTICA

a. En pares, uno de los estudiantes está en un hotel, y habla con el (la) encargado(a) (*manager*) para quejarse de algo. Por el vocabulario que usted usa, el (la) encargado(a) averigua de dónde es usted.

> **Modelo:** La regadera no funciona.
>
> *Usted es mexicano(a), ¿no?*

b. En pares, uno de los estudiantes escribe una breve nota al (a la) encargado(a) de un hotel del país X para informarle que hay cosas que no están bien en su cuarto. El (la) encargado(a) (otro[a] estudiante) le contesta con otra breve nota en la que le da la razón y le presenta sus excusas, o no le da la razón. Use el vocabulario apropiado para cada país.

D. La comida: Cada país tiene sus platos nacionales, su comida típica. Ya sabemos que un **taco** es un **platillo** mexicano, y que en España es una **palabrota**, pero en Argentina, Chile, Uruguay y Perú los **tacos** (*heels*) están en los zapatos. Si vamos a un bar con los amigos, **bebemos** [**tomamos**] y además de las **bebidas** también **pedimos** [Méx.: **ordenamos**] algo ligero para comer: Unas **tapas** [Méx.: **botanas**; El Salvador: **boquitas**; Colombia: **pasabocas**] que los **camareros** [Méx.: **meseros**] nos traen en **una bandeja** (*tray*) [Méx.: **charola**; Colombia y otros: **azafate**]. En España se comen muchas **patatas** [**papas**]. Un plato típico del Día de Acción de Gracias (*Thanksgiving*) en los Estados Unidos es el **pavo** [Méx.: **guajolote**]. Terrible confusión: todos sabemos qué son **las tortillas** mexicanas. Si usted pide diez o doce tortillas en una restaurante español, le van a traer diez o doce *omelettes*.

PRÁCTICA

a. En grupos. Usted y sus amigos están en el país X. En un restaurante, o en un bar, dicen al (a la) empleado(a) lo que quieren. Usen el vocabulario adecuado para cada país.

b. En pares intercambien tarjetas postales. Cuéntele a un(a) amigo(a) qué comió en un restaurante del país X. Su amigo(a), que también está de viaje, le cuenta lo mismo. Por el vocabulario usado, ¿pueden los dos saber dónde ha estado su amigo(a)?

E. La familia: La familia básica está formada por **los padres**: **el padre** y **la madre**. **Papá** y **mamá** se usan cuando se habla directamente a los padres: «Papá, dice mamá que vamos a la playa». Cuando se habla de ellos en tercera persona, en hispanoamérica usan **papá** y **mamá**, y en España **padre** y **madre** o México: Los papás [España: Los padres] de Javier han tenido ub accidente. Y también hay niños en la familia [Méx.: **chamacos**, **escuincles** o **chilpayates**; Arg.: **pibes**; El Salvador: **cipotes**]. ¡Atención! **Cipote** es una palabra inmencionable en la sociedad española, pues tiene connotaciones sexuales masculinas. Otro tabú importante: El verbo **coger** es perfectamente inocente en España, y es, además, de alta frecuencia. Los españoles cogen taxis, trenes, la gripe o cogen en brazos a los bebés. En algunos países hispanoamericanos, no todos, se evita el uso de esa palabra, pues tiene connotaciones sexuales, y en su lugar se usa **agarrar** o **tomar** (agarro un taxi, la gripa, tomo un avión...). Con respecto a los niños, cuando levantamos amorosamente en brazos a un bebé, en muchos países hispanoamericanos lo **cargamos**.

PRÁCTICA

a. En grupos, hagan los papeles de una familia internacional. En la reunión hay abuelos, padres, hijos y nietos, y todos hablan de asuntos familiares, especialmente de los niños. Por el vocabulario usado, ¿en qué país vive cada uno de los miembros de la familia?

b. Escriba una breve carta a un(a) amigo(a) y cuéntele cómo metió la pata (*you put your foot in your mouth*) porque, hablando con unos amigos del país X, usó unas palabras que ellos no comprendían o, lo que es peor, usó una palabra tabú.

LECTURAS SOBRE LA CULTURA Y LA LENGUA

Los contactos entre España e Hispanoamérica, unas veces buenos, otras veces deplorables, se reflejan en el idioma hablado a los dos lados del Atlántico.

Si alguien toma una decisión irrevocable, puede decir que **quemó las naves, como Cortés**, expresión que tiene su origen en la decisión tomada por el conquistador de México, quien, después de desembarcar con sus tropas en lo que ahora es la ciudad de Veracruz, mandó destruir sus naves para que todos sus soldados comprendieran que ya no había la posibilidad de abandonar la empresa iniciada. En realidad no las quemó, las barrenó (*scuttled*), pero se dice **quemar las naves.**

La conquista de México fue posible, en parte, gracias a la **Malinche**, la hermosa india, considerada traidora a su raza quien, sirviéndole de intérprete, ayudó a Cortés a derrotar al poderoso imperio azteca. Hoy en día, no hay peor insulto para un político mexicano que llamarle **malinchista**, es decir, traidor a su país, vendido a los intereses extranjeros. Malinche era azteca y hablaba náhuatl. Su familia la había vendido a unos mayas de Yucatán, donde ella aprendió las lenguas maya y tabasca. Cuando Cortés desembarcó en la isla de Cozumel encontró a un español llamado Aguilar, que había vivido en la isla por muchos años, después de un naufragio, y quien había aprendido también las lenguas maya y tabasca. Entonces, Cortés hablaba castellano, Aguilar lo interpretaba al tabasco y Malinche lo pasaba al náhuatl. Un poco complicado, pero esto permitió a Cortés comunicarse con los mexicas, lo mismo que los diplomáticos modernos se comunican en las Naciones Unidas.

Posiblemente lo que ocurrió es que la pobre Malinche, que fue regalada a Cortés por unos mayas de Yucatán, tuvo que ser intérprete de Cortés, aunque no quisiera serlo. Otros dicen que no, que Malinche se enamoró de Cortés, con quien tuvo un hijo llamado Martín. Los españoles le dieron el nombre de Doña Marina. Ella era una mujer muy inteligente, aprendió rápidamente el castellano, y murió rica y respetada.

Las fabulosas riquezas que Pizarro y sus soldados encontraron, y saquearon, en Perú, dio origen a la expresión **vale un Perú**, que se dice de algo o de alguien que tiene un gran valor. Algo similar ocurre con la expresión **vale un Potosí**, lugar de Bolivia donde los españoles encontraron la mina de plata más rica del mundo.

Jugando con el final del nombre **Guatemala**, cuando alguien escapa de un problema y cae en otro más difícil todavía, se dice que **salió de Guatemala y se metió en Guatepeor.**

DIFICULTADES Y EJERCICIOS

A. Uso de: **extranjero, forastero, desconocido, extraño, raro**

extranjero(a)	*foreigner*
el extranjero	*abroad*
forastero(a)	*stranger, out-of-towner*
desconocido(a)	*stranger, unknown person*
extraño(a), raro(a)	*strange*

Durante las vacaciones de verano, la ciudad se llena de **extranjeros** y **forasteros**. A mucha gente le gusta viajar por **el extranjero**, y en sus viajes habla con **desconocidos** que, muchas veces, se convierten luego en buenos amigos. En la ciudad, cuando hay muchos turistas, se oyen lenguas **extrañas**, lenguas **raras** de países exóticos, que crean una atmósfera cosmopolita.

PRÁCTICA ✎

Escriba una carta a un periódico en la que protesta por el excesivo número de inmigrantes que entra en el país. Su compañero(a) lee la carta y le contesta con otra en la que rechaza sus argumentos.

PRACTICANDO AL CONTESTAR ⧐

En pares, contesten a las preguntas, incluyendo en la respuesta un sinónimo de las palabras que aquí están *en bastardilla.*

Modelo: ¿Conoces a alguien *de otro país?*

Sí, (No) tengo amigos <u>extranjeros</u>.

1. En los festivales de verano ¿hay mucha gente *de otras ciudades?* **2.** ¿Por qué se recomienda no hablar con *gente que no conoces?* **3.** ¿Crees que los extranjeros siempre hablan con un acento muy *extraño?* **4.** ¿Te gusta viajar por *otros países?* ¿Por qué? **5.** En las películas de vaqueros, ¿por qué casi siempre hay un personaje típico, que es un *hombre de otra ciudad?* **6.** Cuando viajas, ¿vas siempre al mismo sitio, o prefieres visitar ciudades *que no conoces?* **7.** Cuando alguien «no es como todos», ¿por qué muchos dicen que es muy *raro* o muy *rara?* **8.** ¿Cuál es la diferencia entre un *extranjero* y un *forastero?* **9.** ¿Qué te parece *extraño* en lo que conoces de la cultura hispánica? **10.** ¿Otras preguntas?

B. Uso de: **quedar; quedar** (**a**) + situación + **de; quedar** + bien / mal + (**con**); **quedar en** + infinitivo; **quedar por** + infinitivo; **quedar sin** + infinitivo

1. quedar	*to be (located)*
2. quedar (**a**) + situación + **de**	*to be* + location + *from / of*
3. quedar + bien / mal + (**con**)	*to cause a good / bad impression*
4. quedar en + infinitivo = **ponerse de acuerdo en** + infinitivo	*to agree on*
5. quedar por + infinitivo	*not to be* + participle + *yet*
6. quedar / estar sin + infinitivo	*to be un–* + participle
7. quedarse con + nombre / pronombre	*to take, to keep*
8. quedarse	*to stay, to remain*

1. ¿Dónde **queda** Puerto Vallarta? **Queda** en la costa del Pacífico.

2. El Escorial **queda** cerca de Madrid. Ávila **queda** más lejos.

En el mapa, Venezuela **queda a** la derecha **de** Colombia.

Cuernavaca **queda a** pocos kilómetros de México.

3. Le mandé un magnífico ramo de flores, y **quedé muy bien** (**con** ella).

   En la fiesta bebí demasiado, y **quedé muy mal** (**con** mis amigos).

4. **Quedamos en** vernos en la cafetería a las diez de la mañana.

5. No tengo dinero, y aún **queda por** pagar la cuenta de la luz.

6. Definitivamente, este mes **quedó / está sin** pagar la cuenta de la luz.

7. Ésta es la camisa que más me gusta. **Me quedo con** ella.

8. No me siento bien. Voy a **quedarme** en casa.

PRÁCTICA ✎

Escriba una breve carta a un(a) amigo(a) en la que le cuenta que su nuevo apartamento está muy bien situado (¿dónde queda?); que fue a cenar con una familia y causó muy buena impresión porque le llevó flores a la dueña de la casa; que salió de compras y vio tanta ropa bonita que la compró toda y que, como consecuencia, ahora no tiene dinero. (179)

PRACTICANDO AL CONTESTAR ✑

En pares, háganse y contesten las siguientes preguntas usando **quedar** y sus variantes en las respuestas para reemplazar las palabras *en bastardilla*.

Modelo: ¿Santa Bárbara *está entre* Los Ángeles y San Francisco?

   Sí, Santa Bárbara <u>queda</u> entre Los Ángeles y San Francisco.

1. ¿Por qué *causas mala impresión* si no escribes una cartita para dar las gracias por un regalo? **2.** ¿Eres una persona seria? Cuando *prometes* llegar a una cierta hora, ¿llega en punto? **3.** ¿Cambias tus planes fácilmente? Cuando *estás de acuerdo* con alguien en ir a la alberca, ¿qué te puede hacer cambiar de idea en el último minuto? **4.** ¿Estuviste muy ocupado(a), y la composición que debías escribir *no fue escrita*? ¿Qué pasó? **5.** ¿Te interesa la geografía? ¿En qué orilla del Río de la Plata *está* Buenos Aires, en la orilla derecha o en la orilla izquierda? **6.** La Biblia cuenta que la Torre de Babel iba a ser tan alta que llegaría al cielo. ¿Por qué *está* sin construir? **7.** Otra vez la geografía. En España, Sevilla es un puerto fluvial. ¿Tú sabes si *está* a muchos o a pocos kilómetros del océano? **8.** Cuando solicitas un empleo y vas a una entrevista, ¿qué haces para *causar buena impresión*? **9.** ¿Eres de las personas que compran por comprar? Si ves tres suéteres, y todos te gustan, *compras* los tres? **10.** Cuando llueve mucho, ¿por qué prefieres *no salir de* casa? **11.** ¿Dónde *está* la ciudad donde vives? **12.** ¿A cuántas millas de la universidad *está* tu casa? ¿Puedes decir a qué distancia *está* en kilómetros? **13.** ¿Otras preguntas?

Pequeño teatro

En grupos. Con el mismo método usado en el Ensayo general (actores y actrices de diferentes países hispanos, director[a] y apuntador[a]), usen el vocabulario de todas las secciones anteriores, y reúnanse para hablar de diferentes temas: las ciudades, lo que hay en la casa, la vida familiar, la comida etc.

Sea usted mi intérprete, por favor

En grupos de tres, preparen preguntas *en inglés* y tomen turnos para ser intérpretes. Estudiante A sólo habla inglés. Estudiante B es bilingüe. Estudiante C sólo habla español.

A hace una pregunta en inglés. B la interpreta. C la contesta en español. B pasa la respuesta del español al inglés.

Algunas posibilidades:

1. When are you going to have a party? **2.** Don't stay home all day. Why don't you come to the pool with us? **3.** Don't pay attention to Craig. Don't you think he has too much of an imagination? **4.** Preparen más preguntas.

Sea usted mi traductor(a), por favor

En pares. Usted quiere invitar a unos estudiantes hispanoamericanos a una fiesta, y quiere impresionarlos con su español. En el último momento, sin embargo, teme cometer errores en la redacción de su invitación, y decide escribirla en inglés. Luego le pide a un(a) amigo(a) que sea su traductor(a). En la invitación indique quiénes van a venir a la fiesta, de dónde son, dónde está su casa, cómo llegar a ella y todo lo que va a haber en un poolside party. Su traductor(a) escribe la invitación en español, y usted la traduce al inglés para estar seguro de que sabe lo que dice.

CUESTIONES GRAMATICALES

Los diferentes tipos de se

A. Se como forma del pronombre de objeto indirecto

Todos sabemos que los pronombres de objeto indirecto **le, les** se convierten en **se** cuando preceden a los pronombres de objeto directo **lo, los, la, las.**

Escribí una carta a mi hermano. > *Le la escribí > **Se la** escribí. Esta forma de **se**, producto de un cambio de las formas **le, les**, no tiene nada que ver con las formas que vamos a estudiar ahora, y no hay que confundirla con ellas.

B. Se reflexivo

1. Cuando la acción expresada por un verbo recae sobre la misma persona que realiza esa acción, decimos que el verbo es reflexivo. Podemos identificar un verbo reflexivo cuando podemos añadirle la expresión: **a mí mismo(a), a ti mismo(a), a sí** (**él, ella**) **mismo(a)**, etc.

Reflexivo (Tercera persona)	**No reflexivo**
Manuel se afeita (a sí mismo).	El barbero afeita a Manuel.
Ellos se bañaron.	Ellos bañaron al perro.
Yo me lavo (a mí mismo).	Yo lavo el carro.
Nos conocemos bien (a nosotros mismos).	Conocemos bien a nuestros amigos.
Te preguntas (a ti misma) qué debes hacer.	Preguntas a tu padre qué debes hacer.
Ellos se vistieron para la fiesta.	Ellos vistieron a los niños para la fiesta.

(Para las otras personas: Yo **me** afeito, tú **te** bañas, nosotros **nos** duchamos.)

2. Hay muchos verbos que no aceptan añadirles las formas **a sí mismo, a nosotros mismos,** etc., pero que son también reflexivos, pues la acción indicada por el verbo recae sobre el sujeto de ese verbo. Así, si Manuel dice que **se aburrió** en la fiesta, no quiere decir que se aburrió a sí mismo con su propia conversación estúpida, sino que la fiesta le pareció poco interesante.

Del mismo modo, hay verbos reflexivos que, por su significado, no indican que el sujeto tuvo la intención de realizar la acción. Esta acción, sin embargo, ocurrió, y el sujeto sufrió sus consecuencias. Si digo que el niño **se cayó** de la silla no estoy diciendo que él tenía la intención de caerse. Un caso diferente sería si yo digo que el niño **se tiró** de la silla, lo hizo voluntariamente.

Reflexivo (Tercera persona)	**No reflexivo**
Ella se divirtió mucho en la fiesta.	Ella divirtió a todos con sus chistes.
Manuel se despertó a las ocho.	Manuel despertó a Pilar a las ocho.
Los niños se cansaron.	Los niños cansaron a los abuelos.
El barco se hundió.	Hernán Cortés hundió los barcos.
El niño se cayó.	El perro hizo caer al niño.
La muchacha se ahogó en el río.	El criminal ahogó a su víctima.

(Otras personas: Cuando el barco se hundió, yo **me** tiré al agua, tú **te** tiraste también, y los dos **nos** salvamos.)

3. Hay algunos verbos que sólo existen en forma reflexiva, pues su propio significado hace imposible que tengan otra forma: **arrepentirse de** (lamentar haber hecho algo), **suicidarse** (matarse), **abstenerse de** (no hacer algo), **quejarse** (lamentarse), **dignarse** (condescender a hacer algo), **atreverse a** (tener el valor de), y algunos otros.

Reflexivo (Tercera persona)	**No reflexivo**
El pobre hombre se suicidó.	El pobre hombre murió.
No quiere votar. Se abstiene.	No quiere votar. No vota.
No se dignó contestarme.	No tuvo la amabilidad de contestarme.
Se queja (se lamenta) de todo.	Lamenta que todo esté mal.
Se arrepiente de sus pecados.	Lamenta haber pecado.

(Las otras personas: Yo **me** quejo de que tú **te** abstienes de votar. Nosotros **nos** atrevemos a criticar al jefe).

4. Algunos verbos tienen un significado cuando funcionan como reflexivos, y otro significado cuando no son reflexivos.

Reflexivo (Tercera persona)	**No reflexivo**
Él se durmió en clase. (Se quedó dormido; empezó a dormir).	Durmió en clase. (Estuvo durmiendo).
El juez se casó. (Contrajo matrimonio).	El juez casó a los novios.
Se despidió de sus amigos. (Les dijo adiós).	Despidió a su secretario. (Le dijo que yo no trabajaría más).
Mi hermano se fue a su casa. (Salió hacia su casa).	Mi hermano fue a su casa. (Salió hacia su casa y estuvo en ella).
Él se negó a firmar. (Dijo que no firmaría).	Él negó que la firma era suya. (Dijo que la firma no era suya).

(Las otras personas: Yo **me** dormí y dormí varias horas. Tú **te** casaste. Nosotros **nos** despedimos de nuestros amigos).

PRÁCTICA

a. En pares, un(a) estudiante lee una frase, y el (la) otro(a) estudiante la pone en forma reflexiva.

Modelo: El accidente me asustó. Yo...

Yo me asusté.

1. El ruido te asustó. Tú... **2.** La medicina la calmó. Ella... **3.** Sus problemas lo preocupan (a usted). Usted... **4.** La fiesta nos aburrió. Nosotros... **5.** El viaje las cansó (a ellas). Ellas... **6.** Acosté a los niños. Los niños... **7.** La película nos durmió. Nosotros... **8.** Todos lo llaman Pepe. Él... **9.** El abuelo reunió a la familia. La familia...

b. Ahora contesten a estas preguntas usando un verbo reflexivo en lugar de las palabras que están *en bastardilla*.

Modelo: Si en un restaurante encuentras una mosca en la sopa, ¿a quién *protestas*?

Si encuentro una mosca en la sopa, <u>me quejo</u> al camarero.

1. ¿Por qué a veces los estudiantes *empiezan a dormir* en la clase? **2.** Si mañana sales y te vas a otro país por todo un año, ¿visitas a tus amigos para *decirles adiós*? **3.** Si te ponen delante un documento escrito en un idioma que tú no comprendes, ¿lo firmas o *dices que no lo firmarás*? **4.** ¿Cuándo y con quién crees que vas a *contraer matrimonio*? **5.** ¿Qué hizo Romeo cuando creyó que Julieta estaba muerta? *¿Acabó con su vida voluntariamente?* **6.** ¿Qué barco famoso chocó con un iceberg y *desapareció bajo las aguas*? **7.** ¿Quiénes *murieron en el agua*? **8.** Cuando tienes clase a las ocho de la mañana, ¿a qué hora tienes que *dejar de dormir*? **9.** En un circo, ¿los niños *están muy divertidos* o *están muy aburridos*? **10.** ¿Por qué crees que hay gente que *no vota* en las elecciones?

c. Usted escribe su diario, y con toda sinceridad reconoce los errores que ha hecho un día. Por ejemplo: su higiene personal es un desastre (**lavarse, ducharse**, etc.) saltó de la cama muy tarde (**levantarse**), fue en bicicleta a la universidad y terminó caído en el asfalto (**caerse**) ... ¿qué otros desastres?

C. Se recíproco

1. Algunos verbos indican una relación mutua entre dos o más personas: El padre quiere a su hijo, el hijo quiere a su padre. En menos palabras: El padre y el hijo se quieren (el uno al otro). Sabemos que una acción es recíproca cuando podemos añadir a la frase las expresiones **mutuamente** o **el uno al otro, el uno a la otra** y otras posibles combinaciones: **los unos a los otros, las unas a las otras,** etc. El verbo siempre está en plural, pues el sujeto es siempre nosotros, vosotros, ellos, ellas o ustedes.

Recíproco (Tercera persona)   **No recíproco**

El novio y la novia se prometieron fidelidad (el uno a la otra).   El novio prometió fidelidad a la novia, y ella prometió fidelidad al novio.

Los dos cómplices se acusaron mutuamente.   Un cómplice acusó al otro, y viceversa.

(En plural: Nosotros **nos** prometimos fidelidad.)

2. Algunos verbos que pueden funcionar como recíprocos ofrecen la posibilidad de ser usados también con la estructura: **forma reflexiva + con.** En estos casos, la actitud de una de las partes en la relación recíproca adquiere más importancia que la actitud de la otra parte:

Enrique y su vecino no se hablan.   Enrique no se habla con su vecino.

Ella y su familia no se escriben.   Ella no se escribe con su familia.

Los dos amigos se pelearon.   Él se peleó con su amigo.

(Las otras personas: Yo no **me** hablo **con** mi vecino. Tú no **te** escribes **con** nadie. Nosotros **nos** reunimos **con** la familia en Navidad.)

Otros verbos de este tipo son: disputarse, entenderse, llevarse bien / mal, tratarse, reunirse.

PRÁCTICA

a. En grupos, háganse preguntas unos a otros, usando la forma reflexiva en sus respuestas.

Modelo: ¿Tu hermano te escribe a ti y tú le escribes a tu hermano?

Sí (no), mi hermano y yo (no) _nos escribimos_.

1. ¿Por qué quieres a tu familia y tu familia te quiere a ti? 2. ¿Por qué hay familias en las que los padres no comprenden a los hijos, y los hijos no comprenden a los padres? 3. En tu familia, ¿todos comprenden a todos? ¿Por qué? 4. ¿Crees que una amistad es mejor si los amigos tratan con corrección a los amigos? 5. Cuando hablas con un(a) forastero(a), hablas con cortesía y él (ella) habla con cortesía? 6. Cuando hay un conflicto entre gente mal educada, ¿por qué es frecuente que cada uno(a) insulte al (a la) otro(a)? 7. ¿Por qué en las bodas el novio besa a la novia, y la novia besa al novio? 8. ¿Por qué escribes tarjetas a tus amigos en Navidad, y ellos te escriben tarjetas? 9. En Navidad, ¿por qué felicitas las Pascuas a tus amigos, y ellos te felicitan las Pascuas a ti?

b. Ahora vamos a cambiar de la forma recíproca a **la forma reflexiva + con**.

> **Modelo:** Si tienes un vecino extranjero que no habla tu idioma, ¿tú y tu vecino se hablan?
>
> *Yo no me hablo con mi vecino extranjero.*
>
> *Mi vecino extranjero no se habla conmigo.*

1. Algunos países han tenido problemas fronterizos con sus vecinos (Perú y Ecuador, por ejemplo). ¿Perú y Ecuador se disputaron por problemas de fronteras? **2.** Un peruano habla de veredas y un mexicano habla de banquetas. ¿Tú crees que se entienden? **3.** En sociedad, ¿por qué es buena idea que los desconocidos se traten con cortesía? **4.** ¿Cuándo se reúnen (os reunís) tú y tu familia?

c. Escriba en su diario sobre los problemas que hay en la familia (unos se pelean, otros no se hablan...). Luego enséñele a un(a) compañero(a) de clase lo que ha escrito.

D. Se emotivo

Algunos verbos pueden adquirir un sentido más emotivo y personal, aunque sin cambiar de significado, tomando la forma reflexiva. Si el verbo tiene un objeto directo, lo conserva.

Se emotivo (en tercera persona)	Sin **se** emotivo
Él se bebió una botella de whisky, y se murió.	Él bebió una botella de whisky y murió.
Ella se bajó de la guagua.	Ella bajó de la guagua.
Los niños se comieron los tacos.	Los niños comieron los tacos.

(En otras personas: Yo **me** bebí la cerveza, tú **te** bebiste todo el vino, y entre los dos **nos** terminamos las bebidas).

Otros verbos que pueden tomar el **se** emotivo: tomar, esperar, pasar, subir, temer, reír, andar, recorrer, merecer.

PRÁCTICA

a. Este ejercicio es muy fácil y puede hacerse rápidamente. En pares, contesten a estas preguntas reforzando el significado del verbo con un **se**.

> **Modelo:** ¿Por qué crees que María merece una A?
>
> *Creo que se merece una A porque...*

1. ¿Por qué los orangutanes suben a los árboles? **2.** ¿Cuándo temes que vas a llegar tarde a una cita? ¿Cuando hay mucho tráfico, por ejemplo? **3.** ¿Por qué los niños ríen mucho en el circo? **4.** Si un gato sube a un poste de teléfono, ¿crees que puede bajar del poste fácilmente?

b. Usando el **se emotivo**, cuente los pequeños problemas que hubo en una reunión familiar. Por ejemplo: Los niños comieron todo el pastel, rieron mucho, subieron a los muebles, merecen un castigo.

E. Se pasivo

Una frase en voz activa tiene un sujeto, una acción y un objeto de esa acción:

El sheriff expulsó del bar al forastero.

La misma idea puede ser expresada en voz pasiva:

El forastero fue expulsado del bar por el sheriff.

En esta frase hay dos sujetos: el forastero, sujeto pasivo que fue expulsado, y el sheriff, sujeto activo que lo expulsó.

Puede ocurrir que la idea principal (el forastero fue expulsado) es la que verdaderamente interesa a la persona que habla. El sujeto activo (el sheriff que expulsó) le parece menos importante, y no es mencionado en la frase. Aparecen entonces tres posibilidades:

a. Usar la forma pasiva sin mencionar al sujeto activo.

El forastero fue expulsado del bar.

b. Usar la forma activa, con un sujeto «ellos» indeterminado.

Expulsaron del bar al forastero.

c. Usar el **se pasivo**, típico del español.

Se expulsó del bar al forastero.

Es decir, que en inglés existen las formas a y b. El español tiene una forma más, la c, el **se pasivo**, que se usa con mucha más frecuencia que las formas en voz pasiva.

Con el **se pasivo** hay que distinguir cuando se refiere:

a. a personas determinadas

b. a personas indeterminadas, o a objetos, acciones o cualidades.

a. Personas determinadas:

se + verbo siempre en singular + **a** personal

En el guateque se vio a mi amiga Isabel.

En el guateque se vio a mis amigas Isabel y Clara.

b. Objetos, acciones, cualidades o personas indeterminadas:

se + verbo en singular o plural

Objetos:	Se vende una casa.	Se vende(n) dos casas.
Acciones:	Se prohibe cantar.	Se prohibe(n) cantar y bailar.
Cualidades:	Se admira la cortesía.	Se admira(n) la cortesía y la cultura.
Personas indeterminadas:	Se necesita mesero.	Se necesita(n) meseros.

En los ejemplos aparece la (n) del plural entre paréntesis, es decir, como posibilidad, porque muchos hispanohablantes simplifican estas estructuras usando siempre el verbo en singular:

Se vende coches usados.	Se necesita meseros.

Este **se pasivo** puede ser llamado también **se aparentemente impersonal**. Se distingue del verdadero **se impersonal** (Ver apartado **F**) en que la frase con un **se pasivo o aparentemente impersonal** siempre puede ser expresada en voz pasiva. Esta forma en **se pasivo** es típica de los letreros en los lugares públicos:

Se necesita mesero. (Un mesero es necesitado por este restaurante).

Se prohibe estacionar. (Estacionar es prohibido por la autoridad).

Se prohibe fumar. (Fumar es prohibido por la autoridad). Etc.

Se ruega no hablar al conductor.	Se prohibe pisar la hierba.
Se cambia moneda extranjera.	Se venden periódicos extranjeros.

Este **se pasivo** puede combinarse con los pronombres:

a. de objeto directo: Tercera persona: **la, las**; en masculino se prefieren las formas **le, les**.

(Las otras personas: **me, te, nos**)

Ella es considerada una mujer seria.	Se la considera una mujer seria.
Él es considerado un hombre serio.	Se le considera un hombre serio.
Somos considerados corteses.	Se nos considera corteses.

b. de objeto indirecto: Tercera persona: **le, les** en masculino o femenino.

(Las otras personas: **me, te, nos**)

Explicaron el problema a los extranjeros.	Se les explicó el problema.
Dieron la información al forastero.	Se le dio la información.
Te dieron la información a ti.	Se te dio la información.

PRÁCTICA

a. En pares, un(a) estudiante hace una pregunta, y su compañero(a) contesta usando el **se pasivo**.

Modelo: Personas determinadas: **se** + verbo en singular.

¿En Cancún reciben bien a los turistas extranjeros?

¿Los turistas extranjeros son bien recibidos en Cancún?

Sí, en Cancún se recibe bien a los turistas extranjeros.

1. En una ciudad pequeña, donde todos se conocen, ¿por qué reciben con reserva a los forasteros? **2.** En sociedad, ¿se critica a la gente que usa palabrotas? **3.** En tu sociedad, ¿admiran a la gente culta o la miran con reserva? **4.** ¿Por qué no permiten entrar a menores en los bares? **5.** ¿Por qué en la industria del turismo emplean fácilmente a los que hablan varios idiomas? **6.** ¿Por qué son bien pagados los buenos intérpretes?

b. Objetos, acciones, cualidades o personas indeterminadas. Un(a) estudiante hace preguntas, y su compañero(a) contesta usando la forma **se** + verbo en singular o en plural.

Modelo: Arreglan coches extranjeros.

Se arreglan coches extranjeros.

Buscan traductor.

Se busca traductor.

1. ¿Cómo crees que es transmitida la cultura de generación en generación? **2.** ¿Por qué en la televisión norteamericana no permiten palabrotas? **3.** ¿Por qué emplean inmigrantes ilegales, aunque sea ilegal hacerlo? **4.** En las tiendas de tu país, ¿por qué no aceptan moneda extranjera? **5.** En las tiendas de muchos países, ¿por qué aceptan dólares? **6.** ¿Por qué en muchos hoteles no permiten perros?

c. En pares, un(a) estudiante pregunta, y otro(a) estudiante responde usando el **se pasivo** con los pronombres de objeto directo o de objeto indirecto.

Modelo 1: Objeto directo: Tercera persona: **se le / se les; se la / se las**

(Otras personas: **se me, se te, se nos**)

¿A tu amigo lo vieron en la fiesta? ¿Él fue visto en la fiesta?

Sí, a mi amigo se le vio en la fiesta.

¿A tus amigas las vieron en la plaza? ¿Ellas fueron vistas en la plaza?

Sí, a ellas se las vio en la plaza.

¿A ustedes los vieron en el guateque? ← gran fiesta

Sí, se nos vio en el guateque.

1. Al que robó el banco ¿lo buscan por todo el país? **2.** A los forasteros ¿los reciben bien en todas partes? **3.** A una persona que está mal vestida ¿la aceptan en un restaurante muy elegante? **4.** Un extranjero indeseable ¿es expulsado del país? **5.** Un diplomático ¿es considerado un hombre discreto? **6.** ¿Ustedes son considerados cultos? **7.** Los perros ¿son aceptados en los restaurantes? **8.** La gente «rara» o «diferente», ¿es recibida con reserva?

Modelo 2: Objeto indirecto. Tercera persona: **se le / se les**

(Otras personas: **se me, se te, se nos**)

¿Le explicaron la lección al estudiante?
Se le explicó la lección.

¿Le explicaron la lección a la estudiante?
Se le explicó la lección.

¿Les explicaron la lección a los estudiantes?
Se les explicó la lección.

¿Les explicaron la lección a ustedes?
Se nos explicó la lección.

1. En los hoteles de lugares turísticos ¿por qué dan fiestas para los forasteros? **2.** En Los Álamos, ¿por qué no enseñan el laboratorio atómico a los extranjeros? **3.** ¿Por qué llevan flores a los amigos que están enfermos? **4.** ¿Para qué los profesores devuelven los exámenes a los estudiantes. **5.** ¿Para qué le explicas a un estudiante extranjero que ha cometido un error? **6.** ¿Por qué advierten a los niños que no digan palabrotas?

d. En pares. Usted es detective privado, y le han encargado que siga y vigile a un hombre (Sr. X) de quien se sospecha que se dedica al contrabando de piezas arqueológicas robadas en templos y pirámides mayas de América Central. En lugar de las formas subrayadas en las sugerencias, use la forma **se** y sus variantes **se lo, se le**... etc.

Sugerencias: Usted escribe un informe para su cliente, en el que le dice, más o menos, lo siguiente:

Al Sr. X lo vieron (**se le vio**) en la tienda de antigüedades. El dueño de esta tienda es considerado sospechoso de vender objetos que fueron robados en Guatemala. Él sabe que está prohibido importar estas piezas, que son consideradas parte del patrimonio artístico guatemalteco. Al Sr. X y al anticuario los vigilamos constantemente, pero es necesario más dinero para continuar la investigación. Espero que ese dinero me sea enviado inmediatamente.

Envíe este informe a su cliente (su compañero[a] de clase), quien le contesta, más o menos, que no cree que sea necesario más dinero, y que además es sabido que a usted lo (la) consideran un(a) mal detective. En resumen: no le será enviado más dinero.

F. Se impersonal

Hay frases que se usan con **se** y que, en realidad, no tienen sujeto, por lo cual no pueden ser convertidas en frases en voz pasiva. Estas frases siempre tienen, expresa o tácita, una idea adverbial de modo o manera unida al verbo, que siempre está en tercera persona del singular.

Se duerme bien en una hamaca.

Se come bien en Francia.

Cuando se fuma mucho, se tose mucho.

En conversación hay una forma que expresa la misma idea utilizando como sujeto del verbo las palabras **uno** o **una**. Si se quiere destacar la idea del plural, se pueden usar las palabras **todos** y **todas**, con el verbo en plural.

Se anda mal con zapatos nuevos.   Uno anda mal con zapatos nuevos.

Se bebe mucho en ese país.   Todos beben mucho en ese país.

PRÁCTICA

a. En pares, un(a) estudiante hace preguntas, y su compañero(a) contesta usando la forma **se**.

> **Modelo:** En las tiendas *¿hay que pagar* en dólares?
>
> *Sí, en las tiendas se paga en dólares.*

1. ¿Por qué crees que es un tópico decir que *todos bailan* bien en Hispanoamérica? **2.** ¿Es verdad en Argentina *esquían* en junio? ¿Cómo es posible? **3.** En tu opinión, ¿es otro tópico decir que en México *manejan* muy rápido? **4.** ¿Por qué *uno no puede* vivir en otros planetas?

b. En pares. Después de un viaje por varios países de Hispanoamérica, usted escribe una breve carta a un(a) amigo(a) en la que usa constantemente la forma **uno(a)**... Su amigo(a) le recuerda que hay otras formas, como la forma **se**, para expresar las mismas ideas, y le devuelve su carta con sus correcciones.

Sugerencias: Usted le dice que uno(a) nada muy bien en las playas tropicales de México; uno(a) aprende mucho viendo las ruinas mayas de Guatemala; uno(a) bebe mucho cuando hace calor; uno come bien en los buenos restaurantes de Buenos Aires ... ¿qué más?

REVISIÓN GENERAL

DIÁLOGO

A. En grupos, usen las palabras **en negritas** del diálogo para preparar preguntas y hacérselas a sus compañeros(as).

Modelos: 1. En las noticias del día, ¿cuál es la más importante que **acabas de** leer?

Acabo de leer una noticia muy interesante sobre ...

2. ¿A qué hora están las discotecas **a toda marcha**?

Las discotecas están a toda marcha a las ...

3. Si estás de vacaciones en un hotel en México y quieres **darte un chapuzón**, ¿adónde vas? Y en la misma situación, ¿adónde vas en Argentina o en España?

En México, si quiero darme un chapuzón voy a la alberca. En Argentina voy a la pileta y en España voy a la piscina.

B. Escriba una carta a un(a) amigo(a) en la que le cuenta qué pasó en un guateque en el que había jóvenes de España y de varios países hispanoamericanos. Intercambie cartas con un(a) compañero(a) y hagan correcciones, si son necesarias.

AMPLIACIÓN DE VOCABULARIO

A. Detectives lingüísticos: En las frases siguientes, identifique si la persona que habla es española o hispanoamericana, y en el segundo caso, ¿puede decir de qué país es?

1. Yo me afeito todas las mañanas. **2.** Te ves horrible con esa barba. ¿Por qué no te la rasuras? **3.** No seas tonto, para abrir la puerta tienes que jalar, no empujar. **4.** Tenemos una orden del juez para esculcar esta casa. **5.** Al llegar al aeropuerto me registraron las maletas. **6.** Acabo de llegar de un viaje muy largo, y tengo que desempacar las valijas. **7.** ¿Cuándo me vas a regresar el dinero que te presté? **8.** En el autobús siempre me levanto para dejarle el asiento a la gente mayor. **9.** Todos tenemos que pararnos cuando entre la Presidenta. **10.** La ciudad está muy animada, y las aceras están llenas de gente. **11.** Un camión se subió a la banqueta y atropelló a un chamaco. **12.** Cuando hace buen tiempo, los cafés ponen mesas en la vereda. **13.** El hotel está ubicado en la plaza. **14.** Aunque no tengo mucho dinero para comprar, me gusta ver los escaparates de las tiendas. **15.** Me senté en un café y ordené una cerveza. **16.** La playa está un poco lejos. Es mejor que agarremos la guagua. **17.** ¿Dónde puedo coger un taxi? **18.** En mi recámara hace frío de noche, y necesito otra cobija. **19.** Cuando hace mucho calor me ducho dos veces al día. **20.** Antes de echarte un clavado en la alberca, tienes que darte un regaderazo. **21.** No debes manejar cuando tomas. **22.** No debes conducir cuando bebes. **23.** Pon las botanas en una charola y llévalas a la sala. **24.** Cuando el niño llora, su mamá lo coge en brazos.

B. Usted es periodista y escribe para un periódico de España y varios de Hispanoamérica. Usando las palabras nuevas de la Ampliación de vocabulario, escriba breves noticias y use el vocabulario adecuado para España y para otro país. Las sugerencias están en Spanglish y son muy breves. Usted tiene que añadir más detalles.

Sugerencias:

> En Perú: Un *bus* se subió a la *sidewalk* y atropelló a una turista.
>
> En España: Un turista se ahogó en la *swimming pool* de un hotel.
>
> En Cuba: Algo extraordinario. Hay una ola de frío y la gente necesita *blankets* en la cama.
>
> En Argentina: En un hotel explotó una *bulb* y provocó un incendio.
>
> En México: Un *waiter* se volvió loco y le pegó a un turista con una *tray*.
>
> ¿Otras posibilidades?

DIFICULTADES Y EJERCICIOS

A. Prepare preguntas con el vocabulario presentado en esta sección, y hágaselas a sus compañeros(as).

Modelo: 1. ¿Dónde o cuándo te sientes **extraño(a)**, y por qué?

Me siento extraño(a) en ... porque ...

2. ¿Por qué hay en los EE.UU. mucha gente que habla con acento **extranjero**?

3. ¿A qué distancia **queda** la capital del estado?

B. Usted trabaja en la sección de publicidad de la oficina de turismo de su ciudad. Escriba una descripción de la ciudad que sea útil para los **forasteros** y **extranjeros**.

Sugerencias: Describa los lugares interesantes. Indique las distancias que hay entre ellos (**quedar a**), indique cómo dejar contentos a los camareros de los restaurantes (**quedar bien con**), sugiera que compren mucho (**quedarse con**), que lo vean todo (**quedar sin ver**) y que tomen la decisión de volver (**quedar en volver**).

Cuestiones gramaticales

A. En pares, háganse preguntas unos a otros, y usen en sus respuestas los diferentes tipos de **se**.

Modelo: ¿Es verdad que *todos dicen* que vendrán muchos extranjeros?

Sí, se dice que vendrán muchos extranjeros.

1. ¿Por qué *la autoridad prohíbe* fumar en los restaurantes? **2.** ¿Y por qué *la autoridad prohíbe* los perros en los autobuses? **3.** ¿Es verdad que los perros *detesten a los gatos, y los gatos a los perros?* **4.** En los buenos restaurantes, *¿es posible comer* muy bien? **5.** ¿Dónde *ve uno* a los amigos en la universidad? **6.** ¿Qué *lee uno* en la biblioteca? **7.** ¿Dónde *prepara uno* los exámenes? **8.** ¿Dónde *prepara uno* un examen? **9.** ¿A los estudiantes les *dieron* un examen difícil? **10.** ¿Al mejor estudiante le *dieron* buenas notas? **11.** En el banco ¿*cambian* moneda extranjera? **12.** En el banco ¿*cambian* dólares? **13.** ¿Por qué *comprende uno* mejor la naturaleza en el campo?

B. En pares, un(a) estudiante da una información que no está muy clara. Otro(a) estudiante la hace más clara añadiendo **a sí mismo, el uno al otro, mutuamente** o sus variantes.

Modelo: Ernesto y Enrique se admiran. (Cada uno de ellos piensa que él es magnífico.)

Ernesto y Enrique se admiran a sí mismos.

1. Ernesto y Enrique se admiran. (Cada uno de ellos piensa que el otro es magnífico.) **2.** María y Juan Antonio se detestan. (Los dos tienen problemas sicológicos. Cada uno de ellos piensa que ella (él) es inferior.) **3.** El bandido y el sheriff se mataron. (Dispararon uno contra otro, y murieron los dos.) **4.** Mi pobre vecino y su mujer se mataron. (Fue un caso de suicidio doble.)

C. Usted es periodista y escribe un breve artículo sobre un crimen espantoso. La ciudad está llena de rumores. No use ninguna forma de **se**. Use expresiones como «han cometido un crimen», «han encontrado un cadáver en», «la gente dice», «rumorean que», «saben que», «buscan a», «esperan descubrir», «todos comentan» y otras expresiones similares.

Entregue su artículo al (a la) corrector(a) de estilo (su compañero[a]), quien le explicará cómo puede mejorar su estilo usando la forma **se**.

◦◦   ◦◦   ◦◦

De las pequeñas composiciones a la gran composición

Posibilidades de los diferentes puntos de vista

Cada uno de los puntos de vista estudiados en la lección anterior tiene ventajas e inconvenientes. Unos dan al autor infinitas posibilidades, otros limitan su libertad.

Si el autor quiere que su narración parezca creíble y verosímil, debe considerar las posibilidades y limitaciones que cada enfoque le ofrece.

A. Narración en primera persona

Tiene la ventaja de que puede parecer muy natural. ¿Quién mejor que uno mismo para contar su propia historia? Hay que tener cuidado, al mismo tiempo, de que el lenguaje sea adecuado al personaje que habla en la forma *yo*. Si este personaje, por ejemplo, es una persona ignorante, el autor no debe hacerlo hablar en un lenguaje culto y elevado. El punto de vista de este tipo de narración es fijo: todo está visto por los ojos del narrador. El autor no puede ser omnisciente; no puede escribir: «Cuando ella me dijo que vendría a verme, pensó que no iba a hacerlo». ¿Cómo lo sabe el narrador, si no puede entrar en los pensamientos de otra persona? El autor, por el contrario, podría escribir: «Cuando ella me dijo que vendría, me dio la impresión de que no iba a hacerlo».

También, si el narrador quiere contar algo que sucedió en un lugar en el cual no estaba, tiene que acudir a un cambio de punto de vista que sea lógicamente aceptable: «Todo lo que sucedió mientras yo no estaba allí me lo contó, más tarde, mi primo».

Práctica

Usted lee una noticia en el *New York Times:* «Storm Kills 7 as They Trek from Mexico. Dozens of Illegal Immigrants Are Caught in Snow East of San Diego».

Estas dos líneas le dan una idea para escribir muchas líneas más. Usted decide escribir una novela, usa la técnica de la narración en primera persona y escribe el primer párrafo. Recuerde: Use lo más posible y subraye el vocabulario y las cuestiones gramaticales de esta lección.

Sugerencias: Usted tiene que decidir:

1. **Quién va a ser el (la) narrador(a).** Una entre varias posibilidades: Una agente del Immigration and Naturalization Service (INS) encargada de vigilar la frontera. Ella va a contar la historia en primera persona:

> Cuando <u>se trabaja</u> para el INS, o «la migra», como <u>se conoce</u> entre los ilegales, ya <u>se sabe</u> que a veces <u>se van a ver</u> tragedias humanas muy tristes. Otro agente y yo salimos de vigilancia...

2. **El lugar:**

> Dejamos la carretera principal y <u>nos metimos</u> por un camino...

3. **El tiempo y la hora:**

> <u>Se sentía</u> el frío terrible del amanecer.

> — Nunca <u>me sentí</u> tan helada —pensé.

> (Ver el uso de los guiones en la lección preliminar.)

4. **La acción:**

> Después de una curva en el camino, así, de repente, vimos a los ilegales. Ellos y nosotros <u>nos miramos</u> por unos segundos. Inmediatamente unos <u>se escaparon</u> corriendo monte arriba. Otros <u>se quedaron</u> donde estaban. Me pareció que <u>se sentían</u> tan cansados que no tenían energía para <u>escaparse</u>.

> Y aquí termina el primer párrafo.

PRÁCTICA

Ahora escriba usted en primera persona el primer párrafo de su gran novela.

B. NARRACIÓN EN TERCERA PERSONA

Es la más frecuente en el cuento y la novela. Con esta técnica, la segunda frase de esta historia serían así:

Elena Carvajal y Rick Norton, agentes del INS, salieron de vigilancia.

En la narración en tercera persona el autor puede introducir:

a. Omnisciencia:

> Elena sintió lástima por ellos. —Después de todo —pensó— vienen para <u>escaparse</u> de la pobreza, como lo hicieron mis abuelos.

b. Cambio de tiempo y de lugar:

> Mientras tanto, en una ranchería de Michoacán la madre de uno de los ilegales <u>se despertó</u> con la sensación de haber oído la voz de su hijo: «Tengo frío, madre».

PRÁCTICA

Reescriba en tercera persona el primer párrafo de su gran novela, el que usted escribió antes en primera persona.

C. EL AUTOR CASI DESAPARECE, y la historia nos llega a través de conversaciones:

—Hoy estamos de servicio —le dijo Elena a Rick.

—Pues no va a ser muy agradable, con este frío —comentó el agente.

PRÁCTICA

Reescriba el primer párrafo de su gran novela usando la técnica de casi hacer desaparecer al narrador.

LA GRAN NARRACIÓN

Usando muchos se y el vocabulario de esta lección, ahora ya puede escribir las primeras páginas de su novela. Escoja la técnica que va a usar, **A**, **B** o **C**, y ¡adelante! Si quiere practicar más, puede escribir la misma historia con tres técnicas diferentes.

Sugerencias: Elena cumple su obligación como agente del INS, pero recuerda a sus abuelos y siente simpatía por los ilegales. Los ilegales detenidos en la frontera siempre dicen que son mexicanos, para que no los deporten a un país más lejano (Guatemala, Perú...). Los agentes los interrogan e intentan saber de dónde son por el vocabulario que usan.

POSIBLES TEMAS PARA UNA COMPOSICIÓN

ATAJO

Grammar: Verbs: Reflexives; Passive with se; Personal Pronouns: Reciprocal se, nos

Phrases: Describing people, places; the past; Sequencing events. Making transitions; Linking ideas; Talking about past events

1. Desde el punto de vista del (de la) protagonista (usted) (técnica **A**) invente la historia de su primera cita amorosa con alguien de España o de Hispanoamérica. Aquí también será muy útil el vocabulario de la lección 3.

   Sugerencias:
   a. Descripción de personas: Yo tenía X años cuando salí por primera vez con... Él (ella) era...
   b. Descripción de lugar: Fuimos a...
   c. ¿Qué pasó?

   Recuerde: Usted no puede saber lo que está pensando la otra persona.

2. Cuente la misma historia con una técnica diferente (**B** o **C**).

3. Usando la técnica **B** cuente la historia de un(a) policía que trabaja en una ciudad donde hay muchos delitos y crímenes. Aquí será muy útil el vocabulario de la lección 2.

Sugerencias:
a. Descripción de personas: El (la) sargento X es...
b. Descripción de lugar: La ciudad donde trabaja es...
c. Acción: En la ciudad hay toda clase de delitos: robos, atracos a bancos...
d. También hay crímenes: Arreglos de cuentas entre narcotraficantes...
e. Omnisciencia: A veces el (la) policía se siente desanimado(a) y piensa que...

4. Cuente la misma historia en primera persona, desde el punto de vista del (de la) policía.

POSIBLES TEMAS PARA UNA CONVERSACIÓN

1. El idioma cambia con las generaciones

2. ¿Hay maneras de hablar que se consideran más elegantes que otras?

3. Diferentes maneras de hablar según el nivel de educación

4. Diferentes maneras de hablar según el país de origen

5. Diferencias regionales del inglés de los Estados Unidos

6. Prestigio social de los diferentes acentos

lección **6**

❧

los medios de comunicación

Ambiente cosmopolita: Un quiosco madrileño con periódicos y revistas de muchos países.

၏

Personajes: *Los dos matrimonios*

MANUEL   Veo que aquí hay muchísimas **emisoras**[1] de radio y muchas **cadenas**[2] de televisión, pero no hay una emisora o una cadena nacional, como en los países europeos.

ANNE   ¡Oh, no! Aquí el gobierno no se mete en el negocio de los medios de comunicación. El **emitir**[3] por radio o por televisión está en manos de la iniciativa privada.

PILAR   Francamente, la mayor diferencia que veo yo es que los canales de televisión de aquí tienen demasiados **anuncios**.[4] Esas constantes interrupciones de los programas son insoportables. Si yo viviera aquí, mi reacción sería no comprar nunca ningún producto anunciado en **la tele**.[5]

CRAIG   Eso es lo que hacemos Anne y yo. Es nuestra pequeña **venganza**,[6] pero mucha gente se deja influir por **la publicidad**.[7] Además, hay que reconocer que todas esas estaciones privadas necesitan **patrocinadores**[8] para sus programas.

MANUEL   Lo que sí encuentro es que aquí hay muy buenos canales educativos. **Por cierto**,[9] ¿quién los financia? Su programación **suele ser**[10] magnífica.

ANNE   Los propios **telespectadores**[11] que ven esos programas. Nosotros nos hicimos miembros de uno de esos canales. Pagamos **una cuota**[12] anual, y así podemos ver algo mejor que esas interminables **telenovelas**.[13]

PILAR   ¡Uf! **Los culebrones**[14] existen en todas partes, y los que tienen más éxito son los culebrones mexicanos, que se retransmiten **doblados**[15] a muchos idiomas. Las películas norteamericanas también llegan a todo el mundo. A veces están muy mal dobladas, y son una fuente de anglicismos.

MANUEL   Es verdad. Hace ya muchos años estaba yo en un bar de un pueblecito de la costa. Tenían la tele puesta **a toda marcha**[16] con una película norteamericana de gángsteres doblada al español, y de vez en cuando hablaban del «sindicato», que en español es lo que aquí llamáis *a union*. Y entonces, uno de los viejos pescadores que estaba viendo la película dijo muy serio: «¡Qué bien organizados están esos gángsteres! **¡Hasta tienen un sindicato!**»[17]

PILAR   Es terrible. En los periódicos, en la radio y en la tele se leen y oyen verdaderas monstruosidades lingüísticas. Hay **periodistas**,[18] **locutores**[19] de radio y **presentadores**[20] de televisión que hablan de la «polución atmosférica». Resulta cómico.

CRAIG   No comprendo. ¿Por qué resulta cómico?

PILAR   Porque en buen español «polución» significa «orgasmo» o «eyaculación». Y entonces, si en una ciudad hay **contaminación** de noche,

1 estaciones
2 canales

3 transmitir

4 comerciales

5 la televisión
6 revancha
7 *advertising*

8 *sponsors*

9 a propósito, *by the way*
10 es frecuentemente
11 televidentes
12 subscripción

13 *soap operas*
14 novelas
15 *dubbed*

16 alta, *loud*

17 *they even have a union*
18 *reporters*
19 *speakers*
20 *anchor-persons*

pero no de día, ¿hay que hablar de «la polución nocturna»? ¡Hombre, que no me hagan reír!

MANUEL   A pesar de todo, la Academia ha aceptado ese uso. Muchos dicen «polución atmosférica» y la Academia la metió en el diccionario.

PILAR   Pues ¡**muy mal hecho**!21   21 *very wrong*

COMPRENSIÓN

En pares, con el vocabulario que está **en negritas** en el diálogo, preparen preguntas y ofrezcan dos o tres respuestas posibles. Otro(a) estudiante escoge una de las respuestas.

Modelo: 1. **Transmitir** una información, ¿es publicarla en un periódico, darla por radio o televisión o mandarla por correo?

Transmitir una información es darla por radio o televisión.

2. Los **anuncios**, ¿informan sobre eventos anuales, productos comerciales o el Nuncio del Vaticano?

Los anuncios informan sobre productos comerciales.

3. La **venganza**, ¿es algo frecuente en la mafia o la gente generosa?

La venganza es frecuente en la mafia.

PRÁCTICA GENERAL

A. En pares, preparen preguntas que incluyan el vocabulario nuevo, y háganselas a sus compañeros(as). Recuerden que deben usar el vocabulario nuevo tanto en las preguntas como en las respuestas.

Modelo.   1. ¿Cómo son las **emisoras** que hay en tu ciudad?

2. Las **cadenas** de televisión, ¿a qué hora **emiten** sus mejores programas, y por qué lo hacen a esa hora?

3. ¿Hay alguna fórmula para una **telenovela** de éxito? ¿Cuál es?

B. Como una clase entera, escriban preguntas similares a las de la práctica oral en tarjetas, intercámbienlas y escriban respuestas.

ENSAYO GENERAL (REHEARSAL)

A. En grupos. Los estudiantes se convierten en actores y actrices, y repiten el diálogo (más o menos). No es necesario aprenderlo todo de memoria (como si estuvieran preparando un programa de televisión). Un(a) director(a) se ocupa de que usen el vocabulario nuevo. Un(a) apuntador(a) refresca la memoria de los actores y actrices, pero lo hace *en inglés*.

B. Los estudiantes critican lo que han dicho los dos matrimonios en su conversación. ¿Cómo le explicarían a Manuel por qué no hay una emisora nacional en los Estados Unidos? ¿Tiene razón Pilar al criticar la mucha publicidad que ve en los programas de las cadenas norteamericanas? ¿Es cierto que los canales educativos de verdad educan al público televidente?

AMPLIACIÓN DE VOCABULARIO

A. La televisión es un medio de información muy poderoso. **Las antenas de televisión** cubren los tejados del mundo; los **telediarios** transmiten **las noticias** a millones de hogares; **los partes meteorológicos (los pronósticos del tiempo)** predicen si va a hacer sol o no, y muchas personas pasan muchas horas **pegadas al televisor, pegadas a la televisión**, fascinadas por las imágenes de **la pequeña pantalla** que, muchas veces, son manipuladas con fines comerciales o políticos.

Los operadores de televisión llegan con sus cámaras a cualquier lugar de la tierra donde suceda algo interesante. **Los entrevistadores** hacen preguntas más o menos indiscretas que **los entrevistados** responden mejor o peor, y los niños crecen en una cultura televisiva que los hace adictos a la imagen y ciegos a la lectura. **Encender (poner)** la tele es fácil. Lo difícil para muchos es **apagarla (cerrarla)**.

PRÁCTICA

a. En pares, preparen preguntas que incluyan el nuevo vocabulario.

Sugerencias:

1. Para saber lo que pasa por el mundo, ¿prefieres leer el periódico o ver el telediario? **2.** ¿Crees en el pronóstico del tiempo? Explica por qué sí o por qué no. **3.** ¿Cuando eras niño(a), ¿cómo te influía la tele? **4.** Si fueras entrevistador(a) de televisión, ¿a quién te gustaría entrevistar, y por qué? **5.** ¿Qué otras preguntas harían?

b. Escriba un breve artículo para un periódico. En él comente los efectos que la televisión tiene sobre los niños.

c. En un periódico usted escribe el pronóstico del tiempo (el parte meteorológico) para los próximos días.

B. Los periódicos tienen muchas secciones. En **la primera plana** aparecen las noticias más importantes, con **grandes titulares, a varias columnas** o incluso **a toda página** si de verdad son de importancia. Casi todos los periódicos tienen fotografías con **un pie** que explica la imagen. En **la página editorial** el periódico publica **el editorial**, un artículo sin firma que refleja la ideología del diario, y que suele estar escrito por el director del periódico, o por **un(a) editorialista**. También suele haber artículos con la firma de **el** o **la columnista** que los escribió, donde expresan sus opiniones personales. Todos los periódicos publican noticias locales, y los grandes diarios tienen **corresponsales en el extranjero** que envían sus **crónicas** desde otros países. Los corresponsales de prensa y de televisión, **los (las) fotógrafos de prensa, los (las) operadores (as) de las cámaras de televisión** y **los (las) comentaristas** son los héroes del **periodismo** cuando **informan sobre**

(*cover*) guerras y revoluciones en otros países. Algunos de ellos han muerto ante las cámaras, y varias escenas violentas filmadas **sobre el terreno** hicieron cambiar la opinión de miles de telespectadores en todo el mundo.

PRÁCTICA

a. En grupos, háganse preguntas unos a otros.

Sugerencias:

1. ¿Qué tipo de noticias aparecen en la primera plana? **2.** ¿Cuándo aparecen titulares a toda página? **3.** ¿Por qué tienen mucho poder los editorialistas de los grandes diarios? **4.** ¿Por qué crees que puede ser peligroso trabajar de fotógrafo de prensa en una guerra? **5.** ¿Qué otras preguntas harían?

b. Usted trabaja en un periódico y escribe una carta al (a la) director(a) para decirle que quiere ser enviado al extranjero como corresponsal. Explique qué cualificaciones tiene usted para su trabajo, por ejemplo, habla idiomas extranjeros, ha vivido en varios países, tiene buenas conexiones en el extranjero, etc.

C. El público se divierte con los deportes o con los espectáculos. **La sección deportiva** recoge información sobre **los campeonatos** o **competiciones deportivas, la liga** de varios deportes, como **el fútbol** (*soccer*), el **fútbol americano** (*football*), **el baloncesto** (*basketball*) o **la pelota base** (*baseball*), y los resultados de **los partidos** (*games*). **Los hinchas (los aficionados**, y en los EE.UU., por influencia del inglés, **los fanáticos**) leen siempre esta sección. Otros deportes muy populares son **las carreras de caballos y de galgos** (unos perros delgados que corren mucho), donde los aficionados **apuestan** (**apostar**, *to bet*) por su caballo o perro favorito. En los países hispánicos, **las corridas de toros** no son consideradas un deporte, sino un arte. Los amantes de los animales las consideran una cruel barbaridad.

En la cartelera de **la sección de espectáculos** se anuncian **las películas** que se **proyectan** (pasan, ponen) en **los cines y las obras de teatro** que se **representan** en **los teatros**, así como **los conciertos** o **el ballet**. También se anuncian **las salas de fiesta (los cabarets, los clubes nocturnos)**.

En **la sección cultural** aparece la lista de **las exposiciones de arte (pintura, escultura)**. En estas secciones hay también **críticas** o **reseñas** de cine, de teatro, de arte o de libros, escritas por **críticos**.

PRÁCTICA

a. En grupos, háganse preguntas unos a otros.

Sugerencias:

1. ¿Qué diferencias hay entre un partido de fútbol (el juego norteamericano) y un partido de fútbol (el juego europeo)? **2.** Cuando vas al cine, o al teatro, ¿lees antes la crítica de la película o de la obra de teatro que vas a ver? ¿Confías en la opinión de los críticos? **3.** En tu opinión, ¿qué clase de gente frecuenta las salas de fiestas? **4.** ¿Has visitado alguna exposición recientemente? ¿Podrías hacernos una crítica de lo que has visto? Si no has visitado ninguna, ¿qué clase de exposición te gustaría ver? **5.** ¿Más preguntas?

b. Escriba un breve artículo para su periódico, en el que comenta la calidad de la vida cultural en su ciudad. Por ejemplo: las películas que proyectan en los cines son de alto (bajo) nivel artístico. Lo mismo con las obras de teatro que se representan, y con las salas de exposiciones.

c. Escriba un breve artículo para un periódico en el que critica la excesiva (o la poca) atención que se presta a los deportes en las escuelas y universidades.

D. Hay dos secciones muy populares en los periódicos: **los chistes ilustrados** (**las tiras cómicas**, [México: **los monitos**]) y **el consultorio sentimental** (la sección de **los corazones solitarios**). Hay chistes que **hacen burla de** la vida política, y chistes que **se burlan** de las debilidades humanas o que encuentran un lado cómico en algún **suceso** (evento) **de actualidad** (reciente). Las cartas de lectores que tienen problemas familiares o sentimentales son contestadas por alguien que casi siempre muestra una buena dosis de sentido común, tolerancia, comprensión y sentido del humor.

Inmensamente populares son **las revistas del corazón**, publicaciones semanales con muchas fotografías, donde podemos leer toda clase de **chismografía** (*gossip*) e informaciones tan interesantes como **la puesta de largo (la presentación en sociedad)** de la bella señorita Tal y Cual; la fiesta de **quinceañera** dada por los señores de Tal y Cual en su magnífica residencia, para celebrar los quince años de su simpática hija Fulanita de Tal; dónde y cómo **veranea** (pasa las vacaciones) **la jet-set**, con quién sale **el playboy** de moda, quién está ligando o se va a casar con quién, y quién se separa o se va a divorciar de quién, noticias todas de gran importancia para el país.

PRÁCTICA

a. En grupos, háganse preguntas unos a otros.

Sugerencias:

1. ¿Cuál es tu chiste ilustrado favorito, y por qué? **2.** ¿Te gustaría contestar cartas dirigidas a un consultorio sentimental? ¿Por qué crees que podrías o no podrías hacerlo bien? **3.** Las revistas del corazón, ¿te parecen una tontería o una inocente muestra de la vanidad humana? Explica tu opinión. **4.** Las revistas del corazón tienen un gran éxito. ¿Por qué crees que lo tienen? **5.** ¿Otras preguntas?

b. Cada estudiante escribe una carta a un consultorio sentimental, en la que cuenta su problema: amoroso, familiar, económico, etc. Intercambie cartas con un(a) compañero(a) y escriba una respuesta a la carta que recibió.

E. Ahora el gran medio de comunicación mediante **los ordenadores** (**computadoras**) es **Internet** (**el Internet** o **la Internet**, pues **la red** (*net*) es femenina). Allí encontramos información de todos los países y en todos los idiomas. Después de **conectar** o **establecer la conexión** (*log in*) con nuestra **página inicial** (*home page*), el abracadabra que nos abre todas las puertas y nos pone **en línea** es: **Haga clic aquí**, o **Pulse aquí**, o **Patee aquí**. Si sabemos su **dirección Internet**, nos comunicamos con nuestros amigos por **correo electrónico**, más rápido que el **correo caracol** (*snail mail*). En España, jugando con los sonidos, a un *e-mail* le llaman un **Emilio**. Los (**Las**) **internautas** navegan por la red (*net surfing*) buscando **tertulias, charlas** o **conversaciones** (*chats*) sobre muchos temas, y si encontramos algo que nos interese, podemos **descargarlo** o **bajarlo** (*download*) a nuestro **disco duro** (*hard disk*). En **La página del idioma español** (http://www.el-castellano.com) encontramos periódicos de todos los países de habla hispana, desde Argentina a Venezuela, y mucha información sobre literatura, gramática, diccionarios y mucho más. Los países hispánicos están haciendo un esfuerzo para que el inglés no entre a torrentes en su **vocabulario informático** (*computer vocabulary*), por eso es importante familiarizarse con las expresiones presentadas en esta sección.

PRÁCTICA

a. Estas preguntas están en Spanglish. En pares, eliminen las palabras inglesas.

1. ¿Por qué crees que es importante tener una *Internet address*? **2.** ¿Por qué mucha gente prefiere comunicarse por *e-mail* en vez de hacerlo por correo? **3.** ¿Dedicas mucho tiempo a *net surfing*? ¿Qué información interesante has encontrado? **4.** ¿Sabes usar bien el Internet? ¿Sabes qué hay que hacer para *download* una información?

b. Cada estudiante escribe un breve artículo sobre la necesidad de establecer algún tipo de control en el Internet. Explique qué problemas ve usted. ¿Es la censura una solución? Como una clase entera, intercambien los artículos, coméntenlos y, si lo creen necesario, escriban una contestación.

LECTURAS SOBRE LA CULTURA Y LA LENGUA

A. Todos los días millones de norteamericanos pasan mucho tiempo conduciendo (manejando) su automóvil, y el verbo *to drive* y otras palabras relacionadas con los coches aparecen frecuentemente en la conversación. Muchas de estas expresiones no tienen un fácil equivalente en español, porque no forman parte de la cultura hispánica. Un *drive-in* puede tener diferentes funciones: sería **un restaurante en el que se puede comer sin salir del coche**, o **en el que te sirven en el coche**, costumbre que en muchos países se consideraría bárbara e inaceptable; puede ser **un cine de coches**, o

autocine; y puede ser **una ventanilla para automovilistas** en algún banco (en Puerto Rico la llaman **servi carro**).

¿Qué hacen en español los *commuters* que llenan **las carreteras** y **autopistas** dos veces al día? En español son **los que van y vienen al trabajo en coche**, y el **ir y venir en coche** es menos frecuente que en este país porque, en general, la gente prefiere vivir dentro, no fuera, de las ciudades.

En la tensión de la circulación a **las horas punta** no hay nada peor que un *back-seat driver*, ese **pasajero que constantemente le dice a quien conduce lo que tiene que hacer**... ¡Uf! Esto es bastante para **volver loco al conductor**, algo que aquí también hacemos «en coche»: *we drive him crazy*. Y la estructura de las ciudades norteamericanas impone el uso del automóvil de tal manera que tenemos que **ir en coche a la tienda** (*we drive to the store*); **acompañar a un amigo a su casa** o **llevarlo en coche** (*we drive him home*); **nos marchamos** (**en coche**) (*we drive away*), y si **pasamos por** (*we drive by*) una cafetería podemos **pararnos** (**acercarnos**) (*we drive up*) o **seguir nuestro camino** y **pasar de largo** (*we drive on*) según tengamos ganas o no de tomar un café.

B. Lo mismo sucede con *to ride*, que unas veces puede referirse a coches, y entonces **vamos** o **andamos en coche**, y otras a burros, elefantes, o lo que sea, en cuyo caso vamos, **andamos** o **montamos en** esos animalitos. Con los caballos necesitamos otra preposición: vamos, andamos o montamos **a** caballo.

A todos los niños del mundo les gusta ir a un **parque de atracciones** (*carnival*) donde hay muchos... *rides*... muchos **carruseles, tiovivos, montañas rusas** (*roller coasters*) y otras diversiones que dan vueltas, y donde también pueden **dar una vuelta montados en** algún animalito más o menos pacífico.

DIFICULTADES Y EJERCICIOS

A. Uso de: **ocurrir; ocurrírsele** (algo a alguien)

ocurrir (= pasar, suceder, acontecer)	*to happen*
ocurrírsele (algo a alguien)	*to have an idea (something occurs to somebody)*

Aquí hay muchos malos programas de televisión, pero eso **ocurre** en todas partes. Ahora **se me ocurre** una pregunta: ¿Qué se entiende por un buen programa? Todo es muy relativo.

PRÁCTICA

Escriba un informe para el (la) director(a) de un canal de televisión en el que hay muchos problemas: falta de audiencia, pocos patrocinadores, etc. ¿Por qué **ocurre** esto? ¿Cuáles son las causas? A usted **se le ocurren** varias soluciones, y las presenta en su informe.

Practicando al contestar ✎

a. En pares, contesten a las preguntas usando **ocurrir** u **ocurrírsele** en sus respuestas, en lugar de las palabras *en bastardilla*.

> **Modelo:** ¿Por qué hay tanta gente delante del banco? ¿*Pasó* algo?
>
> *Me imagino lo que <u>ocurrió</u>. Robaron el banco.*

1. ¡Qué ideas *tienes!* ¿Por qué siempre *piensas* lo peor? **2.** ¡Hay tanta violencia! ¿No crees que *aconteció* lo que tenía que *acontecer*? **3.** ¿Por qué no vamos a preguntar qué *pasó*? **4.** ¡Oiga, señor! ¿*Sucedió* algo? **5.** ¿Están haciendo una película para la tele? ¿*Pasa* esto todos los días en este barrio? **6.** ¿Ves como siempre *piensas* lo peor? **7.** Bueno, hombre, es natural, pero ¿no crees que en esta ciudad siempre *suceden* unas cosas muy raras?

b. En pares, háganse y contesten las siguientes preguntas.

1. ¿Qué ocurre cuando una estación de televisión tiene pocos patrocinadores? **2.** ¿A quién se le ocurre una idea para tener un canal sin anuncios? **3.** ¿Hay algún tema que la sociedad no admite en la televisión? ¿Qué le ocurriría a una cadena que transmitiera algo sobre ese tema? **4.** ¿Alguna vez se te ha ocurrido leer una revista del corazón?

B. Uso de: **el editorial, la editorial, el editor, el / la editorialista, el director, el / la jefe de redacción; resumir, corregir; el corrector de estilo, el corrector de pruebas; editar, publicar.** (No se incluye la forma femenina cuando es regular: el editor / la editora. Se da cuando es irregular o común: el / la jefe.)

el editorial	*editorial*
la editorial	*publishing house*
el editor	*publisher*
el/la editorialista	
el redactor de editoriales }	*editorial writer*
el autor del editorial	
el director, el / la jefe de redacción	*editor in chief*
resumir, corregir	*to edit*
el corrector de estilo	*editor*
el corrector de pruebas	*proofreader*
editar, publicar	*to publish*

La directora del periódico le dijo al **editorialista** que tenía que escribir **un editorial** sobre **las editoriales** que se dedican a **editar** libros pornográficos.

—Es intolerable —me dijo— que se **publiquen** esos libros.

El editorial que escribió salió demasiado largo, y parecía escrito con precipitación.

El corrector tuvo que pasar varias horas **resumiéndolo** y **corrigiéndolo**.

La correctora de pruebas todavía encontró algunos errores.

PRÁCTICA

Los (Las) dos estudiantes escriben e intercambian editoriales en los que se lamentan de lo mal escritos que están algunos periódicos. Hay artículos que necesitan ser abreviados (**resumir**). Otros tienen errores gramaticales y hay que reescribirlos (**corregir**). ¿Quién es responsable de esta situación? Ustedes sugieren algunas soluciones, por ejemplo: **directores(as)** más competentes, **editorialistas** mejor informados y, sobre todo, más **correctores(as) de estilo** y **de pruebas**.

PRACTICANDO AL CONTESTAR

a. En pares, háganse preguntas y usen el vocabulario nuevo en la respuesta en lugar de las palabras *en bastardilla*.

> **Modelo:** ¿Trabajas en *una casa que publica libros*?
>
> *Sí (No) trabajo en <u>una editorial</u>.*

1. Cuando un texto es demasiado largo, ¿hay que *hacerlo más breve*? **2.** Y si está mal escrito, ¿hay que *mejorar la prosa*? **3.** La opinión del periódico, ¿está expresada en *un artículo sin firma*? **4.** ¿Por qué no abres *un negocio de publicación de libros*? **5.** ¿Te gustaría ser *la persona que escribe el editorial del periódico*? **6.** ¿Te gustaría ser director(a) de una compañía que *publica* diccionarios, novelas románticas o novelas de detectives? **7.** ¿Preferirías ser el (la) *que dirige un periódico*? **8.** ¿Tienen mucha influencia política los (las) *que escriben los editoriales* de los grandes periódicos? **9.** ¿Cuándo un escritor necesita *una persona que corrija* su estilo? **10.** ¿Por qué los autores de libros tienen que *eliminar los errores de* las pruebas?

b. En pares, intercambien preguntas.

Sugerencias:

1. ¿En qué tipo de editorial te gustaría trabajar, y por qué? **2.** ¿Es difícil resumir una novela? Explica tu opinión. **3.** ¿Qué hay que saber para ser un buen corrector de estilo? **4.** En un periódico, ¿quién escribe los editoriales? **5.** ¿Qué otras preguntas se te ocurren?

PEQUEÑO TEATRO

A. En grupos. Convertidos en actores y actrices, director(a) y apuntador(a) los estudiantes practican el vocabulario de todas las secciones anteriores.

B. La clase se convierte en un equipo de un periódico. Se distribuyen los papeles: director, redactores, columnistas, fotógrafos, corresponsales en otras ciudades del país y del extranjero, críticos de cine, de teatro, de arte, de libros. Si hay muchos estudiantes en la clase, los papeles pueden duplicarse, creando así una rivalidad profesional que puede animar el diálogo.

C. Los estudiantes traerán a la clase el mismo ejemplar del periódico local (en inglés), de un periódico en español publicado en los EE.UU., si es posible, o uno descargado del Internet. Usan los periódicos como posibles modelos de un diario que van a empezar a publicar. Todos comentan cada una de las secciones del periódico, criticando lo que en ellas encuentren de malo e indicando lo que les parece bien para tomarlo como modelo de su futuro diario.

SEA USTED MI INTÉRPRETE, POR FAVOR

En grupos de tres. Estudiante A sólo habla inglés. Estudiante B es bilingüe. Estudiante C sólo habla español. A hace una pregunta en inglés. B la interpreta al español. C contesta en español y A pasa su respuesta al inglés.

Algunas posibilidades:

1. What is the best idea that ever occurred to you?

2. What section of the paper do you like to read, and why?

3. What do you think of the weather reports you see on TV? Do you believe them? Why?

4. What would you like to be, a press photographer, an anchorperson for TV, or an editor in chief? Explain your choice.

SEA USTED MI TRADUCTOR(A), POR FAVOR

En grupos de cuatro. Usted es director(a) de un periódico colombiano, y ha contratado a tres norteamericanos, un(a) periodista, un(a) fotógrafo de prensa y un(a) operador(a) de televisión, que escriben en inglés.
El (La) fotógrafo y el (la) operador(a) le escriben una carta, en la que se quejan de las dificultades que tienen para hacer bien su trabajo, especialmente por los problemas que tienen con el (la) periodista. Más o menos, las quejas son éstas:

1. The reporter insists on writing the captions for my pictures.
2. The reporter wants the cameraperson to videotape under very dangerous circumstances.
3. The reporter wants us to go out and work when the weather report predicts very bad weather.
4. The reporter drinks too much and they, the photographer and the cameraperson, have to act as editors and edit his articles.
5. Other complaints?

CUESTIONES GRAMATICALES

LOS TIEMPOS QUE EXPRESAN EL PASADO

En español, como en inglés, hay varios tiempos verbales que expresan una acción pasada:

Pasado inmediato (Presente perfecto):   **He hablado** con la operadora de televisión.

Pasado completo (Pretérito):   **Hablé** con la directora de la revista. **Estuve hablando** con ella.

Pasado repetido o continuo (Imperfecto):   **Hablaba** con ella todos los días. Ayer **estaba hablando** con ella cuando sonó el teléfono.

Pasado del pasado (Pluscuamperfecto):   Te dije ayer que **había hablado** con ella antes de ayer.

Pasado del pasado (Pretérito perfecto):   Cuando **hube hablado** con ella, me marché.

El pretérito perfecto se usa muy poco. La idea del pasado en el último ejemplo se expresaría así: Después de haber hablado con ella, me marché.

Estos nombres de los tiempos verbales no son de uso general. Varios gramáticos usan nombres diferentes, y hay un cierto grado de anarquía en estas denominaciones. En este libro se usan los nombres que se parecen más a los correspondientes tiempos en inglés.

CONTRASTES

1. *Presente perfecto — pretérito.* Los dos tiempos expresan una acción ocurrida en el pasado.

Usando el presente perfecto, los efectos de la acción pasada se hacen sentir todavía: Hace una semana que estoy en México. **He entrado** por Nogales.

El uso del pretérito nos indica que la acción pertenece a un pasado que tiene una conexión más débil con el presente: **Estuve** en México el verano pasado.

En algunas partes del mundo hispánico no se hace esta sutil distinción, y muchos hispanoparlantes usan casi exclusivamente el pretérito:

Hace una semana que estoy en México. **Entré** por Nogales.

2. *Pretérito — Imperfecto*

Este contraste es el que presenta mayores problemas para el estudiante extranjero, pero la dificultad es más aparente que real. El uso de estos dos tiempos está determinado por dos factores, que actúan aislados o en combinación:

2.a. El que la acción pasada esté completa (pretérito), o sea una acción incompleta, continua o repetida en el pasado (imperfecto).

2.b. El punto de vista del que habla, siempre subjetivo.

2.a. *Acción pasada completa — Acción pasada continua o repetida.* Si aprendemos a ver claramente cuándo una acción pasada está completa (por ejemplo, el principio o el final de una acción), y cuándo es incompleta, continua o repetida, gran parte del problema desaparece. Veamos el uso de estos tiempos en una brevísima historia:

María **entró** en la casa donde **vivían** sus amigos.

> **entró:** Tan pronto como María pasó de la calle a la casa, el acto de entrar está completo.

> **vivían:** ¿Dejaron de vivir allí? No lo sabemos. Acción incompleta.

Saludó a los que **conocía** y también **conoció** a otros jóvenes que le **presentaron**.

> **saludó:** Al terminar de decir ¡Hola!, la acción de saludar está completa.

> **conocía:** Su amistad es anterior a la fiesta. Acción continua.

> **conoció:** Habló con ellos por primera vez. Principio de la acción de conocerlos. También: el rito social de la presentación está completo.

> **le presentaron:** El acto de presentarle a alguien está completo.

Bailó con un muchacho que **tenía** barba y que **era** muy simpático.

> **bailó:** Acción completa. Luego dejó de bailar.

> **tenía:** Acción continua. Durante todo el tiempo el muchacho tiene barba, y no se le cayó mientras bailaba.

> **era:** Acción continua e incompleta. Durante la fiesta el muchacho es amable, y no dejó de serlo mientras estuvo con María.

En muchos casos la acción incompleta o continua puede expresarse con la estructura **estar + –ando / –iendo**, lo mismo que en inglés con *to be + ing*.

> Mientras **bailaba** (**estaba bailando**) con el muchacho de la barba, María **pensaba** (**estaba pensando**) en otro muchacho.

Concentrándonos en los conceptos de acciones completas e incompletas o continuas, se elimina el problema de una pequeña lista de verbos (**saber, conocer, tener, querer, poder, haber**) que, dicen muchas gramáticas, cambian de significado según se usen en pretérito o en imperfecto. Lo que sucede, en realidad, es que expresan acciones completas (pretérito) o continuas (imperfecto). El inglés, al no tener dos tiempos verbales con los que expresar este matiz, usa palabras diferentes, o no hace la sutil distinción.

Yo **sabía** la noticia (*I knew the news*). El saber la noticia es parte de mis conocimientos.

Yo **supe** la noticia (*I found out about the news*). Cuando alguien terminó de darme la noticia, la acción de recibirla está completa.

Conocía a tu hermano (*I knew your brother*). Éramos amigos.

Conocí a tu hermano (*I met your brother*). Alguien me lo presentó.

Mi padre **tenía** dinero (*My father had money*). No sabemos si lo perdió o si murió rico.

Mi padre **tuvo** dinero (*My father had money*). Y lo perdió.

Yo no **quería** firmar (*I didn't want to sign*). No se sabe si al final firmé o no.

Yo no **quise** firmar (*I refused to sign*). Dije que no, y la acción de negarme está completa.

Yo **podía** firmar (*I could sign*). Posibilidad abierta. Pero, ¿firmé?

Yo **pude** firmar (*I was able to sign*). Y lo hice. El acto de poder está completo.

En el verano no **había** agua (*There was no water during the summer*). Día tras día sin agua.

En el verano no **hubo** agua (*There was no water during the summer*). Un verano, considerado como una unidad completa y terminada, sin agua.

2.b. *El punto de vista del hablante.* En muchos casos el uso del pretérito o del imperfecto no es una cuestión gramatical, sino que depende del punto de vista del que habla. La frase estará gramaticalmente bien con cualquiera de los dos tiempos, aunque puede haber, quizá, una sutil diferencia de significado. El pretérito establece una cierta distancia entre el que habla y la acción pasada. El hablante informa de algo que ocurrió. El imperfecto acerca el pasado al presente, lo hace más vivo. El hablante describe el pasado como si hubiera sido participante o testigo presencial de la acción.

Veamos dos posibilidades para comenzar un cuento de niños:

Una vez **había** un rey que **tenía** una hija que **era** muy bonita.

Una vez **hubo** un rey que **tuvo** una hija que **fue** muy bonita.

Sin duda alguna, los niños se sienten más atraídos por la narración en imperfecto. Les parece más próxima al presente y les hace sentirse transportados al pasado. Veamos otros casos:

El año pasado yo **estaba** en Perú. Simón Bolívar **era** un gran militar.

El año pasado yo **estuve** en Perú. Simón Bolívar **fue** un gran militar.

En la columna de la izquierda yo revivo el pasado, dejo su final abierto, como si pudiera extenderse hasta el presente. En la columna de la derecha yo hablo del pasado como de algo más remoto, más separado del presente.

Cuando **era** niño, **tenía** un perro.   Cuando **era** niño, **tuve** un perro.

Ser niño es un período de duración indefinida, y por eso usamos el imperfecto. Si usamos el pretérito estamos considerando la infancia como un momento claramente definido, o como algo que nunca tuvo principio: Tú siempre **fuiste** muy serio. Tú nunca **fuiste** niño.

Al hablar de la edad, el uso del imperfecto o del pretérito puede dar sentido diferente a la frase:

> Cuando **tenía** diez años, **tenía** un perro que **se llamaba** Eric.
> Cuando **tuve** diez años, mi padre me **dio** un perro, y lo **llamé** Eric.

La segunda frase habla del día en que cumplí diez años, y del día en que «bauticé» a mi perro.

2.a. + 2.b. *Combinación de los dos factores.* Los hispanohablantes continuamente combinan estos dos factores, el concepto de acción completa o incompleta, continua o repetida, por un lado, y el punto de vista personal por otro, como elementos que determinan el uso del pretérito o del imperfecto. En muchos casos, como hemos visto, el problema no es gramatical (los dos tiempos están bien), sino sicológico.

El estudiante extranjero debe concentrar su atención en los casos en los que no hay opción, es decir, cuando uno de los dos tiempos hace que la frase sea gramaticalmente inaceptable. Veamos un caso típico en el que hay varias opciones, según lo que el hablante quiera expresar:

Cuando **entré** en casa, **sonó** el teléfono.   Dos acciones completas.

Cuando **entré** en casa, **sonaba** (**estaba sonando**) el teléfono.   Una acción completa y otra continua o incompleta.

Cuando **entraba** (**estaba entrando**) en casa, **sonaba** (**estaba sonando**) el teléfono.   Dos acciones incompletas.

Cuando **entraba** (**estaba entrando**) en casa, **sonó** el teléfono.   Una acción incompleta y otra completa.

Veamos ahora un texto en el que no hay opciones:

> Yo **nací** en Argentina, en una pequeña ciudad que **estaba** cerca de una montaña que **era** muy alta. Allí **viví** hasta los diez años, cuando mis padres **decidieron** que yo **debía** estudiar, y me **mandaron** a Buenos Aires, donde **teníamos** parientes. Yo no **quería** ir, pero ellos me **explicaron** que **era** necesario, porque en Buenos Aires **iba** a ingresar en un colegio mucho mejor que los que **había** en nuestra pequeña ciudad provinciana. **Fui**, pues, y cuando **llegué** allí mis tíos me **recibieron** con

mucho cariño, y me **llevaron** a su casa. Allí **conocí** a mis primos, a los que no **conocía**, y recuerdo que poco después **me enamoré** de una de sus amigas, que **tenía** tres años más que yo. Pero todo esto **ocurrió** hace mucho tiempo, cuando yo **sabía** muy poco de la vida.

PRÁCTICA

a. En grupos, completen este cuento usando el imperfecto o el pretérito de los verbos dados entre paréntesis. Expliquen, en cada caso, por qué se usa uno u otro tiempo.

1. Yo (**ser**) un niño de diez años cuando mis padres (**vender**) la casa de la ciudad y (**comprar**) otra en un pueblo. **2.** El pueblo (**ser**) pequeño y (**estar**) cerca del mar. **3.** Ellos (**pagar**) muy poco por aquella casa, que (**ser**) muy vieja y que (**tener**) fama de tener fantasmas. **4.** Una noche de verano yo (**salir**) al jardín y (**ver**) a un niño que (**tener**) más o menos mi edad. **5.** Yo le (**decir**) ¡Hola!, y le (**preguntar**) quién (**ser**). **6.** Él me (**contestar**) que (**llamarse**) Daniel, y después me (**contar**) una historia muy complicada, que yo no (**entender**) muy bien. **7.** Al final me (**preguntar**) si yo (**creer**) en fantasmas. **8.** Yo le (**decir**) que no (**saber**) si yo (**creer**) o no. **9.** Él (**sonreírse**) con tristeza y me (**decir**): «No somos malos, ¿sabes? Somos... diferentes». **10.** Yo lo (**oír**) bien claramente. Él (**decir**) «somos», es decir, nosotros. **11.** Pero, ¿cómo (**poder**) yo interpretar aquello? «Nosotros»... ¿(**ser**) él y yo o «nosotros» (**ser**) ellos, los fantasmas? **12.** Yo nunca (**llegar**) a comprenderlo, y aún ahora, muchos años más tarde, sigo sin comprenderlo todavía. **13.** Pero nunca (**olvidar**) la sonrisa triste de aquel niño.

b. En pares, hagan lo mismo con esta narración contada en el presente. Los verbos *en bastardilla* deben ser cambiados al pretérito, al imperfecto, al presente perfecto o al pluscuamperfecto, según sea necesario. En algunos casos hay más de una posibilidad.

1. Cuando Hernán Cortés *llega* a México, no *tiene* muchos soldados españoles. **2.** *Desembarcan* todos en Cozumel, y allí *encuentran* a un español que *vive* con los mayas que *habitan* la isla. **3.** ¿Cómo *llega* allí este español? Él *es* uno de los pocos que *quedan* de la tripulación de un barco que *naufraga* en la costa de la isla unos años antes. **4.** Este español *se llama* Aguilar, *sabe* la lengua de los indígenas y *puede* hablar con ellos. **5.** Naturalmente, él no *olvida* el español, y *empieza* a hablarlo otra vez tan pronto como *ve* a los que *acaban* de llegar. **6.** Como Aguilar *habla* maya y tabasco, Cortés *puede* conversar con los indígenas. **7.** El les *hace* muchas preguntas, que los indígenas le *contestan*. **8.** Los mayas le *dicen* que *hay* unas ciudades muy ricas en la tierra firme y en otras islas que *hay* cerca de allí. **9.** Lo que los mayas *quieren* es ver marchar a Cortés. **10.** Cortés *se marcha*, y los habitantes de las isla *respiran* aliviados. **11.** Los españoles *se van* en sus barcos, y *navegan* a lo largo de la costa. **12.** De vez en cuando *desembarcan* y *encuentran* otros grupos mayas. **13.** Por fin *llegan* a un lugar donde *fundan* una nueva ciudad, a la que le *ponen* el nombre de Veracruz. **14.** Allí *hay* muchos mosquitos, y la vida *es* muy incómoda. **15.** Los españoles *reciben* noticias de que en el interior del país *hay* una ciudad muy rica que *está* llena de oro. **16.** *Salen* todos de Veracruz y *comienzan* el largo viaje que *va* a llevarlos a Tenochtitlan, la capital del imperio azteca. **17.** *Pasan* por el territorio de varias tribus indígenas, y Cortés *se da cuenta* de que muchos indígenas *detestan* a los aztecas. **18.** Él *sabe* todo esto porque ahora *tiene* un intérprete más: la hermosa Malinche, que *habla* la lengua de los mayas y de otras tribus de la región. **19.** Así, Cortés *puede* comunicarse con los aztecas: Él *habla* en castellano, Aguilar *traduce* del castellano al maya, y Malinche *traduce* del maya al náhuatl, la lengua de los aztecas. **20.** Cortés y sus españoles *llegan* a Tenochtitlan. **21.** El emperador Moctezuma los *recibe* con muchas reservas y los *acepta* sin gran entusiasmo. **22.** El final de esta historia *es* muy triste para los aztecas. **23.** Cortés y sus aliados tlaxcaltecas y de otras tribus *conquistan* la ciudad, y todo el gran imperio azteca *desaparece*.

c. Cada estudiante escribe la historia de un(a) periodista que empezó trabajando como corrector(a) de pruebas, luego ocupó otros cargos más importantes, y terminó siendo el (la) más famoso(a) corresponsal en el extranjero. Explique qué ocurrió, dónde y cuándo, para que el (la) periodista tuviera tanto éxito. Use muchos tiempos que expresan el pasado. Intercambien las breves composiciones y hagan correcciones, si son necesarias.

ꙮ ꙮ ꙮ ꙮ ꙮ

REVISIÓN GENERAL

DIÁLOGO

A. En grupos o en pares, preparen preguntas y háganselas unos a otros. Deben usar el vocabulario nuevo en las preguntas y en las respuestas.

Modelo: 1. ¿Por qué hay **emisoras de radio** que **emiten** toda la noche?

Posibles respuestas:

a. Hay <u>emisoras de radio</u> que <u>emiten</u> toda la noche porque hay mucha gente que trabaja de noche y quiere oír música mientras trabaja.

b. Algunas <u>emisoras de radio emiten</u> toda la noche porque hay mucha gente que tiene insomnio.

c. <u>Emiten</u> para vampiros, porque sólo ellos pueden oír las <u>emisoras de radio</u> que <u>emiten</u> de noche.

2. ¿Cómo se puede financiar una **cadena de televisión** sin **anuncios**?

Una cadena de televisión sin anuncios se financia con las cuotas de los subscriptores.

3. ¿Qué diferencia hay entre un(a) **periodista** y un(a) **locutor(a)**?

Los periodistas trabajan para un periódico, y los locutores trabajan para la radio o la televisión.

B. Usted ha estado presente durante la conversación de los personajes del Diálogo, y tiene que escribir un informe, en prosa, no en forma de diálogo, sobre lo que dijeron los dos matrimonios. Use el vocabulario del Diálogo.

Por ejemplo: Dos matrimonios amigos se reunieron y hablaron de los medios de comunicación en sus respectivos países. El matrimonio extranjero se sorprende de que no haya una emisora nacional en los EE.UU., y sus amigos norte-americanos le explicaron por qué no la hay. Etc. ...

AMPLIACIÓN DE VOCABULARIO

A. En pares, preparen preguntas y háganselas a sus compañeros(as).

Modelo: 1. ¿Qué anuncian en **el parte meteorológico**?

Posible respuesta: *En el parte meteorológico anuncian el tiempo que va a hacer en los próximos días.*

2. ¿De qué informa **el telediario**?

El telediario informa de las noticias del día.

3. ¿Por qué es difícil ser un(a) buen(a) **entrevistador(a)**?

Ser un(a) buen(a) entrevistador(a) es difícil porque...

B. Utilizando el vocabulario de esta lección, escriba una oferta de empleo. Su periódico necesita: a). un(a) fotógrafo de prensa. b). un(a) corrector(a) de estilo. c). un(a) editorialista. ¿Qué condiciones deben tener los (las) posibles candidatos(as)?

DIFICULTADES Y EJERCICIOS

A. En grupos, usen el vocabulario nuevo para hacerse preguntas unos a otros.

Modelo: 1. ¿Qué **ocurre** cuando roban un banco?

Posible respuesta: *Lo que ocurre cuando roban un banco es que los ladrones se llevan el dinero.*

2. ¿Qué buena idea **se le ha ocurrido** a usted últimamente?

Se me ocurrió una idea muy buena. Mi idea es...

3. ¿En qué puede ayudar un(a) **corrector(a) de estilo**?

Un(a) corrector(a) puede ayudar de muchas maneras. Corrige las faltas de ortografía, la sintaxis de las frases, la organización del texto que está leyendo... y otras cosas más.

¿Qué otras preguntas?

B. Con el vocabulario de esta lección, escriba un breve artículo sobre la importancia de los medios en nuestra sociedad. Puede comparar la influencia de la prensa con la de la televisión, es decir, el mensaje escrito frente al mensaje visual; puede hablar de la enorme importancia que tienen los críticos de teatro, que pueden decidir si una obra de teatro va a tener éxito o no, y puede mencionar la gran importancia que tiene la información electrónica en el mundo actual.

CUESTIONES GRAMATICALES

A. En este texto, donde los verbos están en presente, use los tiempos del pasado más apropiados.

Modelo: Evita Perón *es* una argentina muy famosa que *muere* en 1952.

Evita Perón era / fue *una argentina muy famosa que* murió *en 1952.*

1. Evita *nace* en una pequeña ciudad de la pampa argentina, y allí *vive* una vida gris en la que nunca *sucede* nada importante. **2.** Un día *decide* marcharse a Buenos Aires, que *ofrece* más posibilidades para el futuro, pues es una gran ciudad en la que *viven* muchos millones de personas. **3.** La vida *es* dura allí, y la joven Evita *pasa* unos años difíciles. **4.** Después de algún tiempo ella *conoce* amigos influyentes, que la *ayudan* a entrar en el mundo de la radio y del cine. **5.** Evita *lee* novelas en la radio, y *se hace* muy famosa. **6.** En el cine *hace* varias películas, pero no *tiene* mucho éxito. **7.** Un día *conoce* a un joven militar, Juan Perón, y *se casa* con él. **8.** Este militar se *convierte* en presidente de Argentina, y Evita *llega* a ser la mujer más famosa del país. **9.** Ella *habla* constantemente a las masas de los trabajadores argentinos, que la *adoran*, y les *dice* que ellos *van* a tener el poder en el país gracias a su marido y a ella, Evita. **10.** ¡Pobre Evita! Cuando *tiene* más poder, cuando las masas la *idolatran*, cuando todavía *es* joven, los médicos *descubren* que *tiene* un cáncer terrible, y Evita *muere* en 1952. **11.** Las masas argentinas *lloran* por ella, y el entierro de Evita *es* una inmensa manifestación que *recorre* las calles de su capital, en la que tanto poder *ha tenido*. **12.** Para muchos argentinos, Evita *es* «Santa Evita», la madre de los pobres y la protectora de los débiles. **13.** Para otros, Evita no *es* ciertamente una santa, y *dicen* de ella que *es* una demagoga sin escrúpulos. **14.** Unos años más tarde pocos *recuerdan* cómo *es* Evita, pero muchos *hablan* de una revista musical y de una película que *llevan* su nombre, que *tienen* gran éxito. **15.** ¡Qué ironía! Evita *ha querido* ser recordada por sus actividades políticas, y años más tarde *hay* gente que *cree* que Evita *es* un personaje de cine o de revista musical, que nunca *ha existido* en la realidad.

B. Haga lo mismo con el siguiente texto, pero ahora complete estas frases con el imperfecto o el pretérito del verbo dado entre paréntesis.

Modelo: El imperio maya (**desaparecer**) <u>desapareció.</u>

1. Cuando los españoles (**llegar**) _llegaron_ a Yucatán, todavía (**haber**) _había_ algunas ciudades mayas. **2.** Pero los mayas ya no (**ser**) _eran_ lo que (**ser**) _habían sido_ antes. **3.** Algunas ciudades (**estar**) _estaban_ abandonadas. **4.** En el siglo XVI, el gran período de esplendor de los mayas ya (**pasar**) _había pasado_. **5.** Pero muchos mayas aún (**vivir**) _vivían_ en Yucatán y en el norte de América Central. **6.** Los españoles no (**encontrar**) _encontraron_ el pueblo poderoso que (**ser**) _había sido_ el pueblo maya en el siglo X. **7.** Ellos (**encontrar**) _encontraron_ los restos de un pasado glorioso. **8.** Y (**completar**) _completaron_ la conquista en pocos años. **9.** Las ruinas de Tikal, de Uxmal, de Chichén-Itzá son testigos de un pasado que (**terminar**) _terminó_ definitivamente. **10.** Y todavía no sabemos por qué los mayas (**abandonar**) _abandonaron_ sus ciudades. **11.** ¿Qué (**pasar**) _pasó_? **12.** ¿Por qué (**irse**) _se fueron_ de sus magníficas ciudades y las (**abandonar**) _abandonaron_ a la jungla?

C. Escriba la historia de alguna persona importante y que usted conoce bien. Puede ser alguien del mundo de las artes, del cine, del teatro, de la música, de la política, de las letras... Empiece con su infancia (dónde nació, cómo era su familia...); dónde y cómo pasó su adolescencia (fue estudioso[a], rebelde, conformista...); cómo llegó a triunfar en su carrera (tenía talento, fue un caso de buena suerte, alguien lo (la) ayudó... Recuerde: <u>subraye</u> los tiempos del pasado y el vocabulario de esta lección.

 හි   හි   හි   හි   හි

 හි   හි   හි

De las pequeñas composiciones a la gran composición

LA TÉCNICA DEL RETRATO

Según el diccionario de la Real Academia Española, un retrato es «la descripción de la figura o carácter de una persona». Esta definición del retrato se refiere, naturalmente, al retrato en la literatura, no en la pintura, y nos ofrece varias posibilidades:

A. DESCRIPCIÓN DE LA FIGURA, ES DECIR, DEL ASPECTO FÍSICO DE UNA PERSONA:

> Estefanía no era ni alta ni baja, ni fea ni bonita, y al andar se movía con la gracia de un animalito del bosque.

En pocas líneas hemos dicho que Estefanía era una mujer de tipo medio. Pero, ¿qué edad tenía? Sabemos que se movía con movimientos graciosos, como un animalito. Comparar a una persona con una animal no es muy halagador, pero el diminutivo, animalito, hace que la comparación no sea insultante. Añadimos, además: «un animalito del bosque», algo que nos hace pensar, por ejemplo, en Bambi, y el resultado es un elogio, no un insulto. Al mismo tiempo estamos diciendo que Estefanía era muy joven.

PRÁCTICA

Usted recuerda el aspecto físico de alguien que ha tenido importancia en su vida. Recuerde, no nos hable de su carácter, sólo de apariencia. Usted recuerda cómo era antes, no cómo es ahora, y usa los verbos en los tiempos del pasado.

También puede hacer la descripción del aspecto físico de alguien que fue famoso(a) en el mundo de las artes, de las letras, de la política...

B. DESCRIPCIÓN DEL CARÁCTER, DE LA MANERA DE SER DE UNA PERSONA:

> Estefanía era alegre y habladora. Casi nunca se incomodaba, pero cuando lo hacía los ojos le brillaban como si tuviera en ellos toda la furia del mundo. Su irritación, sin embargo, duraba poco, y pronto volvía a ser la Estefanía de siempre, habladora y alegre.

En este párrafo hemos descrito el carácter de Estefanía, sin hablar de su aspecto físico. Así como la gracia de movimientos es, en general, privilegio de la juventud, el ser habladora y alegre no lo es. Estefanía, en este párrafo, puede ser joven o vieja. Para destacar, además, la simpatía del personaje, se ha usado una técnica circular. Los dos adjetivos finales son los mismos de la primera línea, en diferente orden: «Estefanía era alegre y habladora... habladora y alegre».

PRÁCTICA

Ahora escriba sobre la personalidad del mismo hombre o mujer que usted describió en la Práctica anterior.

C. DESCRIPCIÓN DE LA FIGURA Y DEL CARÁCTER DE UNA PERSONA:

En la descripción de Estefanía podríamos, simplemente, poner el párrafo **B** inmediatamente después del párrafo **A,** pero también podemos intentar integrarlos en un solo párrafo:

> Estefanía no era ni alta ni baja, ni fea ni bonita. Era alegre y habladora, y casi nunca se incomodaba, pero cuando lo hacía los ojos le brillaban como si tuviera en ellos toda la furia del mundo. Su irritación, sin embargo, duraba poco, y pronto volvía a ser la Estefanía de siempre, habladora y alegre, que al andar se movía con la gracia de un animalito del bosque.

El personaje aparece así como una joven que, sin ser bonita, es atractiva, con una combinación de simpatía natural y de carácter fuerte.

PRÁCTICA

Combine ahora la Práctica **A** y la Práctica **B,** y haga una descripción del aspecto físico y de la personalidad del hombre o de la mujer sobre quien escribe. Recuerde, no se limite a poner la Práctica **B** detrás de la Práctica **A.** Procure integrarlas en un todo armónico.

Todo esto no quiere decir que sólo haya tres formas de hacer un retrato. Al escribir experimentamos con el idioma, buscamos enfoques nuevos (¿los hay?), expresamos nuestra personalidad. Que el resultado sea bueno o malo … eso ya es otro cantar. El escritor español Ramón del Valle Inclán (1866–1936) creó un personaje, el Marqués de Bradomín, y lo retrató magistralmente con muy pocas palabras: «Era feo, católico y sentimental». En los retratos que usted va a escribir ahora, por favor, no siga el modelo de Valle Inclán. Escriba una descripción de más de cinco palabras. Muchas más.

POSIBLES TEMAS PARA COMPOSICIÓN / CONVERSACIÓN

Usted puede entregar directamente esta composición al (a la) profesor(a), o puede trabajar en pares antes de entregarla.

ATAJO
Grammar: Verbs: Preterite; Irregular Preterite; Imperfect; Preterite & Imperfect
Phrases: Describing the past; Describing people
Vocabulary: Body; Personality

Recuerde, en esta lección practicamos el arte del retrato. Lo que vamos a escribir no es un ensayo, pero sí podemos combinarlo con el arte de la narración cuando contamos qué le ocurrió a la persona retratada.

1. Retrato del (de la) teleidiota

   Sugerencias:

   a. En primer lugar, ¿qué se entiende por «teleidiota»? ¿Corresponde, más o menos, al *couch potato*?
   b. ¿Es posible escribir un retrato? Los (Las) hay de todas las edades, formas y tamaños. Hay que dividirlos(las) en grupos.
   1. Los niños teleidiotas que se pasan horas y horas pegados a un televisor. Las consecuencias para su aspecto físico y su personalidad.
   2. Los adultos que viven en un mundo de culebrones o de programas deportivos. Igualmente, las consecuencias para su aspecto físico y su personalidad.
   c. Peligros de hablar en tópicos, de repetir estereotipos.

2. Retrato idealizado de los (de las) periodistas, o de los (las) presentadores(as) de fama nacional

Sugerencias:

a. En general, son jóvenes, atractivos(as), y muy inteligentes, pero hay excepciones.
b. Parecen muy seguros(as) de sí mismos(as).
c. Viajan mucho y dan la impresión de ser muy cultos(as). ¿Es verdad?
d. Todo esto, ¿es realidad o es un mito?

3. Otros posibles retratos

Gente famosa

a. Un(a) deportista
b. Un(a) artista de cine
c. Un(a) escritor(a)
d. Un(a) pintor(a)

MÁS TEMAS PARA UNA CONVERSACIÓN / COMPOSICIÓN

1. El nivel intelectual de los programas de televisión

2. La influencia de la televisión en la personalidad de los telespectadores

3. La televisión y los niños

4. La televisión en competencia con la prensa

5. El sensacionalismo en los medios de información

6. La sicología de los corazones solitarios

7. El poder de la prensa

8. La función de los periódicos universitarios

9. La censura, ¿justificada en algunos casos?

10. El periodismo como carrera

11. El mito romántico de los corresponsales extranjeros

12. La «prensa del corazón»

13. La Red (el Internet) como fuente de información

lección **7**

❦

lo hispano en los estados unidos

El Cinco de Mayo los mexicanos celebran la batalla de Puebla, en la que México derrotó a los franceses, y aprovechan la ocasión para recordar el esplendor de su pasado prehispánico.

൬ൠ

Personajes: *Anne y Craig, Pilar y Manuel*

MANUEL Hoy he leído algo en el periódico que **no tiene ni pies ni cabeza**.[1] A ver si me lo explican, porque yo no entiendo ni una palabra.

ANNE **¿De qué se trata?**[2]

MANUEL Es un artículo que **trata de**[3] las minorías en este país y, al parecer, hay quien dice que los españoles no son *Hispanics*. ¿Cómo es posible eso? Si los españoles no son hispánicos, ¿quién diablos **lo es**?[4]

CRAIG ¡Uy! Esa cuestión es **un avispero**.[5] Ya sé a qué te refieres. Es un asunto muy **discutido**[6] en **los círculos hispánicos**[7] de por aquí.

PILAR Pero, en primer lugar, ¿**qué se entiende por**[8] *hispanic*?

ANNE Lo **gracioso**[9] del caso es que para nosotros los americanos...

PILAR Un momento. Yo nací en México, y **por lo tanto**[10] soy tan americana como ustedes. ¿Con qué derecho monopolizan ustedes ese nombre?

MANUEL No es nombre. Es adjetivo. Hay que hablar **con propiedad**.[11]

PILAR **¡No seas pesado!**[12] En este caso es nombre. Bueno, **sea lo que sea**,[13] yo soy americana porque mis **antepasados**[14] y yo nacimos en un continente llamado América.

ANNE ¡Uy! Perdona, ya sé que para ustedes nosotros somos norteamericanos o estadounidenses.

MANUEL Vamos a ver, yo soy español, nacido en España, y el español es mi lengua materna. Si yo viviera aquí, ¿sería *hispanic*, sí o no?

ANNE Para unos, sí; para otros, no.

PILAR **No estoy de acuerdo.**[15] Si Manuel es español, es *hispanic*. Él habla español, ¿no?

MANUEL Eso nos lleva a otro tema. ¿**A qué se debe**[16] ese movimiento de *English only* que hay ahora?

ANNE ¡Uf! ¡Ese sí que es un avispero de verdad! Para muchos norteamericanos, la existencia de varias lenguas pone en peligro la unidad nacional, y por eso están en contra de la enseñanza bilingüe.

MANUEL Eso sí que no lo entiendo. En el mundo de hoy ser bilingüe es una ventaja enorme.

CRAIG Hay quienes creen que la enseñanza bilingüe retrasa el aprender inglés.

PILAR Mira, nosotros tenemos una sobrina en España que se casó con un joven norteamericano. Ahora viven en Suiza, donde nació su hijo. A ese niño su papá siempre le habla en inglés, su mamá le habla en español, y en la escuela habla francés.

CRAIG Me imagino que ese niño **se armará unos líos enormes**.[17]

PILAR **Ni mucho menos**,[18] a los siete años **ya**[19] es trilingüe. Imagínate las ventajas que va a tener cuando sea mayor.

ANNE Bueno, ése es un caso muy especial, me parece.

MANUEL No lo creas. Hoy en día, en la Unión Europea, los jóvenes saben que para tener un buen empleo, **no sólo**[20] es necesario estudiar, **sino que**[20] también tienen que hablar por lo menos dos idiomas.

---

[1] es absurdo
[2] *what is it about?*
[3] es acerca de
[4] es eso
[5] lit. *wasps' nest (can of worms)*
[6] *controversial*
[7] comunidad hispana
[8] ¿qué significa?
[9] cómico
[10] por esa razón
[11] con exactitud
[12] ¡no seas aburrido!
[13] no importa si es esto o lo otro
[14] ascendientes
[15] no tengo esa opinión
[16] ¿cuál es la razón?
[17] tendrá problemas
[18] *not at all*
[19] *already*
[20] *not only, but*

CRAIG   Aquí la cuestión es más compleja. Creo que tenemos conversación **para rato**.[21]

ANNE   Sí. Hablar de esto es **el cuento de nunca acabar**.[22]

[21] mucho tiempo

[22] no tener fin

COMPRENSIÓN

En pares, usando el vocabulario que está **en negritas**, un(a) estudiante hace preguntas y ofrece dos o más posibles respuestas. Otro(a) estudiante escoge la respuesta adecuada.

Modelos: 1. ¿Cómo es un artículo que **no tiene ni pies ni cabeza**? ¿Es muy claro, muy corto o muy confuso?

Un artículo que <u>no tiene ni pies ni cabeza</u> es muy confuso.

2. **¿Un avispero** es una situación que causa muchos problemas, es un lugar lleno de avispas o es una situación agradable?

<u>Un avispero</u> es una situación que causa muchos problemas.

3. Una expresión **graciosa** ¿es elegante, cómica o una expresión de agradecimiento?

Una expresión <u>graciosa</u> es cómica.

PRÁCTICA GENERAL

En pares, preparen preguntas con el vocabulario que está **en negritas** en el Diálogo. También deben usar el vocabulario nuevo en sus respuestas.

Modelos: 1. ¿**De qué trata** un libro de botánica?

2. ¿Por qué hay que **hablar con propiedad**?

3. En cuestiones de bilingüismo, ¿con quiénes **estás de acuerdo**?

¿Qué otras preguntas?

ENSAYO GENERAL (REHEARSAL)

A. En grupos. Como si fueran actores y actrices, representen la escena del Diálogo. Un(a) director(a) se encarga de que usen el vocabulario nuevo, **en negritas**, y un(a) apuntador(a) les sugiere *en inglés* lo que más o menos deben decir en español.

B. Los miembros de la clase hacen comentarios sobre las ideas expresadas por los personajes del Diálogo. En la clase, ¿quién, y por qué, está o no está de acuerdo con Manuel? ¿Quiénes creen que Pilar tiene razón cuando dice que ella es americana? En cuanto a la cuestión de *English only*, ¿cuántos creen que la unidad lingüística ayuda a la unidad nacional, y por qué?

AMPLIACIÓN DE VOCABULARIO

A. América es un continente que, en su gran mayoría, está poblado por **los descendientes** de **inmigrantes**, personas que **emigraron de** sus **países de origen** para **inmigrar a** un país americano, y también hay muchos **descendientes** de los que habitan estas tierras desde hace miles de años.

Los españoles los llamaron indios, pues creían haber llegado a la India. Esos habitantes de América han sufrido las consecuencias del **choque de civilizaciones y de culturas** causado por la llegada de los europeos a este hemisferio. Los americanos de **pura ascendencia** india, son muy numerosos en algunos países hispanoamericanos, como Guatemala, Perú, Ecuador y Bolivia.

En lo que es ahora los Estados Unidos, la población india era mucho más escasa que en México o en Perú. La historia de **las tribus** indígenas de este país es una historia trágica. **La expansión hacia el oeste** terminó **arrinconándolas** en **reservas**, y la población india de los EE.UU. es ahora una minoría.

Algo semejante sucedió en lo que es ahora la Argentina, Uruguay y Chile. Los españoles que **se establecieron** allí, que **colonizaron** el país y que **fundaron** sus ciudades, no consiguieron llegar a una coexistencia pacífica con los habitantes de esos extensos territorios. Las tribus fueron **diezmadas** en sucesivas guerras, y la población de esos tres países es, **hoy en día**, de ascendencia predominantemente europea.

En otras partes de América **se mezclaron** la cultura española y las culturas **autóctonas**, y de esa **mezcla** surgieron sociedades con un rico pasado colonial y unas profundas raíces **indígenas**.

Los habitantes de las islas del Caribe no pudieron resistir el impacto de la llegada de los españoles, y las diferentes tribus que allí vivían **se extinguieron**. Su lugar fue ocupado por una población africana traída **a la fuerza** bajo un sistema de **esclavitud**.

Otros americanos son el producto de la mezcla de europeos e indios: son **los mestizos**, que predominan en algunos países; son la raza nueva, ni europea ni india, sino un producto racial y cultural único. Algunas sociedades americanas tienen más **capacidad de absorción** que otras, y esto se refleja en las diferentes actitudes sociales ante el carácter multirracial del continente.

PRÁCTICA

a. En pares, preparan preguntas y háganselas unos a otros. Algunas posibilidades:

1. ¿Cuál es la diferencia entre un emigrante y un inmigrante? **2.** ¿Qué problemas encuentra un inmigrante? **3.** ¿Por qué se dice que los indios americanos sufrieron las consecuencias de un choque de culturas y de civilizaciones? **4.** ¿Por qué se dice de algunos países que son una sociedad multirracial y multicultural?

b. Escriba un breve ensayo sobre el impacto de la llegada de los europeos al continente americano.

B. Grandes extensiones del territorio **actual** (de ahora) de los EE.UU. estuvieron bajo control español, y en ellos se nota claramente la influencia de la cultura hispánica. La Florida formó parte del imperio español hasta 1821, pero la gran población hispánica que hay allí **en la actualidad** ha llegado en años relativamente recientes. Los hispanoamericanos de la Florida son ahora, en su mayoría, **refugiados políticos** que salieron de Cuba después de 1959, y su **descendencia**, ya nacida en este país.

En el sudoeste de los EE.UU. la situación es diferente. **A partir del** siglo XVI los españoles se establecieron en diferentes lugares, desde Texas hasta California. Estos territorios dejaron de ser españoles cuando México proclamó su independencia en 1821, y después de la guerra de 1846–1848 entre México y los EE.UU. **pasaron a formar parte de** la Unión Americana. En esa parte de los EE.UU. hay una gran población de origen hispano formada por los descendientes de los que ya vivían aquí en 1848, y por los inmigrantes, **legales** o **ilegales**, que llegaron más tarde de México, Centro y Sudamérica. Estos inmigrantes recientes también se establecieron en las grandes ciudades del norte y del este.

En 1898 España cedió Puerto Rico a los EE.UU., y desde entonces muchos puertorriqueños se establecieron en varias ciudades norteamericanas, especialmene en Nueva York, donde aparece una palabra nueva: **los neorriqueños** que, junto con **los dominicanos**, son mayoría en la comunidad hispánica de esa ciudad.

PRÁCTICA

a. En pares, preparen preguntas. Algunas sugerencias:

1. Además de España, ¿qué otro país europeo ocupó grandes extensiones del actual territorio de los EE.UU.? **2.** En la actualidad, ¿en qué partes de los Estados Unidos hay mucha población hispana, y por qué? **3.** ¿Qué elemento político hay en la inmigración cubana a la Florida? **4.** ¿Qué ocurrió en 1898?

b. Escriba una breve historia de la expansión territorial de los EE.UU.

C. Latinoamérica, o **América Latina**, son los nombres más usados cuando se habla de los países hispanoamericanos, y se llama **latinos** a sus habitantes, aunque en realidad los verdaderos latinos son los italianos. América Latina es un término inventado por los franceses que, **a pesar de** ser inexacto, ha tenido éxito, y está **desplazando** a los términos **Hispanoamérica** e **Iberoamérica**. Esta última expresión incluye también a la parte de América que habla portugués, pues España y Portugal **comparten** la Península Ibérica.

Recientemente, en varios estados de la Unión se han **promulgado** leyes que declaran al inglés como única lengua oficial, pues muchos **angloparlantes** se sienten amenazados por el creciente número de **hispanoparlantes** y de varios grupos étnicos que conservan la lengua de su país de origen.

El tema es muy discutido. Unos consideran que el inglés es un elemento muy importante de la nacionalidad. Otros, por el contrario, consideran que los EE.

UU. son, **guste o no guste**, una sociedad plurilingüe, y que la existencia de diversas lenguas no sólo no pone en peligro la unidad nacional, sino que enriquece **el patrimonio cultural** de todos.

Los primeros ponen como ejemplo los problemas que Canadá tiene con **los francófonos** de Quebec. Los segundos ponen como ejemplo a Suiza, un país **plurilingüe** donde coexisten en paz cuatro idiomas oficiales (alemán, francés, italiano y romanche). Por encima de todas las opiniones hay un hecho histórico innegable: en sociedades plurilingües, cuando un idioma intenta **imponerse sobre** los otros, hay problemas. Así sucedió en Canadá, en Bélgica (el francés contra el flamenco) o en España (el castellano frente al gallego, el vasco, el catalán, el valenciano y el mallorquín). Cuando **los hablantes** de las varias lenguas se respetan unos a otros, y cuando las leyes reconocen el hecho del **plurilingüismo**, como ocurre ahora en España, y como ocurrió siempre en Suiza, los problemas se hacen más fáciles de resolver.

PRÁCTICA

a. Todos juntos, vean algunas posibles preguntas. ¿Qué otras preguntas harían ustedes?

1. ¿Están ustedes de acuerdo con la eliminación de la enseñanza bilingüe? ¿Por qué sí o por qué no? **2.** ¿A qué creen ustedes que se debe el movimiento de *English only*? **3.** Algunos estados de los EE.UU. ya son bilingües en la práctica, y pronto lo serán legalmente. ¿Están ustedes de acuerdo? **4.** ¿Qué ventajas y desventajas ven ustedes en una sociedad plurilingüe?

b. Un(a) extranjero(a) ha visitado una gran ciudad norteamericana, y escribe una carta a su familia, en la que les cuenta la gran variedad de idiomas que vio y oyó, simplemente andando por la calle: letreros de tiendas, conversaciones en autobuses, periódicos en varios idiomas.

LECTURAS SOBRE LA CULTURA Y LA LENGUA

(Esta lectura es algo más que informativa. Estudie el vocabulario.)

A. El inglés tiene una influencia enorme en el mundo actual, y se nota su presencia en otros idiomas. Los periódicos de otros países están llenos de **anglicismos**, palabras tomadas del inglés o corrupciones de su propio idioma por influencia del inglés. En español, los médicos hablan de hacer un chequeo (**reconocimiento médico**); los automovilistas parquean o aparcan (**estacionan**) sus coches; las grandes compañías tienen un departamento de marketing (**mercadeo**), y todos usan computadoras (**ordenadores**) con software (**programas o aplicaciones**) que les permiten escribir con un word processor (**ordenador de textos**); los ejecutivos (**los altos cargos**) presentan reportes (**informes**) y se relajan haciendo jogging (**corriendo**) o yendo a un bar donde toman un whisky en las rocas (**con hielo**) o derecho (**solo**).

B. Los hispanoparlantes de los EE.UU. están sometidos a una presión lingüística del inglés más fuerte todavía. Su resistencia a la invasión del inglés está en razón directa de su nivel de instrucción. A todos les afecta el inglés, pero los que tienen una buena formación intelectual y un rico vocabulario español dejan entrar menos anglicismos en su conversación.

Estas influencias del inglés tienen varias formas:

a. Adopción de palabras inglesas, sin intentar encontrar un equivalente español, unas veces por pereza mental, otras porque es verdaderamente difícil encontrarlo. Esto ocurre mucho en el mundo de la tecnología (el jet = **el avión a reacción**, el windsurfer = **la tabla a vela**), de los negocios (el vuelo **charter** y **el dumping**, de uso general), o cuando una palabra inglesa expresa una situación cultural de difícil expresión en otra lengua (**la jet-set, el lobby**).

b. Uso de palabras que son, claramente, hispanizaciones de expresiones inglesas: **el fútbol**, **el cóctel**, **el bife**, **el jersey**, **el club** y muchas otras que han sido incluidas en el diccionario.

c. El uso de palabras inglesas que son iguales o muy parecidas a palabras españolas que, en realidad, tienen otro significado. Estos son los falsos cognados, o malos amigos, y hay muchos. En español, una persona **agresiva** es violenta; en inglés alguien que es *aggressive* es, en realidad, una persona **dinámica**, **emprendedora**, o **activa**, **atrevida**. Una **discusión** es una forma de **disputa**, mientras que tener una *discussion* es **hablar de algo**, **examinar** o **estudiar un asunto**.

La lista es, desgraciadamente, bastante larga.

d. La traducción de expresiones inglesas con resultados incomprensibles o socialmente catastróficos en español: *I can give you back something*, pero no puedo *«dártelo para atrás», sino **devolvértelo**; y si yo quiero **invitarte a almorzar** y te digo: *«Te compro el lunch», te estoy diciendo que quiero que me vendas tu almuerzo. El asterisco (*) indica que la frase no está bien gramaticalmente.

e. Algunos anglicismos de diversos tipos, que se pueden evitar usando las palabras **en negritas**.

1. En el mundo académico: *aplicar, **solicitar**; *aplicación, **solicitud**; *procesar la aplicación, **tramitar la solicitud**; *registrarse, **matricularse**; *librería, **biblioteca** (librería = *bookstore*); escribir *un papel, escribir **un trabajo**; *educacional, **educativo**; *atender a clase, **asistir** a clase; ir a *la oficina del profesor, ir **al despacho** del profesor; tener muchas *ausencias, tener muchas **faltas**; *to make up* un examen, **hacer un examen suplementario**; recibir un buen *grado, recibir una buena **nota**; *una copia de un libro, **un ejemplar** de un libro; el *paperback*, **el libro de bolsillo**; *la forma, **el formulario**.

2. En la vida política: *correr para una oficina, **ser candidato a** un puesto, o **presentar la candidatura** a un puesto; *la balota, **la papeleta, el voto**; to lobby, **hacer presión**; *la demostración, **la manifestación**; *la marcha, **el desfile**; un o una político con *carisma, con **magnetismo personal**, con **atractivo**; la política *doméstica, la política **nacional** o **interna**; algo es *contra la ley, es **ilegal**.

3. El trabajo y la vida familiar: *el operador, **el** o **la maquinista, el** o **la telefonista**; *el sorteador, **el clasificador**; *el o la manager, **el** o **la gerente, encargado(a)**; *la señoría, **la antigüedad**; *el retiro, **la jubilación**; *retirarse, **jubilarse**; *el salario, **el sueldo** (el salario = wages); *moverse de casa, **mudarse** o **trasladarse** de casa; *la carpeta, **la alfombra** (la carpeta = the folder); *las utilidades, **el agua, el gas y la electricidad**; la máquina no *trabaja (no **funciona**).

4. Más anglicismos: el bil, **la cuenta**; la chansa, **la oportunidad**; espeliar, **deletrear**; flonquear, **suspender**; mopiar, **limpiar el piso, pasar un trapo mojado**; la marqueta, **el mercado**; grosetería, **tienda de alimentación**, en México: **tienda de abarrotes**; las groserías, **los productos alimenticios, la comida** (grosería = vulgarity); el tiquete, **la multa**, en los espectáculos: **el boleto, la entrada**; taipiar, **escribir a máquina**; puchar, **empujar**; trabajar en los files, **trabajar en el campo**; la promoción, **el ascenso**; promover, **ascender**; los fanáticos de un equipo de fútbol: **los hinchas** o **los aficionados**; los fanáticos de un artista: **los admiradores**.

Éstas no son, ni mucho menos, unas listas completas. Hay varios libros muy útiles sobre esta cuestión. Consúltese la bibliografía que aparece al final de este libro.

DIFICULTADES Y EJERCICIOS

A. Uso de: **tratar, controlar; tratar de, tratar a, tratar con, tratar en**

tratar	to treat
tratar (= manejar)	to handle
tratar/controlar	to handle
tratar de + infinitivo (= intentar + inf.)	to try to ...
tratar de	to be about ...
tratar de tú (= tutear) / **de usted**	to address as ...
tratar a (= tener amistad con)	to know, be friends with
tratar con (= relacionarse con)	to have dealings with
tratar en (= traficar en)	to deal in (trade)

Trata bien a tu perro, y él te será muy fiel.

Frágil. **Manejar** con cuidado.

Este niño es imposible. Yo no puedo **controlarlo**. Y su padre es un alcohólico.

No sé cómo **tratar** la situación.

Si quieres **tratar de** fumar menos lee este libro. **Trata de** cómo dejar de fumar.

Nuestro profesor insiste en que lo **tratemos de tú** en clase, pero yo prefiero **tratarlo de usted**.

No **trato a** mis vecinos, pero los saludo cuando los veo en la calle.

Debes **tratar con** amabilidad a todos tus subordinados.

Soy policía y a veces tengo que **tratar con** gente muy rara.

Los hay que **tratan en** heroína, otros **tratan en** marijuana.

PRÁCTICA ✎

Use las diferentes variantes de **tratar**, en lugar de las palabras *en bastardilla*.

Modelo: Hay que *cuidar* bien a los animales.

   Hay que <u>tratar</u> bien a los animales.

1. Hay gente que gana mucho dinero *comprando y vendiendo* armas. **2.** Nadie quiere trabajar con un jefe que *se porta* mal *con* sus empleados. **3.** A mis amigos los *tuteo*. Cuando estoy en España, *uso con ellos la forma* vosotros, pero en América uso la forma ustedes. **4.** Yo *estoy intentando* aprender todo esto, y lo aprenderé. **5.** Los taxistas, los policías y los trabajadores sociales tienen que *relacionarse* con toda clase de gente. **6.** Hay situaciones familiares que son difíciles de *manejar*. **7.** Esta caja está llena de vasos. *Muévela* con mucho cuidado. **8.** Ella se divorció de su marido, porque él *se portaba con ella* muy mal. **9.** Hay bandas internacionales que *negocian con* estupefacientes. **10.** Los médicos *cuidan* a los enfermos. **11.** Este libro *tiene como tema enseñar* la composición. **12.** Este libro *intenta* enseñar conversación.

PRACTICANDO AL CONTESTAR ♫

En pares, preparen preguntas y háganselas a sus compañero(as). Algunas posibilidades:

1. ¿Qué vas a tratar de hacer cuando termines tus estudios? **2.** ¿Cómo trataron los europeos a los indios americanos? **3.** En tu trabajo, o en la universidad, ¿con quién tienes que tratar? **4.** En clase, o en tu trabajo, ¿a quién tratas de tú y a quién tratas de usted?

B. Uso de: **tratarse, tratarse de, tratarse con; el tratamiento; el trato; la trata; el tratado**

tratarse (= cuidarse)	*to treat oneself*
tratarse de (= ser cuestión de)	*to be a question of*
tratarse con (= tener amistad con)	*to associate with*
el tratamiento (= la cura / el título)	*treatment*
el trato (= tratamiento / convenio)	*treatment / deal*
¡trato hecho! (= estamos de acuerdo)	*it's a deal*
la trata (= el tráfico de esclavos / de blancas)	*slave trade / white slavery*
el tratado (= convenio / curso)	*treaty / treatise*

A mi amigo le gusta la buena vida. Tiene dinero, y **se trata** como un rey.

Dejar de fumar es fácil. **Se trata** de tener fuerza de voluntad.

Saludo a mis vecinos cuando los veo, pero no **me trato con** ellos.

El médico que me está tratando me dio **un tratamiento** a base de frutas.

Cuando hables con el rey tienes que darle **el tratamiento** de majestad; es decir, tienes que tratarlo de majestad, no de usted.

La razón del divorcio fueron los malos **tratos** que le daba su marido.

Si tienes **un trato** con alguien, debes cumplirlo.

Un informe de las Naciones Unidas dice que todavía hay algunos casos de **trata de esclavos**, y muchos de **trata de blancas**.

Muchos países han firmado **tratados** para terminar con esas dos plagas.

En esta región hay rocas muy interesantes. Lo leí en un **Tratado** de Geología.

Práctica

Use estas variantes de **tratarse** en lugar de las palabras *en bastardilla*.

Modelo: Hay gente que da mucha importancia a los *títulos* de Señor, Don, o Licenciado, o Doctor, o cualquier otro.

Hay gente que da mucha importancia a los tratamientos de Señor Don, etc.

1. ¡Qué bien vives! ¡Qué bien *te cuidas*! **2.** México perdió un tercio de su territorio en el *acuerdo* de Guadalupe Hidalgo. **3.** Esto es algo que mencionan todos los *libros* de historia del país. **4.** En España, los Rectores de las Universidades tienen el *títul*o de Excelentísimo y Magnífico Señor Rector. **5.** Mucha gente quiere prolongar su juventud, y acude a toda clase de *curas*. **6.** Hay casos en que, para resolver un problema, no es *cuestión* de músculos; *es cuestión* de inteligencia. **7.** He tenido algunos problemas con mi vecino, y ahora no *hablo* con él. **8.** Pero tenemos un *convenio*: mi perro no va a su jardín, y su gato no viene al mío. **9.** A veces *una cura* a base de hierbas medicinales es muy eficaz. **10.** Hablamos de las condiciones del contrato durante varias horas, y por fin yo dije: *Estoy de acuerdo con las condiciones*. **11.** Hay *convenios* internacionales para luchar contra la *prostitución*. **12.** Eliminar el narcotráfico es difícil. No *es cuestión* de leyes a nivel nacional. *Es cuestión* de cooperación internacional.

Practicando al contestar

En pares, preparen preguntas y háganselas. Algunas sugerencias:

1. En cuestiones de contaminación, ¿se trata de problemas locales o se trata de la salvación de la humanidad? **2.** ¿Dónde es más fácil tratarse con los vecinos, en las ciudades grandes o en los pueblos pequeños? **3.** A muchos hombres les preocupa que se les cae el pelo. ¿Hay algún tratamiento para eso? **4.** ¿Con qué clase de gente no te gusta tener tratos?

C. Uso de: **ya, ya no; todavía = aún, todavía no = aún no; aun**

ya	*already, yet*
ya no	*not anymore*
todavía = aún	*yet*
todavía no = aún no	*not yet*
aun	*even*

Hoy es mi cumpleaños. **Ya** tengo dieciocho años.

Ya no soy un(a) niño(a). **Ya** soy un hombre (una mujer). Voy a dar una fiesta. ¿**Ya** llegaron mis amigos? Sí, **ya** llegaron.

Cuando yo era niño(a) hablaba francés, y no lo olvidé. **Todavía** (**aún**) lo hablo.

Ahora estoy estudiando alemán, pero **todavía no** (**aún no**) lo hablo bien.

Todos hablan mal de mí. **Aun** mi familia me critica.

Como podemos ver, los problemas principales están en que *yet* puede ser **ya** o **todavía** (**aún**), según el contexto, y en que **aún** (con acento) significa **todavía**, y **aun**, sin acento, significa *even* o *including*.

PRÁCTICA

Un poco de «Spanglish». Elimine las palabras en inglés y use la forma española correspondiente.

Modelo: ¿Está lista la cena *yet*?

¿*Ya* está lista la cena?

¿Está lista la cena *ya*?

1. Algunos indios americanos hablan quechua, o aymara, o apache *yet*. **2.** Pero otros hablan inglés, español o portugués, y *not any more* hablan su antigua lengua. **3.** ¿Llegaron los invitados *yet*? **4.** Es temprano, *not yet* han llegado. **5.** Muchos inmigrantes se hacen estadounidenses, y *not anymore* son ciudadanos de sus países de origen. **6.** Todos me abandonaron, *including* mis hermanos. **7.** *Even* así, no cambiaré de opinión.

PRACTICANDO AL CONTESTAR

En pares, preparen preguntas y háganselas unos a otros.

Algunas sugerencias:

1. ¿Todavía te acuerdas de tu primer día en el jardín de infancia? **2.** ¿Ya hablas español como un hispanoamericano? **3.** Si hicieras algo terrible, ¿crees que todos te abandonarían, aun tu propia familia? **4.** ¿A qué edad un(a) niño(a) ya no es un(a) niño(a) y ya es una persona mayor?

Pequeño teatro

Para el pequeño teatro de hoy se necesita saber un poco de historia de los EE.UU. y de la ocupación de dos países hispanoparlantes.

A. Después de la guerra con México (1846–1848) se firmó el Tratado de Guadalupe Hidalgo el 2 de febrero de 1848. México perdió definitivamente Texas, y cedió a los EE.UU. lo que es ahora de California, de Arizona, de Nevada, de Utah, parte de Nuevo México, de Colorado y de Wyoming. Los ciudadanos mexicanos que decidieron quedarse en los territorios cedidos podrían optar entre seguir siendo mexicanos o convertirse en ciudadanos estadounidenses, y su lengua, religión y propiedades serían respetadas. La primera constitución de California se escribió en español y en inglés, pero muy pronto el español dejó de ser usado en los documentos oficiales. ¿Por qué? En realidad, los habitantes de California (los californios), de Nuevo México y de otras partes de los territorios cedidos perdieron casi todas sus propiedades. Las nuevas autoridades pusieron en duda los títulos de propiedad, las famosas concesiones de tierras (*land grants*) de los reyes de España y del gobierno de México, y los hispano-mexicanos pronto se vieron desposeídos de sus inmensos ranchos, unas veces por los tribunales, otras por los colonos que llegaron a los nuevos territorios y ocuparon ilegalmente las tierras.

La clase se puede convertir en una reunión de diplomáticos estadounidenses y mexicanos que preparan el tratado de Guadalupe Hidalgo. Hay muchos temas importantes que tratar: establecer una nueva frontera; los derechos de los ciudadanos mexicanos que se queden en los territorios cedidos; la propiedad de la tierra; el uso del español. ¿Qué otros problemas?

B. En 1898 los EE.UU. declararon la guerra a España, y en el Tratado de París del mismo año España cedió a los EE.UU. las Islas Filipinas y otras islas del Pacífico, y también Puerto Rico. Además, aceptó la independencia de Cuba. Después las Filipinas fueron declaradas un país independiente (1946), y Puerto Rico se convirtió en un Estado Libre Asociado (1952) en el cual hay partidarios de la presente situación; hay otros que querrían convertir a la isla en el estado número 51, y otros que buscan la independencia total.

   a. Los estudiantes, convertidos en diplomáticos españoles y estadounidenses, preparan el Tratado de París.

   b. La clase se convierte en un comité que estudia las posibles alternativas para el futuro de Puerto Rico. En ese comité están representadas todas las ideologías.

C. El creciente poder político de los grupos hispanos en los EE.UU. es mencionado frecuentemente en los medios de información. Aunque hay hispanos que ya no hablan español, muchos mantienen su cultura y su lengua, y hay angloparlantes que se sienten amenazados por esta creciente minoría. Hay quienes insisten en que el inglés sea la única lengua del país. Otros dicen que la coexistencia de otras lenguas no sólo no pone en peligro al inglés, sino que esa diversidad lingüística y cultural enriquece a la nación.

La clase se dividirá en grupos partidarios de la exclusividad del inglés como lengua nacional, y en otros que favorecen el bilingüismo, y el mantenimiento de la diversidad cultural.

SEA USTED MI INTÉRPRETE, POR FAVOR

En grupos de tres. Estudiante A sólo habla inglés y hace preguntas en su idioma. Estudiante B es bilingüe y es el intérprete. Él (Ella) repite en español las preguntas que A hizo en inglés. Estudiante C sólo habla español y contesta en su idioma. B pone en inglés la contestación de C.

Preparen preguntas que requieran usar el vocabulario nuevo.

Sugerencias:

1. Do you think that all these arguments about bilingualism have neither head nor tails? **2.** What national problem do you consider a can of worms? **3.** What is your descent? Where did your ancestors come from? **4.** Where did the first Spanish colonists settle down in what is now the U.S.A.?

SEA USTED MI TRADUCTOR(A), POR FAVOR

En grupos de tres. Usando el vocabulario nuevo, escriban preguntas en inglés y repártanlas entre sus colegas, quienes se las devolverán traducidas al español, con su correspondiente respuesta. Luego traduzcan las respuestas al inglés.

CUESTIONES GRAMATICALES

SER Y ESTAR (I)

Ser o no ser, dijo Hamlet.

¡Qué problema singular!

Ser o no ser no es problema.

El problema es ser o estar.

Y ese problema no es tan difícil como parece si consideramos algunos aspectos sicológicos de la lengua, además de los gramaticales.

Contraste **A: Ser** + *adjetivo* — **Estar** + *adjetivo*.

Cada individuo ve el mundo desde dos puntos de vista:

La realidad normal y aceptada (**ser**).	Un cambio en esa realidad (**estar**).

Brad **es** alto (= tiene mucha estatura).

Brad **está** alto (= más alto que los jóvenes de su edad).

Esa familia **es** rica (= tiene dinero).

Esa familia **está** rica (= hizo dinero).

Este helado de vainilla **es** rico (= sabe bien).

Este helado de vainilla **está** rico. (sabe riquísimo).

Esa familia **es** pobre (= no tiene dinero).

Esa familia **está** pobre (= perdió su fortuna).

Tu amigo **es** aburrido (= parte de su personalidad).

Tu amigo **está** aburrido (= algo o alguien lo aburrió).

Esta manzana **es** verde (= su color natural: verde).

Esta manzana **está** verde (= etapa de un cambio de verde a madura).

El matrimonio **es** feliz (= tiene una vida feliz).

El matrimonio **está** feliz (= algo los hizo felices).

Él **es** casado (= parte de su identidad, como ser rubio).

Él **está** casado (= dejó de ser soltero).

Tu padre **es** joven (= no es viejo).

Tu padre **está** joven (= tiene aspecto joven, a pesar de su edad).

Mi abuelo **es** viejo (= tiene muchos años).

Mi abuelo **está** viejo (= parece tener más años de los que tiene).

Hay palabras que pueden funcionar como nombres o como adjetivos. Cuando funcionan como nombres necesitan el verbo **ser** y el artículo indeterminado. Si funcionan como adjetivos, necesitan el verbo **estar**.

Nombres:

Adjetivos:

Su marido **es** un enfermo.

Su marido **está** enfermo.

Napoleón **es** un muerto famoso.

Napoleón **está** muerto.

¡Cuidado!: A veces, **estar** + *adjetivo* crea una frase idiomática con un significado muy específico.

Esa señora **es** muy rica (= tiene mucho dinero).

Esa señora **está** muy rica (= es sexualmente muy atractiva).

El joven **es** bueno (= tiene bondad).

El joven **está** bueno (= es sexualmente atractivo; o: ya no está enfermo).

Práctica

a. Suprima las palabras *en bastardilla* y use en su lugar **ser** o **estar**.

Modelo: Esta ciudad *siempre tiene una atmósfera* triste.

Esta ciudad *es* triste.

Con la crisis económica la ciudad *tiene una atmósfera* triste.

Con la crisis económica, la ciudad está triste.

1. Mi vecino *tiene fama de* antipático. **2.** Ya tiene bastantes años, pero *tiene aspecto* joven. **3.** Ayer, en una fiesta, él *actuó como un hombre* simpático, aunque todos sabemos bien que no lo es. **4.** Come mucho y *se puso* gordísimo. **5.** Y bebe mucho. *Todos lo consideran* un alcohólico. **6.** Sus hijos *tienen juventud*. (Use: jóvenes). **7.** No se parecen a su padre. *Tienen simpatía*. (Use: simpáticos). **8.** Cuando pasan las vacaciones en la casa de su padre, *resulta* agradable verlos. **9.** Ayer hablé con ellos y me dijeron que su padre *se encuentra* enfermo. **10.** Como no *se encuentra* bien, *actúa de una manera* insoportable. **11.** Yo creo que, en realidad, él *siempre actúa de una manera* insoportable. **12.** Y estos días *él actúa de un modo* más insoportable que nunca.

b. Escriba la breve historia **de** un(a) cantante famoso(a) que pasó de la fama a la ruina en pocos años. Use **ser** o **estar** en el presente, incluso cuando hable del pasado. Algunas posibilidades:

Características del (de la) artista hace cinco años: Famoso(a), joven, guapo(a), rico(a), aparentemente feliz, pero desgraciadamente también drogadicto(a), borracho(a), mal(a) administrador(a) de su dinero.

¡Cómo ha cambiado! Ahora: Olvidado(a), joven, pero parece viejo(a), perdió su belleza, pobre, dice que feliz, pero no es cierto, drogado(a) todos los días, alcohólico(a), arruinado(a).

Contraste **B**: Voz pasiva: **Ser**	Resultado de una acción: **Estar**
El estado **fue** polarizado por la cuestión de la enseñanza bilingüe.	El estado **está** polarizado.
La nueva ley **fue** aprobada por los electores.	La nueva ley **está** aprobada.

Vemos que la voz pasiva siempre usa **ser**, mientras que el resultado de una acción se expresa con **estar** + *participio* con función de adjetivo.

No hay que confundir la verdadera voz pasiva (**ser**), usada en la columna de la izquierda, con las oraciones que expresan el resultado de una acción (**estar**), y que luego indican por quién fue realizada esa acción:

Voz pasiva: La nueva ley **fue** bien aceptada por algunos hispanos.

Resultado de una acción: La nueva ley **está** bien aceptada por algunos hispanos.

En inglés podemos ver esta diferencia en los casos en que un participio y su correspondiente adjetivo tienen formas diferentes:

Voz pasiva: The sandbox **was filled** with sand by the children.
Resultado de una acción: The sandbox **is full** (= somebody filled it).

PRÁCTICA

a. Con los siguientes pares de oraciones, haga una sola oración en voz pasiva.

> **Modelo:** El libro está terminado. Lo terminó el autor.
>
> > *El libro fue terminado por el autor.*

1. El inmigrante está discriminado. Lo discrimina alguna gente. **2.** En algunas partes de América, la población indígena casi se extinguió. Casi la extinguió la llegada de los europeos. **3.** La cuestión está bien estudiada. La estudiaron varios historiadores. **4.** El Tratado de Guadalupe Hidalgo está firmado. Lo firmaron México y los Estados Unidos.

b. En pares, hagan oraciones que indiquen el resultado de una acción con las ideas siguientes. Atención a los participios irregulares.

> **Modelo:** Alguien rompió la taza.
>
> > *La taza está rota.*

1. El autor escribió el libro. **2.** Tú hiciste el estudio sobre la inmigración. **3.** Los colonizadores ocuparon las tierras. **4.** Suprimieron la enseñanza bilingüe. **5.** Declararon el inglés lengua oficial en algunos estados. **6.** La ley no acepta la discriminación.

c. Usando los verbos en voz activa o en voz pasiva, escriba una breve historia del Sudoeste de los EE.UU.

Sugerencias:

Ser o **estar** en voz activa: Cómo es ahora esa parte de los EE.UU.: extensa, variada, desértica, montañosa, rica, pobre, muy poblada en algunas partes, casi vacía en otras.

En voz pasiva: Tribus indias ocupan estas tierras durante miles de años. Construyen pueblos de piedra o de adobe. Cultivan la tierra. Conquistadores españoles invaden y colonizan estas tierras. Fundan Santa Fe en 1609. Con la independencia de México, España pierde estos territorios. Colonos norteamericanos ocupan Texas. En la guerra con los EE.UU. (1846–1849) México pierde casi la mitad de su territorio. EE.UU. incorpora estos territorios a la Unión.

REVISIÓN GENERAL

DIÁLOGO

A. En pares, preparen preguntas y háganselas a sus compañeros(as). Deben usar el vocabulario nuevo, **en negritas**, en las preguntas y en las respuestas. En los modelos se dan posibles respuestas, pero puede haber otras.

Modelos: 1. ¿De qué **se trata** en las sesiones del Congreso de los EE.UU.?

En las sesiones del Congreso se trata de cuestiones políticas.

2. ¿Por qué es muy **discutido** el tema de la pena de muerte?

El tema de la pena de muerte es muy discutido porque mucha gente cree que nadie, ni el Estado, tiene el derecho de matar.

3. ¿Por qué crees o no crees que aprender una lengua extranjera es **el cuento de nunca acabar**?

Aprender una lengua extranjera es el cuento de nunca acabar porque hay muchas cosas que aprender: vocabulario, gramática, expresiones idiomáticas... muchas cosas.

B. Con las ideas de los personajes del Diálogo, escriba un breve ensayo sobre las controversias que hay en una sociedad plurilingüe.

AMPLIACIÓN DE VOCABULARIO

A. En pares, usen el material nuevo de esta sección para preparar preguntas y hacerlas a sus compañeros(as).

Modelos: 1. ¿Quién es un **emigrante**?

Posible respuesta: *Un emigrante es una persona que sale de su país para vivir en otro.*

2. ¿Dónde **se arrinconó** a las tribus indias?

Se arrinconó a las tribus indias en Reservas.

3. ¿En qué partes de Norteamérica **se establecieron** los franceses?

Los franceses se establecieron en Quebec y en la Luisiana.

B. Una editorial de enciclopedias para gente joven le pide que escriba un artículo, breve y sencillo, sobre la presencia hispana en los Estados Unidos.

ANGLICISMOS

A. Elimine los anglicismos.

Modelo: El jefe me dijo que me va a **promover**.

El jefe me dijo que me va a ascender.

1. El policía me dio un tiquete. **2.** Fui a la grosetería a comprar leche. **3.** Estoy seguro que no flonquearé este curso. **4.** Después de las compras de Navidad, empiezan a llegar los biles. **5.** Para conseguir ese trabajo hay que saber taipiar. **6.** El piso está sucio. Hay que mopiarlo. **7.** Estuve estudiando en la librería. **8.** El profesor me dijo que tengo demasiadas ausencias. **9.** Cultivar marijuana es contra la ley. **10.** Mi padre tiene sesenta años, y va a retirarse. **11.** Me preocupan los problemas de la política doméstica. **12.** ¡Hay que ver cómo han subido las utilidades! **13.** Mi compañía necesita un ejecutivo agresivo. **14.** Ayer presenté mi aplicación. **15.** Espero que la procesen pronto. **16.** Tengo que terminar un papel para el curso de inglés. **17.** Aquí estamos, discutiendo amistosamente de política. **18.** La jefe de marketing se llama Teresa. **19.** El médico me hizo un buen chequeo. **20.** Tú necesitas relajarte un poco. Toma un whisky en las rocas. **21.** Prohibido aparcar.

B. La escuela quiere publicar en español unas breves instrucciones para un grupo de estudiantes de países hispanoamericanos que van a asistir a un curso intensivo de inglés. Un mal traductor ha escrito un texto plagado de anglicismos, y la administración de la escuela le encarga a usted que lo reescriba en un español que los estudiantes hispanoamericanos puedan comprender.

«Si usted quiere aplicar para entrar en este curso intensivo de inglés para extranjeros, debe enviar su aplicación y la forma que le enviamos. La administración procesará estos documentos rápidamente. La escuela tiene una buena librería donde usted puede leer con comodidad. En cada uno de los cursos que usted tome tendrá que escribir un papel, y si tiene algún problema puede hablar con sus profesores en sus oficinas. Usted debe atender a todas las clases, pues si tiene muchas ausencias sus grados serán más bajos».

DIFICULTADES Y EJERCICIOS

A. Usando el vocabulario nuevo, prepare preguntas y hágaselas a sus compañeros(as). Algunas posibilidades:

Modelos: 1. ¿Qué **tratas de** hacer en la universidad?

Posible respuesta: _Trato de licenciarme._

2. ¿Cuándo terminó en los EE.UU. **la trata de esclavos**?

Posible respuesta: _No sé cuándo, exactamente, pero creo que la trata de esclavos terminó después de la Guerra Civil._

3. ¿Crees que alguna vez **ya no** habrá problemas con las drogas? Explica por qué crees que sí o que no.

Posible respuesta: _Ya no habrá problemas con las drogas cuando ya no haya drogadictos._

¿Qué otras preguntas se les ocurren?

B. Propósitos para el próximo año. Escriba una lista de propósitos para el próximo año. Luego désela a un colega para que le haga una crítica. Algunas posibilidades:

1. Trataré de terminar mis estudios.

2. Me trataré con gente interesante.

3. Ya no fumaré ni un cigarrillo.

¿Otras decisiones?

CUESTIONES GRAMATICALES

A. Elimine las palabras que están _en bastardilla,_ e introduzca los cambios necesarios para poder usar ser o estar.

Modelo: En la vida política mexicana, la capital _tiene importancia._

En la vida política mexicana, la capital es importante.

1. México D.F (Distrito Federal) tiene casi veinte millones de habitantes. _Se considera una ciudad_ muy grande. **2.** La ciudad tiene muchos problemas. Ahora el aire _se encuentra_ contaminado. **3.** Hace unos años la ciudad _se consideraba_ famosa por su aire limpio y luminoso. **4.** Pero ahora, todo el valle de México _se encuentra_ industrializado. **5.** Casi todos los días el cielo _se ve_ sucio y gris. **6.** Esos días son tantos que podemos decir que el cielo de la capital _tiene el color_ gris. **7.** Y algunos días, que son la excepción, _tiene el color_ azul. **8.** Los automóviles y autobuses producen un humo que _tiene el color_ negro. **9.** Y las industrias producen gases que _tienen efectos_ venenosos. **10.** El gobierno _se encuentra_ preocupado. **11.** Los expertos dicen que la solución _tiene un carácter_ difícil. **12.** Algunos dicen que, si la situación se pone peor, la ciudad tendrá que _quedar_ abandonada. **13.** ¿Va a repetirse la historia? En México hay muchas ciudades mayas que _se vieron_ abandonadas por sus habitantes. **14.** ¿Es que algún día la capital va a _encontrarse_ vacía, como Palenque o Uxmal, sin gente? **15.** Esperemos que no. Los problemas _tienen características_ difíciles, pero habrá una solución.

B. Exprese la misma idea, pero en voz pasiva.

Modelo: El gato comió al ratón.

El ratón fue comido por el gato.

1. La expansión hacia el oeste arrinconó a muchas tribus indias. **2.** Los tratantes de esclavos trajeron a la fuerza a muchos africanos. **3.** Inmigrantes ingleses colonizaron el este de los Estados Unidos. **4.** Hernán Cortés, sus soldados españoles y sus aliados tlaxcaltecas conquistaron Tenochtitlán, la capital azteca. **5.** Con el vocabulario de esta lección, ¿qué otras frases se le ocurren?

C. Los dos estudiantes trabajan juntos como sicólogos. Usando con frecuencia los verbos **ser** + adjetivo / nombre, **estar** + adjetivo, y **la voz pasiva**, cada uno de ellos escribe un informe sobre uno(a) de sus pacientes, y se lo pasa a su colega para que le dé su opinión sobre el caso. Por ejemplo:

> «Mi paciente X <u>es</u> un inmigrante centroamericano. <u>Está</u> empleado pero no <u>está</u> contento. <u>Es</u> un empleado no muy importante en la compañía donde trabaja. Dice que <u>es explotado por</u> sus jefes, y consecuentemente <u>está</u> deprimido, aunque normalmente <u>es</u> una persona optimista y alegre. ¿Qué terapia sugieres en este caso?»

De las pequeñas composiciones a la gran composición

LA NARRACIÓN EN LAS CULTURAS MULTILUNGÜES

Hay muchos países en los cuales se habla más de un idioma. En el mundo hispánico hay varios casos. Además del español, que es la lengua oficial de España, algunas partes de España tienen también otra lengua oficial: el catalán en Cataluña, el euskera (también llamado vasco o vascuence) en Euskadi o País Vasco, el gallego en Galicia, el valenciano en Valencia y el balear en las Islas Baleares. En Paraguay el español coexiste con el guaraní, y en Perú y Bolivia con el quechua y el aymara. En México todavía se hablan algunas lenguas indígenas, y lo mismo sucede en Guatemala. En los EE.UU. hay muchas personas que consideran el español como su lengua materna, o que tienen el privilegio de vivir con dos idiomas, el español y el inglés.

En los países con dos o más lenguas puede suceder que la población se divida según el idioma que hable (en Suiza, donde predominan el francés y el alemán, y donde también hay grupos que hablan italiano o romanche, hay suizos que sólo hablan una de las cuatro lenguas oficiales), o que toda la población tenga una lengua común, con minorías que tienen, además de esa lengua común, otra propia. En España, por ejemplo, aunque es cierto que hay vascos, catalanes o gallegos que no hablan el español, se puede decir que, en general, ésta es la lengua común en la que todos se entienden. Hay allí muchas personas que, al hablar en español, introducen palabras o expresiones de su otra lengua. Esto ocurre también en los EE.UU., donde el inglés y el español se mezclan, a veces, en la conversación de la gente que habla las dos lenguas. Al escribir sobre una sociedad plurilingüe intentando reflejar su manera de hablar, los escritores tienen varias posibilidades. Imaginemos el dilema de los autores hispanos en los Estados Unidos, que quieren escribir con temas y personajes de su gente. Pueden adoptar varias soluciones:

1. Escribir en inglés, la lengua mayoritaria de los Estados Unidos, hablada por todos, excepto por algunos de los inmigrantes más recientes:

—The fog is rolling in —my cousin said.

2. Escribir en español, una lengua hablada por gran parte de la minoría hispana de los Estados Unidos y por unos trescientos millones de personas en el resto del mundo. Los autores tienen así la satisfacción de contribuir a la literatura de su grupo minoritario, la literatura estadounidense escrita en español, pero su número de posibles lectores dentro de los Estados Unidos se ha reducido muchísimo. Escribir en español, al mismo tiempo, hace posible que su obra sea leída en todos los países de lengua española:

—Ya viene la niebla —dijo mi primo.

3. Escribir básicamente en el idioma que tiene más hablantes en los Estados Unidos, el inglés, usando de vez en cuando palabras y expresiones del español. Esto puede hacerse de varias maneras:

  a. Escribir las descripciones (es decir, cuando habla el autor) en inglés y, de vez en cuando, usar el español cuando hablen los personajes:

  —Ya viene la niebla —my cousin said.

  b. Escribir las descripciones en inglés, y mezclar los dos idiomas cuando hablan los personajes para que el uso de algunas palabras españolas dé color local a la narración:

  —The niebla is rolling in —my cousin said.

  c. Mezclar los dos idiomas en las descripciones y en los diálogos:

  —The niebla is rolling in —mi primo said.

En todos los casos del grupo 3 los autores corren el riesgo de que los critiquen por escribir una novela que se mueve entre dos idiomas, con un público lector limitado a los que hablen las dos lenguas. En los ejemplos dados, los lectores que sólo hablen inglés llegarán a cansarse de encontrar tantas palabras españolas que no comprenden, y dejarán de leer.

4. Publicar una versión bilingüe de su obra. Esto es relativamente fácil con un pequeño libro de poesía, y mucho más difícil en un novela larga.

En los EE.UU., donde hay toda una literatura escrita por gente de habla hispana, ya se han explorado todas las posibilidades mencionadas. Todas ellas son válidas, y la elección depende de quien escribe. Si los autores quieren tener el mayor número posible de lectores, las opciones del grupo 3 son las menos atractivas. En ellas, al usar los dos idiomas, los autores escriben sólo para la población bilingüe. El problema se reduce si la mezcla de los dos idiomas es limitada, de forma que no impida comprender el conjunto de la obra.

PRÁCTICA

Escriba unas breves escenas en las que se mezclen el inglés y el español.

1. Protagonista: Una inmigrante reciente que ha aprendido algunas palabras de inglés. Sabe usarlas en conversación, pero no sabe escribirlas según las reglas de la gramática inglesa. Una posibilidad:

> Cuando me vine a los Estados Unidos yo creía que todo iba a salir muy bien, que todo iba a estar oquei y que iba a ganar mucha plata, pero las cosas no salieron tan bien como yo esperaba. Es cierto que tengo un chob, pero gano poco, y si no pago la renta mi lanleidi me va a correr.

2. Protagonista: Un hispano nacido en los EE.UU., hijo de inmigrantes. El inglés es su primera lengua, pero conserva algún vocabulario español, sobre todo el relacionado con la vida familiar y afectiva. Una posibilidad:

> «I went to Mexico when I was fifteen years old, to meet my Mexican family for the first time. Mi abuelita hugged and kissed me, laughing and crying at the same time.
>
> —Ven aquí, m'hijo, que te vea bien.
>
> All mis tíos y tías, mis primos y primas came to the casa de la abuela to see me. When I left, two weeks later, la abuela cried again.
>
> —No llores, abuelita, que yo volveré para atrás muy pronto.
>
> La abuela dried her tears, looked at me and asked:
>
> —¿Qué es eso de «volver para atrás»?
>
> Well, it was «to come back», of course, and then and there I learned that «volver» was enough, without any «para atrás» attached to it.»

3. Protagonista: Una hispana nacida en los EE.UU. Es completamente bilingüe, y puede pasar fácilmente de un idioma a otro, según las circunstancias. Una posibilidad:

> «El presidente de mi compañía me llamó a su despacho.
>
> —I have a problem with you —me dijo sonriendo.
>
> ¿Un problema? ¿Qué problema sería, si me estaba hablando muy sonriente?
>
> —I am going to send you to Buenos Aires, to be the head of our branch there. If you agree, of course.
>
> ¡Jefe de la sucursal argentina! Le dije que aceptaba, pero ¿dónde estaba el problema?

—Well, you are our only bilingual executive. You are indispensable here.

Mentalmente les di las gracias a mis padres, que siempre insistieron en que no olvidara el español».

POSIBLES TEMAS PARA UNA COMPOSICIÓN / CONVERSACIÓN

ATAJO
Phrases: Linking ideas; Making transitions; Sequencing events
Vocabulary: Emotions; Personality

1. El diario de un inmigrante

   Sugerencias:

   a. Dónde, cómo, cuándo y por qué tomó la decisión de emigrar.
   b. El choque cultural. Dificultades de adaptarse a otra cultura.
   c. Poco a poco va echando raíces en su país de adopción.
   d. Tiene éxito en su nuevo país.
   e. De vez en cuando siente nostalgia del país que dejó.

2. Historias del barrio de Sal Si Puedes. Escriba las primeras páginas de una novela sobre la vida en un barrio hispano.

   Sugerencias:

   a. Descripción del barrio. ¿Por qué le llaman Sal Si Puedes?
   b. Sus habitantes, sus problemas, sus ilusiones
   c. Fracasos, los que no salen
   d. Éxitos, los que sí salen

3. Otros posibles temas:

   a. La historia de un(a) estadounidense expatriado(a) que prefiere vivir en un país hispánico
   b. La vida de una familia cosmopolita, culta y multilingüe, que se encuentra a gusto en varios países
   c. Vidas paralelas. Las diferentes experiencias de un(a) inmigrante pobre y sin instrucción, y la de un(a) inmigrante profesional y culto(a)

MÁS TEMAS PARA UNA CONVERSACIÓN / COMPOSICIÓN

1. Los choques de culturas en la historia de este país

2. El español y el inglés en Puerto Rico

3. La influencia del inglés en el español hablado en los Estados Unidos

4. ¿Qué es ser *Hispanic*?

5. El inglés, lengua nacional

6. Objeciones al bilingüism

7. En defensa del bilingüismo

8. La inmigración legal

9. La inmigración ilegal

10. El derecho de asilo para los refugiados políticos

11. La presencia cubana en los EE.UU.

12. La protección legal de los grupos minoritarios

lección **8**

ʚ⟡ɞ

los deportes

El fútbol es el deporte más popular del mundo hispánico, y se juega en todas
partes.

ligar = "hook up"

∽✺∼

Personajes: *María Luisa y Rita. Más tarde, Steven*

MARÍA LUISA	Mañana voy a salir en **barco de vela**[1] con Steven. Me va a enseñar a navegar.
RITA	¿Y tú te lo has creído? ¡Cómo se ve que no lo conoces! **¿No te das cuenta de**[2] que ése es un truco que él usa con todas las muchachas?
MARÍA LUISA	¿Qué quieres decir? Yo no veo nada malo en que me enseñe a navegar. Siempre me ilusionó la idea de competir en una regata.
RITA	Pero mujer, ¿no sabes que **ese tío**[3] tiene fama de ser un pulpo? Me parece que en lugar de **un chaleco salvavidas**[4] vas a necesitar **un cinturón de castidad.**[5] Yo, en tu caso, no iría.
MARÍA LUISA	Todo lo contrario. Yo **no me perderé la ocasión de**[6] darle una lección a ese Don Juan marítimo. Creo que **se va a encontrar con la horma de su zapato.**[7]
RITA	Ten cuidado. Steven **va a lo suyo**[8] **a toda vela**.[9]
MARÍA LUISA	No te preocupes. Yo también sé ir a lo mío. Mira, ahí viene el pirata seductor.
STEVEN	¡Hola! ¿Estás lista para tu primera lección de navegación? Mi **balandro**[10] está en el lago. ¿Vamos?
MARÍA LUISA	Cuando quieras. Pero, ¿dónde está tu coche?
STEVEN	En casa. Tengo un problema con **los frenos.**[11]
RITA	Es natural. Tú nunca has sabido parar a tiempo. Bueno, si quieren yo puedo llevarlos en mi carro.
MARÍA LUISA	Magnífico. Y, oye, ¿por qué no sales a navegar con nosotros?
STEVEN	No, no puede ser. En mi barco sólo **caben**[12] dos. Es un balandro pequeño.
RITA	**¡Si lo sabré yo!**[13] Además, hoy voy a jugar **una partida**[14] de tenis con Brad.
MARÍA LUISA	Pero mañana vamos todos juntos a ver **el partido**[15] de fútbol, ¿no?
RITA	Sí, si no **naufragas**[16] hoy.
STEVEN	No naufragará. Mi balandro no se puede hundir.
RITA	Y, ¿cómo se llama tu barco? ¿Titanic?
STEVEN	No, se llama *Sleeping Beauty*.
RITA	La Bella Durmiente. Un nombre muy apropiado.
STEVEN	Tu ironía **se presta a**[17] varias interpretaciones, pero no te preocupes, María Luisa volverá a tierra sana y salva.

(Al día siguiente María Luisa y Rita hablan por teléfono).

RITA	¿Qué tal fue tu expedición marítima? ¿Ocurrió lo que te dije que pasaría?
MARÍA LUISA	Bueno, pues sí y no. Estuvimos abrazados un buen rato.
RITA	¿Ves? Ya te lo dije yo. El darte una clase de navegación era un pretexto.

Marginal glosses:

[1] *sailboat*
[2] ¿no comprendes?; ¿no ves?
[3] *that guy*
[4] *life jacket*
[5] *chastity belt*
[6] no dejaré pasar la ocasión de...
[7] *he is going to meet his match*
[8] sólo piensa en sus intereses
[9] *full sail*
[10] *small sailboat*
[11] *breaks* ~brakes~ (brakes)
[12] hay espacio para
[13] ¡lo sé muy bien!
[14] *game*
[15] *game*
[16] te hundes
[17] puede tener

MARÍA LUISA Pues mira, no fue precisamente eso. La cosa es que cuando estábamos en el medio del lago, vino **un golpe de viento**[18] y **volcamos,**[19] y como yo no soy ninguna gran nadadora... pues chica, me abracé a él como nunca me abracé a nadie. ¿Y sabes qué? Pues, me gustó.

[18] viento fuerte y repentino
[19] dimos la vuelta, *we capsized*

COMPRENSIÓN

En pares, preparen preguntas que incluyan el vocabulario nuevo **en negritas**, y háganselas unos a otros. En las preguntas ofrezcan dos o tres respuestas posibles.

Modelos: 1. ¿Para navegar, **un barco de vela** necesita motor, viento o petróleo?

Para navegar, un barco de vela se necesita viento.

2. Si yo hablo de alguien y digo «**ese tío**», ¿estoy hablando con mucho respeto, en forma despectiva o del hermano de mi madre?

Si dices «ese tío» estás hablando en forma despectiva.

3. ¿Dónde es necesario un **chaleco salvavidas**, en un taxi, en un barco o en un autobús?

Un chaleco salvavidas es necesario en un barco.

¿Otras preguntas?

PRÁCTICA GENERAL

A. En pares, preparen preguntas que incluyan el vocabulario nuevo **en negritas**, y úsenlo también en las respuestas.

Modelos: 1. ¿Te gusta salir en **balandro**? Explica por qué sí o por qué no.

Posible respuesta: *Francamente, no me gusta salir en balandro porque soy muy mal nadador(a).*

2. ¿Qué piensas de la gente que siempre **va a lo suyo**?

Posible respuesta: *A mí me parece que la gente que siempre va a lo suyo es muy egoísta.*

3. ¿Qué deporte practicas cuando juegas **una partida**, y cuando juegas **un partido**?

Posible respuesta: *Pues... puedo jugar una partida de ajedrez, por ejemplo, y puedo jugar un partido de fútbol.*

¿Qué otras preguntas?

B. La dirección de un gran hotel en una isla tropical le encarga a usted que escriba un folleto (*brochure*) publicitario. Escriba sobre las posibilidades que el hotel ofrece para practicar diferentes deportes, y dé una lista de las fotografías que quiere incluir en el folleto (fotos de una playa tropical, un campo de golf, etc.). Intercambie el folleto con el de una compañero(a), y hagan comentarios sobre ellos como si ustedes fueran los directores del hotel.

ENSAYO GENERAL (REHEARSAL)

A. En grupos. Los estudiantes recrean la escena del Diálogo. No es necesario repetir las frases exactamente, pero un(a) director(a) se encarga de que usen las palabras **en negritas**, y un(a) apuntador(a) les recuerda, *en inglés*, qué es lo que tienen que decir.

B. En grupos, formen «equipos de dirección» y critiquen el Diálogo: ¿Lo encuentran ridículo? ¿Por qué? Critiquen sus ideas, el carácter de los personajes, lo que éstos dicen, y propongan lo que cada uno diría en su lugar, los cambios que introducirían para hacerlo más interesante, más divertido o más serio.

AMPLIACIÓN DE VOCABULARIO

A. La navegación a vela es **un deporte de mar** que se practica en todo el mundo. Hay **barcos de vela (= veleros)** de muchos tipos, y tienen nombres diferentes. **Un yate** es un velero grande, generalmente lujoso, que también puede tener motor, en el que se pueden hacer **cruceros** muy largos. **Los balandros** son veleros más pequeños. La palabra **barco** (**una embarcación**) es muy general. **Un barco** puede ser enorme o pequeño. **Una barca** es siempre pequeña, y también son pequeños **los botes**, que puede ser **de vela** o **de remo**. **Remar** es un buen ejercicio que se puede practicar en **un bote** o en **una piragua**. **El piragüismo** es un deporte muy emocionante en los ríos que tienen rápidos.

Un deporte muy popular en las playas que tienen **olas** grandes es **hacer tabla hawaiana** (**el surfing**). Si la tabla tiene una vela, hablamos de **un windsurfer**, así, en inglés, o de **una plancha / tabla de vela**.

Para practicar **el esquí acuático** se necesita **una motora** (**una lancha motora, una lancha de motor**) o una lancha pequeña con **un motor de fueraborda**.

En el mar, donde hay rocas y peces, se practica mucho **la pesca submarina**, para la cual se necesitan **unas aletas** en los pies, **unas gafas submarinas** en la cara y **un respirador** (un tubo que permite respirar a poca profundidad). Si se quiere **bucear** (nadar debajo del agua) por un buen rato, hace falta **un balón o tanque de oxígeno** y, cuando el agua está fría, **un traje de goma**. Naturalmente, si además de pasearte por debajo del agua quieres pescar, necesitas **un fusil de pesca submarina** (o **fusil de pescar**) que dispara **flechas** o **arpones**.

PRÁCTICA

 a. En pares, preparen preguntas que incluyan el vocabulario nuevo **en negritas**, y háganselas a sus colegas. Sugerencias:

1. ¿En qué tipo de barco de vela se puede hacer un crucero? ¿Cómo son esos barcos? ¿Qué hay de atractivo en un crucero? **2.** ¿Qué necesitas para hacer pesca submarina? **3.** ¿Qué deporte te parece mejor para hacer ejercicio, la navegación a vela o el remo? ¿Por qué? **4.** De todos los deportes acuáticos mencionados, ¿cuál te parece el más emocionante, y por qué?

b. En pares, escriban la narración para un video publicitario. En él se ve, en este orden: Una vista del océano. Un yate que hace un crucero. Un grupo de jóvenes. El yate anclado (*anchored*) cerca de una playa. Los turistas practicando varios deportes. El yate navega hacia el horizonte cuando se pone el sol. Intercambien sus proyectos de narración y critíquenlos.

B. Un deporte que obliga a ejercitar todos los músculos es **la natación** que se practica en **una piscina** (México: **alberca**; Argentina: **pileta**). **Los nadadores** pueden **nadar** a estilo **braza**, que es algo así como nadar igual que las ranas. El estilo **crol** o **libre** es más rápido, el estilo **mariposa** es muy espectacular, y el estilo **espalda** puede hacer que los nadadores tropiecen unos con otros, pues no ven hacia donde van. El estilo perro, naturalmente, es el que todos los niños del mundo saben sin que nadie se lo enseñe. **Las piscinas** tienen **un trampolín** desde donde se puede saltar al agua. Los que no saben nada de **saltos de trampolín** (México: **clavados**) aprietan la nariz con los dedos y **se tiran de pie**. Los que saben **saltar** (México: **echarse un clavado**) **se tiran de cabeza**.

PRÁCTICA

a. En grupos, preparen preguntas y háganselas a sus compañeros(as). Algunas posibilidades:

1. ¿Qué estilo de natación prefieres, y por qué? **2.** Cuando te tiras de un trampolín, ¿cómo te tiras? **3.** ¿Cómo es una piscina olímpica? **4.** ¿Has oído hablar de los clavadistas de Acapulco? ¿Qué hacen? **5.** ¿Otras preguntas?

b. Un periódico lo (la) ha enviado a los Juegos Olímpicos como cronista deportivo(a). Escriba un breve artículo sobre los campeonatos de natación y de salto de trampolín. Intercambie su artículo con el de un(a) compañero(a) y hagan las correcciones necesarias.

C. Hay mucha gente que no se considera **un** o **una atleta**, pero que **hace ejercicio** en su casa o en **un gimnasio**. Con una simple barra se pueden hacer **pulsos** (*chin-ups*), y sin equipo de ninguna clase se pueden hacer **fondos** (*push-ups*), o **flexiones** (*sit-ups*). En **un gimnasio** se pueden **hacer** o **levantar pesas**. **Levantando pesas** de mucho **peso** se puede conseguir **una musculatura** espectacular, pero que está muy lejos del ideal de armonía que hemos heredado de la Grecia clásica.

A los Juegos Olímpicos u **Olimpiadas** van los mejores **atletas** de cada país, que se han **entrenado** por mucho tiempo. Después de mucho **entrenamiento** son seleccionados para formar parte del **equipo olímpico nacional**. Millones de personas ven en la tele **las eliminatorias** y las finales de **los deportes de pista**: **las carreras**, **las carreras de relevos**, en las que **los corredores** se pasan unos a otros **un testigo**; **los lanzamientos** (**de jabalina, de martillo y de peso**); **el lanzamiento de disco** (lo lanzan los **discóbolos**), **los saltos** (**de altura, de pértiga** y **de longitud**). También son muy populares las competiciones de ejercicios gimnásticos: **las barras paralelas, la barra fija, las anillas** y **el potro.** Todos **los competidores (los / las atletas, los / las gimnastas)** quieren **mejorar las marcas establecidas**, es decir, quieren **batir las marcas** o **establecer una nueva marca. Los campeones olímpicos** se hacen famosos y pueden ganar mucho dinero **haciendo publicidad** o **patrocinando** productos deportivos.

PRÁCTICA

a. En pares, preparen preguntas basadas en el vocabulario nuevo, y háganselas unos a otros. Algunas posibilidades:

1. ¿Qué ejercicios fáciles se pueden hacer en casa, sin equipo de ninguna clase? **2.** ¿Por qué crees que muchos hombres y mujeres dedican horas y horas a levantar pesas? **3.** ¿Por qué muchas ciudades quieren que se celebren en ellas los Juegos Olímpicos? **4.** ¿Qué tienen que hacer los atletas para ser seleccionados? ¿Otras preguntas?

b. Usted es un(a) cronista deportivo(a). Escriba un artículo sobre la emoción y el entusiasmo de los atletas en los diferentes deportes de pista de unos Juegos Olímpicos. Intercambie su artículo con un(a) compañero(a) y hagan una crítica.

D. Entre **los deportes de masas**, el más popular en los EE.UU. es, quizá, **el fútbol americano.** En el mundo europeo e hispanoamericano es **el fútbol** (*soccer*). **Los partidos** se juegan en grandes **stadiums, estadios** o **campos de fútbol**, en cuyo **graderío** (o **gradería**) pueden sentarse miles de espectadores. **Los jugadores** de los dos **equipos** deben obedecer las decisiones de **un árbitro**, que **arbitra el partido.** Cada equipo quiere meter **el balón** (**la pelota**) en **la portería** del equipo contrario. Es decir, quiere **meter goles** (**marcar goles, marcar tantos**). **Los hinchas** (los entusiastas) aplauden a sus jugadores, y **abuchean** al equipo contrario. La pasión deportiva se convierte a veces en puro vandalismo, y ha habido serios casos de violencia en los campos de fútbol de varias ciudades.

En **un partido de fútbol** puede **ganar** uno de **los equipos** o, cuando **empatan** (cuando hay **empate**) terminan con el mismo número de **goles** o **tantos**, y nadie **gana** ni **pierde.**

Los equipos de cada país participan en **la liga**, o en otra **competición** especial llamada **la copa.** Las dos son seguidas con gran interés por los «deportistas» que se ponen gordos bebiendo cerveza y comiendo patatas fritas mientras ven **los partidos** en la televisión.

Algunos **futbolistas** (jugadores de fútbol) cobran cantidades astronómicas por **fichar** por un equipo u otro. En un solo **fichaje** pueden ganar más dinero que un profesional en varios años.

Otro **deporte de masas** en los EE.UU. es **el béisbol** o **pelota base**, que también es muy popular en algunos países hispánicos. El vocabulario español del **béisbol** es fascinante. ¿Qué cree usted que es **un jonrón, un cácher, un bate** o **un bateador**?

Hay **carreras de bicicletas** en **un velódromo** y por las carreteras de todo el país en **la Vuelta a** (aquí el nombre del país). También hay **carreras de motos** y **de coches**, en las que **los participantes** o **competidores** dan vueltas y vueltas y vueltas en una pista, o van **a campo través** para gran terror de todos los animalitos que encuentran.

PRÁCTICA

a. En pares o en grupos, preparen preguntas y háganselas a sus colegas. Algunas posibilidades:

    1. ¿Cuáles son las diferencias principales entre el fútbol americano y el fútbol europeo o *soccer*? **2.** ¿Por qué crees que se entusiasman tanto los hinchas viendo a unos hombres que corren detrás de un balón? **3.** ¿Crees que los partidos internacionales de fútbol ayudan a la amistad entre los pueblos? Explica tu respuesta. **4.** ¿Están justificadas las cifras astronómicas que les pagan a algunos atletas?

b. Escriba un breve artículo sobre la importancia de los deportes en las universidades y en la sociedad estadounidense en general. Critique algunos aspectos de los deportes de masas. ¿Los jugadores ganan demasiado? ¿Es verdad que los atletas son aceptados en las universidades por sus aptitudes deportivas más que por sus aptitudes académicas? Intercambien sus artículos y hagan comentarios.

LECTURAS SOBRE LA CULTURA Y LA LENGUA

A. Varios deportes modernos tienen su origen en Inglaterra, o fueron popularizados por Inglaterra, e impusieron un vocabulario inglés en otros idiomas. En el mundo hispánico apareció la palabra **balompié** como equivalente de *football*, pero no tuvo éxito y se terminó aceptando el neologismo **fútbol**, lo mismo que **el gol, el corner, el orsay** (*offside*) y **el penalty**, junto con el verbo **chutar**, que corresponde al inglés... ¿qué? Otras adaptaciones de palabras inglesas echaron raíces, y **el baloncesto** coexiste con **el basquebol** o **basquetbol**, **la pelota base** con **el béisbol**, y **el polo acuático** con **el waterpolo**. **El balonmano** y **el balonvolea** no tienen que competir con sus versiones inglesas. En **el tenis** se juegan **sets** que serían muy fáciles si en el medio de **la pista** no hubiera el obstáculo impertinente de **una red**. **El boxeo** deja ver claramente su origen inglés, lo mismo que el verbo **noquear**, y **el ring** compite con **el cuadrilátero**. Variantes del boxeo son **la lucha libre**, en la que casi todo vale, y la clásica **lucha grecorromana**.

Con el buen tiempo miles de hispanoparlantes se van a las montañas o a las playas para **acampar**, **hacer camping** o **ir de acampada**. En muchos lugares turísticos se ven letreros que anuncian **terrenos de camping**, **campamentos** o, simplemente, **camping**, donde se puede **montar la tienda de campaña** y dormir en **un saco de dormir**.

B. De la palabra noruega *ski* nacieron **el esquí** y el verbo **esquiar**. Los **esquiadores** suben a lo alto de **la pista de esquí** en **un telesilla**, y bajan deslizándose sobre sus **esquíes**, empujándose con sus **bastones**. Otro deporte de invierno es **el patinaje sobre hielo**, en el que **los patinadores** corren y bailan sobre **patines de hielo** como si fueran bailarines de ballet.

Hay dos deportes de la India que los ingleses llevaron a otros países: **el polo**, que se juega a caballo, y **el hockey** (la palabra **joquei** no ha tenido éxito), que se juega con un palo curvo llamado *stick*, que pasó al español como **stick**, **estic** o **stic**. El hockey también se puede jugar **sobre hielo**.

C. El golf se juega en un **campo de golf**. Se pone **la pelota de golf** en **un tee**, se le da un buen golpe con **un bastón** o **palo de golf**. La palabra **golf** no puede hispanizarse, pues daría *un golfo*, que es una parte de la costa, como el Golfo de California, o es un hombre sin escrúpulos que vive sin trabajar. Por lo tanto, **jugar al golf** no es lo mismo que golfear, y **un / una golfista** no es necesariamente un golfo (sinvergüenza) ni es una golfa (mujer de mala reputación). Los golfos y golfas sí que golfean.

Hay quien se divierte escalando montañas, simplemente porque están ahí, y las primeras montañas escaladas por pura diversión fueron los Alpes. De ahí viene que ese deporte se llame **el alpinismo**. **Los alpinistas** arriesgan su vida, pero si lo hacen en los Andes de Sudamérica la arriesgan haciendo **andinismo**, y ellos son **andinistas**. La palabra que los incluye a todos es **el montañismo**, que no es ni suizo ni chileno.

D. Los vascos, que viven en el norte de España y en el sur de Francia, dieron a otros idiomas **el jai-alai**, el juego de **la pelota vasca** o **frontón**, que consiste en lanzar una pelota contra una pared. Es un juego muy rápido, y muy popular en algunos estados de los EE.UU.

DIFICULTADES Y EJERCICIOS

A. Uso de: **realizar, realizarse; darse cuenta de**

1. realizar (= ejecutar, completar)	*to carry out (a project, a plan)*
realizar (= satisfacer)	*to fulfill (hopes, dreams)*
realizar (= hacer)	*to make (a trip)*
2. realizarse (= hacerse realidad)	*to be fulfilled, to come true*
realizarse (= celebrarse, tener lugar)	*to take place*
3. darse cuenta de (= ver, comprender)	*to realize*

1. María Luisa es muy seria y siempre **realiza** (= completa) los planes que hace. Ahora tiene un sueño que espera **realizar** (= satisfacer) algún día. Su sueño es **realizar** (= hacer) un largo viaje en un yate.

2. Ella no sabe si esos sueños **se realizarán** (= se harán realidad). Por ahora se limita a ir a todas las exposiciones de barcos de vela que **se realizan** (= tienen lugar) en la ciudad.

3. Ella **se da cuenta de** (= ve, comprende) que lo primero que tiene que hacer es aprender a navegar.

PRÁCTICA

En pares, preparen preguntas y háganselas a sus compañeros(as) pidiéndoles que sustituyan **realizar** por un equivalente adecuado.

Modelos. 1. ¿Eres optimista? ¿Crees que podrás **realizar** todos tus sueños?

(No) Soy optimista, y (no) espero __satisfacer__ todos mis sueños.

2. ¿Cada cuántos años **se realizan** los Juegos Olímpicos?

Los Juegos Olímpicos __se celebran__ cada cuatro años.

Pueden hacer otras preguntas sobre, por ejemplo, realizar sueños, proyectos, viajes, deseos...

B. Equivalentes españoles de *to ride; to give a ride; to take for a ride; ride; rider*

1. *to ride (a car)*	**ir en coche, andar en coche**
to ride (a train)	**viajar en tren, ir en tren**
to ride (a horse)	**montar / andar a caballo, cabalgar**
to ride (a bike)	**montar / andar en bicicleta**
2. *to give a ride*	**llevar en coche / carro, dar un aventón**
3. *to take for a ride*	**engañar; dar el paseo (matar)**
4. *ride (= driving for pleasure)*	(dar un) **paseo,** (una) **vuelta en coche / carro**
ride (= distance)	**viaje, recorrido, trayecto, distancia**
5. *rider (= passenger)*	**pasajero**
rider (on horseback)	**jinete, caballista, jockey** (en carreras)
rider (of a bike, motorbike)	**ciclista, motorista**
motorist	**automovilista**

1. Vivo lejos de mi trabajo, y tengo que **ir en coche / carro** todos los días, aunque no me gusta **andar en coche / carro**.

Preferiría **ir en tren**. Desde niño me ha gustado **viajar en tren**.

Los domingos me gusta **montar a caballo**. Creo que **cabalgar** es un buen ejercicio. También me gusta **montar en bicicleta**.

2. Si mi coche no funciona, mi vecino me **lleva en su coche / carro**. Otras veces soy yo quien le **da un aventón** (expresión usada en México).

3. El gobierno **engañó** a los periodistas cuando les aseguró que los escuadrones de la muerte no **dan paseos** a los campesinos, cuando es bien sabido que **pasean** a muchos.

4. Cuando hace buen tiempo me gusta dar **un paseo en coche / carro**.

Cuando doy **una vuelta en coche / carro** nunca voy muy lejos.

El viaje desde San Francisco a Los Ángeles es **un recorrido** bastante largo. **El trayecto** de mi casa a la universidad es corto.

5. Yo trabajo en una compañía de transportes, y no me permiten llevar **pasajeros** en los camiones.

Para ser un buen **caballista** no es necesario ser muy alto ni fuerte. **Los jinetes** de los caballos de carreras, los **jockeys**, son pequeños y de poco peso.

Todos **los ciclistas** y **motoristas** deben llevar casco.

Los **automovilistas** necesitan licencia.

Práctica

Prepare preguntas para hacérselas a sus compañeros(as), quienes deben contestar usando alguna de las expresiones estudiadas.

Modelos: 1. Si vives lejos de tu trabajo, ¿cómo vas a trabajar?

Si vivo lejos de mi trabajo, voy en coche o en tren.

2. ¿Qué es algo que deben saber hacer los vaqueros?

Los vaqueros deben saber andar a caballo / montar a caballo / cabalgar.

Pregunte también, por ejemplo, qué hacen los escuadrones de la muerte en algunos países; cuándo necesita un aventón; cuándo tiene que usar un casco...

C. Equivalentes españoles de *to drive; drive; driveway*

1. *to drive (= to operate)*	**conducir (manejar)**
to drive	**ir en coche**
to drive (somebody)	**llevar** (a alguien)
to drive somebody to ...	**llevar** (a alguien) **a...**
2. *drive (= short ride)*	**paseo / vuelta en coche**
drive (= distance)	**trayecto, recorrido, distancia**
3. *driveway*	**entrada / salida de coches / carros**
	entrada / salida del garaje
4. *tow truck*	**la grúa**

1. Los españoles **conducen** y los americanos **manejan.** Para ir a trabajar usan el transporte público o **van en coche / carro.** Mi vecino y yo trabajamos en la misma oficina. Unos días me **lleva** él a mí, otros lo **llevo** yo a él.

A veces el tránsito es tan terrible que **me lleva a la** desesperación.

2. Hay tanto tráfico que ya no es agradable salir a **dar una vuelta (un paseo) en coche / carro.**

¿Vas a atravesar el país en coche? ¡Es **un trayecto / recorrido** muy largo!

3. Si alguien estaciona delante de mi **entrada (salida)** de coches, tengo que llamar a **la grúa.**

Como se ve, *ride* y *drive* pueden ser sinónimos en inglés, y expresan la idea de distancia o la de una breve salida en automóvil.

PRÁCTICA

En pares, preparen preguntas que sus compañeros(as) tendrán que contestar usando las expresiones estudiadas.

Modelos: 1. ¿Qué hace un(a) taxista durante todo el día?

Un(a) taxista tiene que <u>conducir (manejar)</u> su taxi durante todo el día.

2. ¿Qué haces cuando alguien estaciona su coche en la salida de coches de tu garaje?

Cuando alguien estaciona en mi entrada de coches, llamo a <u>la grúa</u>.

Pregunte a sus compañeros(as), por ejemplo, cuándo da una vuelta en coche; a qué los (las) llevan los problemas del tránsito... ¿Qué otras?

PEQUEÑO TEATRO

A. La clase se puede convertir en un comité que organiza un festival deportivo. El comité tiene que decidir qué deportes se incluirán en ese festival.

B. En grupos, hablen de las actividades deportivas en su universidad. ¿Deben ser muy importantes, o deben ser una parte muy secundaria de las actividades universitarias? Cada grupo defiende una opinión.

SEA USTED MI INTÉRPRETE, POR FAVOR

En grupos de tres. Estudiante A sólo habla inglés y hace preguntas en inglés. Estudiante B es bilingüe y repite las preguntas en español. Estudiante C sólo habla español y contesta en español. Estudiante B repite la respuesta en inglés. Preparen preguntas en inglés.

Algunas sugerencias:

1. Do you realize that you will need lots of training if you want to be an Olympic champion? **2.** If you could cruise the Caribbean in a yacht, would you miss the chance? **3.** Are you a good diver, or do you just plug your nose and jump feet first? **4.** What would you do if you saw a shark while skindiving?

SEA USTED MI TRADUCTOR(A), POR FAVOR

En grupos de tres. Estudiante A escribe preguntas en inglés, se las pasa a estudiante B, su traductor(a), que las escribirá en español. Estudiante C escribe respuestas en español y el (la) traductor(a) se las pasa a A en inglés. Usen como modelos los de la sección «Sea usted mi intérprete».

CUESTIONES GRAMATICALES

SER Y ESTAR (II)

En la lección anterior hemos visto los contrastes **A** (**ser** + adjetivo — **estar** + adjetivo), y **B** (Voz pasiva: **ser** — Resultado de una acción: **estar**).

Contraste **C**: **Ser** + expresión de lugar —**Estar** + expresión de lugar

C.1. Ser = tener lugar   **Estar** = encontrarse en

Este contraste diferencia entre el lugar donde ocurre una acción (**ser**) y el lugar donde se encuentran situados un objeto o una persona (**estar**).

Ser = tener lugar	**Estar** = encontrarse
La partida de tenis **es** en el club.	Los jugadores **están** en el club.
La regata **es** en el lago.	Los balandros **están** en el lago.
El crucero **será** por el Caribe.	El yate **estará** en el Caribe.
Las carreras **fueron** en el estadio.	Los corredores **están** en el estadio.

PRÁCTICA

En pares, háganse preguntas usando *encontrarse* o *tener lugar*, y contesten usando **ser** o **estar**.

Modelos: 1. ¿Dónde *tienen lugar* las carreras de esquí?

Las carreras de esquí *son* en las pistas de esquí.

2. ¿Dónde *se encuentran* las tiendas de campaña?

Las tiendas de campaña *están* en el campamento.

Hagan otras preguntas con el vocabulario nuevo.

Con *tener lugar*: las últimas Olimpiadas, los próximos Juego Olímpicos, los partidos de fútbol... ¿Qué más?
Con *encontrarse*: los nadadores, los gimnastas, los atletas, los balandros... ¿Qué más?

C.2. Aquí / ahí / allí + **es** + donde... Aquí / ahí / allí + **está** + nombre + donde...

Aquí **es** donde juegan al tenis.	Aquí **está** la pista donde juegan al tenis.
Ahí **es** donde nadamos.	Ahí **está** la piscina donde nadamos.
Allí **es** donde saltan.	Allí **está** el trampolín donde saltan.

La única diferencia entre estas dos estructuras es que **estar** tiene que ir seguido por un nombre, el cual no es necesario cuando se usa **ser**. Estas estructuras permiten tres posibles órdenes de palabras:

Es ahí donde nado.	**Está** ahí la piscina donde nado.
Ahí **es** donde nado.	Ahí **está** la piscina donde nado.
Donde nado **es** ahí.	La piscina donde nado **está** ahí.

PRÁCTICA

En pares, preparen preguntas que incluyan la estructura **ser** + donde... y contesten usando **estar** + nombre + donde...

Modelo: 1. ¿Este gimnasio *es donde* boxeas?

Sí, ahí *está* el gimnasio donde boxeo.

Ahora pregunte a su compañero(a) si el barco naufragó ahí, si el barco naufragó en esa roca, si los hinchas están allí, si hace ejercicio allá, si esquía en esa pista... ¿Otras preguntas?

C.3. Las estructuras anteriores permiten el uso de **ser** o de **estar** para indicar situación, en frases muy breves en las cuales **donde** y todo lo que le sigue está implícito.

En esta estructura:

a. Podemos usar **ser** o **estar** con objetos que no se mueven (pistas, frontones, campos de fútbol).

b. Usamos **estar** cuando nos referimos a personas, animales u objetos que se mueven (atletas, caballos de carreras, piraguas).

c. Usamos **ser** cuando nos referimos a actividades (remar, nadar, saltar).

Hay dos posibles órdenes de palabras:

a. La pista, ¿dónde **es / está**?   **Es / Está** ahí.   Ahí **es / está**.

b. Los boxeadores, ¿dónde **están**?   **Están** ahí.   Ahí **están**.

   Los caballos, ¿dónde **están**?   **Están** ahí.   Ahí **están**.

   La barca, ¿dónde **está**?   **Está** ahí.   Ahí **está**.

c. ¿Dónde remas?   **Es** ahí.   Ahí **es**.

En los casos a. y b. podríamos usar **encontrarse en**:

a. La pista **es / está / se encuentra** ahí.

b. Los boxeadores **están / se encuentran** ahí.

   Los caballos **están / se encuentran** ahí.

PRÁCTICA

Preparen preguntas usando «¿Dónde + verbo + ...?» y contesten usando «Es ahí o está ahí». Los verbos **ser** y **estar** pueden estar en el pasado.

Modelos: 1. ¿Dónde se encuentran los atletas?

         Están ahí. / Ahí *están*.

      2. ¿Dónde tuvo lugar la regata?

         Fue ahí. / Ahí *fue*.

      3. ¿Dónde juegan al baloncesto?

         Es ahí. / Ahí *es*.

Ahora pregunte ¿Dónde...? con el vocabulario nuevo. Por ejemplo: jugar al baloncesto, volcar la barca, montar la tienda; encontrarse el campamento, las piraguas, los patinadores... ¿qué más?

C.4. En + nombre + **ser** + donde + ...

Esta estructura siempre requiere **ser**, y no contrasta con otra estructura similar que requiera **estar**. Hay tres posibles órdenes de palabras, y si comparamos esta estructura con las presentadas en **C.2.** y en **C.3.** vemos que ahora no se usan nunca los adverbios aquí, ahí, allí. Se incluye uno de estos casos en el ejemplo, para ver bien la diferencia:

Es aquí donde hacen tabla hawaiana.

Ⓞ En esta playa es donde hacen tabla hawaiana.

Es en esta playa donde hacen tabla hawaiana.

Donde hacen tabla hawaiana es en esta playa.

PRÁCTICA

En grupos, cambien las frases siguientes, expresando la misma idea con la forma **en** + nombre + **ser** + donde..., y usen los tres posibles órdenes de palabras.

Modelo: En Puerto Rico hay magníficas playas.

En Puerto Rico es donde hay magníficas playas.

Es en Puerto Rico donde hay magníficas playas.

Donde hay magníficas playas es en Puerto Rico.

Hagan lo mismo con otras frases. Algunas ideas:

1. En la Sierra Nevada hay muchas pistas de esquí. **2.** En los Alpes se practica el alpinismo. **3.** En los Juegos Olímpicos se baten las marcas. **4.** Los hinchas se sientan en el graderío. **5.** ¿Qué más?

Contraste **D:**   **Ser de** = origen, material, propiedad.

                     Estar de = expresión adverbial de modo.

Ser de + ... indica: **a.** origen: Muchos jugadores de pelota base **son de** la República Dominicana.

                          b. material: Las pesas **son de** metal.

                          c. propiedad: Las gafas submarinas **son de** Brad.

Estos tres usos de **ser de** + ... contrastan con un solo uso de **estar de** + una expresión adverbial de modo. Este uso, en realidad, es una variante de los contrastes **A** y **B**: un cambio apreciado en la realidad, y un resultado de una acción. Si digo que **estoy de pie**, puedo considerar que he cambiado mi posición, o que estoy de pie como resultado de la acción de levantarme.

Por eso la lengua ofrece la posibilidad de expresar la misma idea con la forma **estar** + palabra con función de adjetivo. Podemos ver esto en los ejemplos siguientes:

Estoy de pie. = Estoy levantado (México y otros países: Estoy parado).

Estoy de rodillas. = Estoy arrodillado.

Estoy de codos sobre la mesa. = Estoy acodado sobre la mesa.

Estoy de mal humor. = Estoy malhumorado.

Estar de + profesión indica que ese trabajo es más o menos provisional, o que un cambio de trabajo ha sido más o menos sorprendente.

No encuentro trabajo en mi profesión, y ahora **estoy de** taxista.

Era un Don Nadie, y ahora **está de** propietario de un equipo de fútbol.

Empezó a bailar muy joven, y ahora **está de** primera bailarina.

Ser de: a. origen   **Estar de:** modo

Los 49 **son de** San Francisco.   El equipo **está de** suerte.

     b. material   (= tiene suerte).

Las anillas **son de** metal.   La gimnasta **está de** mal.

     c. propiedad   humor (= está malhumorada).

El telesilla **es del** hotel.   **Estuvimos de** acampada en la

                                Sierra (= estuvimos acampados).

PRÁCTICA

En pares, preparen preguntas en las que no usen ni **ser de** ni **estar de**. Contesten usando **ser de** o **estar de** en sus respuestas.

Modelos: 1. Oye, ese hombre que fue un gran atleta, ¿es cierto que ahora *trabaja como* mesero?

          Sí, fue un gran atleta, pero ahora <u>está de</u> mesero.

          2. ¿Es cierto que muchos caballos de carreras *vienen de* Kentucky?

          Sí, muchos caballos de carreras <u>son de</u> Kentucky.

Ahora pregunte, por ejemplo, si un caballo famoso pertenece a un conocido millonario; si los trampolines están hechos de cemento o madera; si los futbolistas que ganan un partido tienen buen humor; si las pesas de un gimnasio pertenecen al gimnasio... ¿qué otras preguntas?

Contraste **E**: **Ser** y **estar** sin contraste:

E.1. Ser + expresión de tiempo:

Es tarde para una partida de tenis.   El partido de fútbol **es** a las dos.

E.2. Ser entre palabras que funcionan como sustantivos. Una palabra o grupo de palabras funciona como sustantivo cuando actúa de sujeto del verbo o de predicado nominal.

La vida **es** lucha.   Vivir **es** luchar.   Tú **eres** tú.
Hacer camping en las montañas **es** vivir con la naturaleza.

E.3. Estar + gerundio: Expresa una acción que está siendo realizada en el momento, o que es una acción frecuente.

Están abucheando al equipo visitante.
Ahora **estoy levantando pesas** una hora cada día.
En estos Juegos Olímpicos **están batiendo** muchas marcas.

Pero no en estos casos:

Where are you going?   ¿Adónde vas?
Did you call me? I am coming!   ¿Me llamaste? ¡Ya voy!

PRÁCTICA

En pares, preparen preguntas que no tengan **ser** ni **estar**, y contesten usando estos verbos.

Modelos: 1. ¿Qué quiere decir «bucear»?

Bucear es nadar debajo del agua.

2. Estás muy fuerte. ¿Levantas pesas todos los días?

Sí, estoy levantando pesas todos los días.

Ahora pregunte a su compañero(a) por ejemplo, a qué hora tiene la clase de español; si en su opinión vivir significa luchar; si trabaja mucho ahora; si nada en la alberca todos los días... ¿otras preguntas?

ɷ ɷ ɷ ɷ ɷ

REVISIÓN GENERAL

DIÁLOGO

A. En pares, preparen preguntas con el vocabulario del Diálogo, y háganselas a sus compañeros(as) para que las contesten con una idea original suya.

Modelos: 1. Si un barco se hunde, ¿qué te puede salvar la vida?

Si un barco se hunde, me puede salvar la vida un chaleco salvavidas.

2. ¿Qué barcos no tienen motor?

Los barcos de vela o los botes de remo no tienen motor.

3. Cuando estás en un balandro y hace muchísimo viento, ¿qué peligro hay?

Pues... el balandro puede volcar.

4. ¿Qué otras preguntas se le ocurren?

B. Escriba un resumen del Diálogo. Sugerencias:

«María Luisa le dice a Rita que va a salir en balandro con Steven. Rita le advierte que tenga cuidado con Steven, porque él se cree un Don Juan irresistible... etc.»

AMPLIACIÓN DE VOCABULARIO

A. Prepare preguntas para hacérselas a sus compañeros(as).

Modelos: 1. ¿Qué tipo de motor puedes usar en un barco que no tiene motor?

Puedo usar un motor de fueraborda.

2. En una piscina, ¿de dónde saltas?

Salto del trampolín.

3. ¿Qué necesitas para bucear?

Para bucear necesito unas gafas submarinas, unas aletas y un tubo respirador.

¿Más preguntas?

B. Usted tiene una agencia de viajes y sus clientes son gente interesada en los deportes. Escriba unos atractivos planes de viaje para: 1) Practicar deportes de mar en el Caribe. 2) Ir a unos Juegos Olímpicos. 3) Ir a un partido de la Copa Mundial de fútbol. Intercambien sus planes de viaje con los de un(a) compañero(a) y hagan correcciones, si son necesarias.

DIFICULTADES Y EJERCICIOS

A. Prepare preguntas que incluyan el verbo **realizar(se)**. Su compañero(a) debe contestar usando otro verbo.

Modelos: 1. ¿En Wimbledon **se realizan** partidas de tenis?

Sí, en Wimbledon se celebran partidas de tenis.

2. ¿Te gustaría **realizar** un viaje a la luna?

Sí, (No) me gustaría hacer un viaje a la luna.

B. Complete las frases siguientes con **realizar(se)** o con **darse cuenta de**.

Modelo: Voy a _____ un proyecto.

             Voy a realizar un proyecto.

1. El proyecto es difícil, y yo ____ que tendré que trabajar mucho. **2.** Pero al final yo sé que lo ____. **3.** La investigación ____ en el laboratorio. **4.** Hay que ____ que la ciencia tiene límites. **5.** Pero, en el futuro, todos ____ que yo soy un genio. **6.** Tendré que _____ un viaje a Estocolmo cuando me den el Premio Nobel. **7.** Ese día yo habré _____ todos mis sueños.

C. Un poco de Spanglish

Usted no está muy seguro de cómo usar los equivalentes de *to ride / to drive* y sus variantes, y en sus preguntas mezcla el español y el inglés. Su compañero(a) sí sabe usarlos en sus respuestas.

Modelos: 1. ¿Es cierto que los vaqueros *ride horses* muy bien?

             Oh, sí, los vaqueros cabalgan / andan a caballo / montan a caballo muy bien.

             2. ¿Te gustan las motocicletas? ¿Eres buen *motorbike rider*?

             Sí, me gustan las motocicletas y soy buen motorista.

Ahora pregunte a su compañero(a), por ejemplo, si prefiere el avión o *to ride a train*; si usa mucho el coche o prefiere *to ride a bike*; por qué los *motorists* no deben beber antes de *driving a car*... ¿otras preguntas?

CUESTIONES GRAMATICALES

A. Prepare preguntas que no incluyan **ser** ni **estar**. Su compañero(a) <u>sí</u> debe usar esos verbos en sus respuestas. Puede ayudarle a contestar diciéndole qué palabras debe eliminar.

Modelos: 1. ¿Dónde se encuentran los remos de la barca? ¿Ahí?

             Posibles respuestas: *Ahí <u>están</u> los remos de la barca. / Los remos de la barca <u>están</u> ahí. / Ahí <u>es donde están</u> los remos de la barca.*

             2. ¿Los yates grandes pertenecen a la gente que tiene mucho dinero?

             Sí, los yates grandes <u>son de</u> la gente que tiene mucho dinero.

             3. ¿Las pesas están hechas de metal?

             Sí, las pesas <u>son de</u> metal.

Otras posibilidades:

1. ¿Los balandros modernos *están hechos* de plástico? **2.** ¿Las regatas *tendrán lugar* en el lago? **3.** ¿Los chalecos salvavidas *se encuentran* dentro de la cabina? **4.** ¿Volcar *quiere decir tener* un problema? **5.** ¿Dónde *se encuentran* las playas donde los jóvenes hacen tabla hawaiana? **6.** ¿Los Juegos Olímpicos *tienen lugar* en ciudades importantes? **7.** ¿Los atletas *tienen su origen en* muchos países? **8.** ¿Batir una marca *significa* ganar una medalla? **9.** ¿Los alpinistas *se encuentran* en las montañas? **10.** ¿El frontón *tiene su origen en* el País Vasco?

B. Ahora complete estas frases con **ser / estar**, o **ser de / estar de**.

Modelo: En Hawaii ___ donde hay las mejores playas para hacer tabla.

En Hawaii es donde hay las mejores playas para hacer tabla.

1. En esa piscina _____ donde juegan al polo acuático. **2.** Ahí *están* los jugadores. **3.** El trampolín *es* desde donde saltan los nadadores. **4.** ¿Dónde *están* los gimnastas? *Están* en el gimnasio. **5.** Meter goles *es* lo que quieren los jugadores de fútbol. **6.** Donde la pesca submarina *es* muy agradable *es* en el trópico. **7.** Lo que tu barca necesita *es* un motor de fueraborda. **8.** Los Andes *son* unas montañas que *están* en América del Sur. **9.** Quienes *son* unos magníficos andinistas *son* los chilenos y los argentinos. **10.** Ellos *están* escalando montañas casi todo el año. **11.** Para hacer flexiones, fondos y pulsos no necesitas *estar* en un gimnasio. Puedes hacerlos en casa.

Ahora prepare usted algunas frases incompletas para que las complete un(a) compañero(a).

De las pequeñas composiciones a la gran composición

LA AUTOBIOGRAFÍA Y LA BIOGRAFÍA

Cuando escribimos una composición en la cual narramos una experiencia personal, estamos escribiendo una forma de autobiografía, limitada a un suceso determinado. Si narramos lo que le sucedió a otra persona, estamos escribiendo una biografía.

A. LA AUTOBIOGRAFÍA. Muchas personas que han tenido un papel importante en la historia, o que creen que lo han tenido, escriben su autobiografía, es decir, la historia de su vida. Puede titularse *Autobiografía*, o *Memorias*, o *Recuerdos*, o *La vida de X contada por sí mismo(a)*, o cualquier otro título. Lo esencial es que el autor, o la autora, es el narrador de su propia historia, contada en primera persona. Este autor(a) narrador(a) puede ser:

  a. Protagonista de su narración: «Mis padres emigraron a los Estados Unidos, donde yo nací y donde me crié con dos idiomas, dos culturas, dos personas en una, como si tuviera un hermano gemelo, como si los dos fuéramos trapecistas de circo que saltan ágilmente de un trapecio a otro sin miedo a las caídas, protegidos por la seguridad que nos da la red de nuestras dos personalidades fundidas en una.»

b. Testigo de la vida de otras personas: «Mis padres emigraron a los Estados Unidos, donde yo nací, donde desde niño fui testigo de sus luchas, de sus sacrificios, de sus éxitos y sus fracasos. Yo los vi con los ojos de un niño para quien sus padres eran el centro del mundo. Yo los vi con los ojos de un adolescente rebelde para quien sus padres eran una autoridad que aplicaba reglas anticuadas y extrañas. Yo los veo ahora, mis dos viejitos, y siento por ellos una gran ternura. Su vida me parece una historia a la vez vulgar y fantástica, y por eso la cuento aunque nadie se interese por lo que yo escriba en estas páginas, aunque nunca nadie lea lo que para mí es la mejor novela del mundo.»

Esta forma está muy próxima a la biografía.

PRÁCTICA

En los ejemplos anteriores no hay referencia al deporte. Ahora imagínese que usted es un(a) famoso(a) deportista, y escriba una breve autobiografía. Usted es, naturalmente, protagonista. Intercambie lo escrito con un(a) compañero(a) y hagan comentarios.

B. LA FALSA AUTOBIOGRAFÍA

a. LA AUTOBIOGRAFÍA FICTICIA. Es una forma de novela. El (La) autor(a) inventa un personaje que nos cuenta su propia historia, imaginada por el (la) autor(a), naturalmente, en primera persona: «Ya sé que mis enemigos dicen de mí que yo soy un dictador, yo, el general Montes, el salvador de la República de Costa Blanca, el vencedor de... ».

Tanto el general Montes como la República de Costa Blanca son producto de la imaginación del autor o de la autora.

b. LA NOVELA AUTOBIOGRÁFICA. En ella, en realidad, el autor, o la autora, está contando su propia historia. Como en la autobiografía, el autor es el protagonista o el testigo de la vida de otros, pero todos aparecen con nombres ficticios. A veces la ficción es tan transparente que los lectores pueden identificar a muchos de los personajes:

«Hoy me ha llamado mi editora de Boston, y me habló con una voz muy seria.

—Profesor Panza de León, ¿cuándo me va a enviar los últimos capítulos de su libro?

Yo intenté calmarla diciéndole que todo estaría terminado muy pronto, y que mi libro y yo llegaríamos a buen puerto. Lo que no le dije es que el puerto adonde voy a ir mañana es Puerto Vallarta».

c. LA AUTOBIOGRAFÍA INVENTADA. Puede ser que el (la) autor(a), después de estudiar la vida de un personaje histórico, la escriba en forma de autobiografía, es decir, en primera persona, como si hubiera sido escrita por ese personaje histórico: «Me llamo Marilyn Monroe, y ésta es la historia de mi vida...».

PRÁCTICA

Practique estas técnicas escribiendo: a) una breve autobiografía ficticia de un(a) famoso(a) jugador(a) de tenis que nunca ha existido. b) una breve narración autobiográfica, en la que algo que le ha sucedido a usted se presenta como sucedido a otra persona. c) una breve autobiografía, inventada por usted, de un(a) deportista famoso(a) que nunca dejó nada escrito.

C. LA HISTORIA DE LA VIDA DE OTROS

a. LA BIOGRAFÍA. En este género literario, el (la) autor(a) es narrador(a) de la vida de algún personaje real, que aparece contada en tercera persona: «Ésta es la historia de Marilyn Monroe...».

b. LA BIOGRAFÍA NOVELADA es una variante del tipo anterior. En ella el (la) autor(a) se permite inventar algunos sucesos, o cambiar lo que fue la realidad, o usar su imaginación para narrar períodos desconocidos en la vida de su personaje: «Y en los últimos minutos de su vida, Marilyn pensó que...».

c. LA BIOGRAFÍA FICTICIA. Es una forma de novela, y en ella el o la autor(a) / narrador(a) crea un personaje imaginario y nos cuenta su vida en tercera persona. «Juan Pinceles era un pintor mediocre, pero en París conocía a todo el mundo. Amigo de Picasso y de Dalí, vivía a la sombra de los famosos, y estaba convencido de que él era uno de ellos».

Vemos, pues, que en la autobiografía, en todas sus variantes, la narración está en primera persona, en la forma «yo». En la biografía, también en todas sus variantes, la narración aparece en tercera persona, «él...; ella...».

PRÁCTICA

Escriba: a) una breve biografía de un(a) deportista famoso(a). b) la misma breve biografía, pero añadiéndole detalles que usted inventa. c) una breve biografía de un(a) deportista imaginario(a). Intercambie lo escrito con un(a) compañero(a) y critíquenlo.

POSIBLES TEMAS PARA UNA COMPOSICIÓN

ATAJO 💿
Phrases: Linking ideas; Making transitions; Sequencing events; Describing
              people
Vocabulary: Camping; People; Sports

Cuente la historia de un(a) deportista en una de las posibles formas estudiadas.
Algunas posibilidades:

A. Autobiografía

1. Autobiografía con un(a) narrador(a) protagonista:

   «Cuando gané mi primera medalla olímpica, y digo primera, pues luego
   gané dos más, me sentí feliz».

2. Autobiografía con un(a) narrador(a) testigo:

   «Mi hermano, el famoso jugador de fútbol, siempre fue más fuerte que yo.
   Cuando éramos niños, yo lo admiraba, y al mismo tiempo le tenía miedo
   porque cuando nos peleábamos él siempre me ganaba. Luego, ya mayores, yo presencié sus triunfos, fui testigo de sus mayores éxitos y también
   de la tragedia que terminó con su carrera».

3. Novela autobiográfica. Usted escribe una novela que, en realidad, es la
   historia de su vida, pero se oculta tras un nombre ficticio. En este
   ejemplo, la autora se llama Juana, pero en su novela se llama Marina.

   «Cuando me bautizaron, me pusieron de nombre Marina, porque así se
   llamaba mi madre. Era un nombre muy apropiado, porque ella había
   sido una gran nadadora. Era apropiado para ella, no para mí, pues yo
   siempre le tuve miedo al agua».

4. Autobiografía inventada:

   «Yo, Joe Montana, siempre fui un hombre de éxito...».

B. Biografía

1. Biografía verdadera: Usted cuenta la vida de un(a) deportista bien
   conocido(a).

   «Joe Montana fue uno de los grandes jugadores de fútbol americano, y
   cuando se retiró dejó una leyenda que muchos aficionados todavía
   recuerdan».

2. Biografía novelada:

   «Cuando Joe Montana decidió retirarse del fútbol, sintió muchas emociones contradictorias.
   —Quizá dentro de unos años nadie se acuerde de mí —pensó».

3. Biografía ficticia:

«Rita Canales, la gran tenista, triunfó en Wimbledon...»

MÁS TEMAS PARA UNA COMPOSICIÓN / CONVERSACIÓN

1. El significado de los Juegos Olímpicos

2. La glorificación de los atletas en nuestra sociedad

3. La explotación de los atletas en nuestra sociedad

4. La obsesión con la musculatura: ¿machismo o narcisismo?

5. La comercialización de los deportes

6. La manipulación de los deportes con fines políticos

7. La función de los deportes en la universidad

8. El sentido deportivo de la existencia

9. ¿Qué es más importante, jugar bien o ganar?

10. El prestigio deportivo como arma sexual

lección 9

❧

los espectáculos

Parece que esta película es un éxito de taquilla, pues hay mucha gente delante del cine.

ෆ෨

Personajes: *María Luisa, Brad, Rita y Steven*

María Luisa	¿Brad, qué hay en **la cartelera de espectáculos**[1] del periódico?
Brad	¡Uf! Hay muchas cosas: películas de todas clases, un par de **obras de teatro**[2] y... eso es todo.
María Luisa	¡Vaya! No es mucho, **que digamos.**[3] ¿No hay ópera, o ballet, o algún concierto?
Brad	¿Qué te crees? ¿Que estás en Nueva York?
María Luisa	Pues yo creía que en una ciudad universitaria como ésta, aunque es pequeña, habría muchas actividades culturales.
Brad	¡Y las hay! Además de lo que te dije antes, también hay dos cines donde **ponen**[4] películas pornográficas.
María Luisa	¡No me tomes el pelo, Brad! ¿No hay ninguna película que **valga la pena?**[5]
Brad	Depende de lo que quieras ver. ¿Te interesan las películas de aventuras, las de miedo, las de acción... ?
María Luisa	Ya sabes que, para mí, el cine no es un entretenimiento: es un arte. Yo no voy al cine para distraerme ni para matar el tiempo.
Brad	¡Qué intelectual! Mira, tengo una idea. Vamos al teatro de la universidad.
María Luisa	A estas horas no creo que haya nada.
Brad	Sí, mujer. Quizá estén Steven y Rita **ensayando**[6] la revista musical que van a **estrenar.**[7]
María Luisa	¡Una comedia musical! Eso es **el colmo**[8] de la frivolidad.
Brad	**Te equivocas.**[9] Una comedia musical puede tener tanto arte como un drama de Shakespeare.
María Luisa	Lo dudo, pero vayamos a ver esos ensayos. **A lo mejor**[10] tendré que **darte la razón.**[11]

(En el teatro María Luisa y Brad hablan con Rita y con Steven durante un descanso de los ensayos).

Rita	Estamos ocupadísimos. **El estreno**[12] es la semana próxima, y dudo mucho que pueda aprender bien mi **papel.**[13]
Steven	Y a mí **me duele**[14] la garganta y no puedo cantar. Esto va a ser un desastre.
María Luisa	¿Qué obra es? ¿Qué **argumento**[15] tiene?
Steven	Es *West Side Story.* En realidad es el tema de *Romeo y Julieta,* pero en un ambiente norteamericano moderno. En lugar de los Capuletos y Montescos de Verona hay dos **pandillas**[16] de un barrio de Nueva York.
Brad	¡Vaya, **qué casualidad!**[17] Si el tema está tomado de Shakespeare no puede ser el colmo de la frivolidad. ¿No crees, María Luisa?
María Luisa	Hoy ganas tú, pero ya veremos quién **tiene razón**[18] la próxima vez.

Notas al margen:

[1] sección donde se anuncian los espectáculos
[2] *plays*
[3] *I would say*
[4] proyectan
[5] que merezca el esfuerzo de ir a verla
[6] preparando
[7] presentar por primera vez
[8] último grado
[9] Estás en un error
[10] quizá(s)
[11] aceptar que tienes razón
[12] la primera representación
[13] mi parte
[14] tengo dolor
[15] historia
[16] grupos, *gangs*
[17] ¡qué coincidencia!
[18] está en lo cierto

COMPRENSIÓN

En pares, preparen preguntas que incluyan el vocabulario nuevo del Diálogo, y ofrezcan dos o tres posibles respuestas.

Modelos: 1. En **la cartelera de espectáculos** ¿se anuncian restaurantes, cines y teatros o tiendas?

En la cartelera de espectáculos se anuncian cines y teatros.

2. En **una obra de teatro** ¿el público ve a los actores en persona, en fotos o en la calle?

En una obra de teatro el público ve a los actores en persona.

3. Si **vale la pena** ver una película ¿es que ésta es buena, mala o mediocre?

Si vale la pena ver una película, es que es buena.

¿Otras preguntas?

PRÁCTICA GENERAL

Todos juntos, pueden hacerse preguntas unos a otros. El vocabulario nuevo **en negritas** debe aparecer en las preguntas y en las respuestas.

Modelos: 1. En tu opinión, ¿cuál es **el colmo** de la frivolidad? ¿Y **el colmo** de la seriedad?

2. Cuando **te equivocas,** ¿reconoces tu equivocación o no te gusta reconocer que **te has equivocado**?

3. ¿Por qué te gustaría o no te gustaría ir a un gran **estreno** en un cine de Hollywood?

¿Otras preguntas?

ENSAYO GENERAL (REHEARSAL)

A. Para representar la escena del Diálogo, un(a) director(a) se encarga de que los actores y actrices usen el vocabulario nuevo. Un(a) apuntador(a) les indica *en inglés* más o menos lo que deben decir. Naturalmente, no es necesario reproducir exactamente la conversación de los personajes.

B. Todos juntos o en grupos, los estudiantes critican el contenido del diálogo, las ideas de sus personajes y la forma en que las expresan. ¿Qué opinión les merece la idea de María Luisa de que el cine es un arte, no un entretenimiento? ¿Y lo que ella dice de las comedias musicales? ¿Conocen ustedes alguna comedia musical que pruebe que María Luisa tiene o no tiene razón?

AMPLIACIÓN DE VOCABULARIO

A. Cuando apareció **el cine** se le llamó «el séptimo arte». Las primeras películas eran **mudas** y **en blanco y negro**, y **la música de fondo** era proporcionada por un pianista que tocaba el piano en el cine (la sala) donde se proyectaba la película. Luego **la pantalla** (superficie blanca sobre la que se proyecta la imagen) empezó a hablar: apareció **el cine sonoro** gracias al invento de **la banda de sonido** que permitió **grabar** la música y las palabras de **los artistas** (**actores** y **actrices**) de cine. Muchas películas eran distribuidas por todo el mundo, y para que el público pudiera seguir el argumento se añadieron **los subtítulos**. Más tarde, como por arte de magia, los artistas empezaron a hablar otras lenguas: había nacido **el doblaje**. **Doblar** bien una película es un arte muy difícil que **exige** (requiere) sincronizar el nuevo texto del diálogo con el movimiento de los labios de los artistas.

En **los años treinta** Hollywood fue «la Meca» del cine. **Los astros** (**las estrellas**) de la pantalla se convirtieron en seres legendarios, conocidos y admirados en todo el mundo. **Las casas productoras** lanzaron grandes superproducciones en las que participaban miles de extras. En **los estudios cinematográficos** se construyeron grandes **platós** con decorados que reproducían desde un circo romano hasta una selva tropical. Las películas con argumentos históricos y bíblicos fueron muy populares, y los astros de aquella época ganaron sumas fabulosas.

Las películas pueden **rodarse** (hacerse) en los estudios y en **exteriores** (*on location*), a veces en lugares muy exóticos. Actualmente, con ayuda de los ordenadores (computadoras) **los trucos** que se pueden hacer son extra-ordinarios, desde recrear animales prehistóricos hasta hundir famosos trasatlán-ticos.

Ahora casi todas las películas son filmadas **en color** (**a colores**) y hay muchas coproducciones: películas franco-italianas, ítalo-germanas, franco-españolas, anglo-francesas... Muchos productores presentan sus películas en **los Festivales Cinematográficos Internacionales,** como el de Cannes, San Sebastián, Berlín o San Francisco. Si reciben **un premio, el éxito de taqui-lla** (el éxito comercial) de la película está garantizado. Si la película es mala, el público dice que **es un tostón** o **una lata** (muy aburrida) y la película **fracasa** (no tiene éxito). En la actualidad el nombre del director es tan importante o más que el de los artistas, y aparece en **el reparto**, junto con los nombres de los técnicos: **operadores** (que manejan las cámaras), **directores de sonido, de vestuario, de maquillaje** (cosméticos), **de luminotecnia** (luces) y **el (la) guionista** (autor o autora del **guión**, que coordina el diálogo con los problemas técnicos de fotografía).

PRÁCTICA

a. En pares, háganse preguntas que incluyan el vocabulario nuevo.

1. ¿Has visto alguna **película muda**? ¿Te pareció una obra de arte o una simple curiosidad?

2. La voz de **los artistas** es muy importante. ¿Te parece buena idea **doblarlos,** es decir, privarlos de su voz y darles otra que no es la suya?

3. ¿Crees que las películas **rodadas** en Europa son «más intelectuales» que las **rodadas** en los EE.UU.? Defiende tu opinión.

¿Qué otras preguntas son posibles?

b. Va a celebrarse un Festival de Cine Clásico, y a usted lo (la) han contratado para que dé algunas ideas. ¿Sería interesante incluir algunas películas mudas? En ese caso, ¿qué instrumentos musicales habrá que tocar en una escena romántica, una escena triste, una escena en la que se ve un lago... etc.? Escriba su informe.

B. Un teatro es un local donde **representan** obras de teatro. **Un cine** es un local donde **ponen (echan, proyectan)** películas. Las obras de teatro están divididas en actos, y entre ellos hay **entreactos.** Si un espectáculo tiene éxito (es un éxito), la gente **hace cola** delante de **la taquilla (la boletería)** para **sacar las entradas (los boletos).** Si hay mucha gente, **se agotan** (se terminan) **las entradas (los boletos).** Entonces aparecen **los revendedores,** que venden las entradas a precios muy altos. También hay **reventa** de entradas (boletos) antes de algunas competiciones deportivas.

En los cines **las localidades** (entradas, boletos) en general están **sin numerar,** y cada espectador se sienta donde encuentre un sitio. En los teatros, en **las funciones de gala,** o en **estrenos,** las entradas están **numeradas:** cada una indica **la fila** y **la butaca** que se debe ocupar en **el patio de butacas,** en **los palcos** o en **el anfiteatro.**

PRÁCTICA

a. En pares, preparen preguntas y háganselas a sus compañeros(as). Algunas posibilidades:

1. Cuando **una obra de teatro** tiene mucho éxito, ¿tú **harías cola** delante de **la taquilla** durante muchas horas?

2. En el cine, ¿por qué nadie quiere sentarse en las primeras **filas**?

¿Otras preguntas?

b. Escriba una carta a un periódico para protestar del precio excesivo de las entradas de teatro, y para pedir que se prohíba la reventa de entradas.

C. Los conciertos de música moderna atraen a grandes multitudes de jóvenes, y muchas veces **se celebran al aire libre.** Los instrumentos más frecuentes son **la guitarra eléctrica, la batería** y **el piano eléctrico. Un mezclador de sonido** puede manipular la música que tocan los miembros del **grupo roquero,** que siempre necesitan **micrófonos** porque **el local** es muy grande, o porque no tienen voz. Esta música se toca a **un volumen** muy alto que, según algunos médicos, ha dañado los tímpanos de toda una generación. A muchas personas amantes de la música clásica, **la música de rock** les parece algo bárbaro y ensordecedor.

Los cantautores son **unos cantantes** que dan en sus **canciones** un mensaje político o social. Unas veces ellos mismos escriben **la letra** de sus canciones, otras veces les ponen música a poemas de poetas famosos, como Pablo Neruda, chileno, o Rafael Alberti, español.

Los cantantes latinos, que cantan en inglés y en español, tienen mucho éxito en los Estados Unidos, y venden muchos **discos.**

PRÁCTICA

a. En pares, preparen preguntas para hacérselas a sus compañeros(as). Algunas posibilidades:

1. ¿Crees que la música de rock divide a las generaciones?

2. ¿Por qué crees que a los jóvenes les gusta oír música a un volumen muy alto?

3. ¿Qué cantautor conoces, y por qué te gusta?

b. Usted ha leído un artículo en el que un famoso crítico musical afirma que el rock es algo bárbaro que no merece ser considerado música. Ahora usted escribe un breve artículo en el que está (o no está) de acuerdo con lo dicho por ese crítico.

LECTURAS SOBRE LA CULTURA Y LA LENGUA

A. Ser una Celestina. Al final del siglo XV apareció en España una obra literaria con el título de «La tragicomedia de Calixto y Melibea». En ella se cuenta la trágica historia del amor de dos jóvenes. Sus amores son posibles gracias a la intervención de una vieja alcahueta (intermediaria en relaciones amorosas fuera del matrimonio). Esta vieja se llama Celestina, y es un personaje teatral tan fascinante que ha dado su nombre a todos los que sirven de intermediarios en alguna relación extramarital de tipo amoroso o, más concretamente, sexual. Esta expresión también puede usarse en una forma amistosa: «Mi amiga Amalia fue la celestina de nuestros amores. La que es ahora mi mujer y yo nos conocimos en una fiesta que Amalia dio en su casa». ¿Cómo diría «ser una Celestina» en inglés?

B. Ser un donjuan o **ser un Don Juan.** Un personaje muy famoso del teatro clásico y romántico español es Don Juan Tenorio, un hombre muy valiente, guapo y cínico que seduce a las mujeres y luego las abandona. La versión femenina de Don Juan podría ser **Carmen**, la gitana de la ópera del mismo nombre: su amor siempre lleva al desastre. ¿Don Juan es como Casanova? Y Carmen, ¿es una vampiresa, como algunas actrices de los años treinta?

DIFICULTADES Y EJERCICIOS

A. Uso de: **doler, lastimar, hacer(se) daño, herir**

doler = causar dolor	*to hurt = to cause pain*
doler = sentir dolor	*to hurt = to feel pain*
lastimar(se) = hacer(se) daño = lesionar(se)	*to hurt oneself*
hacer daño / dañar = lastimar	*to hurt = to cause harm*
herir = causar una herida	*to hurt = to wound*

¿Qué **duele** más, ir al dentista o pagar la cuenta?

A mí **me duele** la cabeza, y a ella **le duele** el estómago.

Ten cuidado cuando juegues con el perrito. Es muy pequeño y puedes **lastimarlo.**

Caí por la escalera y **me lastimé** una pierna. **Me hice daño** en la rodilla

La lluvia ácida **daña** los bosques.

Repetir rumores infundados puede **hacer daño a** la reputación de otros.

La bomba de los terroristas **hirió** a mucha gente inocente.

El terrorista **se hirió** con su propia pistola.

En inglés *to be hurting* se puede usar en el sentido de *to suffer*:

Food is very expensive, and the poor are hurting.

La comida está muy cara y los pobres **sufren.**

PRÁCTICA

Conteste las siguientes preguntas en español usando las palabras estudiadas.

1. Cuando duele alguna parte del cuerpo, ¿se debe ir al médico, o es mejor dejar que la naturaleza siga su curso? **2.** ¿Se ha lastimado usted alguna vez practicando algún deporte? **3.** ¿Qué piensa usted de las personas que, conscientemente, hieren los sentimientos de otros? **4.** En su opinión, ¿qué es lo que causa más daño a la naturaleza?

Practicando al contestar

En pares, preparen preguntas en las que <u>no usen</u> el vocabulario que está **en negritas.** El (La) compañero(a) que contesta <u>sí</u> tiene que usar el vocabulario **en negritas.**

Modelos: 1. Mientras rodaba una película, el protagonista se cayó del caballo. ¿Se lesionó una pierna?

   *Sí, **se lastimó** una pierna.*

   2. ¿Dice que la rodilla le causa mucho dolor?

   *Sí, dice que **le duele** mucho la rodilla.*

   3. Y, ¿por qué no quiere comer frijoles?

   *Dice que los frijoles **le hacen daño.***

¿Qué otras preguntas son posibles?

B. Uso de: **tener razón, no tener razón; darle la razón** (a alguien); **equivocarse de / confundirse de** + nombre; **estar equivocado, estar confundido; estar confuso; usar frases equívocas / ambiguas**

tener razón = estar en lo cierto	*to be right*
no tener razón	*to be wrong*
darle la razón (a alguien) = conceder que la otra persona está en lo cierto.	*to agree (that the other person is right)*
equivocarse de / confundirse de + nombre	*verb + the wrong + noun*
estar equivocado / confundido	*to be mistaken*
estar confuso (= no saber qué pensar)	*to be confused*
usar frases equívocas / ambiguas	*to equivocate*

Este crítico de teatro **tiene razón:** la obra es muy mala. En mi opinión, a veces **no tiene razón,** pero creo que esta vez tengo que **darle la razón.**

Queríamos ver una película francesa, pero **nos equivocamos (nos confundimos) de** cine, y terminamos viendo una película italiana.

Perdón, **estoy equivocado (estoy confundido),** era alemana. Bueno, ya no sé qué era. **Estoy confuso.**

A veces los políticos **usan frases equívocas (ambiguas)** que pueden tener varios significados.

Variantes: Hemos visto qué significa **usar frases ambiguas / equívocas,** es decir, de significado dudoso. Si decimos de alguien que **es una persona ambigua** estamos poniendo en duda su sinceridad, o incluso indicamos que hay algo obscuro en su vida. Y si decimos que alguien **tiene una reputación ambigua** estamos poniendo en duda su honradez o su honestidad.

PRÁCTICA ✎

Elimine las palabras *en bastardilla* y use una de las expresiones estudiadas.

Modelo: Cuando el director cree *estar en lo cierto,* no cambia de opinión.

Cuando el director cree <u>tener razón,</u> no cambia de opinión.

1. *Te concedo que estás en lo cierto.* Es mejor que vayamos a una película de aventuras. **2.** Tu hermano *está en lo cierto.* Esta película es una lata. **3.** *Estás en un error.* En ese cine las entradas siempre están numeradas. **4.** Quería llamar por teléfono a mi amigo, pero *marqué otro* número. **5.** Me dijeron: Lo siento, usted se *confundió* de número. **6.** Tengo muchos problemas y no sé que hacer. *No sé qué pensar.* **7.** Creía que te llamas Leandro, pero te llamas Leonardo. Veo que estaba *en un error.* **8.** El senador quiere contentar a todos, y siempre usa frases *que pueden tener varios significados.* **9.** Llegamos tarde al teatro porque *nos equivocamos* de autobús. **10.** Te pedí que sacaras entradas para el cine Rex, y las sacaste para el Capitol. Te *confundiste* de cine. **11.** Vivo en el cuarto piso. Cuando vengas no *llames a otro* piso, como la última vez. **12.** Contesta sí o no, y no uses frases *ambiguas.* **13.** Mi casa y la casa de mi vecino son casi iguales, y muchas veces mis amigos *llaman a la otra* casa. **14.** Si crees que voy a prestarte dinero, estás *en un error.* **15.** Todo esto es muy difícil y no lo comprendo bien. Estoy *perdido.*

PRACTICANDO AL CONTESTAR ✑

En pares, contesten a las preguntas con sus propias ideas.

1. ¿Por qué crees que (no) hay que darle la razón a los que dicen que es imposible ser a la vez buen artista de teatro y de cine? **2.** Cuando hablas con tus amigos, ¿te molesta que te digan que no tienes razón en lo que dices? **3.** ¿Sobre qué problema social hay varias opiniones ahora? ¿A quién le das la razón? **4.** ¿Recuerdas con facilidad los nombres de las personas a las que conoces sólo superficialmente, o te equivocas de nombre cuando las ves? **5.** Cuando estás en una ciudad que no conoces bien, ¿tienes buena memoria visual para reconocer las calles, o te confundes de calle con facilidad? **6.** ¿Qué haces cuando alguien se equivoca de nombre y te llama por un nombre que no es el tuyo? **7.** ¿Qué piensas de la gente que nunca da una respuesta directa, y siempre contesta con frases ambiguas?

C. Equivalentes españoles de *picture*

la foto(grafía)	*picture (= photo)*
la película, el filme	*picture (= movie)*
el cine	*movies; movie theater*
el cuadro, la pintura	*picture (= painting)*
el retrato / el paisaje	*picture (= portrait / landscape)*
el dibujo / el grabado	*drawing / engraving*
las ilustraciones	*pictures (in a book)*
la Ilustración	*Enlightenment*

Los turistas **sacan (hacen, toman)** muchas **fotos** de los lugares típicos.

Hollywood es la capital del **cine.** Allí hacen muchas **películas (filmes).**

El Prado es un famoso museo de **pintura,** y en él hay muchos **cuadros.**

En ese museo hay **retratos,** y también hay **paisajes** de varios países.

En general, antes de pintar un **cuadro,** los pintores hacen varios **dibujos.**

En el Museo del Prado hay una magnífica colección de **grabados** de Goya.

Los libros de niños tienen muchas **ilustraciones.**

La Ilustración fue un movimiento intelectual del siglo XVIII.

PRÁCTICA

Complete las frases siguientes con la palabra más adecuada.

Modelo: El premio Oscar se lo dan a la mejor <u>película</u> del año.

1. El fotógrafo Ansel Adams es famoso por sus ___. **2.** Mucha gente va al teatro, pero la mayoría prefiere el ___. **3.** En los museos de pintura no hay estatuas. Sólo hay ___. **4.** Antes de la invención de la fotografía, las personas importantes pagaban a los pintores para que pintaran su ___. **5.** Un cuadro con árboles y montañas es un ___. **6.** Con un lápiz no se puede pintar, pero se puede hacer un ___. **7.** Si el artista hace un dibujo sobre una placa de metal, y después reproduce ese dibujo sobre un papel, el resultado es un ___. **8.** En general, a los niños no les gustan los libros que no tienen ___. **9.** En la constitución de los EE. UU. hay mucha influencia de las ideas de la ___.

D. Uso de: equivalentes españoles de la palabra inglesa *wrong*

1. *Wrong* (adjetivo) se usa para indicar que se ha cometido un error. La forma equivalente en español es **equivocarse de / confundirse de +** nombre, el adjetivo **equivocado(a)** o la expresión **que no es (era):**

   Me equivoqué de número.

   Me confundí de número.

   Marqué el número **equivocado.**   *I dialed the wrong number.*

   Marqué el número **que no era.**

   La última frase es una abreviación de: ... que no era el número que quería marcar.

2. *wrong* (adjetivo) = *not to be the appropriate + noun.*

    Éste no es el momento **adecuado / apropiado / indicado** para hablar de obras de teatro.

   This is the wrong time to discuss plays.

Como se puede ver, el español usa la forma negativa. La forma afirmativa corresponde a la forma inglesa *to be right + noun.*

Eres la persona **adecuada / apropiada / indicada** para ese trabajo.

You are the right person for that job.

3. *wrong* (adjetivo) cuando indica un juicio ético o moral.

Hizo **algo malo** y lo pagó.

He did something wrong and he paid for it.

Dije **lo que no debía,** cuando **no debía** y a quien **no debía.**

I said the wrong thing at the wrong time and to the wrong person.

4. *wrong* (adjetivo) = *unfair*

No debías haber castigado al niño. No has sido **justo(a)** (= Has sido **injusto[a]**).

You shouldn't have punished the child. You have been wrong.

5. *wrong* (adjetivo) = *mistaken; false*

Las cifras **están equivocadas.**	*The figures are wrong.*
Las cifras **son erróneas.**	*The figures are wrong.*
Las cifras **son falsas.**	*The figures are false.*
Las cifras **están falseadas.**	*The figures are false.*

Se ve que **equivocado, erróneo** indican un error involuntario, mientras que **falso, falseado** indican un error voluntario, fraudulento.

6. *wrong* (adverbio) = *in a wrong way*

Escribiste **mal** mi nombre.   *You spelled my name wrong.*

7. *wrong* (noun) = *the opposite of moral rectitude.*

Muchos locos no pueden distinguir entre el bien y **el mal.**

Many insane people cannot distinguish between right and wrong.

8. Otros casos especiales

El revés de una tela.	*The wrong side of a material.*
Comprendiste todo **al revés.**	*You got it wrong.*
Algo le pasa a la cámara.	*Something is wrong with the camera.*

PRÁCTICA

Elimine las palabras *en bastardilla* y use en su lugar las expresiones estudiadas.

Modelo: Tomé el autobús *que no iba adonde yo quería ir.*

Tomé el autobús <u>que no era</u>.

1. Éste no es el momento *oportuno* para pensar en rodar una película. **2.** Nuestro amigo tiene muy poco tacto, y siempre dice *algo inoportuno*. **3.** En este documento el nombre está bien, pero el apellido *no está bien*. **4.** Las fotos salieron mal porque el fotógrafo enfocó *erróneamente*. **5.** *Algo está mal con* esta cámara. **6.** Cuando entregó su declaración de impuestos dio cifras *no ajustadas a la verdad*. **7.** Varios siquiatras declararon que el acusado está loco, y que no sabe distinguir entre el bien y *lo que está mal*. **8.** Quería llamar al 911 y llamé al 811. Llamé a un número *erróneo*. **9.** Su explicación fue muy confusa, y yo lo comprendí todo *en sentido opuesto*.

PEQUEÑO TEATRO

A. Los estudiantes harán una crítica de alguna película u obra de teatro que hayan visto recientemente. Pueden hablar del argumento, comentar sobre el trabajo de los actores, del director o directora, de los operadores de la cámara, el vestuario, el maquillaje, etc.

B. Pueden representar una escena de teatro improvisado, o una escena de una película u obra conocida. ¿Cómo interpretarían la famosa escena del balcón de Romeo y Julieta?

SEA USTED MI INTÉRPRETE, POR FAVOR

Estudiante A hace preguntas en inglés. Estudiante B las pasa al español. Estudiante C responde en español, y estudiante B repite la respuesta en inglés.

Algunas sugerencias:

1. What is more important in a movie: the plot, the actors, or the director?

2. When you see a foreign movie, do you prefer to see it dubbed or with English subtitles?

3. Do you think it is wrong to censure shows?

SEA USTED MI TRADUCTOR(A), POR FAVOR

En esta escena hay dos críticos de cine que se detestan, pero que tienen que trabajar juntos. Crítico A sólo habla inglés, y su colega (crítico B) sólo habla español. Como están incomodados y no se hablan, solucionan el problema utilizando los servicios de un(a) traductor(a), (crítico C), que es bilingüe. Algunas de las notitas intercambiadas:

1. Why don't you agree with me? The movie is very good.

2. That's what you think. The script is bad, and the dubbing is horrible.

3. You are wrong, as usual. I think you have chosen the wrong career.

4. What do you do in a party when you say or do the wrong thing?

5. More questions?

4. You think the movie is going to be a box-office success, but I am sure it's going to flop.

5. Charming, isn't it? Please continue the exchange of nasty remarks.

CUESTIONES GRAMATICALES

EL SUBJUNTIVO (I)

A. El indicativo expresa la realidad, con un sujeto o con más de uno. El subjuntivo expresa el mundo de lo posible, de lo que es deseable, de lo que se espera, o una condición contraria a la realidad, ... es decir, lo que no es real todavía. Y expresa también algo que está relacionado con una emoción, aunque no sea ciertamente deseable. Veamos estos contrastes que explicaremos ampliamente más adelante:

Indicativo	Subjuntivo
Es seguro que hay boletos.	Es probable que haya boletos.
Espero comprarlos mañana.	Espero que tú los compres mañana.
Sé que te parecerán caros.	Temo que te parezcan caros.

B. En inglés el subjuntivo se usa poco, pero responde a la misma idea básica: algo que no es parte de la realidad. Se usa:

1. En algunas frases hechas:

*Home, sweet home, **be** it ever so humble.*

O en ésta:

*If you don't memorize your lines, another actor will play your part, and so **be** it.*

2. En algunas frases del lenguaje parlamentario:

*I move that this motion **be** tabled.*

3. Para expresar una condición contraria a la realidad:

*If **I were** you, I would study more.*

4. Menos frecuentemente, en otros casos:

Deseo:	*I wish **I were** you.*
Sugerencia:	*I recommend **that she be** accepted into this program.*
Exigencia:	*He demands **that I be** there all the time.*
Necesidad:	*It is necessary **that you be** patient.*

Como vemos, el subjuntivo de *to be* es fácilmente reconocible. En los otros verbos sólo es fácil reconocer la tercera persona del singular, porque no tiene la –s final:

*I recommend **that she join** the program at once.*

Si el subjuntivo inglés casi desapareció, ¿qué se usa en su lugar? En los ejemplos siguientes, ¿qué formas usaría usted en su conversación?

I want that you be a good actress.	*I want you to be* a good actress.
It is important that he learn his lines.	*It is important for him to learn his lines.*
Were he to arrive late ...	*If he arrived late ...*
If I were you ...	*If I was you ...*

*El asterisco del último ejemplo indica que esa forma no es gramatical. En este caso el subjuntivo inglés está muy vivo todavía, y debe usarse.

EL SUBJUNCTIVO EN EXPRESIONES IMPERSONALES

Hay expresiones impersonales que miran hacia el futuro, que se refieren a algo que todavía no pertenece al mundo de la realidad, y siempre van seguidas de **que** y un verbo en subjuntivo. Hay otras que, por el contrario, expresan esta realidad, afirman una existencia, aunque sea en el futuro, y usan **que** con verbos en indicativo.

Subjuntivo: **Es probable que** la película **sea** un éxito de taquilla.

Puede ser que gane un premio en el Festival de Cannes.

Indicativo: **Es seguro que** la película **será** un gran éxito de taquilla.

Es indiscutible que ganará un premio en el Festival de Cannes.

Algunas expresiones requieren **que** + *subjuntivo* cuando indican:

1. Duda: es posible, puede ser, es probable, es dudoso, es raro, etc.

2. Sugerencia o mandato: es necesario, es mejor, es urgente, es conveniente, es preferible, etc.

3. Opinión personal: es fácil, es difícil, es lástima, es lamentable, es increíble, es indignante, es ridículo, etc.

Algunas expresiones se refieren a la realidad y, por lo tanto, requieren **que** + *indicativo*:

Es seguro, es claro, está claro, es cierto, es indiscutible, es obvio, es evidente, es notorio, es palpable, es innegable, etc.

Algunas de estas expresiones necesitan un subjuntivo cuando están en forma negativa, pues entonces afirman la no-existencia de esa realidad, pero conservan el indicativo cuando se trata de una pregunta:

No es cierto que esa obra de teatro **sea** inmoral.

¿No es cierto que esa obra de teatro **es** inmoral?

Los hispanoparlantes pueden jugar con el indicativo o el subjuntivo para expresar sútiles grados de duda. No hay que asombrarse, por lo tanto, si alguien dice: **No es cierto que** esa obra de teatro **es** inmoral. (En su opinión, la obra **no es** inmoral.) Las formas más frecuentes, sin embargo, son las explicadas antes.

Práctica

a. En grupos, preparen frases en las que afirman algo, seguidas de una expresión impersonal en forma interrogativa. Sus compañeros(as) contestan usando el indicativo o el subjuntivo, según sea necesario.

Modelos: 1. Tú vas a rodar una película. ¿Es verdad?

Sí, es verdad que voy a rodar una película.

No, no es verdad que vaya a rodar una película, por ahora.

No, no es verdad que voy a rodar una película, te lo aseguro.

2. Una gran soprano ha perdido la voz. ¿Es lamentable?

Sí, es lamentable que haya perdido la voz.

No es lamentable que haya perdido la voz. Cantaba mal.

3. Van a doblar todas las películas extranjeras. ¿Es cierto?

Sí, es cierto que van a doblarlas.

No, no es cierto que vayan a doblarlas, espero.

No, no es cierto que van a doblarlas. Estoy seguro.

Preparen otras preguntas. Algunas sugerencias:

1. Hay muchos micrófonos en los conciertos de rock. ¿Es necesario o es innecesario? **2.** El cine europeo es más intelectual que el cine estadounidense. ¿Es verdad o no? **3.** Si te duele una muela y no vas al dentista, te va a doler más cada día. ¿Es seguro o es probable? **4.** La película fracasa si es un tostón. ¿Es obvio o es posible? **5.** Hacen películas con las novelas que no han tenido éxito. ¿Es raro o es frecuente?

b. Un poco de chismografía (*gossip*). Usando las expresiones impersonales estudiadas, escriba una columna en la que confirma algunos rumores que circulan por el mundo del espectáculo, y niega otros. Entréguesela a un(a) compañero(a), quien no está de acuerdo con lo que usted dice, y responda con otra columna en la que dice exactamente lo contrario. Por ejemplo, usted escribe: «Es probable que el actor X y su esposa se divorcien». Su colega responde: «No es probable, es seguro que se divorcian».

Sugerencias: Hollywood sigue controlando la industria del cine. Van a doblar todas las películas extranjeras. El cine europeo es más intelectual que el cine norteamericano. La última película del director X fracasa... etc.

VERBOS QUE REQUIEREN SUBJUNTIVO EN LA CLÁUSULA SUBORDINADA
VERBOS QUE EXPRESAN DUDA

Entre los verbos que expresan duda, o que indican que no se cree algo, hay que hacer algunas distinciones:

1. El verbo **dudar**:

Un sujeto: Infinitivo o subjuntivo	Dos sujetos: Subjuntivo
Yo dudo **poder** dirigir una película.	Mi amiga duda que yo **pueda**
Yo dudo **que** (yo) **pueda** dirigir	dirigir una película.
una película.	

2. Los verbos **creer** y **pensar**:

Afirmación: Indicativo	Negación: Subjuntivo
Creemos que la censura **va**	No creemos que la censura **vaya**
a prohibir esa película.	a prohibir esa película.
Piensan que **es** violenta.	No piensan que **sea** violenta.

Como en el caso de algunas expresiones impersonales, los hispanoparlantes pueden usar el subjuntivo o el indicativo para expresar una duda grande o pequeña, pero lo más frecuente es usar el subjuntivo.

No creen que la película **sea** violenta. (Otros creen que sí lo es.)

No creen que la película **es** violenta. (Pues sí, es violenta.)

¿No creen que la película **es** violenta? (Se equivocan. Es violenta.)

PRÁCTICA

✎ **a.** Complete estas frases con el infinitivo, indicativo o subjuntivo del verbo dado entre paréntesis. En algunos casos puede haber dos posibilidades.

   Modelo: (**tener que**) Dudo mucho que nosotros <u>tengamos que</u> hacer cola.

   1. (**ser**) ¿Tú no crees que yo ____ un buen actor? Yo creo que sí lo ____.
   2. (**saber**) Sospecho que ese muchacho no ____ tocar bien la batería.
   3. (**tocar**) No dudo que él ____ bastante bien, pero no ____ muy bien.
   4. (**tener razón**) Es muy arrogante, y siempre cree ____. **5.** (**tener razón**) Es muy arrogante, y siempre cree que él ____. **6.** (**tener razón**) Es muy arrogante, pero yo dudo mucho que él siempre ____.

✎ **b.** En pares. Usted organiza un concierto de rock y escribe varias preguntas para que su asistente le dé su opinión por escrito. En algunos casos su asistente está de acuerdo, en otros tiene serias dudas. Por ejemplo:

   ¿Hay bastante dinero para financiar el concierto? ¿Necesitaremos tres pianos? ¿Se venderán muchos boletos? ¿Se agotarán las entradas? ¿Podremos venderlas caras? ¿Vendrá mucha gente? ¿Ganaremos mucho dinero?

VERBOS QUE INTENTAN CONTROLAR LA CONDUCTA DE OTRO SUJETO

1. Intentamos controlar la conducta de otros cuando queremos o esperamos que hagan algo. El que lo haga o no pertenece al mundo de lo posible, no al mundo de la realidad, y por eso estos verbos provocan la presencia de un subjuntivo en la cláusula subordinada. Atención: Se necesitan dos sujetos. Si los dos verbos tienen el mismo sujeto, el segundo verbo está en infinitivo.

Un sujeto: Infinitivo	**Dos sujetos: Subjuntivo**
Quiero ensayar por la tarde.	Quiero **que** ustedes **ensayen** por la tarde.
Esperas actuar en Europa.	Espero **que** tú **actúes** en Europa.

Otros verbos de este tipo: desear, ambicionar, confiar en, exigir, tener ganas de.

2. Hay verbos que pueden 1) comunicar un hecho o 2) dar una orden indirecta.

Comunicación: Indicativo	El director me dice que **actúo** muy bien.
Orden indirecta: Subjuntivo	El director me dice **que actúe** muy bien.

Otros verbos de este tipo: escribir, comunicar, informar, avisar, anunciar, participar, notificar, telefonear.

3. Los verbos que ordenan, permiten o prohiben pueden tomar infinitivo o subjuntivo, aun cuando haya un cambio de sujeto:

   El médico me manda **fumar** (**que fume**) menos.

   Mi consejera me recomienda **estudiar** (**que estudie**) arte dramático.

Otros verbos del mismo tipo: permitir, prohibir, ordenar, aconsejar, sugerir, proponer, consentir, tolerar, dejar, impedir, pedir, rogar.

PRÁCTICA

a. En pares, completen las siguientes oraciones. Los estudiantes mandones (*bossy*) quieren imponer sus ideas a los demás:

1. Yo toco la batería, y quiero que tú... **2.** Voy a un concierto de piano, y espero que tú... **3.** No me gusta la violencia en la tele, y confío en que a ti... **4.** Trabaja mucho. Te digo que... Es una orden. **5.** Trabajas demasiado. Sí, te digo que... y no debes trabajar tanto. **6.** Yo no fumo, y te prohibo que tú... **7.** Yo no fumo, y te prohibo... **8.** Mi madre usa maquillaje, pero dice que soy muy joven y no me permite que yo... **9.** ¿Otras posibilidades?

b. En una familia, el padre y la madre escriben las reglas sobre el uso de la televisión. Con un(a) compañero(a), comparen la lista hecha por cada uno y escriban una lista definitiva. Por ejemplo, manden, piden, prohiben, sugieren, no toleran..., etc., a los niños encender la TV antes de las ocho de la mañana; apagarla a las ocho de la noche; subir muy alto el volumen; ver películas violentas; sintonizar programas para adultos... ¿Qué más?

VERBOS QUE EXPRESAN EMOCIÓN O NEGACIÓN

1. Verbos que expresan alegría, temor, vergüenza, sorpresa o lástima en relación con la acción expresada por otro verbo:

Un sujeto: Infinitivo o subjuntivo	Dos sujetos: Subjuntivo
Me alegra **poder** verte.	Me alegra **que puedas** verme.
Me alegra **que (yo) pueda** verte.	
Tengo miedo de **ponerme** nervioso el día del estreno.	Tengo miedo de que tú **te pongas** nervioso el día del estreno.
Tengo miedo de **que (yo) me ponga** nervioso el día del estreno.	

Otros verbos del mismo tipo: avergonzar, encantar, agradar, temer, asustarse, humillar, sonrojar, abochornar, ruborizar, asombrarse, admirarse, maravillarse, extrañarse, deplorar, quejarse de, sentir, sorprender, dar pena.

2. El verbo **negar:**

Un sujeto: Infinitivo o subjuntivo	Dos sujetos: Subjuntivo
Niego **estar** en una pandilla.	Niego **que tú estés** en una pandilla.
Niego **que yo esté** en una pandilla.	no niego que es verdad

PRÁCTICA

a. Usando los verbos presentados en esta sección, un(a) estudiante aprueba o desaprueba lo que dice un(a) amigo(a).

Modelos: 1. Nunca voy al cine.

Me asombra que nunca vayas al cine.

2. Me dieron un papel importante en el reparto.

Me alegra que te lo hayan dado. (Mentira, me sorprende que te lo hayan dado, porque eres muy mal actor [mala actriz].)

3. El mes próximo pierdo mi empleo.

Siento que pierdas tu empleo.

¿Otras posibilidades?

b. Un(a) amigo(a) escribe una carta en la que dice lo que ha hecho, bueno y malo, en las últimas semanas. Su amigo(a) le contesta expresando su aprobación o su sorpresa. Por ejemplo:

«Leí las obras completas de Shakespeare. Aprendí a escribir guiones para la televisión. Plagié una obra de teatro. Me dedico a la reventa de boletos. Doblé una película muda...» ¿Otras posibilidades?

PRÁCTICA DEL SUBJUNCTIVO

Complete estas oraciones con el infinitivo, indicativo o subjuntivo del verbo dado entre paréntesis.

Modelo: (**tener que**) Espero que nosotros no <u>tengamos que</u> hacer cola.

1. (**haber**) Si llueve, dudo mucho que ___ un concierto en el parque. **2.** (**haber**) Aunque hace mal tiempo, estoy seguro que ____ un concierto en el parque. **3.** (**haber / valer la pena**) Confío en que habrá algún espectáculo que ____. **4.** (**poder**) Espero que tú ____ ensayar mañana. **5.** (**poder**) Yo espero ____ ensayar mañana. **6.** (**poder**) Yo espero que yo ___ ensayar mañana. **7.** (**ser**) El director me dice que la música de fondo ___ mediocre. **8.** (**buscar**) El director me dice que ___ otra música. **9.** (**querer**) La crítico de cine me dice que ___ verme. **10.** (**ir a**) La crítico de cine me dice que vaya verla. **11.** (**ir**) La ley prohibe que los menores ___ a ciertos filmes. **12.** (**ir**) La ley prohibe a los menores ___ a ciertos filmes. **13.** (**permitir**) Me sorprende que las autoridades ___ tanta violencia en el cine. **14.** (**tener**) Tú niegas ___ criterios muy estrictos. **15.** (**tener**) Tú niegas que (tú) ___ criterios muy estrictos.

REVISIÓN GENERAL

Diálogo

Conteste a estas preguntas con sus propias ideas.

1. ¿Cuándo lee usted la cartelera de espectáculos? **2.** ¿Por qué es famoso Broadway, en Nueva York? ¿Qué hay en esa calle? **3.** ¿Por qué cree usted que tiene o no tiene razón la gente que dice que no vale la pena ir al cine? **4.** ¿Por qué son importantes los ensayos en el teatro? **5.** ¿Cuál es la clave del éxito de una revista musical? **6.** En su opinión, ¿cuál es el colmo de la estupidez? **7.** ¿Qué piensa usted de una persona que siempre les da la razón a sus superiores? **8.** Cuando el estreno de una película o de una obra de teatro es un gran acontecimiento, ¿usted cree que es una cuestión artística o una cuestión de publicidad? Explique sus opiniones. **9.** Piense en una obra de teatro o en una película bien conocidas. ¿Qué papeles le gustaría representar en ellas? **10.** ¿Por qué es terrible para un tenor o una soprano que les duela la garganta?

Ampliación de vocabulario

A. Conteste a estas preguntas usando en sus respuestas las palabras que están *en bastardilla,* y otras del vocabulario nuevo.

Modelo: En un espectáculo, ¿por qué *se agotan las entradas*?

Posible respuesta: <u>Se agotan</u> las entradas porque <u>el espectáculo tiene mucho éxito</u>, y mucha gente quiere verlo.

1. ¿Por qué están divididas en *actos las obras de teatro,* pero no *las películas*? **2.** ¿Qué importancia tiene *el vestuario* en un espectáculo? **3.** ¿Por qué es *ambigua* la frase: Mi vecino se mató? **4.** En su opinión, ¿qué espectáculo *vale la pena* ver? **5.** ¿Conoce usted *el argumento* de Romeo y Julieta? ¿Puede contárnoslo? **6.** ¿Dónde se compran *las entradas (los boletos)*? **7.** ¿Por qué hay películas con *subtítulos*? **8.** Cuando están *filmando* una película, ¿qué hacen *los operadores*? **9.** ¿Qué hay en *la cartelera de espectáculos*? **10.** Las películas *de vaquero*, ¿representan el Oeste real o son producto de la imaginación de los *guionistas* de Hollywood?

B. Frases incompletas. Complete estas líneas con una idea suya.

Modelo: Doblar una película es *hacer que los artistas hablen en un idioma que no es el suyo.*

1. Cuando un espectáculo es muy largo, hay uno o varios ... **2.** Los artistas necesitan saber de memoria sus ... **3.** Para encontrar mi butaca tengo que saber el número y la ... **4.** Muchas veces el estreno de una película es una función de ... **5.** Los maquilladores pueden ocultar defectos de la cara usando ... **6.** Antes de la invención de la banda de sonido, el cine era ... **7.** Al principio o al final de una película se ve una lista de nombres que se llama el ... **8.** En general los cantautores escriben la ... de sus canciones.

Dificultades y ejercicios

A. Conteste estas preguntas usando en sus respuestas las palabras que están *en bastardilla*.

1. ¿Sabe usted dónde están Paraguay y Uruguay? ¿Los puede encontrar en el mapa, o *se confunde de* país fácilmente? **2.** ¿Un texto difícil de comprender, *está confundido* o *es confuso*? **3.** ¿Cree usted que las personas mayores siempre *tienen razón* porque tienen más experiencia? **4.** Unos prefieren ver películas *dobladas*, otros prefieren *subtítulos*. ¿A quiénes *les da la razón* y por qué? **5.** ¿Conoce usted algún pintor español famoso por sus *grabados* sobre una guerra entre España y Francia en el siglo XIX? **6.** ¿Qué *cuadro* famoso conoce? ¿Por qué es famoso ese *cuadro*? **7.** ¿Por qué a los niños no les gustan los libros sin *ilustraciones*? **8.** ¿Qué *duele* más, el dolor físico o el dolor moral?

B. Un poco de Spanglish. En estas frases, use el equivalente español de las palabras inglesas que están *en bastardilla*.

Modelo: Lo que has hecho está muy *wrong*.

     Lo que has hecho está muy _mal_.

1. Lo siento. *Wrong number*. **2.** No quiero hablar de esto ahora. *It is the wrong time*. **3.** *You are the right actor* para este papel. **4.** ¿Por qué estás incomodada conmigo? *I said nothing wrong*.

Cuestiones gramaticales

A. Conteste estas preguntas usando el infinitivo, el indicativo o el subjuntivo, según sea necesario.

Modelo: A los amantes de la música clásica les gusta la música rock. ¿Es verdad?

     En general, no es verdad que a los amantes de la música clásica les _guste_ la música rock.

1. Un buen grupo musical vende muchos discos. ¿Es probable o es seguro? **2.** A los conciertos de música rock va mucha gente de más de cincuenta años. ¿Es cierto o es dudoso? **3.** En muchas películas hay mucha violencia. ¿Es indignante o es necesario? **4.** La ópera es un espectáculo minoritario. ¿No cree? **5.** En las películas de aventuras hay mucha acción. ¿Duda usted o no? **6.** Creo que usted va a tener éxito. ¿Qué cree usted? **7.** La obra de teatro va a tener éxito. ¿Usted lo desea? **8.** Estos bailarines de ballet comen demasiado. ¿Qué les prohibe el director? **9.** El concierto va a ser un fracaso. ¿Lo teme usted? **10.** Dicen que usted ya no baila tan bien como antes. ¿Lo niega usted?

∞ ∞ ∞

De las pequeñas composiciones
a la gran composición

EL CUENTO

En esta lección tenemos un proyecto más literario: vamos a escribir un cuento.

En español, la palabra cuento tiene varios sentidos. Un cuento puede ser una narración para niños, como el cuento de la Caperucita Roja, los cuentos de hadas o el cuento de la Cenicienta. Cuando los niños dicen: ¡Cuéntame un cuento!, casi siempre empezamos con una fórmula tradicional: «**Una vez había** un rey que tenía una hija muy hermosa. Para proteger a la princesa, el rey la tenía encerrada en un castillo y...». Al terminar, hay también otra fórmula clásica: **Colorín, colorado, este cuento se ha acabado.** En estos cuentos el mensaje, en general, es muy sencillo: el bien y la virtud triunfan sobre el mal.

Escribir un cuento para niños es un buen ejercicio en el uso de los imperfectos y pretéritos de los verbos. Aunque generalmente la acción de estos cuentos ocurre en un pasado remoto y más o menos fantástico, con reyes y princesas, castillos y dragones, el uso del imperfecto hace que la acción parezca más próxima. Dentro de esa narración basada en imperfectos, ocurren otras acciones expresadas en pretéritos: «Un día llegó al castillo un príncipe. El rey lo recibió con cortesía y le preguntó...», y cuando es necesario hablar del pasado del pasado, usamos el pluscuamperfecto: «El príncipe le dijo que **había oído** hablar de una princesa muy hermosa, y...».

PRÁCTICA

Con estos elementos podemos hacer un ejercicio muy sencillo: escribir un inocente plagio, una versión muy abreviada (no más de una página) de un cuento infantil bien conocido, como «Blancanieves y los siete enanitos», «Pinocho» o cualquier otro.

O también, ¿por qué no intentar crear un cuento original?

El otro significado de la palabra «cuento» corresponde a la *short story* en inglés: una narración breve para personas mayores, no tan larga como la novela corta y, generalmente, con un tema de la vida contemporánea. Hay muchos libros de cuentos de este tipo en la literatura escrita en español, como *El informe de Brodie,* del argentino Jorge Luis Borges (1899–1986) o *Algunos muchachos,* de la española Ana María Matute (n. 1926). Ésta, por cierto, también es autora de muchos cuentos para niños.

La técnica del cuento es muy difícil. En una novela larga puede haber algunas páginas, o incluso algunos capítulos, que no sean muy interesantes. En el cuento, por el contrario, el lector debe sentirse interesado antes de que termine la primera página, y el interés no debe decaer hasta llegar al final. Se ha dicho que un buen cuento es aquél en el que «no falta nada y no sobra nada», pero nuestros fines (practicar el arte de escribir en español) son más modestos, y no debemos sentirnos intimidados por las dificultades de este género literario.

PRÁCTICA

Un buen ejercicio sería leer un cuento de uno de los autores citados antes, o de cualquier otro autor, y escribirlo después, en forma más breve, con nuestras propias palabras. Es decir, estaríamos cometiendo el gran pecado del plagio, pero sería un plagio inocente, con fines puramente didácticos. Le robaríamos el argumento al autor, y nosotros lo contaríamos después a nuestra manera.

Otro ejercicio sería contar en un par de páginas el argumento de alguna película que hayamos visto recientemente, y que nos haya interesado por una u otra razón.

Lo más interesante, naturalmente, es escribir, ¿por qué no?, nuestro propio cuento, ya sea inspirado en alguna experiencia personal, en algo que le haya sucedido a una persona conocida, o en nuestra imaginación. Los autores, naturalmente, pueden escribir el cuento como quieran, pero es aconsejable seguir ciertos principios que nos van a servir de guía. En todo caso, necesitamos algunos consejos técnicos:

1. EL ARGUMENTO: ¿qué historia vamos a contar? No necesariamente hay que tener una idea muy clara de los que va a suceder. Es frecuente que los autores empiecen un cuento sin saber exactamente cómo van a terminarlo. El argumento puede tener un «mensaje» o no. Puede escribirse un cuento por el puro placer de contar algo, o con un fin didáctico, para enseñar algo. Es decir, el argumento (la historia que se cuenta) puede tener un tema (un contenido didáctico). Si escribimos que un gato se comió a un ratón, un argumento bien sencillo, estamos diciendo, implícitamente, que las leyes de la naturaleza son crueles, que el fuerte siempre destruye al débil o, simplemente, que no es buena idea ser ratón, o sea, ser débil.

2. LOS PERSONAJES: cuantos menos, mejor. Y, hablando de gatos y ratones, los personajes pueden ser animales usados como símbolos, que tienen una significación aceptada y convencional, aunque no necesariamente cierta: el perro (la fidelidad), el zorro (la astucia), etc. Y no sólo los animales: una flor que crece en las ruinas de una ciudad bombardeada, o unos niños que se salvan después de una gran catástrofe, pueden ser el símbolo del renacer de la vida.

3. Tenemos que escoger un cierto punto de vista (ver las lecciones 4 y 5), y no cambiarlo. El cuento es una narración breve que, en general, no tolera varios puntos de vista.

4. Si en el cuento hay conversaciones, debemos usar bien las rayas (—) y las comillas (" " o «»), como se explica en la Lección preliminar. Para las conversaciones es conveniente tener un rico vocabulario que nos permita no repetir constantemente formas verbales como, por ejemplo, «dijo»: exclamó, interrumpió, confirmó, negó, afirmó, gritó, sentenció, pontificó, indicó...

5. Los personajes deben expresarse en forma natural, de acuerdo con su personalidad y situación en la vida. Un campesino no habla como un académico, aunque a veces exprese ideas más inteligentes que las de un erudito profesor, y su forma de hablar se reflejará en nuestro cuento, en el que pueden aparecer «p'alante» en lugar de «para adelante», o «pos míe usté» en vez de «pues mire usted», y si nuestro personaje es del barrio hispano de una ciudad norteamericana quizá mezcle el inglés y el español, pues así sucede con frecuencia en la realidad.

POSIBLES TEMAS PARA UNA COMPOSICIÓN / CONVERSACIÓN

ATAJO:

Grammar:	Verbs: Subjunctive with *que*
Phrases:	Describing people; Linking ideas; Making transitions; Sequencing events; Writing about theme, plot, or scene
Vocabulary:	Punctuation marks

1. Cuente el argumento de una película o de una obra de teatro, usando lo más posible el vocabulario aprendido en esta lección:

«Un famoso italiano, director de cine, rodó una película con un argumento bien conocido: Romeo y Julieta. Como él la filmó en Italia, la rodó en exteriores, en las calles y plazas de una hermosa ciudad italiana. Los protagonistas son jóvenes y guapos, y el vestuario es magnífico. Romeo y Julieta están locamente enamorados, pero sus familias son enemigas y no quieren que los dos jóvenes se vean, y mucho menos que se casen... etc.»

2. Escriba un cuento basado en la vida de algún personaje bien conocido, productor(a), director(a), actor o actriz de cine, escritor(a) o cualquier otro. No usamos su verdadero nombre, sino que le damos otro, o no le damos ninguno. Este cuento se parece mucho a una biografía novelada, o a una biografía ficticia, pero mucho más corto.

«El gran <u>director</u>, alto, barbudo, impresionante, llegó a <u>los estudios</u> donde estaban <u>filmando</u> su última película.

—¿Dónde está el protagonista? —preguntó—. Quiero darle instrucciones para el <u>rodaje</u> de la próxima escena.

<u>Los técnicos de luminotecnia</u> y <u>de sonido</u> se miraron unos a otros en silencio. Por fin uno de ellos, pelirrojo, delgado y menos tímido que los otros, se atrevió a decirle.

—No puede venir, porque está borracho.

El director se puso muy serio y pensó un momento. Luego se le iluminó la cara.

—No importa. A ver, ¿dónde están <u>los encargados de los efectos especiales</u>? Vamos a tener que hacer algunos <u>trucos</u>. Si yo hice vivir a los dinosaurios, también puedo hacer vivir a ese borrachito. <u>Quiero que me copien</u> al protagonista ahora mismo.

Y lo hicieron. Con la ayuda de ordenadores y <u>trucos de luminotecnia</u> al momento apareció en <u>el plató</u> el actor principal, un poco rígido, como si fuera un monstruo de Frankenstein, pero guapo y sonriente. <u>La filmación</u> continuó, y la película fue <u>un éxito de taquilla</u>.

Desde ese día, la profesión de actor de cine desapareció. Ya no hacen falta actores. Todo se hace con computadoras».

(¿Quién nos ha inspirado este cuento?)

3. Escriba un cuento original. En este caso, no tiene que limitarse a las palabras estudiadas en esta lección. Tiene libertad de tema y vocabulario.

MÁS TEMAS PARA UNA COMPOSICIÓN / CONVERSACIÓN

1. El cine y su influencia sobre el público

2. Los éxitos de taquilla, ¿arte o publicidad?

3. La ópera ¿espectáculo minoritario?

4. El cine norteamericano, reflejo de la sociedad de los EE.UU.

5. ¿Censura de las escenas eróticas o de las escenas violentas?

6. El teatro en las universidades, ¿diversión o actividad cultural?

7. La belleza física, ¿condición indispensable para ser artista de cine?

8. Policías y ladrones: la violencia en el cine

POSIBLES ARGUMENTOS PARA OTROS CUENTOS

1. Un niño cree que todo lo que ve en el cine o en la televisión es verdad, con efectos desastrosos en la vida real. Por ejemplo: cree que puede volar como Superman.

2. Unos jóvenes van a la ópera por primera vez. ¿Cómo reaccionan?

3. Unos extranjeros que sólo conocen la vida en los EE.UU. a través del cine, vienen a este país por primera vez. ¿Qué aventuras les suceden?

4. Un(a) joven cree que podrá llegar a tener éxito en el cine simplemente por su belleza física. ¿Qué le sucede al llegar a Hollywood?

lección **10**

❧

la naturaleza

En Pobra de Caramiñal, un pueblo marinero de Galicia, en España, todos los años usan sal coloreada para hacer alfombras de flores en las calles por donde va a pasar una procesión.

ↁↂↀ

Personajes: *María Luisa, Brad, Pilar, Manuel*

MARÍA LUISA   Hoy a las ocho hay un documental en la tele sobre **la matanza de ballenas.**[1] Me gustaría verlo.

PILAR   ¡Uf, qué horror! **Digan lo que digan,**[2] eso es una barbaridad.

BRAD   **Por salvaje que sea,**[3] no lo es mucho más quelas corridas de toros.

MARÍA LUISA   O que **las peleas de gallos.**[4] Yo vi una en México y me pareció **una salvajada.**[5]

MANUEL   ¡Hombre! No hay que exagerar. En las corridas de toros, por lo menos hay arte. En cuanto a **lo de**[6] los gallos, no lo sé porque nunca he visto una.

MARÍA LUISA   Entonces, tú crees que el arte justifica la matanza de los toros, ¿no?

MANUEL   A mí me gustan...

BRAD   ¿Te gusta que maten toros por diversión? No te creía tan **sanguinario.**[7]

MANUEL   Déjame que termine. Lo que me gustan son las corridas de toros, no las matanzas de toros.

MARÍA LUISA   ¿Y cómo puedes separarlas unas de otras? Las corridas de toros son una gran **bestialidad,**[8] las matanzas de ballenas son un acto de **salvajismo,**[9] **las riñas**[10] de gallos, otro, y los experimentos con animalitos en los laboratorios son una barbaridad. Los animales tienen derechos.

MANUEL   Y dime, querida amante de los animales, ¿cómo quieres que se haga la investigación médica? ¿Con personas?

MARÍA LUISA   Bueno, yo he leído no sé dónde que algunas de esas investigaciones son para fabricar **productos de belleza.**[11] No creo que tengan nada que ver con las enfermedades.

MANUEL   Y entonces, ¿con qué vas a **maquillarte?**[12] ¿Vas a pintarte la cara con barro, como algunos **salvajes?**[13]

MARÍA LUISA   Pues, mira, no sería mala idea. Pero además, ¿qué entiendes tú por «salvaje»? Yo te puedo decir el nombre de algunos, aquí en nuestro mundo «civilizado». Por ejemplo, las señoras que se adornan con pieles de animales son unas salvajes.

PILAR   **Te estás pasando de la raya.**[14] **Estás harta de saber**[15] que yo tengo **un abrigo de visón.**[16]

MARÍA LUISA   Bueno, **metí la pata**[17] **por todo lo alto.**[18] Perdona, madre, pero no debías tenerlo.

BRAD   En Inglaterra unos partidarios de los derechos de los animales entraron en una granja de visones y los liberaron a todos.

MANUEL   Sí, ya sé, y después los visones, que son unos animalitos muy feroces, se dedicaron a matar **todo cuanto**[19] perro y gato **se les puso por delante.**[20] Una acción muy humanitaria.

MARÍA LUISA   Hablando de perros, Brad, no te olvides de comprarle **un collar matapulgas**[21] al tuyo.

[1] matar muchas ballenas (*whales*)
[2] por mucho que digan
[3] aun si es muy brutal
[4] *cockfights*
[5] acción brutal
[6] el asunto de, la cuestión de
[7] cruel
[8, 9] acción cruel
[10] peleas
[11] cosméticos
[12] pintarte la cara
[13] personas sin «civilizar»
[14] te excedes
[15] sabes bien
[16] *mink coat*
[17] dije lo que no debía
[18] mucho
[19] todos
[20] encontraron en su camino
[21] *flea collar*

MANUEL   ¡Ah! Entonces, las pulgas, ¿no tienen derechos? ¿Ves, hija? **Te cogí**[22] en una contradicción.

MARÍA LUISA   No te pongas sarcástico, padre. **¿Qué mosca te ha picado?**[23]

MANUEL   No fue una mosca, fue una pulga **de las del**[24] perro de Brad.

[22] te atrapé
[23] ¿por qué estás incomodado?
[24] de las (pulgas) de su perro

COMPRENSIÓN

En pares, preparen preguntas para hacérselas a sus compañeros(as), y sugieran tres posibles respuestas.

Modelos: 1. **Las matanzas** de ballenas ¿son un deporte, una necesidad económica o una salvajada?

2. **Las peleas de gallos** ¿son ilegales en los EE.UU., buenas para los gallos o un deporte muy humanitario?

3. Una persona **sanguinaria** ¿es amable, violenta o interesante?

¿Qué otras preguntas?

PRÁCTICA GENERAL

En pares, preparen preguntas para hacérselas a sus compañeros(as). Usen el nuevo vocabulario **en negritas** en las preguntas y en las respuestas.

Modelos: 1. **La matanza** de animales, ¿está justificada en algún caso? ¿En qué casos es justificable?

2. **Digan lo que digan** los amantes de los animales, ¿sería buena idea eliminar a algunos animales que son peligrosos para la gente? ¿Cuáles animales?

3. ¿Has visto alguna vez **una pelea de gallos**? ¿Qué piensas de ella? Si no la has visto, ¿te gustaría verla?

¿Más preguntas?

ENSAYO GENERAL (REHEARSAL)

A. En grupos de seis, ensayen la escena del Diálogo. Un(a) director(a) se encarga de que usen el vocabulario nuevo. Un(a) apuntador(a) les dice, *en inglés,* lo que más o menos tienen que decir los actores.

B. Convertidos en un grupo de críticos, analicen el contenido del Diálogo y las ideas expresadas por cada uno de los personajes. Pueden criticar la actitud de María Luisa. ¿De verdad se pasa de la raya, como dice su madre? Y Manuel, ¿tiene razón cuando distingue entre la matanza de toros y la corrida de toros? Las necesidades de la investigación médica, ¿justifican el uso de animales en los laboratorios, como dice Manuel? ¿De verdad se contradice María Luisa cuando defiende el derecho a la vida que tienen los animales, pero al mismo tiempo dice que hay que matar las pulgas?

AMPLIACIÓN DE VOCABULARIO

A. La protección del **medio ambiente**, de la naturaleza, es una cuestión que preocupa a mucha gente. En algunos países hay partidos políticos, **los verdes**, que tienen como programa principal el evitar la contaminación del planeta. A esos **ecologistas** les preocupa **la lluvia ácida**, que está destruyendo los bosques de algunas partes del mundo y los monumentos de algunas ciudades próximas a zonas industriales.

Otro problema es **la desertización** de ciertas zonas. **La tala** de árboles, cortarlos, especialmente en los bosques tropicales, deja el terreno expuesto a los peligros de **la erosión del suelo**, y lo mismo sucede cuando el sistema de cultivo **agota el terreno**, o cuando **el ganado** o **los animales salvajes** consumen la vegetación. Con la desertización viene **la sequía**, causada por la falta de lluvia o por el agotamiento de los depósitos subterráneos de agua. Hay zonas agrícolas en el mundo que sólo son productivas gracias a **un sistema de riego**.

La tala de árboles con fines comerciales es un problema a nivel mundial. Cada día desaparecen miles de hectáreas de **bosque**, de **selva** tropical (**jungla**), y es muy difícil reparar el daño causado, pues la erosión es muy rápida y el terreno se queda sin elementos nutritivos. Al mismo tiempo, los gobiernos dicen que es necesario explotar sus **recursos naturales** para poder **desarrollar** su economía y para crear **terrenos de cultivo** que su creciente población necesita.

PRÁCTICA

a. En grupos, háganse preguntas unos a otros usando el vocabulario nuevo. Sugerencias:

1. En tu país, ¿hay un partido verde, o algo semejante? ¿Cuál es su programa? **2.** ¿En qué partes de tu país es un problema la tala de árboles, y por qué? **3.** En varias partes de los EE.UU. hay grandes ciudades en zonas donde casi no hay agua. ¿Cómo es posible? ¿Crees que es buena idea concentrar la población en esas zonas? **4.** ¿Crees que las necesidades económicas justifican la destrucción del medio ambiente? ¿Por qué sí o por qué no?

b. Ustedes tienen ideas diferentes sobre los problemas del medio ambiente. Uno escribe un artículo contrario a la industria. Otro defiende la necesidad de las actividades industriales. Intercámbienlos y coméntenlos.

B. La energía nuclear es **una fuente de energía** muy importante para los países que no tienen **recursos petrolíferos** ni **energía hidroeléctrica. Los científicos**, sin embargo, no están de acuerdo sobre **la seguridad de las centrales nucleares**, y muchos grupos ecologistas se oponen a su construcción, pues la presencia de esas centrales nucleares **encierra** serios peligros, sobre todo si están construidas cerca de **fallas geológicas** que pueden multiplicar los efectos de **los terremotos** o de un simple **temblor de tierra**. El principal problema es cómo **deshacerse de los acabados, desechos** o **vertidos** de **los reactores nucleares**. Si se **tiran al mar**, pueden contaminar las aguas y los peces. Si se **entierran** en **vertederos**, hay peligro de la contaminación del suelo y de las aguas subterráneas. **Descontaminar** el medio ambiente es difícil, costoso y quizá imposible. Todavía no se ha encontrado una solución viable a este problema. Otros problemas que preocupan el mundo científico, y a mucha gente, son el de la destrucción de **la capa de ozono** que nos protege de **los rayos ultravioleta** del sol, y el del **efecto invernadero**, que puede hacer aumentar la temperatura de nuestro planeta, causando así **cambios climáticos** que pueden **derretir** el hielo de los polos y hacer subir el nivel de los océanos.

Práctica

a. En pares, preparen preguntas basadas en el vocabulario nuevo. Algunas sugerencias:

1. ¿Te importaría vivir cerca de una central nuclear? ¿Qué peligros encierra? **2.** ¿Dónde hay fallas geológicas muy famosas en este país? ¿Por qué es famosa la falla de San Andrés, en California? **3.** ¿Cómo es posible deshacerse de los acabados nucleares? **4.** ¿Qué efectos tienen los vertederos nucleares sobre el medio ambiente?

b. Escriba un breve ensayo sobre los peligros de un serio accidente en una central nuclear.

C. La flora y **la fauna** también están en peligro en todo el mundo. Muchas **especies** de animales y de plantas están **en peligro de extinción**, o incluso están ya **en trance de extinción**, es decir, que casi será imposible evitar su desaparición de **la superficie terrestre**. Muchas especies ya se han **extinguido**. La lista de especies **extinguidas**, o **extintas**, es muy larga, y la colaboración internacional es indispensable si se quiere evitar que el proceso continúe.

En muchos países se establecen parques nacionales en los que los animales salvajes pueden vivir en estado natural, pero hay casos en los que **el ritmo de crecimiento** de la población es tan alto que la necesidad de **tierra cultivable** se hace sentir cada día más. El conflicto, entonces, se centra en decidir qué es más importante, **la supervivencia** de los animales o la de los seres humanos. ¿Quién debe **sobrevivir**? Hay muchos **documentales** de cine y televisión que tratan de instruir al público sobre estos problemas.

PRÁCTICA

a. En grupos, preparen algunas preguntas basadas en el nuevo vocabulario. Sugerencias:

1. ¿Por qué están protegidas algunas plantas? **2.** ¿Para qué se establecen los parques nacionales? **3.** ¿Qué diferencia hay entre estar en peligro de extinción o estar en trance de extinción? **4.** La supervivencia de los seres humanos y la de los animales, ¿están en conflicto? **5.** ¿Otras preguntas?

b. Escriba un breve ensayo sobre el conflicto entre la necesidad de talar algunos bosques y la supervivencia de los animales que viven en ellos.

LECTURAS SOBRE LA CULTURA Y LA LENGUA

El lenguaje de una sociedad está relacionado con su estructura social o con el medio ambiente que la rodea. Los *farmers*, **los granjeros**, son un elemento muy importante en la sociedad norteamericana, y la *farm*, **la granja**, es uno de los pilares de la sociedad rural del país. Estas dos palabras, granja y granjero, no se usan mucho en español porque la estructura rural de los países hispánicos es diferente. Hay, ciertamente, granjas modernas que se dedican a **la cría** de pollos o de otros animales, o en las que los métodos de cultivo son eficientes y científicos. En **el campo**, en general, predominan las grandes propiedades, que tienen nombres diferentes según los diversos países. Una gran propiedad rural es **una estancia** en Argentina, **un rancho** o **una hacienda** en México, **un cortijo** en el sur de España, **un fundo** en Chile o **una finca** en varios países, y frecuentemente pertenece a una familia rica que no **trabaja la tierra** directamente, sino que emplea a **campesinos** o **braceros** que hacen el duro trabajo de **la siembra**, **la recolección** de **la cosecha** o **la vendimia** de **la vid**. Todo esto, naturalmente, puede cambiar de un país a otro, y en algunos países hispánicos diferentes revoluciones han hecho **reformas agrarias** que hicieron desaparecer las grandes propiedades, distribuyendo **las tierras** entre los campesinos o estableciendo cooperativas.

Otros países todavía tienen sin resolver el problema de **la distribución de la tierra**, y existen **latifundios** que ocupan enormes extensiones. Sus dueños, **los latifundistas**, los grandes **terratenientes**, se oponen a una reforma agraria que, naturalmente, supondría **la expropiación** (venta forzosa) o **la confiscación** (pérdida sin compensación) de sus tierras. Lo opuesto del latifundio es **el minifundio**, una excesiva distribución de la tierra.

Los labradores pueden ser ricos o pobres, según la extensión y calidad de las tierras que posean. En varias sociedades hispánicas, sin embargo, cuando se habla de los problemas agrarios se habla de los problemas del **campesinado** (los campesinos) que tiene muy poca tierra, o que no tiene ninguna y trabaja en las tierras «de los ricos». Esos campesinos no tienen más fortuna que sus brazos, y de ahí viene que se les llame **braceros**. En algunos países hispanoamericanos estos problemas de la propiedad de la tierra están complicados con problemas raciales: los terratenientes son, en general, de ascendencia europea, y los campesinos que trabajan la tierra son, también en general, de raza india.

DIFICULTADES Y EJERCICIOS

A. Uso de: **silvestre**; **salvaje**; **cultivado**; **doméstico**; **nacional**, **familiar**; **domesticado**; **amaestrado**

silvestre ≠ cultivado, aclimatado	*wild ≠ cultivated, adapted*
salvaje ≠ civilizado	*savage ≠ civilized*
salvaje ≠ domesticado	*wild ≠ domesticated*
cultivado = culto	*educated*
doméstico (animales)	*domestic*
familiar, de familia, doméstico	*domestic*
nacional (producto)	*domestic*
amaestrado	*trained*

En los campos hay flores **silvestres**. En los jardines hay plantas **cultivadas**, y plantas exóticas que han sido **aclimatadas**.

Cuando los españoles llegaron a México no se encontraron con tribus **salvajes**, sino con unas sociedades muy **civilizadas**.

Los animales **salvajes** viven en la selva. Los animales **domesticados** viven en las granjas, y los animales **domésticos**, como los perros y los gatos, viven en casa.

A veces la paz **doméstica** se ve alterada por conflictos **familiares**.

Mucha gente dice que es patriótico comprar sólo productos **nacionales**.

Es agradable hablar con la gente **cultivada**, que sabe mantener una conversación **culta** e interesante.

En los circos hay animales **salvajes** que están **amaestrados**.

En el lenguaje norteamericano, el adjetivo *wild* se utiliza de muchas maneras, unas veces en sentido despectivo, otras laudatorio. En español habrá que encontrar un adjetivo diferente para cada caso, que nunca será ni **salvaje** ni **silvestre**. Habrá que determinar, en primer lugar, el significado de *wild* dentro de la frase. ¿Qué es un *wild party*? Puede ser una fiesta muy **divertida**, **caótica, extravagante**, u **horrible**, según el criterio de cada uno. Y en un espectáculo, ¿qué es un *wild applause*? Puede ser un aplauso **delirante**, o **una salva de aplausos**. ¿Y el *wild temperament* de alguien que anda por la calle hablando solo y mirando a todo el mundo con una *wild gaze*? Podríamos hablar del **carácter violento** de alguien que tiene **mirada** u **ojos de loco**. Y así en cada caso. Hay padres que permiten que sus hijos *run wild* por toda la casa, lo cual significa que les permiten **hacer lo que les da la gana**, o que los niños están muy **consentidos**.

PRÁCTICA ✎

En lugar de las palabras *en bastardilla* use el vocabulario nuevo.

Modelo: En la primavera los campos se cubren de flores *que aparecen sin que nadie las plante.*

En la primavera los campos se cubren de flores <u>silvestres</u>.

1. En la selva viven muchos animales *que nunca han tenido contacto con la gente.* **2.** Los gatos y los perros son animales *que viven con los seres humanos, en sus casas.* **3.** Participan en la vida *de la familia.* **4.** Algunos animales que fueron salvajes, como el caballo, ahora son animales *que trabajan con la gente.* **5.** Algunos animales salvajes, domésticos o domesticados trabajan en los circos porque están *enseñados a hacer muchas cosas que los animales no hacen.* **6.** Me gusta hablar con la genta *que ha leído y viajado mucho.* **7.** Muchas veces, los problemas *en la vida doméstica* conducen al divorcio. **8.** El perro fue el primer animal *que empezó a vivir con los seres humanos.* **9.** Si alguien de otro planeta, con una tecnología más avanzada que la nuestra, viniera a la tierra, posiblemente nos llamaría *gente sin civilizar.* **10.** Durante unas pocas semanas de cada año los desiertos de los Estados Unidos están llenos de flores *que nadie plantó.*

PRACTICANDO AL CONTESTAR ✍

En pares, contesten a las siguientes preguntas.

1. Hay mucha gente que se opone a que en los circos trabajen animales amaestrados. ¿Por qué? **2.** ¿Por qué los antropólogos nos dicen que los conceptos de «salvaje» y «civilizado» son relativos? **3.** ¿Crees que es patriótico comprar sólo productos nacionales? ¿Qué crees que pasaría si aquí no compráramos ningún producto extranjero? **4.** ¿Sabes qué plantas americanas fueron llevadas por los españoles a Europa y aclimatadas allí? Aquí van algunas pistas (*hints*): (a) Un tubérculo muy importante en la historia de Irlanda; (b) Los usamos en la ensalada; (c) Se puede usar para hacer tortillas; (d) Se puede fumar.

B. Uso de: **crecer**; **darse (bien)**, **cultivar**; **criarse**, **portarse como una persona mayor**; **dejarse (crecer)** el pelo, la barba, etc.

crecer	*to grow (get taller)*
darse (bien)	*to grow*
cultivar	*to grow*
criarse	*to grow up*
criar	*to raise*
portarse como una persona mayor	*to grow up*
dejarse (crecer)...	*to grow ...*

Los niños **crecen** y se hacen más altos, lo mismo que las plantas.

Las plantas tropicales no **se dan** en los climas fríos, pero **se dan** bastante bien en los climas templados.

Los campesinos de Bolivia **cultivan** la coca, porque esa planta **se da** muy bien allí, **crece** muy alta y da más dinero que otros productos.

Los papás murieron y la abuela **crió** a la niña.

María Luisa nació en Argentina, pero **se crió** en Perú y en España.

A veces su madre le dice que se porta como una niña, y le pregunta incomodada: ¿Cuándo vas a **portarte como una persona mayor**?

Brad dice que va a **dejarse (crecer)** la barba.

PRÁCTICA ✎

Practique el vocabulario nuevo, usándolo en lugar de las palabras *en bastardilla*.

Modelo: Pareces un niño. ¿Cuándo vas a *actuar como un hombre?*

Pareces un niño. ¿Cuándo vas a <u>portarte como una persona mayor</u>?

1. A mucha gente tradicional y conservadora no le gusta que los hombres *tengan muy largo* el pelo. **2.** Los niños que *pasan su infancia* con muchas familias diferentes, pueden tener problemas sicológicos cuando son mayores. **3.** Hay hombres y mujeres que no saben *dejar de actuar como niños*. **4.** En el norte de California hay gente que *planta* marijuana, aunque es ilegal hacerlo. **5.** Al parecer, esa planta *crece* muy bien en esa zona. **6.** Las orquídeas *plantadas* en California no *se hacen tan grandes* como las de Hawaii. **7.** La ciudad de México *aumentó* muchísimo en los últimos cuarenta años. **8.** Muchos niños que *se hacen mayores* donde el aire está muy contaminado, pueden tener problemas respiratorios.

PRACTICANDO AL CONTESTAR 🔊

En pares, contesten estas preguntas.

1. ¿Saben ustedes qué es el síndrome de Peter Pan? ¿Por qué un sociólogo ha dicho que muchos hombres lo padecen? **2.** En este país, ¿dónde se dan bien las plantas tropicales? **3.** En algunos países a los militares no les permiten dejarse barba. ¿Les parece a ustedes bien o les parece ridículo? Expliquen su opinión. **4.** ¿Creen ustedes que los niños que se crían sin padre ni madre son diferentes de los otros niños? ¿Por qué sí o por qué no?

PEQUEÑO TEATRO

La clase se puede dividir en varios comités que tratan de:

1. Los derechos de los animales. Unos miembros del comité representan a los laboratorios de investigación. Otros proponen prohibir el uso de animales en experimentos científicos.

2. Los derechos de los animales. Unos quieren prohibir la caza como deporte. Otros defienden esa actividad. Lo mismo con las corridas de toros o las peleas de gallos.

3. Los animales en peligro de extinción. (a) Los representantes de la industria pesquera dicen que los delfines ponen en peligro sus redes, y que debe estar permitido matarlos. (b) Los pescadores de ballenas insisten en que no es necesario proteger a esos cetáceos. (c) Unos agentes de viajes que organizan safaris de cazadores a África dicen que no es necesario proteger a los leones, rinocerontes, elefantes o tigres.

4. El peligro nuclear. Un grupo de «verdes» se opone a la construcción de centrales nucleares.

SEA USTED MI INTÉRPRETE, POR FAVOR

Estudiante A hace preguntas en inglés. B repite la pregunta en español. C responde en español, y B repite su respuesta en inglés. Sugerencias:

1. Why do some people say that the survival of the forests is necessary for the survival of mankind?

2. What can we do with nuclear waste?

3. Do you think that those who are for animal rights are overdoing it?

4. What would you tell to a person you consider immature?

5. ¿Otras preguntas?

SEA USTED MI TRADUCTOR(A), POR FAVOR

Un(a) experto(a) en cuestiones del medio ambiente, que sólo habla inglés, envía preguntas a un(a) colega que sólo habla español. Un(a) traductor(a) se encarga de traducir las preguntas y las respuestas. Sugerencias:

1. What can we do to grow plants in the desert?

2. Why are you against the use of nuclear energy?

3. Why do you disagree with me on the greenhouse effect?

4. Do you think that the need to exploit natural resources is more important than the protection of the environment?

5. ¿Otras preguntas?

CUESTIONES GRAMATICALES

Los usos del subjuntivo (II)

A. El subjuntivo en expresiones de tiempo

Al considerar el paso del tiempo en una frase subordinada, podemos pensar en una acción pasada, en una acción presente, en una acción frecuente o rutinaria o en una acción futura. Con las acciones pasadas, presentes o rutinarias usamos el indicativo. Las acciones futuras pertenecen al mundo de las posibilidades, de lo que todavía no es realidad, y las expresamos con un verbo en futuro en la cláusula principal, y un subjuntivo en la subordinada. Compare:

Acción:

a. pasada:

Vi plantas tropicales

cuando fui al Amazonas.

b. presente:

Veo animales exóticos **mientras**

estoy en Costa Rica.

c. rutinaria:

Veo toda clase de animales

cada vez que voy al Zoo.

a. futura:

Veré plantas tropicales

cuando vaya al Amazonas.

b. futura:

Veré animales exóticos

mientras esté en Costa Rica.

c. futura:

Veré toda clase de animales

cada vez que vaya al Zoo.

Otras expresiones de tiempo que funcionan de la misma manera: **en cuanto,** _as soon as_ **hasta que, tan pronto como.** _as soon as_ _until_

Siempre que puede tener dos sentidos: Iré a Cuzco **siempre que vaya** a Perú. (_whenever / provided that_). _siempre subjuntivo_

Antes de que y **después de que**, _sub or indic._ referidos a una acción futura, toman subjuntivo. Si no hay **que**, requieren un indicativo: _siempre subjuntivo_

Estudiaré botánica **antes de que vaya** al Amazonas.

Estudiaré botánica **antes de ir** al Amazonas.

Clasificaré muchas plantas **después de que llegue**.

Clasificaré muchas plantas **después de llegar**.

PRÁCTICA

a. En pares, expresen una acción futura con estas oraciones que indican acción presente, pasada o rutinaria.

Modelo: Hablo portugués cuando voy a Brasil.

Hablaré portugués cuando <u>vaya</u> a Brasil.

1. Llamé a mi amiga costarricense tan pronto como llegué a San José.
2. Hablamos francés y alemán cada vez que vamos a Suiza. **3.** Veo el
paisaje panameño mientras cruzo el canal de Panamá. **4.** Estudié el cultivo de las orquídeas cuando fui a Guatemala. **5.** Todos protestan en
cuanto hablan de establecer un vertedero nuclear cerca del pueblo.

b. Complete estas oraciones con una idea original, usando indicativo,
subjuntivo o infinitivo, según sea necesario.

en cuanto a - con respeto

Modelo: Veo animales amaestrados siempre que...

Veo animales amaestrados siempre que <u>voy al circo.</u>

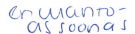
*en cuanto-
as soon as*

1. Venden abrigos de visón, y protestaremos hasta que ... **2.** Siempre
hablo con mis amigos guatemaltecos en cuanto ... **3.** Hablaré con mis
amigos guatemaltecos en cuanto ... **4.** Habrá erosión después de que ...
5. Hubo mucha erosión después de que ... **6.** Hubo mucha erosión después
de ... **7.** Hay mucha erosión siempre que *estén* ... **8.** Hay que proteger a los
delfines antes de que *desaparezcan* ... *destruido los bosques* **9.** Protestan contra la caza del zorro, *fox*, y protes-
tarán hasta que ... **10.** Es un hombre que bebe demasiado, y hay proble-
mas domésticos cada vez que ... **11.** Es un hombre que bebe demasiado,
y habrá problemas domésticos cada vez que ...

c. Usted es experto(a) en el medio ambiente, escriba sobre lo que hay que
hacer para evitar una catástrofe ecológica. Sugerencias:

1. Es necesario prohibir la pesca de ballenas antes de que se extingan.

2. Hay que dejar de pescar ciertas especies en cuanto baje mucho su número.

3. ¿Otras sugerencias?

B. El subjuntivo en expresiones de finalidad, condición o excepción

Cuando se expresan estas ideas en la cláusula subordinada, el verbo está
siempre en subjuntivo.

a. Finalidad:

Protegemos a las ballenas **para que / a fin de que / con la intención de
que** no **se extingan.**

Vengo **a que / para que** me **ayudes** a organizar una protesta.

b. Condición:

Voy a estudiar portugués, **en caso de que tenga** que ir a Brasil.

Los campesinos dejarán de cultivar coca **con tal de que / a condición
de que / siempre que** los **ayuden** a encontrar otro medio de vida.

c. Excepción:

Muchas especies se extinguirán **a menos que / a no ser que** las
protejan.

Cerraré la puerta, **no sea que se escape** el perro.

Hay muy pocos ejemplares de esa especie, y se extinguirá **aun cuando** / **aunque** la **protejan**.

En los grupos **a.** y **b.** hay la posibilidad de usar estas expresiones sin **que** y con un infinitivo cuando no hay cambio de sujeto.

Protegemos a las ballenas **para evitar** su extinción.

Voy a estudiar portugués **en caso de tener** que ir a Brasil.

Trabajaré para ti, **con tal de ganar** bastante.

PRÁCTICA

a. En pares, completen estas oraciones con la idea expresada entre paréntesis. Atención al uso del subjuntivo o del infinitivo.

Modelo: Me incomodaré a menos que tú...(dejar de cazar)

Me incomodaré a menos que tú dejes de cazar.

1. Los granjeros ganarán mucho, a menos que ... (haber sequía) **2.** Muchos lucharon en la Guerra de Secesión para ... (eliminar la esclavitud) **3.** Hay animales en peligro de extinción, a no ser que ... (protegerlos) **4.** Podré quedarme aquí con tal de que usted ... (darme un empleo) **5.** Las plantas tropicales se dan bastante bien fuera del trópico, siempre que no ... (hacer demasiado frío). **6.** Adoptarán tus sugerencias a condición de que ... (ser convincentes). **7.** El gobierno hará la reforma agraria, en caso de que ... (ser necesaria). **8.** Prefiero no decir nada, no sea que ... (meter la pata).

b. Usted es experto(a) en nutrición, explique el porqué de sus sugerencias. Por ejemplo:

1. Es necesario cultivar más cereales para alimentar bien a la población.

2. Es necesario cultivar más cereales para que la población se alimente bien.

¿Otras sugerencias?

C. El subjuntivo en expresiones contrarias a la realidad

1. Como si e **igual que si** toman siempre el imperfecto de subjuntivo:

Puedes hacer lo que quieras, **como si** / **igual que si** estuvieras en tu casa.

2. Si + *indicativo* puede expresar un cierto grado de duda.

Si + *imperfecto* / *pluscuamperfecto de subjuntivo* expresa una situación contraria a la realidad. Observe la concordancia de tiempos:

Si tengo dinero, **iré** / **voy** a México. (Quizá lo tenga).

Si tuviera dinero, **iría** a México. (Pero no lo tengo).

3. Si hablamos de una situación contraria a la realidad en el pasado, podemos usar estas estructuras.

Si hubiera tenido dinero, **habría** / **hubiera ido** a México el año pasado.

PRÁCTICA

a. Todos juntos, cambien estas frases, que expresan una ligera duda, a otras que expresen una condición contraria a la realidad.

Modelo: Si se extingue una especie, se pierde para siempre.

Si se extinguiera una especie, se perdería para siempre.

1. Si ese tigre está amaestrado, puede trabajar en un circo. **2.** Si hay mosquitos, hay malaria. **3.** Si plantas un árbol tropical en Alaska, no se da bien. **4.** Si la industria contamina el aire, hay lluvia ácida. **5.** Si cierran las centrales nucleares, algunos países tendrán problemas de energía. **6.** Si desaparece la capa de ozono, habrá cambios climáticos. **7.** Si tengo una gran estancia en Argentina, soy rico. **8.** Si hacen una reforma agraria, los terratenientes se oponen. **9.** Si los campesinos no tienen tierras, trabajan de braceros.

b. Complete estas oraciones con una idea personal, usando **si** + situación contraria a la realidad.

Modelo: No tengo dinero, pero si ...

No tengo dinero, pero si lo tuviera iría a Tahití.

1. No talan (cortan) los árboles, pero si ... **2.** En el desierto no hay agua, pero si ... **3.** En esta región no hay fallas geológicas, pero si ... **4.** El país es pobre porque no explota sus recursos naturales, pero si ... **5.** No construyeron la central nuclear en una zona de terremotos, pero si ... **6.** El hielo de los polos no se derrite (se derritiera), pero si ...

c. Usted es experto(a) en nutrición, escriba un informe sobre la situación actual, que es buena, pero anuncie que sería mala si cambiaran las circunstancias.

Sugerencias: 1. La producción de cereales es suficiente, pero si no fuera suficiente, habría problemas.
2. Las leyes protegen a los delfines, pero si no los protegieran estarían en peligro de extinción.

¿Más sugerencias?

D. El subjuntivo: En expresiones de negación total y el indicativo: En la expresión de la realidad

No hay campesino que **sea** rico.

¡No creas! Hay campesinos que **son** ricos.

En la negación total, el sujeto (campesino) está en singular, pues se hace una negación absoluta para toda una clase. En la expresión de la realidad, el sujeto (campesinos) está en plural, porque la frase no se refiere a toda una clase, sino a algunos de sus miembros.

Cuando el objeto del verbo es una persona, si se duda de su existencia, o se la niega absolutamente, **no hay _a_ personal** y el verbo está en subjuntivo. Si se afirma su existencia, **hay una _a_ personal** y el verbo está en indicativo.

> Necesito un intérprete que **hable** cinco idiomas.

> No hay intérprete que **hable** cinco idiomas.

> ¡Oh, sí! Conozco **a** un intérprete que **habla** cinco idiomas.

PRÁCTICA

a. Estudiante A hace una afirmación. Estudiante B se sorprende y dice que es imposible. Estudiante A insiste en su idea.

> **Modelo:** A: Hay latifundistas que quieren la reforma agraria.
>
> B: _Imposible. No hay latifundista que quiera la reforma agraria._
>
> A: _Te equivocas. Hay latifundistas que quieren la reforma agraria._

1. Hay matanzas de focas que son buenas para las focas. **2.** Hay fallas geológicas que nunca causan terremotos. **3.** Hay talas de árboles que son buenas para la erosión del suelo. **4.** Hay funerales que son divertidos.

b. En grupos de tres. Estudiante A dice que busca algo o a alguien. Estudiante B le dice que lo que busca no existe. Estudiante C dice que sí existe. Atención a la **_a_ personal**.

> **Modelo:** A: Buscamos un método seguro que elimine los desechos nucleares.
>
> B: _No hay método seguro que elimine los desechos nucleares._
>
> C: _Sí hay un método seguro que elimina los desechos nucleares._

1. Necesitamos un tratado internacional que prohiba la pesca de la ballena. **2.** Queremos un sistema de riego que produzca buenas cosechas en el desierto. **3.** Es preciso encontrar un sistema que pueda predecir los temblores de tierra. **4.** Buscamos fabricantes de productos químicos que quieran proteger el medio ambiente.

c. En un Congreso Internacional sobre el Medio Ambiente, un(a) experto(a) presenta una ponencia (_paper_) en el que hace una serie de afirmaciones algo absurdas. Otro(a) experto(a) las refuta. Sugerencias:

> 1. Algunos «verdes» aceptan el uso de la energía nuclear.
>
> 2. La erosión no es buena para la tierra.
>
> 3. Los recursos naturales son inagotables ... etc.

REVISIÓN GENERAL

DIÁLOGO

A. Prepare preguntas usando <u>las expresiones nuevas</u>, que también tendrán que ser usadas en las respuestas. Algunas sugerencias:

1. ¿Por qué todavía hay <u>matanzas</u> de ballenas? **2.** ¿Hay razones que justifiquen esas <u>matanzas, por salvajes que sean</u>? **3.** ¿Por qué están prohibidas en muchos países <u>las riñas de gallos</u>? **4.** ¿Te parece <u>una salvajada</u> matar animales para comerlos? **5.** <u>En cuanto a lo de</u> las corridas de toros, ¿qué te parecen? **6.** Los aztecas hacían sacrificios humanos. ¿Te parecen una práctica <u>sanguinaria</u>, o algo explicable dentro de la cultura azteca? **7.** Si se prohiben <u>las peleas de gallos</u>, ¿por qué no prohibir el boxeo, que es <u>una pelea</u> de personas? **8.** ¿Qué tema es tabú en tu sociedad? ¿De qué no se puede hablar sin <u>meter la pata</u>? **9.** ¿Qué harías para divertirte <u>por todo lo alto</u>? **10.** Cuando vas a una tienda, ¿por qué no compras <u>todo cuanto</u> te gusta?

B. Usted presenció la escena en la que María Luisa <u>se pasó de la raya</u> en su [*Cross the line*] defensa de los derechos de los animales. Escriba una carta a un(a) amigo(a) en la que cuenta lo que pasó, y explique por qué está o no está de acuerdo con María Luisa. Su compañero(a) contesta su carta.

AMPLIACIÓN DE VOCABULARIO

A. Conteste a estas preguntas dando una definición o una explicación.

1. En el mundo de la política ¿quiénes son los verdes? **2.** ¿Qué es la lluvia ácida, y por qué preocupa tanto a algunos países? **3.** ¿Qué quieren los ecologistas? **4.** ¿Por qué se desertizan algunas regiones de la tierra? **5.** ¿Quiénes defienden la tala de árboles? **6.** ¿Qué sucede cuando hay mucha erosión del suelo? **7.** Cuando hay sequía, ¿qué efectos tiene? **8.** ¿Es posible cultivar el desierto si se tiene un buen sistema de riego? **9.** ¿En qué países hay junglas tropicales? **10.** ¿Qué diferencia hay entre los bosques de Canadá y las selvas tropicales?

B. Complete estas frases con una idea propia.

1. Una importante fuente de energía es ... **2.** En los Estados Unidos hay muchos recursos petrolíferos en ... **3.** La gente de letras se ocupa de las humanidades, y los científicos se ocupan de ... **4.** Las centrales nucleares encierran serios peligros porque ... **5.** Una falla geológica puede producir ... **6.** Deshacerse de los acabados nucleares es difícil porque ... **7.** Los desechos nucleares son peligrosos porque ... **8.** Tirar al mar los vertidos de los reactores nucleares puede ... **9.** Nadie quiere vertederos nucleares cerca de su ciudad porque ... **10.** Decontaminar el medio ambiente es ...

C. En lugar de las palabras <u>subrayadas</u> use el vocabulario estudiado.

Modelo: Charles Darwin estudió <u>las plantas</u> de muchos países.

Charles Darwin estudió <u>la flora</u> de muchos países.

1. También estudió <u>los animales.</u> **2.** Hay animales que están en peligro de <u>desaparecer.</u> **3.** Hay otros animales que ya están <u>desapareciendo por completo.</u> **4.** Y hay animales que ya <u>han desaparecido.</u> **5.** El mamífero más grande de la creación vive en el mar y es <u>un cetáceo.</u> **6.** En algunos países la población tiene un alto <u>porcentaje de aumento.</u> **7.** En el mundo es difícil encontrar más tierra <u>que se pueda cultivar.</u> **8.** Todo ser viviente quiere <u>seguir viviendo.</u> **9.** En la televisión hay muchos <u>filmes educativos</u> con temas de la naturaleza.

D. Escriba una carta a un periódico en la que exprese su opinión sobre las consecuencias del alto ritmo de crecimiento de la población. Intercambie la carta con la un(a) compañero(a) y coméntenlas y hagan correcciones, si son necesarias.

DIFICULTADES Y EJERCICIOS

A. Conteste a estas preguntas con una definición o una explicación. Use en su respuesta las palabras presentadas en esta sección.

1. ¿Qué es una planta silvestre? **2.** Si las plantas de los jardines no son <u>silvestres,</u> ¿qué tipo de plantas son? **3.** ¿Qué es una planta <u>aclimatada?</u> **4.** ¿Qué diferencia hay entre un animal <u>domesticado</u> y un animal <u>doméstico?</u> **5.** ¿Cuál es su concepto de una persona <u>culta?</u> **6.** ¿Qué es un animal <u>amaestrado?</u> **7.** ¿Por qué no <u>se dan bien</u> las plantas tropicales en un clima frío? **8.** ¿En qué continente <u>se cultiva</u> mucho arroz? **9.** ¿Por qué hay <u>granjas</u> que <u>crían visones?</u> **10.** ¿Dónde <u>se crió</u> usted?

B. Escriba una editorial criticando el uso de animales amaestrados en los circos. Intercambien editoriales y hagan las críticas necesarias.

CUESTIONES GRAMATICALES

A. Con el verbo dado entre paréntesis, complete estas frases usando el subjuntivo o el indicativo, según sea necesario.

Modelo: **(ir)** Hablaré español el año próximo, cuando <u>vaya</u> a Colombia.

(ir) *Hablé español el año pasado, cuando <u>fui</u> a Colombia.*

1. (hacer) Publiqué una novela, y espero buenas críticas cuando me las *hagan* **2. (escribir)** Trabajé mucho mientras *escribía* esa novela. **3. (recibir)** Seguiré escribiendo hasta que yo *reciba* el Premio Nóbel. **4. (pensar)** Sueño con ese premio siempre que ___ en el futuro. **5. (seguir)** Y sé que me lo darán siempre *pienso* que _siga_ publicando buenas novelas. **6.** (**tener**) Escribiré otra en cuanto _tenga_ una buena historia que contar. **7.** (**ocurrirse**) Y empezaré a escribirla tan pronto como se me _ocurra_ una. **8.** (**dar**) ¿Qué haré después de que me _dé_ el premio? **9.** (**ser**) Espero recibirlo antes de _ser_ viejo. **10.** (**soñar**) Y así vivo día a día, mientras _sueño_

B. Con el verbo dado entre paréntesis, complete estas frases en infinitivo, indicativo o subjuntivo, según sea necesario.

Modelo: (**poder**) Estudio español para _____ hablar con los españoles.

(**poder**) _Estudio español para poder hablar con los españoles._

(**poder**) _Estudio español para que pueda hablar con los españoles._

1. (**haber**) Los granjeros van a perder mucho dinero si _hay_ sequía. **2.** (**vivir**) Mucha gente se sacrifica para que _vivan_ los animales. **3.** (**defender**) Mucha gente se sacrifica para _____ los animales. **4.** (**proteger**) Muchas especies están en peligro de extinción a no ser que las _protejamos_. **5.** (**llover**) Habrá una buena cosecha con tal de que _llueva_. **6.** (**tratar mal**) Me incomodaré en caso de que tú _trates mal_ a tu perro. **7.** (**incomodarse**) Prefiero no decirte lo que pienso, no sea que tú _te incomodes_. **8.** (**hablar**) Si tú _hablas_ español, es porque lo estudiaste. **9.** (**ser**) No necesitarías estudiarlo si tú _fueras_ español o hispanoamericano. **10.** (**tener**) El verano próximo, si nosotros _tenemos_ dinero, saldremos de vacaciones. **11.** (**tener**) El verano próximo, si nosotros _tuviéramos_ dinero, saldríamos de vacaciones.

C. Contradiga estas afirmaciones con una frase que comience con: _No hay_ ...

Modelo: La sequía es buena.

No hay sequía que sea buena.

1. Los vertidos nucleares no son peligrosos. **2.** Las conferencias internacionales solucionan todos los problemas. **3.** Los «verdes» defienden la contaminación del medio ambiente. **4.** Los recursos naturales duran para siempre. **5.** La desertización no crea problemas. **6.** Los terremotos no causan daños. **7.** La lluvia ácida es buena para los bosques. **8.** Las matanzas de ballenas están justificadas.

D. Escriba seis frases que comiencen con: No hay ...

Sugerencias: No hay perro que no tenga pulgas. No hay gato que no coma ratones. No hay cambios climáticos que no tengan serias consecuencias ... etc.

൦ൟ൦ ൦ൟ൦ ൦ൟ൦

De las pequeñas composiciones a la gran composición

El estilo (I)

Los que se dedican a las artes utilizan diferentes instrumentos de trabajo para expresarse. Para los pintores, sus medios son la línea y el color, y manipulándolos nos transmiten su visión del mundo de un modo, un «estilo», personal, y en general intransferible, excepto para los que quieran copiar o, simplemente, imitar.

Lo mismo sucede con los que se dedican al arte de escribir. Su instrumento de trabajo es el idioma, son las palabras, y usándolas de un modo o de otro consiguen darle a algo que es patrimonio común, el idioma, un toque personal que permite distinguir a los diferentes escritores o a los grupos de escritores de distintas épocas. El español Azorín (1873–1967) es bien conocido por sus frases cortas, claras y concisas: «Un día nuestro amigo en una de sus peregrinaciones vio una linda muchacha. Nadie, entre sus camaradas, la conocía. Era una moza alta, esbelta, con la cara aguileña». El estilo barroco de los autores del siglo XVII, por el contrario, es inconfundible por la complejidad sintáctica de sus frases y la artificiosa posición de las palabras: «Pasos de un peregrino son errante / Cuantos me dictó versos dulce musa ... ». (Cuantos versos me dictó [la] dulce musa son pasos de un peregrino errante), escribió Luis de Góngora (1561–1617).

El estilo de cada escritor es un producto de su personalidad. Leyendo a los grandes autores podemos apreciar el sutil arte con el que han tratado el idioma. Podemos aprender mucho de ellos, pero su lectura no nos convertirá en grandes escritores si no tenemos ese misterioso talento artístico que la naturaleza distribuye de un modo desigual. «Lo que la naturaleza no da, Salamanca no presta», dice un refrán español. Es decir, hay ciertos talentos que no se pueden aprender en una universidad, ni en ninguna parte, y la única manera de adquirirlos es nacer con ellos. Hay aspectos básicos del arte de escribir, sin embargo, que sí se pueden aprender, y en ellos vamos a concentrarnos.

A. Sencillez y naturalidad

Cuando hablamos nos expresamos, generalmente, con sencillez y naturalidad, y estas dos virtudes no deben ser olvidadas cuando escribimos. El lenguaje literario, aunque más cuidado que la lengua hablada, no debe ser artificial ni ampuloso. Hablando de la prensa, yo puedo contarle a un amigo que lo primero que hago, muy temprano todas las mañanas, es recoger el periódico que el repartidor ha dejado delante de la puerta, y luego lo leo de cabo a rabo mientras desayuno. En una composición sobre mi interés por la prensa, esta sencilla idea no debe convertirse en un párrafo pedante y afectado como éste: «Todas las mañanas, cuando el sol no luce todavía en el cielo, abro la puerta de mi morada y ante ella, dejado allí por el repartidor, hallo el interesante periódico que me trae cada día las noticias del mundo, noticias que leo con gran gozo por mi parte mientras bebo una taza de aromático café». Esta prosa es artificial y ridícula. Hay que evitarla.

B. Claridad y concisión

Una frase clara y concisa es mejor que varias confusas y largas. Una frase clara no se presta a varias interpretaciones:

Confusión: «Leí un artículo en esa revista que es muy interesante».

¿Qué es interesante, el artículo o la revista?

Claridad: «Leí un artículo muy interesante en esa revista».

Confusión: «El autor me firmó su libro antes de salir de la librería».

¿Antes de salir él o antes de salir yo?

Claridad: «El autor, antes de salir de la librería, me firmó su libro».

Y una frase concisa es mejor que otra innecesariamente larga:

Larga: «El autor del libro, que es un hombre de una gran elegancia, y una de cuyas virtudes es la generosidad, me regaló un ejemplar de su obra».

Concisa: «El autor, elegante y generoso, me regaló un ejemplar de su obra».

C. Frases hechas, tópicos o clichés

Avoid clichés like the plague es un humorístico consejo para la prosa en inglés y en cualquier otro idioma, y es buena idea seguirlo fielmente, con la fidelidad de un perro, para obtener así una prosa digna de Cervantes, fina como un hilo de seda, transparente como el cielo después de la lluvia.

¿Cuántos clichés hay en estas líneas? Es fácil contarlos, mucho más fácil que buscar una aguja en un pajar.

Práctica

Corrija la mala prosa de esto párrafos.

1. «Ayer se celebró una fabulosa fiesta en la señorial mansión de la elegante y respetada familia García. La homenajeada, la simpática y bella quinceañera Laurita, querida hija de los generosos anfitriones, que lucía un hermosísimo modelo de encaje blanco como la nieve, recibió a sus invitados, la flor y nata de la sociedad local, en la gran escalinata que conduce del cuidado jardín a los salones de la mansión».

Este texto es pomposo y ridículo. ¿Cómo lo reescribiría usted?

Intercambien sus textos, más sencillos, que han escrito, y hagan comentarios.

2. «Me han encargado que escriba un artículo que se va a publicar en una revista que se publica en la capital que se lee en todo el país».

En estas dos líneas hay demasiados «que», no hay puntuación y hay posibilidades de confusión: ¿Es la capital lo que se lee en todo el país?

3. «Yo voy a escribir un cuento que es un cuento que trata de un estudiante que no sabe que va a tener que hacer un examen que va a ser muy difícil y el estudiante se va a la casa de una amiga un guateque que está enamorado de ella y claro, suspendió el examen».

Hay un exceso de «que», falta de puntuación y confusión: ¿El guateque está enamorado de la amiga del estudiante? ¿Cómo lo arreglan?

Intercambien los nuevos textos y hagan comentarios.

POSIBLES TEMAS PARA UNA CONVERSACIÓN / COMPOSICIÓN

ATAJO
Grammar: Subjunctive
Phrases: Writing an introduction; Linking ideas; Making transitions; Sequencing events; Writing a conclusion

1. Escriba un ensayo sobre los efectos del agotamiento de algunos recursos naturales. Recuerde: escriba en un estilo sencillo, claro y conciso.

Una posibilidad:

a. Introducción: Explicar el problema que se va a comentar.

b. Definir qué se entiende por recursos naturales.

c. Indicar los límites del ensayo. ¿De qué recursos vamos a escribir? Por ejemplo, nos limitaremos a: agua, petróleo.

d. Agua: La naturaleza renueva este recurso, pero ¿estamos usando demasiada agua? Agotamiento de aguas subterráneas. Ciudades construidas donde no hay agua (Las Vegas, Los Ángeles). Peligros de la desertización.

e. Petróleo: Un recurso limitado. Pesimistas: ¿Qué pasará cuando se agote? Optimistas: Todavía se puede encontrar más petróleo. Se descubrirán otras fuentes de energía.

f. Conclusión

MÁS TEMAS PARA UNA CONVERSACIÓN / COMPOSICIÓN

1. La energía nuclear, ¿bendición o maldición?

2. El crecimiento de la población y la destrucción de los bosques

3. La supervivencia de la raza humana y la supervivencia de los animales

4. Los movimientos ecologistas y la política

5. Los animales en los circos, ¿entretenimiento o crueldad?

6. Los derechos de los animales

7. El uso de animales en los laboratorios

8. La lluvia ácida y sus efectos

9. El efecto invernadero

lección **11**

~❦~

diferencias culturales

Los penitentes en las procesiones de Semana Santa de los países hispánicos
no tienen nada que ver con los encapuchados de otras culturas.

༄༅

Personajes: *Los dos matrimonios*

CRAIG	Pilar, ¿has visto el periódico del domingo?
PILAR	Sí, ahí está. Por cierto, hay un artículo muy interesante sobre los líos culturales y étnicos.
CRAIG	**Por desgracia**[1] es un problema muy serio en nuestro país.
PILAR	Y en otros, Craig, en otros. Esos problemas los hay **en todas partes**.[2]
ANNE	Bueno, pero aquí **están más a la vista**.[3] ¿No te parece?
MANUEL	Sí y no. Lo que pasa es que pocos países tienen una sociedad multirracial y multicultural tan compleja como ésta.
PILAR	**¡Vaya!**[4] Parece que te olvidas de los conflictos que hay en Europa, en la India, en África... en todas partes.
MANUEL	Tienes razón, Pilar, tienes razón. Tú siempre **aprovechas la ocasión para**[5] contradecirme.
PILAR	Y tú nunca **pierdes la ocasión de**[6] recordármelo.
ANNE	Bueno, bueno, estamos hablando de conflictos culturales y étnicos, no de conflictos matrimoniales.
PILAR	Hablando de matrimonios, te diré que hay un aspecto de la cultura de algunos países, éste incluido, que a mí me parece horrible.
ANNE	¿Cuál, **en concreto**?[7]
PILAR	**Eso de**[8] que al casarse las mujeres tomen el apellido del marido, y a veces hasta el nombre.
ANNE	¿El nombre? ¡Yo no me llamo Craig!
PILAR	No, pero alguien pude **presentarlos**[9] a los dos como *Mr. and Mrs. Craig Powell.* ¿No?
CRAIG	**¿Y qué tiene de malo**[10] eso?
PILAR	Lo que tiene de malo es que Anne perdió parte de su identidad. Yo tengo mis dos apellidos, y Manuel tiene los suyos.
ANNE	Pues yo oí como un día alguien te llamó Señora de Alvarado, que es el apellido de Manuel.
PILAR	Cierto, pero en mi pasaporte, en mi carnet de identidad, en todos los papeles oficiales, sus apellidos no aparecen **para nada**,[11] sólo los míos, los que heredé de mis padres.
ANNE	Pues **ya que**[12] hablamos de eso, te diré que a mí me parece horrible que Manuel, al hablar de ti, diga «mi mujer», y no «mi esposa». Craig nunca diría que yo soy «*his woman*».
PILAR	**Es que es**[13] español. En Hispanoamérica se dice «esposa», y a veces en España también.
CRAIG	**A ver,**[14] ¿qué otras diferencias culturales encuentras?
PILAR	Pues mira, si pensamos en todo el mundo, las hay **a montones**.[15] En unos países para saludarse, los hombres **se dan la mano**,[16] en otros **se abrazan**,[17] y en los países árabes se besan en las dos **mejillas**.[18]
CRAIG	Aquí sólo se besan las mujeres.

1 desgraciadamente
2 en todo el mundo
3 *are more visible*
4 *Well!*
5 *take advantage of*
6 *miss*
7 exactamente
8 el hecho de
9 *introduce*
10 *what is wrong with that?*
11 nunca, *at all*
12 *since*
13 porque es
14 *let's see*
15 muchos
16 *shake hands*
17 *embrace*
18 *cheeks*

ANNE   No creas. A veces sólo besamos el aire, para no **estropearnos**[19] el
        maquillaje.   [19] *ruin*

MANUEL Hablando de otra cosa más importante. ¿Adónde vamos a cenar hoy?

ANNE   Pues mira, hay muchos restaurantes: italianos, chinos, tailandeses,
        franceses, españoles, mexicanos... de todas las culturas.

PILAR   Pues ya que estamos en los Estados Unidos, **¿qué les parece**[20] si   [20] *¿qué piensan?*
        vamos a un buen restaurante americano?

CRAIG   ¿Americano? Tú siempre insistes en que hay que decir norteamericano.

PILAR   ¡Uy! **¡Se me escapó!**[21]   [21] *it slipped out!*

CRAIG   Lo cual demuestra que, **les guste o no les guste**,[22] el nombre de este [22] *whether you like*
        país es América.   *it or not*

COMPRENSIÓN

En pares, usen el vocabulario **en negritas** del Diálogo para preparar preguntas que incluyan dos o tres posibles respuestas.

Modelos: 1. ¿Cuándo decimos «**por desgracia**»? ¿Cuando lamentamos,
            aprobamos o estamos contentos de una situación?

            Decimos «por desgracia» cuando lamentamos una situación.

            2. Si algo ocurre **en todas partes**, ¿es raro, frecuente o difícil?

            Si algo ocurre en todas partes, es frecuente.

            3. Cuando un problema **está a la vista**, ¿es fácil de resolver, no
            tiene solución o hay que estar ciego para no verlo?

            Cuando un problema está a la vista, hay que estar ciego para no verlo.

¿Otras preguntas?

PRÁCTICA GENERAL

En pares, usen el vocabulario **en negritas** para preparar preguntas y hacérselas
a sus compañeros(as).

Modelos: 1. Si vas a una tienda y los precios son muy bajos, **¿aprovechas la
            ocasión para** hacer qué?

            *Si voy a una tienda y los precios son muy bajos, aprovecho la
            ocasión para comprar.*

            2. ¿Por qué se dice que **eso de** casarse es un asunto serio?

            *Se dice que eso de casarse es un asunto serio porque..., bueno,
            pues porque es un cambio muy importante en tu vida.*

            3. ¿Qué haces cuando tienes problemas **a montones**?

            Cuando tengo problemas a montones ... pues ... intento resolverlos.

¿Otras preguntas?

ENSAYO GENERAL (REHEARSAL)

A. Cuatro estudiantes son los actores y actrices. Un(a) estudiante es apuntador(a) y les dice *en inglés* lo que, más o menos, tienen que decir. Otro(a) estudiante es director(a) y se encarga de que usen el vocabulario **en negritas**.

B. Como una clase entera, critiquen la conversación de los personajes del Diálogo, sus ideas y sus diferentes personalidades.

AMPLIACIÓN DE VOCABULARIO

A. Cuando varias culturas diferentes entran en contacto, la historia nos dice que es casi inevitable que aparezcan **los prejuicios**. Los que están acostumbrados a un cierto **modo de vida** no comprenden, y a veces incluso rechazan, **los modos de vida** de otros grupos. En algunos países hay problemas en las escuelas porque las jóvenes musulmanas se niegan a quitarse **el pañuelo de la cabeza** (*scarf*) incluso en el gimnasio. Hay quienes no quieren ir a un restaurante marroquí porque allí no hay tenedores ni cuchillos. Se come con los dedos. Beber vino en las comidas es algo natural, indispensable, en ciertas culturas, y es un vicio reprobable en otras, y así en muchos casos más. Ante todo, no hay que confundir **el prejuicio** (*prejudice*) con **el perjuicio** (*damage*). **Los prejuicios** han causado muchos **perjuicios** a la Humanidad, y los antagonismos entre grupos impiden llegar a la deseada **meta** (objetivo final) de **la hermandad** (fraternidad) universal.

La discriminación y los prejuicios crean problemas, y la sociedad tiene que **enfrentarse con** ellos (ponerse cara a cara con ellos) si quiere llegar a **conseguir** (obtener) **un grado** (nivel) aceptable de **convivencia**. A veces, sin embargo, los problemas **se agravan** (se hacen más serios), y la sociedad **se polariza** en grupos **antagónicos** entre los cuales la comunicación se hace más y más difícil.

Cuando la discriminación se debe a la raza, **el racista** o **la racista** está firmemente convencido(a) de que su raza es superior, y que todas las demás son inferiores. Esta superioridad, dice el racista, es **hereditaria** y **no tiene nada que ver con** (no tiene relación ninguna con) **el medio ambiente** (el mundo que rodea a la persona); es **genética**, transmitida de generación en generación, por lo cual, en su vida familiar y social, los racistas evitan mezclarse con personas de otras razas. Este tipo de racismo no se expresa en forma de leyes que obliguen a los diferentes grupos a vivir separados, pero puede ser de carácter puramente social: las leyes no dicen nada, pero la separación existe, **los matrimonios mixtos** son raros, y hay **términos despectivos** que se aplican a los miembros de otros grupos.

En estas sociedades **el color de la piel**, o el del pelo o de los ojos, es importante, y tiene sus expresiones lingüísticas. En España, donde la población es bastante homogénea, una persona puede ser **rubia** (con pelo rubio, es decir, de color amarillo), **morena** (pelo negro) o **trigueña** (pelo entre rubio y moreno).

En otros países, en los que coexisten razas muy diferentes, las distinciones son más sutiles, y el color de la piel o de los ojos adquiere más importancia. Así, un español de piel blanca, ojos verdes y pelo negro es moreno en España, pero es **güero** (rubio) en México o **catiro** en Venezuela. Por el contrario, un moreno de Puerto Rico es un negro en España, y **un serrano** del Perú es un indio, mientras que un serrano de otros países es, simplemente, una persona que vive en la sierra, en los montes.

PRÁCTICA

a. En pares, preparen preguntas basadas en el vocabulario nuevo. Sugerencias:

1. La hermandad universal, en tu opinión, ¿se puede conseguir en un futuro próximo, o es una utopía? Explica tu opinión. **2.** ¿Crees que la sociedad de tu país va camino de **una polarización** entre grupos **antagónicos**? **3.** En una sociedad multicultural y plurilingüe ¿por qué crees que son o no son inevitables **los prejuicios**? **4.** ¿Otras preguntas?

b. Usted es periodista y ha ido a algún lugar del mundo donde hay serios problemas étnicos, culturales o religiosos. Escriba un breve artículo sobre lo que ha visto, y dé su opinión sobre esa situación. Con un(a) compañero(a) intercambie artículos y coméntenlos.

B. La discriminación basada en el origen nacional es, en realidad, una variante de la anterior, con la cual tiene muchos puntos en común. Todo grupo social tiende a repeler los elementos que considera extraños, sobre todo cuando llegan en gran número. El ejemplo más típico es el de la discriminación con la que tienen que enfrentarse grandes grupos de inmigrantes que llegan a una sociedad diferente, generalmente más rica y tecnológicamente más adelantada que la que han dejado. Muchos trabajadores del norte de África (marroquíes, argelinos), de los países del África negra y del Caribe van a trabajar a los países más industrializados de Europa, donde se encuentran **en medio de** (dentro de) una sociedad que les ofrece empleos y salarios mejores que los de su **país de origen**, pero que no los acepta **del todo** (completamente). Europa siempre ha sido un continente de emigrantes, y ahora que la prosperidad económica de la Unión Europea atrae a muchos inmigrantes, legales e ilegales, han **surgido** (aparecido) conflictos raciales y movimientos políticos contrarios a la aceptación de más inmigrantes, y hasta partidarios de la expulsión de los trabajadores extranjeros.

En los Estados Unidos, país de inmigrantes, se habla del **crisol americano** (*melting pot*) que absorbe a los inmigrantes y los **americaniza** rápidamente. Hay quienes creen, sin embargo, que ese crisol no funciona tan bien como se dice.

La discriminación basada en **el idioma** (la lengua) está relacionada con la existencia de grupos de inmigrantes y con la presencia de grupos culturales minoritarios. El hablar la lengua del país con acento extranjero puede ser un detalle simpático en un turista, y un desastre en un inmigrante. El tener o no tener **una única lengua oficial** es un tema muy **polémico actualmente** (en la actualidad, ahora) en los EE.UU. En algunos estados **promulgaron** (aprobaron) leyes que declaran que el inglés es la lengua oficial del estado. Unos consideran que esto es necesario para proteger la unidad del país, otros lo interpretan como una muestra de racismo o de discriminación cultural.

El intento de corregir o eliminar los efectos de los prejuicios puede llevar, según algunos, a **la discriminación a la inversa (al revés)**, que ellos consideran tan injusta como la otra, y la sociedad **se polariza** al hablar de la discriminación, aunque casi todos dicen que están contra ella.

PRÁCTICA

a. En pares, preparen preguntas basadas en el vocabulario de esta sección. Sugerencias:

1. ¿Cómo explicarías a unos amigos extranjeros qué es **el crisol americano**? **2.** La discriminación en tu país, ¿**está a la vista** o se expresa de manera muy sutil? Explica tu opinión. **3.** ¿Crees que una sociedad **plurilingüe** puede ser más interesante que una monolingüe? Justifica tu opinión. **4.** ¿Conoce algún caso de **discriminación por razón del idioma**? Si no lo conoces, ¿por qué crees o no crees que esa discriminación existe? **5.** ¿Otras preguntas?

b. Usted es editorialista de un periódico. Escriba un breve editorial sobre algún tema muy polémico en los Estados Unidos. Sugerencias: **1.** «*English only*». **2.** La discriminación a la inversa. **3.** Efectos de la inmigración sobre la sociedad norteamericana.

Intercambie su editorial con el de un(a) compañero(a) y coméntenlas.

LECTURAS SOBRE LA CULTURA Y LA LENGUA

Los prejuicios de cada sociedad se reflejan en algunas expresiones del idioma. Aunque muchos países europeos se han unido para formar la Unión Europea, aún quedan frases hechas que recuerdan antipatías entre diferentes grupos nacionales. En el pasado, algunos españoles no sentían gran simpatía por Francia, y si un español habla de algún invitado que **se despidió a la francesa**, está criticando su falta de cortesía por haberse marchado sin dar las gracias. ¿Qué diríamos aquí?

Los habitantes del norte de Europa, menos expresivos que los apasionados mediterráneos (otro tópico) son la fuente de la expresión **hacerse el sueco**, (*Swedish*) es decir, poner cara de inocencia, de ignorancia, para evitar responsabilidad, o sea: **hacerse el tonto** en situaciones de este tipo: «Al llegar la cuenta de la cena, yo le insinué delicadamente que íbamos a compartir los gastos, pero él se hizo el sueco y no sacó la cartera. Tuve que pagar yo». En inglés, *he played* ... qué?

Si los españoles ven a los extranjeros con ojos críticos, lo mismo sucede a la inversa. España dominó la política europea en el siglo XVI, y los españoles que se paseaban por Europa como por su propia casa provocaron simpatías y antipatías que hoy vemos en algunas lenguas europeas. Los españoles tenían fama de hablar mucho, de ahí viene que en francés *habler* significa hablar sin decir nada. Cuando alguien es muy orgulloso, los alemanes dicen que «es orgulloso como un español». ¿Qué nos dice todo esto en cuanto a la fama que dejaron los españoles?

Hay otras expresiones de este tipo, pero se consideran **políticamente incorrectas**, y se procura evitarlas.

DIFICULTADES Y EJERCICIOS

A. Uso de: equivalentes del verbo *to get*

El verbo *to get* se usa mucho en inglés. Los diccionarios nos dicen que significa **conseguir**, **obtener**, pero la cuestión es más compleja. En primer lugar, **obtener** se usa poco; **conseguir** es más frecuente. Veamos algunos casos.

1. **conseguir** (= encontrar) entradas, boletos	*to get tickets*
conseguir (=encontrar) trabajo, empleo	*to get, find a job*
conseguir (= **obtener**) permiso	*to get permission*
conseguir que + subjuntivo	*to get (somebody to do something)*
conseguir + infinitivo	*to manage to ...*
dar por conseguido (por hecho)	*to consider something done*

La película tiene mucho éxito, y no **conseguí** boletos para ir a verla.

Si no sabes hacer nada, nunca **conseguirás** un buen empleo.

El contratista dijo que él **conseguiría** el permiso para hacer las reformas.

¿Qué puedo hacer para **conseguir que aprendas** música?

Tengo muy mal oído. Nunca **conseguiré aprender** música.

¿Puedes **conseguirme** entradas para el concierto?

¡Naturalmente! **¡Dalas por conseguidas!**

No **consigo encontrar** entradas. ¿Puedes **conseguirlas** tú?

¡Naturalmente! **Dalo por hecho.**

2. **sacar** (una nota)	*to get (a grade)*
recibir contestación	*to get an answer*
tener / recibir un regalo	*to get a present*
traer (algo a alguien)	*to get (bring)*
llamar (a un médico / la policía)	*to get (a doctor / the police)*

En esta clase espero **sacar** una A.

Te escribí varias veces, pero **no he recibido contestación**.

El día de mi cumpleaños **tuve** / **recibí** muchos regalos.

Vete a la cocina y **tráeme** una taza de café, por favor.

Ha habido un accidente. **Llamen** a un médico y **llamen** a la Policía.

PRÁCTICA

Elimine las palabras que están *en bastardilla* y use alguna de las expresiones estudiadas.

Modelo: Creo que podremos *encontrar* entradas para el concierto.

               Creo que podremos <u>conseguir</u> entradas para el concierto.

1. Cuando hay prejuicios, algunas personas no pueden *encontrar* trabajo. **2.** Para hacer reformas en tu casa tienes que *tener* un permiso municipal. **3.** Este muchacho es imposible. No quiere trabajar. Yo no *soy capaz de hacer* que trabaje. **4.** Déjamelo a mí. Yo *seré capaz de* hacerlo trabajar. **5.** Yo sé cómo tratar a estos muchachos. Él trabajará. *Considera que está* hecho. **6.** ¿Qué nota crees que vas a *tener* en esta clase? Una A, naturalmente. Yo siempre *tengo* aes. **7.** Busco trabajo y escribí a varias compañías, pero no *tengo* ni una sola contestación. **8.** Ayer nadie se acordó de mi cumpleaños y no *recibí* ningún regalo. **9.** ¡Pobrecita! Salgo a *comprarte* unas flores, e imagínate que te las di ayer. **10.** No. Estoy muy deprimida. No me traigas flores. *Tráeme* a un sicólogo.

PRACTICANDO AL CONTESTAR

En pares, preparen preguntas y háganselas a sus compañeros(as).
Sugerencias:

1. ¿Qué tienes que hacer para sacar una buena nota? **2.** ¿Qué tipo de prejuicio no consigues comprender? **3.** Los prejuicios van a desaparecer. ¿Lo das por hecho? **4.** ¿Cómo se puede conseguir que no haya prejuicios? **5.** ¿Otras preguntas?

B. Más equivalentes de *to get*:

poner(se) (furioso, nervioso, mejor)	*to get angry, nervous, better*
hacerse comprender (entender)	*to get across*
llevarse bien con ...	*to get along with ...*
arreglárselas	*to get by, to get along*
insinuar	*to get at*
tener que + infinitivo	*to have got to ...*
¡No comprendo!	*I don't get it!*
¡Muévete!	*Get going!*
... y no le pasó nada!	
... y se salió con la suya	*... and he got away with it!*

Cuando mi jefe **se pone furioso**, me grita.

Yo le explico que si no trabajo más es porque él me paga mal, pero no consigo **hacerme comprender**.

Yo quiero **llevarme bien con** él, pero me paga tan poco que no sé cómo voy a **arreglármelas** para llegar al fin de mes.

Cuando le explico que el sueldo no es bueno, él se hace el sueco y me pregunta: **¿Qué insinúas? No comprendo**.

Definitivamente, **tengo que buscar** otro empleo.

Si él cree que puede gritarme: **¡Muévete!** y que no le va a **pasar nada**, está muy equivocado. Él no va a **salirse con la suya**.

PRÁCTICA

Un poco de «Spanglish». En estas dos conversaciones, elimine las expresiones inglesas y use sus equivalentes españoles.

1. —¿Por qué me gritas? *Don't get mad*. Yo sólo quiero darte buenos consejos.
   —Es que tú no comprendes mi problema. Te lo expliqué varias veces, pero … *I cannot get across*.
   —Sí, te comprendo perfectamente: *You don't get along with your husband*. ¿Cómo es posible? Él es un marido buenísimo.
   — Es que... hay una mujer que lo llama por teléfono, y... ~~fooling around~~
   — *What are you getting at*? ¿Crees que te engaña? Tú estás loca. Él te quiere mucho, y nunca haría eso. *You both have got to talk*. No seas celosa. Ya verás como hay una explicación.

2. —No tengo dinero. No sé como voy a terminar el mes. Bueno... *I will get by!*
   —Pero... me dijiste que el mes pasado habías ganado mucho dinero. ¿Cómo es que ahora no tienes nada? *I don't get it*.
   — Es que lo gasté todo. *I have got to do something*, pero... ¿qué?
   —¿Pero qué? Es bien fácil. Busca trabajo. *Get going!*
   —Haré como mi hermano, que trabaja en una pizzería. Él no sabe hacer pizzas, pero dijo que sí sabía, *and he got away with it*.
   —¡Pobres clientes!

PRACTICANDO AL CONTESTAR

En pares, preparen preguntas y háganselas a sus compañeros(as). Sugerencias:

1. ¿Qué te hace ponerte nervioso(a)? **2.** ¿Administras bien tu dinero? ¿Cuánto necesitas para arreglártelas hasta el fin de mes? **3.** ¿Hiciste alguna vez algo que no debías hacer, y no te pasó nada? ¿Qué fue? **4.** Cuando no consigues hacerte comprender, ¿es que te explicas mal o crees que la otra persona es tonta? **5.** ¿Otras preguntas?

Pequeño teatro

Los prejuicios, en sus muchas variedades, existen en toda sociedad. La historia y la vida diaria nos ofrecen diferentes casos, y sobre ellos se puede hablar analizando sus posibles causas. La clase puede dividirse en grupos: unos critican un cierto prejuicio, y otros intentan explicar por qué existe. Naturalmente, explicarlo no significa justificarlo.

Algunas posibilidades:

1. Unos critican a la sociedad norteamericana, a la que acusan de ser racista. Otros responden a esas críticas.

2. En muchos países hay prejuicios contra los enfermos de SIDA (*AIDS*). Un grupo de médicos explica que ese prejuicio no está justificado. Otro grupo explica por qué mucha gente tiene ese prejuicio.

3. Un grupo dice que los hijos de los inmigrantes deben conservar la lengua de sus padres, pues así tendrán la ventaja de ser bilingües. Otros defienden la posición de que ese bilingüismo hace difícil su asimilación, y que además pone en peligro la unidad lingüística del país.

Sea usted mi intérprete, por favor

Estudiante A sólo habla inglés y quiere hablar con estudiante C, que sólo habla español. Estudiante B, bilingüe, hace de intérprete. Algunas posibles preguntas:

1. What is more important, heredity or environment?

2. Do you know of any case of reverse discrimination?

3. What grade do you expect to get in this course?

4. Will you please get me a cup of coffee?

5. ¿Más preguntas?

Sea usted mi traductor(a), por favor

Dos sociólogos(as) de diferentes nacionalidades consultan por escrito algunos problemas sociales. Un traductor hace posible esta correspondencia. Sugerencias:

1. In your society, do people use racial slurs when talking about minorities?

2. How do you confront discrimination, if it exists?

3. Do all ethnic groups get along in your country?

4. I hope to get an answer to my questions.

5. ¿Otras preguntas?

CUESTIONES GRAMATICALES

OTROS USOS DEL SUBJUNTIVO (III)

1. Subjuntivo + pronombre relativo + subjuntivo

Venga quien venga, no abras la puerta.

Insistas lo que insistas, no haré lo que quieres.

Esta idea también se puede expresar así:

Por mucho que / por más que insistas, no haré lo que quieres.

La estructura inglesa que expresa estas ideas es muy diferente: *No matter ...*

PRÁCTICA

a. En pares, eliminen la forma: *Por más que* + subjuntivo + ... y usen en su lugar: a) *Subjuntivo* + <u>pronombre relativo</u> + *subjuntivo* + ... b) <u>Por mucho que</u> + *subjuntivo* + ...

Modelo: *Por más que* controlen, no acabarán con el cultivo de la coca.

Controlen <u>*lo que*</u> controlen, no acabarán con el cultivo de la coca.

<u>*Por mucho que*</u> controlen, no acabarán con el cultivo de la coca.

1. *Por más que* hagan, siempre habrá corrupción. **2.** *Por más que* crezca este árbol, nunca será grande. **3.** *Por más que* hablen de prohibir las peleas de gallos, siempre serán parte de la cultura de algunos países. **4.** *Por más que* beba, él dice que no se emborracha. **5.** *Por más que* busques, no encontrarás un perro que no tenga pulgas.

b. En pares. Un(a) estudiante escribe un informe en el que da una lista de proyectos para solucionar los problemas de la sociedad. Otro(a) estudiante es muy pesimista y hace unos comentarios negativos. Por ejemplo:

Proyecto: Promulgar más leyes para eliminar la discriminación.

Comentarios negativos: <u>Promulguen lo que promulguen, no eliminarán la discriminación.</u>

Otros proyectos: **1.** Prohibir que las niñas musulmanas usen pañuelo de la cabeza en la escuela. **2.** Insistir en que todos los niños inmigrantes hablen siempre inglés. **3.** Controlar más las fronteras para que no haya *habrá* inmigración ilegal. **4.** ¿Otras posibilidades?

2. Subjuntivo + artículo determinado + nombre + **que** + subjuntivo

Por mucho + nombre + **que** + subjuntivo

Por más + nombre + **que** + subjuntivo

Cuando se refieren a nombres, **el que** y **por mucho que** tienen que concordar con ellos. **Por más que** no cambia.

Hagan el plan **que hagan**, no resolverán nada.
Hagan los planes **que hagan**, no resolverán nada.
Por muchos planes **que hagan**, no resolverán nada.
Por más planes **que hagan**, no resolverán nada.

PRÁCTICA

Elimine la forma: *Por más* + nombre + *que* + subjuntivo. Use en su lugar: a) *Subjuntivo* + el / la / los / las + (nombre) + que + *subjuntivo* b) Por mucho / mucha / muchos / muchas + (nombre) + que + *subjuntivo*.

Modelo: *Por más* ilegales que deporten, siempre habrá ilegales.

    Deporten los ilegales *que deporten*, siempre habrá ilegales.

    Por muchos ilegales *que* deporten, siempre habrá ilegales.

1. *Por más* dinero que gane, mi hermano nunca está satisfecho. **2.** *Por más* dólares que gane, mi hermano nunca está satisfecho. **3.** *Por más* leyes que promulguen, siempre habrá gente con prejuicios. **4.** *Por más* que se agraven los problemas, siempre habrá una solución.

   3. Por + adjetivo / adverbio + **que** + subjuntivo

   Esta estructura también se refiere al mundo de las posibilidades, no de la realidad, y necesita subjuntivos. Las oraciones con indicativos, por el contrario, expresan una realidad:

   Esta sociedad está muy organizada.

   Por organizada que **esté** esta sociedad, siempre habrá algún problema.

   Hablan mal de los racistas.

   Por mal que **hablen** de los racistas, siempre habrá alguno.

PRÁCTICA

Con las ideas expresadas en estas oraciones, use la estructura estudiada. Use los adjetivos y adverbios dados en las oraciones.

Modelo: Una corrida de toros es *cruel*, pero a mucha gente le gusta.

    Por cruel que sea una corrida de toros, a mucha gente le gusta.

1. Conocer otras culturas es muy *útil*, pero a alguna gente no le interesa. **2.** La riña de gallos es *horrible*, pero es muy popular en algunos países. **3.** La genética es *importante*, pero el medio ambiente también lo es. **4.** El nuevo inmigrante habla *mal* el inglés, pero se hace entender. **5.** El documental sobre la inmigración está *mal* hecho, pero es interesante.

4. Ojalá (que) / Quizá = Quizás = Tal vez + subjuntivo

Ojalá (= Dios quiera que) es una palabra de origen árabe (*ua xa Alah*) que invoca a Alá, y expresa un fuerte deseo de que algo (no) ocurra:

Ojalá (**que**) no **se polarice** la sociedad.

Quizá (**quizás = tal vez = acaso**) expresan posibilidad:

Quizá se polarizó la sociedad.

Con el verbo en indicativo se indica una acción pasada o una ligera duda:

Quizá ya **se polaricó** la sociedad.

En algunos casos, **quizá se polariza** la sociedad, pero lo dudo.

PRÁCTICA

a. En pares, usen la información dada para hacer frases con las expresiones estudiadas.

Modelo: No queremos que deporten más extranjeros.

Ojalá (que) no deporten más extranjeros.

1. Esperamos encontrar asilo en este país. Ojalá ... **2.** Posiblemente hay trabajo aquí. Quizás ... **3.** Con suerte podremos solucionar nuestros problemas. Tal vez ... **4.** Estoy pensando en volverme a mi país. Acaso ...

b. Un(a) astrólogo(a) escribe una serie de predicciones para el año próximo. Exprese su deseo de que se cumplan, o expresa su escepticismo. Por ejemplo:

Astrólogo(a): No habrá conflictos sociales entre las diferentes minorías.

Usted, optimista: Ojalá no haya conflictos sociales entre las diferentes minorías.

Usted, escéptico: Tal vez no haya conflictos sociales ... pero lo dudo.

Otras predicciones: **1.** Todos los países se llevarán bien. **2.** No se agravarán los problemas entre naciones. **3.** Los racistas dejarán de serlo. **4.** La hermandad universal será un hecho.

5. Algunas expresiones de uso frecuente:

Que yo sepa...	*As far as I know...*
Que Dios bendiga (a América).	*God bless (America).*
¡Que se vaya al diablo / al cuerno!	*(Let you / him / her) go to hell* (una expresión que no es precisamente muy elegante, pero que es frecuente)!

6. Concordancia de tiempos

Aunque los hispanoparlantes usan muchas combinaciones de tiempos para expresar sutiles diferencias, hay unas concordancias básicas que permiten expresar todas las posibles relaciones entre la cláusula principal y la subordinada en subjuntivo.

A. Supongamos una situación: Wayne está con una amiga, Bárbara. Los dos están solos, en una situación perfectamente inocente, pero Bárbara sabe que su novio, Alan, es muy celoso, y que si la encuentra a solas con Wayne hará una escena. Bárbara expresa este temor diciendo:

a. Temo (ahora) que Alan llegue (ahora).
b. Temo (ahora) que Alan llegue (dentro de un momento).
c. Temo (ahora) que Alan haya pasado (hace un momento) por delante de la casa y haya visto (hace un momento) tu coche.

En la frase **a.** las dos acciones son simultáneas, es decir, la oración está orientada al presente. En **b.** la oración está orientada al futuro: Bárbara teme que algo pueda suceder en el futuro. En **c.** las acciones de pasar por delante de la casa y de ver el coche de Wayne son anteriores a la acción de temer, o sea: la oración está orientada a un pasado que pudo haber sucedido o no. Estas concordancias de tiempos se dan cuando el verbo de la cláusula principal está en presente o futuro de indicativo, o en imperativo:

Presente Indic.
Futuro Indic.   } + que + { Presente Subj. = acción simultánea o futura.
Imperativo   Presente Perfecto Subj. = acción pasada

Los inmigrantes ilegales **temen** (ahora) **que los deporten** (ahora o en el futura).

Los ilegales **temerán** (mañana) **que los deporten** (mañana o en el futuro).

No temas (ahora) **que te deporten** (ahora o en el futuro).

Los ilegales **lamentan** (ahora) **que los hayan deportado** (ayer).

B. Cuando el verbo principal expresa una acción pasada o condicional, la concordancia de tiempos funciona así:

Imperfecto Indic.
                } + que + { Imperfecto Subj. = acción simultánea o futura
Pretérito Indic.
Condicional   Pluscuamperfecto Subj. = acción pasada

El ilegal **temía / temió** (ayer) **que lo deportaran** (ayer o en el futuro).

El ilegal **lamentaría que lo deportaran** (hoy o en el futuro).

El ilegal **lamentaba / lamentó que lo hubieran deportado** (en el pasado).

Si lo deportaran, él **lamentaría que lo hubieran deportado** (en el pasado).

Hay otras combinaciones de tiempos verbales, pero son menos frecuentes:

$$\left.\begin{array}{l}\text{Presente Perfecto Indic.}\\[2em]\text{Pluscuamperfecto Indic.}\end{array}\right\} + que + \left\{\begin{array}{l}\text{Imperfecto Subj. = acción simultánea o futura}\\[1em]\text{Pluscuamperfecto Subj. = acción pasada}\end{array}\right.$$

El ilegal siempre **ha temido/ había temido que lo depotaran**.

Él siempre **ha / había lamentado que lo hubieran deportado**.

PRÁCTICA

Complete estas oraciones con las ideas dadas entre paréntesis. Atención a las palabras que indican el paso del tiempo, pues ellas determinan la concordancia adecuada.

Modelos: Yo dudaba ayer (los inmigrantes reciben asilo político antes de ayer).

Yo dudaba que los inmigrantes <u>hubieran recibido</u> asilo político.

Es una pena hoy en día (hay pobreza en muchos países hoy en día).

Es una pena que <u>haya</u> probreza en muchos países.

1. Espero este año (no hay problemas el año próximo). **2.** Yo no firmaría el contrato hoy aunque (tú me lo pides hoy). **3.** El gobierno ha prohibido ayer (los empleadores discriminan en el futuro). **4.** Todos tememos ahora (los prejuicios siempre aumentan en el futuro). **5.** Todos tememos ahora (los prejuicios aumentan). **6.** Me alegraré mucho mañana (los sociólogos encontraron una solución el mes pasado). **7.** Sugirieron ayer (un congreso internacional se reúne mañana). **8.** Es posible ahora (varios países cerrarán sus fronteras el mes próximo).

ෙ෨   ෙ෨   ෙ෨   ෙ෨   ෙ෨

REVISIÓN GENERAL

DIÁLOGO

Conteste a estas preguntas usando en sus respuestas las palabras que están *en bastardilla*.

1. ¿Por qué cree que *los prejuicios* son, *por desgracia*, un problema en muchas sociedades? **2.** ¿Cree usted que los conflictos culturales existen *en todas partes*? **3.** ¿Qué problema social *está más a la vista* en su sociedad? **4.** ¿Hay corrupción en el mundo? ¿Cree que algunos políticos *aprovechan la ocasión para* enriquecerse? **5.** Si usted tuviera la oportunidad de hacer un crucero por el Caribe, *¿perdería la ocasión de* hacerlo? **6.** *En concreto,* ¿qué es lo que le interesa más en la vida? **7.** ¿Le parece bien *eso de que* sea muy fácil comprar armas de fuego? **8.** ¿A quién querría que *le presentaran*? **9.** Hay mucha gente contraria al consumo de bebidas alcohólicas. En su opinión, *¿qué tiene de malo* tomar una copa de vez en cuando? **10.** ¿Cree usted que las leyes contra el narcotráfico *sirven para algo* o *no sirven para nada*?

AMPLIACIÓN DE VOCABULARIO

Conteste a estas preguntas usando en sus respuestas las palabras que están *en bastardilla*.

1. ¿Cuál es la diferencia entre *prejuicio y perjuicio*? *daña* **2.** En una sociedad *multirracial* o *multicultural*, ¿cómo se puede *conseguir un grado aceptable de convivencia*? **3.** ¿Qué hace que *se agraven* los problemas raciales en una sociedad? **4.** En cuanto a cuestiones *lingüísticas*, ¿cree usted que su sociedad está *polarizada*? ¿Por qué sí o por qué no? **5.** ¿Quiénes defienden la teoría de que *la superioridad racial es genética*? **6.** ¿Cómo influye *el medio ambiente* sobre la personalidad? **7.** ¿Por qué hay gente contraria a *los matrimonios mixtos*? **8.** ¿Por qué se dice que en los anuncios de productos para niños predominan los niños *rubios*? **9.** En tu sociedad, ¿por qué se acepta, o no se acepta, el uso de *términos despectivos* de carácter étnico? **10.** ¿Por qué hay quienes dicen que en la televisión de los países hispanoamericanos, o en la televisión hispana de los EE.UU., predomina la gente *güera*? ¿Es verdad?

DIFICULTADES Y EJERCICIOS

A. Conteste a estas preguntas, usando en sus respuestas las palabras que están *en bastardilla*.

1. ¿Cuándo es difícil *conseguir* entradas para una partido de fútbol? **2.** ¿Quiénes tienen más dificultades para *conseguir* trabajo? **3.** ¿Por qué es complicado *obtener un permiso* para construir una casa? **4.** ¿Cómo se puede *conseguir que estudie* un muchacho que no quiere estudiar? **5.** En la vida, ¿quiénes cree usted que *conseguirán tener* éxito? **6.** ¿Tiene algún proyecto? ¿Cuál es? *¿Lo da por conseguido*? **7.** ¿Quiénes *sacan* buenas notas en una clase? **8.** Cuando usted escribe una carta protestando por algo y no *recibe* contestación, ¿qué hace? **9.** Si en Navidad un niño no *tiene* ningún regalo, ¿cómo está? **10.** Si un amigo le dice constantemente: *Tráeme* un café, *tráeme* esto, *tráeme* lo otro... ¿cómo reacciona? **11.** Si un estudiante se pone enfermo en clase, ¿a quién *llama usted*?

B. En pares, contesten a las siguientes preguntas.

1. Si alguien te hace preguntas muy personales, ¿cómo *te pones*? **2.** ¿Qué tienes que hacer para *hacerte comprender*? **3.** ¿Por qué es difícil *llevarse bien* con alguien que *se pone furioso* fácilmente? **4.** ¿Cómo crees que *se las arreglan* las familias que tienen poco dinero? **5.** ¿Qué *tiene que hacer* una persona que se encuentra sin dinero? **6.** Cuando alguien te está explicando un problema, y *no se hace entender*, ¿qué le dices? (Usa el equivalente de *I don't get it!*)

C. Explique a su compañero(a) qué haría usted en las siguientes situaciones: ¿En qué circunstancias le dice a alguien: **1.** *¡Muévete!* **2.** *¿Qué insinúas?* **3.** *... y no se salió con la suya.* **4.** *¡Ya me las arreglaré!* **5.** *¡Dalo por hecho!* **6.** *No consigo comprenderte.*

CUESTIONES GRAMATICALES

A. En las frases siguientes, elimine la forma *por más que* y use las formas:

    a. subjuntivo + pronombre relativo + subjuntivo.

    b. Por mucho que + subjuntivo.

Modelo: Por más que discriminen, los buenos trabajadores progresarán.

        Discriminen lo que discriminen, los buenos trabajadores progresarán.

        Por mucho que discriminen, los buenos trabajadores progresarán.

1. *Por más que* insistas, yo creo que no todo es producto de la genética. **2.** *Por más que* lo lamentes, habrá problemas en todas partes. **3.** *Por más que* se agrave la situación, saldremos adelante. **4.** *Por más que* se polarice la sociedad, nunca habrá un conflicto serio. **5.** *Por más que* se hable de la hermandad universal, será difícil llegar a ella.

B. Con la información dada, exprese la misma idea con la estructura *Por +* adjetivo / adverbio + *subjuntivo.*

Modelo: El viejo inmigrante está bien adaptado, pero no olvida su país de origen.

        Por bien adaptado que esté, no olvida su país de origen.

1. La adaptación a una nueva cultura es difícil, pero se puede conseguir.

2. La hermandad universal es imposible, pero hay que luchar por ella.

3. Ella habla muy bien el inglés, pero se le nota un ligero acento extranjero.

4. Los dos grupos antagónicos se critican ferozmente, pero no habrá violencia.

C. Concordancia de tiempos. Con el verbo dado entre paréntesis, complete estas frases con los tiempos adecuados del subjuntivo.

Modelo: **(llegar)** Espero que mis amigos canadienses _____ mañana.

        Espero que mis amigos canadienses lleguen mañana.

        Espero que mis amigos canadienses hayan llegado ayer.

        Esperaba que mis amigos canadienses llegaran hoy.

Y otras combinaciones de tiempos.

1. (**encontrarse**) Ayer mi editora quería que nosotros ___ en una terraza de café. **2.** (**traducir**) Ella quiere que yo ___ una novela mexicana. **3.** (**empezar**) Me dijo que yo ___ mañana. **4.** (**rechazar**) Le dije que no, y le parece increíble que yo ___ su oferta ayer. **5.** (**ofrecer**) Yo la habría traducido si ella me ___ un contrato mejor cuando me habló. **6.** (**pagar**) Yo trabajaría para ella si me ___ bien. **7.** (**hacer**) Le he dicho que me ___ otra oferta. **8.** (**recibir**) Estudiaré el nuevo contrato cuando lo ___. **9.** (**venir**) Espero que ella no ___ con otra oferta ridícula. **10.** (**ser**) El contrato, yo lo tiraría a la papelera si no ___ bueno. **11.** (**explotar**) Nunca me gustó que me ___ .

D. Dos estudiantes tienen problemas y van a un(a) siquiatra. Usando diferentes combinaciones de concordancia de tiempo, escriban una lista de sus temores de hoy, de ayer y de mañana. Intercambien las listas. Ahora son ustedes los (las) siquiatras, y dan consejos a su paciente. Sugerencias:

Cuando era niño(a) temía que un monstruo viniera a comerme.

Ahora temo que alguien me ataque en la calle.

Ahora temo que alguien haya hablado mal de mí en el pasado.

¿Qué otros temores?

De las pequeñas composiciones a la gran composición

EL ESTILO (II)

Vamos a continuar los comentarios de la lección anterior sobre el estilo.

D. RIQUEZA DE VOCABULARIO

Un buen diccionario de sinónimos y antónimos puede ayudarnos a enriquecer nuestro vocabulario, especialmente cuando estamos aprendiendo a escribir en una lengua extranjera. En las líneas siguientes la palabra «periódico» aparece cuatro veces; también encontramos «local» y «localidad», «interés» e «interesar». Resultado: una prosa bastante mala.

Mala prosa: «Es cierto que el periódico local, que es un periódico pequeño, pero que trae noticias de interés local que sólo interesan a los que vivimos en esta localidad, no puede competir con los grandes periódicos de la capital, pero es un periódico que nos gusta porque nos informa de todo lo que pasa aquí, en nuestra ciudad».

Un poco mejor: «Es cierto que el periódico local, un diario pequeño pero lleno de noticias interesantes para los que vivimos aquí, no puede competir con los grandes rotativos de la capital, pero nos gusta porque nos informa de todo lo que sucede en nuestra ciudad».

Un buen vocabulario nos permite evitar repeticiones de nombres, adjetivos, adverbios, verbos o conjunciones, pero ¿qué hacer con la abundancia de «que», que es algo que aparece tan frecuentemente en todo lo que escribimos? (¡Cinco veces «que» en esta pregunta!) Intentemos otras versiones de la misma pregunta: ¿Qué hacer con la abundancia de «que» tan frecuente en nuestras frases? ¿Qué hacer con los frecuentes «que» de nuestra prosa? ¿Cómo evitar el excesivo uso de «que»?

E. FRASES INCOMPLETAS

A veces nos sentimos inspirados. Se nos ocurren tantas ideas que pasamos de una a otra dejando incompleta la expresión de la anterior. Un poco de cuidado puede ayudarnos a no cometer ese error. Vamos a arreglar la mala prosa de este párrafo:

«Después de leer el editorial del periódico de hoy que es tan malo que decidí cancelar mi subscripción, y le escribí una carta al director del periódico y la cancelé».

Un poco mejor: «Después de leer el editorial tan malo del periódico de hoy, decidí escribir una carta al director para cancelar mi subscripción».

F. NOMBRES COLECTIVOS

Un grupo de periodistas... ¿entraron o entró? en el bar. El sujeto del verbo es «un grupo de periodistas» y el verbo debe estar en singular: entró.

Lo mismo sucede con otros nombres colectivos:

La familia, reunida en casa de los abuelos, celebró la Navidad.

Una multitud de ilegales atravesó la frontera.

Un batallón de soldados salió de la base.

G. ERRORES FRECUENTES DEBIDOS A LA INFLUENCIA DEL INGLÉS

1. *People are ...* La gente es... «Gente» siempre toma el verbo en singular, excepto cuando esta palabra aparece en plural, uso frecuente en México: «El restaurante estaba casi vacío. Había poca gente». «El restaurante estaba casi vacío. Sólo había tres o cuatro gentes». En este caso, «gentes» significa «personas».

2. *There is one ... there are many ...* Había un gato... había dos gatos. «Había» no tiene plural. Hay que evitar un error muy frecuente: *Habían dos gatos.

3. *Neither Brad nor Craig is Mexican.* Ni Brad ni Craig son mexicanos. Verbo en singular en inglés, en plural en español.

4. Uso de la voz pasiva, frecuente en inglés, más raro en español, que prefiere la voz activa o la forma «se».

Voz pasiva: Fui informado de todo lo que sucedió.

Voz activa: Me informaron de todo lo que sucedió.

Voz pasiva: Ese sociólogo, muy famoso, era visto en todos los congresos de sociología.

Se pasivo: A ese sociólogo, muy famoso, se le veía en todos los congresos de sociología.

H. En español se escriben *con minúscula*: los meses y las estaciones del año (enero, febrero... , primavera, verano...); los días de la semana (lunes, viernes, domingo...); los adjetivos de nacionalidad y religión, y los nombres de los idiomas y religiones: «Los paraguayos hablan español y guaraní, y en general son católicos»; los puntos cardinales, excepto cuando se refieren a una región geográfica determinada: «En los mapas el norte está arriba y el sur está abajo». Pero: América del Norte. El Oeste americano.

Práctica

A. Vamos a corregir el mal estilo de los párrafos siguientes:

1. El grupo de sociólogos extranjeros que llegaron ayer para estudiar ciertos aspectos de nuestra sociedad multicultural están en la Universidad.

2. Los presentadores mexicanos que presentan los programas que tiene el canal que sale en el número 5, que es muy popular entre los hispanos, y que estuvieron en una fiesta ayer, en la que yo también estuve, me los presentó mi amigo que es el director de la compañía que es propietaria de ese canal.

3. La plaza estaba llena de gente, que aplaudieron al presidente y a su mujer cuando salió al balcón que hay en el palacio presidencial.

4. Ni la discriminación ni la intolerancia es buena.

5. La plaza fue invadida por la multitud, que fue rechazada por la policía que protestaba contra un caso de discriminación que tratan a los detenidos de manera diferente según el color de su piel.

POSIBLES TEMAS PARA UNA COMPOSICIÓN / CONVERSACIÓN

ATAJO 💿

Grammar: Subjunctive
Phrases: Writing an introduction; Writing a conclusion; Linking ideas; Making transitions; Sequencing events
Vocabulary: Languages; Nationality

1. Vamos a escribir un ensayo de cuatro párrafos, en el que usaremos el vocabulario aprendido en esta lección. Si el título es, por ejemplo, «La sociedad norteamericana, sociedad multicultural», ésta es una posibilidad:

Primer párrafo: En la introducción puede decir que en la sociedad norteamericana actual conviven muchas culturas diferentes, lo cual crea una situación compleja que usted va a analizar.

Segundo párrafo: Cómo se pobló el país:

      a. La sociedad colonial y después de la independencia

      b. Inmigración predominantemente europea: Expansión hacia el oeste

      c. Inmigración de no europeos

Tercer párrafo: El pasado ayuda a comprender el presente:

      a. Existencia de barrios étnicos

      b. Quiénes se siente amenazados por los cambios en la sociedad

      c. Dilema del inmigrante: Adaptación a una nueva cultura — Deseo de mantener su propia cultura

Cuarto párrafo: Mirando al futuro:

      a. Aceptación de una sociedad nueva, multirracial, multilingüe y multicultural

      b. Necesidad de crear una atmósfera de convivencia

      c. Limitar los problemas y apreciar las ventajas de la nueva situación

2. Nuestra cultura vista por «los otros»

Introducción: En general se piensa que la propia cultura es «la buena».

Algunas preguntas sobre cómo quizá la ven «los otros». Vamos a limitarnos a un «otro»: (Escoja usted quien va a ser «el otro»: ¿Hispanoamericano? ¿Asiático? ¿Africano? ¿Europeo?)

Segundo párrafo: Qué sorprendería al «otro». Aspectos negativos.

Algunas posibilidades: ¿La débil estructura familiar? ¿La pobreza en un país considerado muy rico? ¿Los «suburbs» con sus calles desiertas? ¿Los enormes problemas de las ciudades? ¿La facilidad para conseguir armas de fuego? ¿La violencia en las calles? ¿Otras posibilidades?

Tercer párrafo: Aspectos positivos: ¿La coexistencia de muchas razas?

¿La movilidad de la población? ¿El individualismo? ¿La prosperidad? ¿La belleza de muchos paisajes? ¿Otras posibilidades?

Conclusión: La dificultad de hacer generalizaciones y juicios de valor sobre algo muy complejo.

MÁS TEMAS PARA UNA COMPOSICIÓN/ CONVERSACIÓN

1. Interés por el estudio de otras culturas

2. Los perjuicios que causan los prejuicios

3. Los matrimonios entre personas de diferentes culturas

4. La discriminación a la inversa

lección **12**

❧❦

visión de los ee.uu.

En las ciudades estadounidenses hay una clara separación entre las zonas residenciales y las zonas comerciales. No ocurre así en el mundo hispánico, donde las tiendas y las viviendas están en las mismas calles.

༄༄

Personajes: *los dos matrimonios y sus hijos María Luisa y Brad*

PILAR	**Dentro de poco**[1] ya hará dos meses que estamos aquí. Sólo **nos quedan**[2] cuatro meses más.
ANNE	¿Están contentos de haber venido? ¿Qué impresiones sacaron de lo que ya han visto?
PILAR	¡Uf! Muchísimas. Mira, te diré una: la gente es, en general, muy guapa. Este cóctel de etnias y razas ha producido una mezcla fascinante.
MARÍA LUISA	Yo he conocido a algunos muchachos que **están como un tren.**[3]
MANUEL	¡Vaya! ¡Tú siempre tan intelectual, y ahora **sales con**[4] ese comentario tan frívolo!
BRAD	Y yo, ¿estoy como un tren también?
MARÍA LUISA	No estás mal, pero no eres precisamente el Orient Express.
PILAR	**No le hagas caso.**[5] Volviendo a tu pregunta, Anne, te diré ahora lo que no me gusta, que siempre anima más la conversación, pues tendrás que defenderte. Tengo **la sensación**[6] de que mucha gente lo mide todo en dinero.
CRAIG	A ver, habla sin **tener pelos en la lengua.**[7]
PILAR	Son noticias que he leído. Por ejemplo, una familia dio una fiesta a los amiguitos de su hijo. Uno de los niños se ahogó en la piscina, y sus padres demandaron a los dueños de la casa pidiendo una compensación en dinero. Hacer eso entre familias amigas me parece horrible.
CRAIG	¿Qué quieres que te diga? No sé qué contestarte.
BRAD	Y tú, María Luisa, ¿qué feroces críticas tienes? Tú, cuando criticas, **eres de armas tomar.**[8]
CRAIG	Una buena crítica es una muestra de interés. No hay nada peor que la indiferencia.
MARÍA LUISA	Pues mira, **dejándome de bromas**[9] te diré que, **por un lado**[10] hay aspectos muy buenos, pero **por otro**[10] los hay que no me gustan. Por ejemplo, la estructura de las ciudades. La vida en los *suburbs* es aburrida. No son ni ciudad ni campo, **ni chicha ni limoná.**[11]
CRAIG	Es interesante, ¿por qué dijiste *suburbs*? ¿Es que no hay una palabra española?
PILAR	Sí y no. En español un suburbio es un barrio pobre fuera de la ciudad. A esta parte donde viven ustedes yo le llamaría una zona residencial.
ANNE	**En cierto modo**[12] tienes razón. La vida aquí es muy tranquila, pero es así como nos gusta.

[1] en poco tiempo
[2] tenemos aún

[3] *they are hunks*
[4] dices algo inesperado

[5] *don't pay any attention*

[6] la impresión

[7] di lo que piensas

[8] eres terrible

[9] sin hacer chistes
[10] por una parte... por otra

[11] *neither fish nor fowl*

[12] en cierta manera

MARÍA LUISA	Yo prefiero la vida de nuestras ciudades, con las calles llenas de gente, **animadas**,[13] con edificios que tienen tiendas y cafés en **la planta baja**[14] y gente que vive en los pisos que están encima.
ANNE	Ahora ya hay terrazas de café en algunas ciudades de aquí.
MARÍA LUISA	**Ya era hora**.[15] Para los que venimos de una cultura mediterránea, estas calles desiertas resultan un poco... ¿cómo diría?... deprimentes.
MANUEL	Pero estas calles tranquilas, son muy bonitas. Tú **sales a**[16] tu madre, siempre muy crítica.
MARÍA LUISA	Pero, papá, no es una opinión. Es un hecho. Mira por la ventana. **Fíjate**,[17]¡**no hay ni un alma**[18] en la calle! ¿Qué clase de ciudad es ésta?

[13] llenas de vida
[14] a nivel de la calle
[15] ¡por fin!
[16] eres como
[17] mira
[18] ¡no hay nadie!

COMPRENSIÓN

En pares usen el vocabulario **en negritas** para preparar preguntas. Sugieran dos o tres posibles respuestas.

Modelos: 1. Si nos tenemos que ir **dentro de poco**, ¿tenemos que irnos pronto, en seis meses o nunca?

Si nos tenemos que ir dentro de poco, tenemos que irnos pronto.

2. Y si sólo **nos queda** un mes, ¿tenemos todavía cuatro semanas, unos días o unas horas?

Si sólo nos queda un mes, tenemos todavía cuatro semanas.

3. Cuando María Luisa dice que algunos muchachos **están como un tren**, ¿está diciendo que trabajan en Amtrak, que son muy guapos o que son feos?

Está diciendo que son muy guapos.

¿Otras preguntas?

PRÁCTICA GENERAL

En pares, preparen preguntas usando el vocabulario **en negritas**. En las respuestas, usen el vocabulario también.

Modelos: 1. Cuando estás hablando de algo serio, ¿te molesta si alguien **sale con** un comentario frívolo? ¿Cómo reaccionas?

2. ¿Te consideras una persona **de armas tomar**? ¿Por qué sí o por qué no?

2. ¿Te gusta la gente que **no tiene pelos en la lengua** y que siempre dice lo que piensa? ¿Por qué sí o por qué no?

¿Otras preguntas?

Ensayo general (Rehearsal)

A. Seis estudiantes representan la escena del Diálogo. Un(a) director(a) se encarga de que usen el vocabulario **en negritas**, y un(a) apuntador(a) les indica *en inglés* lo que tienen que decir, más o menos.

B. Juntos o en grupos, hagan una crítica del contenido del Diálogo. Cada uno puede imaginarse que está presente en la conversación de sus personajes, y puede comentar las ideas de Pilar sobre la mezcla de nacionalidades en los Estados Unidos, o su sensación de que la gente «lo mide todo en dinero». A María Luisa las calles de una ciudad norteamericana le parecen tristes y aburridas. ¿Qué le contestarían?

AMPLIACIÓN DE VOCABULARIO

A. Cuando estudiamos una lengua, y luego vamos al país donde se habla para practicarla, nos encontramos la sorpresa de que mucha gente, especialmente los jóvenes, usan expresiones que nunca hemos oído en clase. Es **el argot** (palabra francesa) o el *slang*, que rara vez aparece en las gramáticas. En el mundo hispánico, este argot puede variar de un país a otro, o según la edad de quien lo usa.

En el diálogo de esta lección María Luisa dice que hay muchachos que **están como un tren**. También podía haber dicho que **están que echan por fuera**, o que **están como quieren**. Estas expresiones de admiración ante la anatomía de una persona eran usadas únicamente en las «conversaciones de hombres solos», y siempre se referían a las mujeres. La liberación femenina ha hecho que muchas mujeres adoptaran estos términos, aplicándolos a los hombres, con gran horror de la generación de sus padres.

Los estudiantes extranjeros comprenderán sin dificultad si alguien les dice que **se ha divertido** mucho en una fiesta. Quizá se sientan un poco perplejos si esos amigos les dice que **la pasaron muy bien**, o **la pasaron bomba**, o **la pasaron pipa**, que significa lo mismo. Lo contrario sería **pasarla fatal**, o **pasarla de la patada**; y si alguien, hombre o mujer, quiere decir que no **ligó** con nadie, puede decir que **no vendió una escoba**, es decir, que en la fiesta no tuvo éxito con los jóvenes del sexo opuesto. En España una niña no es, necesariamente, *a child*, sino una joven, y si la niña es muy **mona**, o es **una monada**, es que es muy bonita en España, y muy simpática en México.

Si alguien habla de dinero, puede decir que necesita **mosca**, **pasta** o **tela** en España, **lana** en México o **pisto** en Guatemala, y quizá entonces busque **una chamba** (Hispanoamérica) o **un chollo** o **curro** (España), es decir, un empleo. Un niño español que **tiene chamba**, no tiene un empleo, sino que **tiene suerte**.

PRÁCTICA

a. En pares, contesten las siguientes preguntas.

1. En tu idioma, ¿qué expresiones serían equivalentes a las que acabas de leer? **2.** ¿Crees que el argot separa a las generaciones? **3.** ¿Crees que los diccionarios deben incluir <u>todas</u> las palabras usadas, incluso las más groseras? Explica tu opinión. **4.** ¿En qué tipo de fiestas la pasas bomba?

b. Escriba una carta a un(a) amigo(a) extranjera que estudia inglés, y explíquele cómo se usan algunas expresiones del *slang* norteamericano. Intercambie su cartas con un compañero(a) y hagan correcciones, si son necesarias.

B. La sociedad norteamericana es muy compleja y difícil de comprender para los extranjeros que no la conocen bien. Además de las críticas de tipo político, hay otras que los visitantes extranjeros hacen después de estar aquí algún tiempo. No son, necesariamente, **críticas demoledoras** (terribles), sino más bien comentarios ante **lo nuevo** y **lo contradictorio** de algunos aspectos de los Estados Unidos. Las grandes ciudades les parecen sucias, y su sistema de transporte público muy deficiente. En **las zonas comerciales** o en **los distritos financieros** hay gente en las calles durante el día, pero no hay nadie cuando cierran las oficinas. En **las zonas residenciales**, frecuentemente muy bonitas, con árboles y plantas, las calles están desiertas a todas horas, y los llamados *suburbs* les parecen la negación de lo que debe ser una ciudad, un lugar donde sus habitantes **conviven**, donde en las calles hay gente hasta muy tarde y donde las plazas son un lugar de reunión para todos, algo así como la sala del pueblo.

PRÁCTICA

a. En grupos, contesten las siguientes preguntas.

1. Lo leído más arriba, ¿les parece una crítica demoledora o un comentario justificado? Expliquen su opinión. **2.** Lo escrito antes, ¿es verdad de todas las ciudades de este país? ¿Hay excepciones? **3.** Si han ido a España, a México o a cualquier otro país hispánico, ¿qué diferencias encontraron? **4.** ¿Cómo responderían ustedes a estos comentarios de un extranjero? **5.** ¿Otras preguntas?

b. Escriba una carta a un(a) amigo(a) extranjero(a) y cuéntele cómo son las calles de una ciudad norteamericana. Explíquele la diferencia muy grande que hay aquí entre zona comercial y zona residencia. Con un(a) compañero(a) intercambien cartas y hagan comentarios.

LECTURAS SOBRE LA CULTURA Y LA LENGUA

El hecho de que este país es un país de inmigrantes crea situaciones que muchos extranjeros no comprenden bien. Aunque hay pocos países con una población homogénea, pocos tienen tanta variedad como los EE.UU. El visitante extranjero lee en los periódicos sobre **los grupos étnicos**, y descubre que detrás del adjetivo **americano** hay todo un laberinto de orígenes diferentes.

Algunos países europeos dieron grandes contingentes de inmigrantes, que se unieron a los ingleses que vinieron de **Inglaterra**. De **Irlanda** vinieron los **irlandeses**; de **Escocia**, **los escoceses**, y de **Gales, los galeses**.

En algunas partes del país predominan los descendientes de inmigrantes escandinavos: **los suecos** (de **Suecia**), **los noruegos** (de **Noruega**), **los daneses** o **dinamarqueses** (de **Dinamarca**) y algunos, pocos, **fineses** o **finlandeses** (de **Finlandia**).

Del este de Europa vinieron muchos **rusos** (de **Rusia**) y algunos habitantes de los países bálticos, **letones** de **Letonia** (*Latvia*), **lituanos** de **Lituania** y **estonianos** de **Estonia**. De **Polonia** vinieron **los polacos**, y de **Rumania, los rumanos**.

En Europa Central, de **la República Checa** vinieron **los checos** y de **Eslovaquia, los eslovacos**. Muchos **húngaros** salieron de **Hungría** en 1956, después de una fracasada revolución anticomunista; pasaron a territorio **austríaco** (de **Austria**), y algunos llegaron aquí. **Los alemanes** (de **Alemania**) y **los suizos** (de **Suiza**, no confundirlos con **los suecos** de **Suecia**) también atravesaron el Atlántico con rumbo a América.

Francia, en general, no es país de emigrantes; **los franceses** prefieren vivir en su país. **Los belgas** (de **Bélgica**) tampoco emigran mucho, y **los holandeses**, que fundaron Nueva Amsterdam, se volvieron a **Holanda** o colonizaron otros territorios, y Nueva Amsterdam se convirtió en Nueva York.

Del sur de Europa vino un gran contingente de inmigrantes, que ahora es una parte muy importante de la sociedad norteamericana: **los italianos**. **Grecia** nos envió bastantes **griegos**, y los descendientes de **portugueses** forman grupos importantes en el nordeste, en Hawaii y en California. Los grupos hispánicos de este país están formados, en general, por descendientes de hispanoamericanos, y de españoles en algunos casos.

Los descendientes de todos estos grupos son **los americanos con guión**: los **germano-americanos, ítalo-americanos, greco-americanos** y los **luso-americanos** (Lusitania = Portugal) son los más numerosos. Otro grupo importante no tiene guión: **los americanos de origen irlandés**.

Todos entraron en **el crisol americano** (*melting pot*), ese mecanismo de integración cultural cuyo funcionamiento es muy discutido.

Europa no es el único continente que ha dado inmigrantes a este país. De África vinieron los antepasados de **los afro-americanos**. Vinieron contra su voluntad, como **esclavos**, en un régimen de **esclavitud** que desapareció con el final de **la Guerra de Secesión**. Algunos países americanos han dado verdaderas **oleadas** (olas) de inmigrantes. **Los mexicano-americanos** son el grupo más grande. De **Centroamérica** o **América Central** vinieron **los guatemaltecos**, **los hondureños**, **los salvadoreños**, **los nicaragüenses**, **los costarricenses** y **los panameños**. Los nombres de sus países son iguales en español y en inglés.

En **Sudamérica** o **América del Sur** hay un grupo de adjetivos de nacionalidad que terminan en **–no(a): venezolano, colombiano, peruano, chileno, boliviano, argentino**. Los habitantes de **Ecuador** son **ecuatorianos** (note la **t**), y hay dos adjetivos en **–ayo(a): paraguayo** y **uruguayo**. De **Brasil** son **los brasileños, brasileros** o, en portugués, **brasileiros**. Todos ellos son **americanos**, pero la realidad es que **americano**, en el sentido de **norteamericano** o **estadounidense**, se ha impuesto en todas partes.

Hasta hace poco había solamente tres grandes grupos de origen asiático: los **chinos, los japoneses**, y **los filipinos**. En años recientes han llegado muchos **vietnamitas, tailandeses**, y otros del sudeste asiático, y muchos **coreanos** vinieron de **Corea**.

Un ejercicio nuevo

Muchos extranjeros que entran en contacto con la sociedad norteamericana se asombran ante la ignorancia de geografía que observan en este país. ¿Es verdad que los norteamericanos, en general, no saben geografía? De los países mencionados en esta sección, ¿cuántos puede usted localizar en un mapa? Encuentre algunos de esos países y diga cómo se llaman sus habitantes.

DIFICULTADES Y EJERCICIOS

A. Uso de: equivalentes de *to fix*

1. **fijarse (en)** (= mirar)	*to look (at)*
2. **fijarse (en)** (= notar)	*to notice*
3. **fijarse (en)** (= prestar atención a)	*to pay attention to*
4. **fijar** (= determinar, establecer)	*to set (the date, prices)*
5. **fijar** (= sujetar, asegurar)	*to fix*
6. **fijar** (= afianzar, hacer más firme)	*to fix*
7. **fijar** (= clavar) **los ojos en...**	*to stare*
8. **fijar** (= grabar) **en la memoria**	*to fix*
9. **preparar** (= hacer)	*to fix*
10. **arreglar** (= reparar, componer)	*to fix*
11. **ajustar / arreglar las cuentas**	*to fix (to punish)*
12. **prohibido fijar carteles**	*post no bills*
13. **¡fíjate!**	*look!; imagine!*

1. **¡Fíjate en** (Mira a) esa muchacha! ¡Está como quiere!

2. **¿Te has fijado en** (Has notado) sus ojos? **¡Te has fijado en** (Has notado) sus piernas!

3. **Fíjate en** (Presta atención a) lo que dices. Si te oye se va a incomodar, y con razón.

4. No me importa. Quiero que **fijemos** (establezcamos) la fecha de la boda.

5. Me parece que voy a tener que **fijarte** (sujetarte) al piso, como los muebles en los barcos.

6. Pues tendrás que **fijarme** (afianzarme) bien a la silla, para que no me escape.

7. **¡Fíjate!** (¡Mira!) ¡Me parece que ella **ha fijado** (ha clavado) los ojos en mí!

8. ¡Para siempre tendré **fijos** (tendré grabados) sus ojos **en mi memoria**!

9. Estás loco. Necesitas tomar algo. ¿Quieres que te **prepare** (haga) un café?

10. Estoy loco de amor. Sólo ella puede **arreglar** mi corazón.

11. Y tu novia, ¿qué? Si se entera de las tonterías que estás diciendo, **va a arreglarte** las cuentas.

12. Desde hoy ya nadie más podrá escribir su nombre en mi corazón. Mi corazón es como una pared en la cual **está prohibido fijar carteles**.

13. **¡Fíjate** tú las tonterías que dice este loco!

Práctica

Use un sinónimo de las palabras que están *en bastardilla*. El sentido de la frase le indicará qué sinónimo debe usar.

Modelo: *Presta atención* a lo que haces.

   Fíjate en lo que haces.

1. *¡Fíjate!* ¡Qué vestidos tan raros usa esa gente! 2. Tenemos que *fijar* la fecha del examen. 3. Los monopolios pueden *fijar* los precios. 4. En los barcos *fijan* los muebles al piso, para que no se muevan cuando hay tempestad. 5. Las patas de esta silla se mueven. Hay que *fijarlas*. 6. *¡Hazme* un café, por favor! 7. ¿Cuándo van a *reparar* el televisor? 8. El perrito me comió un zapato, pero yo *lo castigaré*. 9. Si ella sigue *fijando* los ojos en mí, voy a pensar que quiere ligar. 10. Los diplomáticos tienen que *fijarse en* lo que dicen. 11. ¡Qué mal observador eres! Nunca *te fijas en* nada. 12. En esta pared *no está permitido poner* carteles.

PRACTICANDO AL CONTESTAR

En pares, contesten a estas preguntas.

1. Los barcos se mueven mucho. ¿Qué hacen con los muebles? **2.** ¿Qué haces cuando algún (o alguna) desconocido(a) clava los ojos en ti? **3.** Cuando hablas con alguien por primera vez, ¿en qué te fijas? ¿En sus ojos, sus manos, su manera de hablar...? **4.** ¿En qué situación debes fijarte en lo que dices?

B. Uso de: Equivalentes de *to feel*

1. sentir(se)	*to feel*
2. encontrarse + adjetivo / adverbio	*to feel*
3. tener el presentimiento de que...	*to have the feeling that ...*
4. tener la impresión de que... **tener la sensación de que...** }	*to have the feeling that ...*
5. parecerle (algo a alguien)	*to feel that ...*
6. apetecerle (algo a alguien) (= desear)	*to feel like ...*
7. tener ganas de (= desear)	*to feel like ...*
8. no me / te / le etc. **da la gana de...**	*not to feel like it*
9. compadecer (= sentir pena por)	*to feel sorry for*

1. y **2. Siento** frío. **Me siento** enfermo. **Me encuentro** mal.

3. Tengo el presentimiento de que voy a tener la gripe.

4. Tengo la impresión de que tengo fiebre.

5. Me parece que debo tomar un par de aspirinas.

6. Lo único que **me apetece** es acostarme.

7. Tengo ganas de meterme en cama. **Tengo ganas de** un día de reposo.

8. Si me llaman de la oficina, les diré que no voy a trabajar porque **no me da la gana**.

9. No me **compadezcas** tanto. ¡No me voy a morir, hombre!

PRÁCTICA

Use este vocabulario en lugar de las palabras *en bastardilla*.

Modelo: *Tengo* un terrible dolor de cabeza.

   Siento un terrible dolor de cabeza.

1. Después de muchas horas de trabajo *me siento* cansado. **2.** Me *gustaría* tomar un café. **3.** Creo que puedo ver el futuro. Tengo *la idea* de que voy a ganar un premio de la lotería. **4.** Tengo una sensibilidad especial para lo sobrenatural. Tengo *la idea* de que en esta casa hay fantasmas. **5.** Cuando estoy en esta casa tengo *la idea* de que alguien me está observando todo el tiempo. **6.** Creo que te equivocas. *En mi opinión* estás equivocado. **7.** Tú no crees en lo sobrenatural. *Siento pena por ti.* **8.** Yo no *noto* nada especial. *Me siento* muy bien en esta casa. **9.** Pues yo tengo *la idea* de que te va a pasar algo terrible. Debes marcharte. **10.** No me voy por la sencilla razón de que no *quiero*.

PRACTICANDO AL CONTESTAR

En pares, contesten las preguntas.

1. Si tuvieras que pasar una noche en un cementerio, ¿de qué tendrías la sensación? **2.** ¿Alguna vez has tenido el presentimiento de que iba a suceder algo que luego sucedió? **3.** ¿Te satisfaces todos tus deseos? ¿Siempre haces lo que te apetece hacer? **4.** ¿Qué sientes cuando le pides algo a alguien, y te contesta diciéndote que no le da la gana de hacerlo?

C. Uso de: **sentido, sensación, sentimiento, sensible, sensibilidad, razonable, sensato**

1. sentido (= significado)	*meaning*
2. sentido	*sense*
3. sentido (= dirección)	*direction*
4. quedar(se) sin sentido (=desmayarse)	*to faint*
5. sensación	*feeling*
6. sentimiento	*feeling*
7. el sentido del tacto	*sense of feeling*
8. sensación	*sensation*
9. lo acompaño en el sentimiento	*my condolences*
10. sensible	*sensitive*
11. sensibilidad	*sensitivity*
12. razonable = sensato	*sensible*

1. y 2. Cuando Craig está de broma usa muchas frases de doble **sentido**. Tiene un gran **sentido** del humor, pero cuando baila se ve que no tiene **sentido** del ritmo.

3. En el centro de la ciudad hay muchas calles de **sentido** único.

4. Después del accidente **se quedó sin sentido** por varios minutos.

5. y 6. Tengo la **sensación** de que ese hombre no tiene **sentimientos**.

7. Los cinco **sentidos** son: la vista, el oído, el gusto, el olfato y el tacto.

8. Si acabaran para siempre con el narcotráfico, la noticia causaría **sensación**.

9. Cuando se murió mi gato, un amigo me mandó una tarjeta que decía: **Te acompaño en el sentimiento**.

10. y 11. Este niño es muy **sensible**. Es muy fácil herir sus sentimientos. Tiene una gran **sensibilidad**.

12. Si vas a vivir en este país, lo más **razonable** es que aprendas el idioma. Es una decisión **sensata**.

PRÁCTICA

Use el nuevo vocabulario en lugar de las palabras *en bastardilla*.

Modelo: La palabra «sentido» tiene varios *significados*.

La palabra «sentido» tiene varios <u>sentidos</u>.

1. Si los coches sólo pueden circular en *una dirección*, la calle es de *dirección única*. **2.** Quien trata mal a los animales prueba no tener *corazón*. **3.** En la oscuridad podemos guiarnos con las manos, usando *la capacidad de sentir algo con los dedos*. **4.** La gente que baila bien tiene *una gran capacidad para sentir el* ritmo. **5.** Hay gente que *se desmaya* cuando recibe una noticia muy buena o muy mala. **6.** Cuando una obra de teatro causa *gran impresión* en Broadway, mucha gente quiere verla. **7.** Me guío mucho por mis instintos. Cuando tengo *la idea* de que alguien es una buena persona, casi siempre acierto. **8.** Cuando muere alguien de una familia amiga, yo la visito y le digo que *lo siento mucho*. **9.** Algunos dicen que, en la vida, es un problema ser demasiado *sentimental*. **10.** En general, cuando se tiene buen oído, se tiene *capacidad* para la música. **11.** Ver sólo lo malo de un país, y no querer ver lo bueno, no es *razonable*.

PRACTICANDO AL CONTESTAR

En pares, contesten a las siguientes preguntas.

1. Oscar Wilde dijo que «el sentido común es el menos común de todos los sentidos». ¿Qué sentido tiene esa frase? **2.** ¿Qué sentido es más importante para los perros, el sentido de la vista o el sentido del olfato? **3.** En el mundo hispánico, ¿qué fórmula se usa para decirle a alguien que lamentamos mucho la muerte de un miembro de su familia? **4.** ¿Qué sensación tienes cuando vas caminando de noche por una calle desierta?

PEQUEÑO TEATRO

A. Unos estudiantes pueden hacer el papel de visitantes extranjeros que critican algunos aspectos de la sociedad norteamericana. Otros estudiantes responden a sus críticas. Algunas críticas posibles:

1. ¿Cómo es posible que los EE.UU. sean el único país industrial donde no hay un sistema nacional de medicina? Al parecer, aquí una familia puede

arruinarse si uno de sus miembros está enfermo por mucho tiempo. Esto no sucede en Inglaterra, ni en Francia, ni en ningún otro país industrializado. **2.** ¿Cómo es posible que en el país más rico del mundo haya tantos pobres? **3.** Se habla mucho de los inmigrantes ilegales. ¿Es verdad que la agricultura del país no podría funcionar sin esos trabajadores mal pagados? **4.** Muchos estudiantes terminan sus estudios en los institutos o liceos, y no saben leer. ¿Cómo es posible? **5.** La ignorancia de la geografía es un escándalo nacional. ¿Cómo es posible que los norteamericanos sientan tan poco interés por otros países? **6.** ¿Otras críticas?

B. El grupo de visitantes extranjeros hace una lista de expresiones del *slang* norteamericano que le parecen incomprensibles. El otro grupo se las explica. Por ejemplo: ¿Qué es un *hang up*? ¿Por qué dicen de algún producto que es un *lemon*? ¿Cuándo puedo usar una frase que oí ayer: *Cool it*? ¿Qué es lo que debo enfriar? ¿Qué relación hay entre los monos y un *monkey business*? ¿Por qué mucha gente repite constantemente *you know*? ¿Qué diferencia hay entre *to burn up* y *to burn down*? ¿Qué diablos es eso de un *rain check*?

SEA USTED MI INTÉRPRETE, POR FAVOR

En grupos de tres. Estudiante A hace preguntas en inglés. Estudiante B, intérprete, las pasa al español. Estudiante C contesta en español, y el (la) intérprete repite la respuesta en inglés. Sugerencias:

1. How do you feel today? Do you feel fine?

2. Do you have any dough? Can you lend me twenty dollars?

3. Why do you think that Dracula has no feelings?

4. Some people say that suburbs are neither a city nor the country. Why do they say that suburbs are neither fish nor fowl?

5. More questions?

SEA USTED MI TRADUCTOR(A), POR FAVOR

En grupos de tres. Un(a) sociólogo(a) hace preguntas en inglés, por escrito, a un(a) colega. Un(a) traductor(a) las traduce al español, y luego traduce la respuesta del español al inglés. Usen como modelos las preguntas hechas en la sección «Sea usted mi intérprete».

CUESTIONES GRAMATICALES

HABLANDO SE ENTIENDE LA GENTE. USOS DEL GERUNDIO

En general, el gerundio (la forma verbal terminada en *–ing* en inglés y en *–ando*, *–iendo* o *–yendo* en español, es de uso más frecuente en inglés que en español.

A. Veamos algunos casos en que el gerundio inglés corresponde al infinitivo español:

1. Como sujeto de un verbo:

En español: Infinitivo

<u>Smoking</u> is bad for your health.

<u>Fumar</u> es malo para la salud.

<u>Parking</u> is difficult in a city.

<u>Estacionar</u> es difícil en una ciudad.

<u>Jogging</u> is a good exercise.

<u>Correr</u> es un buen ejercicio.

<u>Swimming</u> exercises every muscle.

<u>Nadar</u> ejercita todos los músculos.

2. Como objeto de un verbo:

I will quit <u>smoking</u>.

Dejaré de <u>fumar</u>.

Stop <u>talking</u> nonsense.

Déjate de <u>decir</u> tonterías.

We miss <u>swimming</u> in the ocean.

Echamos de menos <u>nadar</u> en el océano.

3. Después de *to go* para indicar ciertas acciones, generalmente referidas a deportes:

Let's go <u>swimming</u>.

Vamos a <u>nadar</u>.

You go <u>skating</u> every afternoon.

Vas a <u>patinar</u> todas las tardes.

We go <u>skiing</u> in winter.

En invierno vamos a <u>esquiar</u>.

Algunas de estas actividades se expresan en español con un nombre:

María Luisa went <u>shopping</u>.

María Luisa salió <u>de compras</u>.

I practice <u>swimming</u> every day.

Practico <u>la natación</u> todos los días.

4. En breves señales de prohibición y algunas frases hechas:

No <u>crossing</u>   No <u>cruzar</u>.   No <u>stopping</u>.   No <u>parar</u>.

No <u>smoking</u>   No <u>fumar</u>.   No <u>parking</u>.   No <u>estacionar</u>.

Nice <u>meeting</u> you.

<u>Encantado de conocerlo(a)</u>.

Nice <u>talking</u> to you.

<u>Ha sido muy agradable hablar</u> con usted.

5. Como objeto de una preposición:

He talked <u>without thinking</u>.

Habló <u>sin pensar</u>.

She gave us a ticket <u>for parking</u> in a <u>no parking</u> zone.

Nos puso una multa <u>por estacionar</u> en una zona de <u>estacionamiento prohibido</u>.

6. Como adjetivo:

adjetivo o que + verbo en español:

a. –*ing* en inglés

The actress is a <u>stunning</u> beauty.

La actriz es una belleza <u>impresionante</u> (=que impresiona).

The actor is a <u>fast talking</u> fool.

El actor es un tonto <u>que habla muy rápido.</u>

They are taken to a <u>flying saucer</u>.

Los llevan a un <u>platillo volador</u>.

The aliens are <u>shining</u> green.

Los extraterrestres son de un color verde <u>brillante</u>.

What a <u>boring</u> movie!

¡Qué película tan <u>aburrida</u>!

I would rather see <u>Sleeping</u> Beauty.

Prefiero ver La Bella <u>Durmiente</u>.

b. En otros casos: –*ing* + *noun*

 <u>de</u> + <u>nombre</u> o un <u>nombre</u>:

María Luisa likes <u>racing cars</u>.

A María Luisa le gustan <u>los coches de carreras</u>.

She wants to drive one to church on her <u>wedding day</u>.

Quiere ir en uno a la iglesia <u>el día de su boda</u>.

Her father asked her whether she will also wear her <u>wedding ring</u> on her nose.

Su padre le preguntó si también va a llevar <u>la alianza</u> en la nariz.

7. Hay una estructura muy inglesa que corresponde a un subjuntivo en español:

We enjoy <u>your being</u> here with us.

Nos gusta <u>que estés</u> con nosotros.

I resent <u>his making fun</u> of me.

Me parece mal <u>que se burle</u> de mí.

They regret <u>my leaving</u> so soon.

Lamentan <u>que me vaya</u> tan pronto.

B. No hay problemas para los estudiantes de habla inglesa cuando el gerundio se usa del mismo modo en español y en inglés.

1. Para expresar una acción que está ocurriendo:

<u>Estoy estudiando</u> los usos del gerundio.

<u>Estamos pensando</u> en un viaje a Argentina.

2. Uso frecuente en español: El gerundio que funciona como un adverbio. En estos casos, a veces el gerundio inglés va precedido por una preposición como *by* u otras.

Un ladrón entró en el banco <u>gritando</u>: ¡Manos arriba todos! Después salió <u>corriendo</u> y <u>disparando</u> su pistola, pero por suerte no mató a nadie. Él vive <u>robando</u> bancos (... *by robbing* ...).

3. Cuando expresa condición:

<u>Dejándome</u> de bromas (= si me dejo de bromas), te diré que, <u>pensándolo</u> bien (= si lo pienso bien), tienes razón. Ya lo ves, <u>hablando</u> (= si se habla) se entiende la gente, y estoy de acuerdo contigo: <u>Viajando</u> (= si se viaja) se aprende mucho de otras culturas.

Hay otros usos del gerundio, pero los estudiados más arriba son los más frecuentes y útiles.

PRÁCTICA ✎

En pares, completen las frases siguientes con una de las opciones dadas entre paréntesis.

Modelo: Estoy (hacer / haciendo) un ejercicio.

Estoy <u>haciendo</u> un ejercicio.

1. Los turistas extranjeros viajan por el país (visitar / visitando) los parques nacionales. **2.** Han ido a Arizona para (visitar / visitando) el Gran Cañón del Colorado. **3.** Ahora están (admirar / admirando) la grandeza del Cañón. **4.** Les gusta mucho (hacer / haciendo) fotografías. **5.** Se pasan el día (hacer / haciendo) fotos. **6.** En el autobús en el que viajan es posible (oír / oyendo) varios idiomas. **7.** Algunos de los turistas no dejan de (expresar / expresando) su admiración por lo que ven. **8.** Otros, en cambio, están (criticar / criticando) varios aspectos de la vida norteamericana. **9.** Dicen que no les gusta (criticar / criticando), pero lo hacen. **10.** Dicen que hay demasiadas prohibiciones: No (fumar / fumando) en los restaurantes; no (beber / bebiendo) vino si haces un picnic en un parque; no (servir / sirviendo) vino en los restaurantes a los menores de veintiún años, y otras más que ellos consideran absurdas. **11.** En la piscina del hotel practican (nadar / nadando / la natación). **12.** Y en las ciudades todos salen (comprar / comprando / de compras). **13.** Algunos lamentan (tener / teniendo) que volver a sus países. **14.** Otros, por el contrario, están (desear / deseando) marcharse. **15.** Son los que siempre viajan (criticar / criticando) todo lo que ven.

USOS DE LAS PREPOSICIONES

En la Lección preliminar hay una lista de verbos que necesitan una preposición (**a, con, de, en**) cuando van seguidos de un infinitivo, y éste es un buen momento para repasar esos usos. El uso de las preposiciones es uno de los puntos más misteriosos para el estudiante extranjero. Los hispanoparlantes que estudian inglés se preguntan por qué *we sit **on** a chair*, pero *we sit **in** a sofa*, y *we travel **in** a car, truck or taxi* pero *we travel **on** a bus, boat, ship or plane;* les resulta enigmática la diferencia entre *to burn **up*** y *to burn **down***, *to pass **by*** y *to **by**pass*, *to arrive **at** a building* y *to arrive **in** a city* y así en otros muchos casos. Otro aspecto del inglés es que, con diferentes preposiciones cambia el significado de un verbo: *to go up* (subir), *to go down* (bajar), *to go in* (entrar), *to go out* (salir), *to go through* (atravesar), *to go back* (volver), *to go on* (ocurrir, seguir) y varios más, como *turn on (the radio)* (encender), *turn it off* (apagar) o *turn it down* (bajar). Para expresar en español la idea dada por un *verb + preposition* en inglés, encontrar un buen sinónimo inglés puede ayudarnos mucho: *to get in = to enter* (entrar); *to get by = to manage* (arreglárselas), y así en otros casos.

Veamos algunas situaciones en las que las preposiciones usadas son diferentes en inglés y en español:

1. En la vida afectiva:

Desde el primer día en que te conocí, **me enamoré de** ti, y ahora **pienso en** ti todo el tiempo, **sueño con**tigo, **me preocupo por** ti, constantemente **hablo de** ti a mis amigos, y algunos de ellos **se ríen de** mí cuando les digo que estoy **loco por** ti, mi amor, pero tú no quieres **saber** nada **de** mí, me dices que nunca **te casarás con**migo, y que yo debo **olvidarme de** ti. Si yo **me casara con**tigo, nunca **me divorciaría de** ti.

2. En el mundo académico:

Como no tenemos libro de texto, la profesora **distribuye / nos da** (*hands out*) unas **hojas** (*handouts*), y además tenemos que ir a la biblioteca para **sacar** (*check out*) algunos libros. Cuando nos da trabajos para hacer en casa, tenemos que **entregarlos** (*turn them in*) **a tiempo** (*on time*) los viernes. Yo le pedí a un compañero de clase que me ayudara, pero él **me dijo que no** (*he turned me down*) y tuve que hacerlo **yo solo** (*by myself*). Mi trabajo **resultó** (*turned out*) ser muy bueno, me **salió** (*turned out*) muy bien. No me **quejo de** la nota que me dio, aunque a veces pienso que el trabajo me **salió** bien **por casualidad** (*by chance*). La semana pasada no pude hacer el examen parcial que ella le dio a la clase, pero me dejó hacer un **examen suplementario** (*make-up exam*). La profesora es bastante guapa, pero se le nota que **se pone** (*puts on*) demasiado **maquillaje** (*makeup*). Algunos estudiantes se desaniman y **dejan** (*drop out*) la clase. **La deserción escolar** (*dropping out*) es un problema muy serio en la comunidad hispana. En mis lecturas a veces encuentro palabras que no comprendo, y tengo que **buscarlas** (*look them up*) en el diccionario. Luego **las escribo** (*write them down*) para que no se me olviden.

3. En los viajes:

Mañana saldré para Puerto Rico. Tengo que **llegar al** aeropuerto dos horas antes de la salida del avión, que **despega** (*takes off*) a las diez **de** la noche. Volar **de noche** es más barato, y además tengo uno de esos billetes que en todos los idiomas llaman de *stand by*, porque el inglés se mete en todas partes, pero que en español deberíamos llamar **billetes de espera**, aunque sospecho que nadie los llama así. Necesito tiempo para **facturar** (*check in*) el equipaje, y cuando llegue a San Juan tendré que **inscribirme** (*check in*) en el hotel. Espero no **olvidarme de** preguntar cuando tengo que **dejar el cuarto** (*check out*) al día siguiente, para que no me cobren un día más. ¡Vaya! Creo que no saldré mañana. **Acabo de** leer en el periódico que los pilotos están **en huelga** (*on strike*).

4. Algunas expresiones:

Tengo que salir **a toda prisa** (*in a hurry*) para correr en el parque, sea **bajo la lluvia** (*in the rain*) o **con buen tiempo** (*in good weather*). Correr me pone **de buen humor** (*in good mood*). **Al llegar** (*upon arriving*) a la entrada del parque, **me encontré con** un letrero que decía: **Prohibido el paso. Prohibida la entrada. No pasar** (*keep out*), así, tres veces, para que quedara bien claro. Antes sólo había un letrero que dice: **Prohibido pisar la hierba** (*keep off the grass*) y los que hablan francés o inglés lo interpretan como algo muy grosero. Cuando **hace buen tiempo** (*in good weather*) la gente pasea **a pie** (*on foot*), o **a caballo** (*on horseback*), o va a la playa para **echarse al sol** (*lie down in the sun*).

PRÁCTICA

a. Complete estas frases con una preposición, si es necesaria.

Modelo: Romeo se enamoró ___ Julieta.

Romeo se enamoró de Julieta.

1. Estoy pensando ___ ir a Costa Rica. **2.** Siempre soñé ___ explorar un bosque tropical. **3.** Mis amigos se ríen ___ mí y me dicen que ya todo está explorado. **4.** Llegué ___ San José, la capital de Costa Rica. **5.** Hablé ___ mis planes con un amigo costarricense. **6.** Él me presentó ___ un agente de viajes. **7.** El agente me dijo que yo tenía que olvidarme ___ mi idea de ser explorador. **8.** Pero añadió que yo había llegado justo ___ tiempo para ir al bosque en minibús, con otros turistas. **9.** Tuve que resignarme ___ ser un turista más. **10.** Nunca más soñaré ___ ser explorador.

b. Un poco de Spanglish. ¿Qué expresiones españolas usaría usted en lugar de las palabras que están *en bastardilla*?

Modelo: *Singing in the rain* es una canción famosa.

Cantando bajo la lluvia es una canción famosa.

1. El profesor *hands out* unos *handouts* cada semana. **2.** Además tengo que *check out* algunos libros de la biblioteca. **3.** Si no los devuelvo *on time* tengo que pagar una multa. **4.** El profesor es muy estricto y nunca nos da *make-up exams*. **5.** Si no sé cómo decir en español algunas de estas expresiones, tengo que *look them up* en las páginas anteriores.

c. Usted acaba de hacer un viaje en el que hubo muchos problemas: con su billete; con su equipaje; cuando el avión empezó a volar; cuando llegó al hotel; cuando salió del hotel; cuando volvió a casa.

Escriba una carta a un(a) amigo(a) contándole de su aventura. Use el vocabulario de las secciones 3 y 4 de «Enamorarse de o *enamorarse con». Puede complicar la situación contando que en el avión se enamoró de alguien. Intercambie su carta con un(a) compañero(a) y hagan correcciones, si son necesarias.

ඣ   ඣ   ඣ   ඣ   ඣ

REVISIÓN GENERAL

Diálogo

A. Conteste usando las expresiones nuevas (*en bastardilla*) utilizadas en estas preguntas.

1. ¿Cree, o no cree, que va a haber grandes conflictos sociales *dentro de poco*? **2.** ¿Cuántas lecciones nos *quedan por* estudiar en este libro? **3.** ¿Qué expresión de su lengua equivaldría a «*estar como un tren*»? **4.** Cuando hay un momento de tensión en una conversación, ¿cree que es buena idea *salir con* un chiste para romper esa tensión? Explique por qué sí o por qué no. **5.** ¿Cuándo *tiene la sensación de* que alguien le está diciendo una mentira? **6.** ¿Por qué le parece buena o mala idea no *tener pelos en la lengua*? **7.** Cuando alguien grita en la calle que el mundo se va a terminar muy pronto, ¿*le hace caso*? **8.** ¿Por qué le parece incompatible ser tímido y *ser de armas tomar*? **9.** ¿Cuándo cree que usted tiene que *dejarse de* bromas? **10.** La lengua española, ¿en qué aspectos le parece fácil *por un lado* y difícil *por otro*?

B. Complete estas frases con una de las expresiones estudiadas.

1. Hay gente que tiene miedo a la oscuridad, porque le da la ... de que hay alguien oculto. **2.** A alguna gente le parece de mal gusto decir que alguien que tiene belleza física está como ... **3.** Si la clase dura una hora y hace media hora que comenzamos, nos ... otra media hora. **4.** Y si ya pasaron tres cuartos de hora, la clase va a terminar dentro ... **5.** Cuando estamos hablando de algo serio, no hay que salir ... chistes. **6.** Los que siempre dicen lo que piensan no tienen pelos ... **7.** De una persona muy enérgica decimos que es de armas ... **8.** Y de algo ambiguo decimos que no es ni ... **9.** En las ciudades donde hay mucha gente por las calles, éstas están muy ... **10.** En general las tiendas están en la planta ... **11.** En un funeral hay que dejarse ... bromas. **12.** En general, los hijos salen ... los padres.

Ampliación de vocabulario

Contesten a estas preguntas dando explicaciones o definiciones.

1. ¿Qué es el argot? **2.** ¿Cuándo se dice de alguien que «está como quiere»? **3.** ¿Dónde y cuándo la pasa bien? **4.** ¿Dónde y cuándo la pasa de la patada? **5.** ¿Cuándo se dice de alguien que no vendió una escoba en un baile? **6.** ¿Por qué a todo el mundo le gusta tener lana? **7.** Si no tiene pasta, ¿qué debe buscar para ganarla? **8.** ¿Por qué cree usted que una crítica demoledora se pasa de la raya? **9.** ¿Qué aspectos de su país le parecen contradictorios? **10.** ¿Le parece bien que en las ciudades las zonas comerciales y las zonas residenciales estén completamente separadas?

DIFICULTADES Y EJERCICIOS

A. Conteste usando en sus respuestas las expresiones nuevas que aparecen *en bastardilla*.

1. Cuando se habla de negocios, ¿por qué es importante *fijarse* mucho *en* lo que se dice? **2.** *¿En qué se fijas* más, en los defectos o en las virtudes de sus amigos, y por qué? **3.** En general, ¿cuándo *fijan* los novios la fecha de la boda? **4.** ¿Cuándo hay que *fijar* las paredes de una casa muy vieja? **5.** ¿Qué suceso de su niñez tiene *fijo* en la memoria? **6.** ¿Cómo *le ajusta usted las cuentas* a un niño que se porta mal?

B. En pares, repitan las preguntas anteriores, pero en sus respuestas eliminen el verbo *fijar*, o la expresión *ajustar las cuentas*, y usen un sinónimo en su lugar.

Modelo: 1. Cuando se habla de negocios, ¿por qué es importante *fijarse en* lo que se dice?

Posible respuesta: *Hay que prestar atención a lo que se dice, porque una conversación de negocios es un asunto serio.*

C. Conteste usando en sus respuestas las expresiones nuevas (*en bastardilla*) utilizadas en las preguntas.

1. ¿Cómo *se siente* cuando *se encuentra* mal? **2.** ¿Qué *sensación* tiene usted cuando está en una fiesta y no conoce a nadie? **3.** ¿Qué *le apetece* tomar cuando hace mucho calor? **4.** Cuando usted tiene algún problema, ¿le gusta que le *compadezcan*? **5.** ¿Qué entiende usted por «*sentido del humor*»? **6.** ¿Por qué no se debe manejar en *sentido contrario* en una calle de *sentido único*? **7.** ¿Cuáles son *los cinco sentidos*? **8.** ¿Cuándo dicen de alguien que «no tiene *sentimientos*»? **9.** ¿Qué película ha causado *sensación* recientemente? **10.** ¿En qué circunstancias usan la expresión «*lo acompaño en el sentimiento*»? **11.** ¿Cómo es una persona muy *sensible*? **12.** ¿Para qué actividad artística tiene usted *sensibilidad*? **13.** ¿Le parece *razonable* estudiar español antes de ir a Francia?

D. En las frases siguientes, elimine las palabras *en bastardilla* y use un sinónimo.

Modelo: Cuando estoy enfermo *me siento* mal.

Cuando estoy enfermo me encuentro mal.

1. Tengo *la premonición* de que va a suceder algo terrible. **2.** Tengo la *sensación* de que voy a recibir una buena nota. **3.** Cuando hace calor, tengo *deseos* de ir a la playa. **4.** *Siento pena por* los pobres que no tienen donde dormir. **5.** Hay palabras que tienen *un significado* ambiguo. **6.** En el centro de la ciudad hay muchas calles de *dirección única*. **7.** Cuando Drácula me sonrió, *me desmayé*. **8.** Tengo *la impresión* de que alguien me está observando. **9.** A mi amiga se le murió su perro, y yo le dije que la acompañaba en *su dolor*. **10.** Beethoven tenía una gran *capacidad* para la música. **11.** Una persona seria siempre actúa de una manera *sensata*.

CUESTIONES GRAMATICALES

A. Complete las frases siguientes con una de las dos opciones dadas entre paréntesis.

Modelo: Vamos a (hacer / haciendo) un ejercicio.

Vamos a <u>hacer</u> un ejercicio.

1. María Luisa dice que (vivir / viviendo) en una zona residencial es muy aburrido. **2.** No hay nadie (andar / andando) por la calle. **3.** En su ciudad la familia vive en un edificio (teniendo / que tiene) pisos muy elegantes y tiendas en la planta baja. **4.** A ella le gusta salir (comprando / de compras). **5.** También le gusta (sentándose / sentarse) en una terraza de café. **6.** El camarero está muy ocupado porque está (servir / sirviendo) a mucha gente. **7.** María Luisa mata el tiempo (ver / viendo) pasar la gente. **8.** (Ver / viendo) pasar la gente puede ser interesante. **9.** Hay una señal de tráfico que prohibe (cruzar / cruzando) la calle. **10.** Un señor cruzó la calle sin (pensar / pensando). **11.** Un policía se le acercó (correr / corriendo). **12.** El policía empezó a (escribir / escribiendo) algo en un papelito. **13.** Era una multa por (cruzar / cruzando) la calle en un lugar prohibido.

B. Complete estas frases con una preposición, si es necesaria, o con el equivalente español de las expresiones inglesas dadas *en bastardilla*. Recuerde que además de los verbos presentados en esta lección, hay más en la Lección preliminar.

1. Romeo siempre está pensando ___ Julieta. **2.** Shakespeare nos dice que, para hablar con ella, Romeo se subía ___ un balcón. **3.** Cada noche Romeo se arriesga ___ caer. **4.** Una noche Romeo y Julieta quedaron ___ escapar juntos *on horseback*. **5.** Romeo quiere casarse ___ ella en secreto. **6.** Como la boda es secreta, tienen que resignarse ___ que nadie les haga regalos. **7.** Romeo se olvidó ___ traer *wedding rings*. **8.** Julieta insiste ___ que sin *wedding rings* no puede haber *wedding day*. **9.** Y Julieta se negó ___ casarse. **10.** Ésta es la historia verdadera, pero Shakespeare decidió ___ cambiarla porque, ¿quién va ___ interesarse ___ una historia tan prosaica? **11.** Otra versión es que sí se casaron *in a hurry*. **12.** Pero Julieta pronto se cansó ___ Romeo. **13.** Y un año más tarde se divorció ___ él. **14.** Yo me niego ___ creer estas versiones y prefiero ___ leer la que escribió Don Guillermo Agitalanzas.

എ൏ഗ   എ൏ഗ   എ൏ഗ

De las pequeñas composiciones
a la gran composición

EL TRABAJO PARA UNA CLASE

En muchas clases los estudiantes tienen que escribir **un trabajo, un informe** (no un papel) que requiere un poco de investigación. Esa investigación se hace en la biblioteca de la universidad, y para realizarla es necesario saber usar **el fichero**. En general el fichero está **informatizado**, es decir, toda la información está en **ordenadores** (**computadoras**) que pueden comunicarse con los **bancos de datos** de los ordenadores de otras bibliotecas. Los miles de **fichas** que hay en ese fichero nos ayudan a encontrar los libros que necesitamos, y después de encontrarlos y leerlos podemos usarlos teniendo gran cuidado en no caer en el terrible pecado del **plagio**, es decir, no debemos presentar como propias las ideas de otros.

Para evitar esto tenemos que aprender a **citar**, a incluir **notas a pie de página** y a escribir **una bibliografía**.

Hay varios métodos para hacer todo esto, y en los Estados Unidos podemos guiarnos por un librito que publica la Modern Language Association: *MLA Handbook for Writers of Research Papers*.

Para hacer un trabajo, el primer paso es decidir el tipo de labor de investigación que vamos a realizar, y sobre qué vamos a escribir. Supongamos que se trata de un curso de literatura en lengua española, en el cual hemos leído las novelas de varios autores. Hay muchas posibilidades para nuestro trabajo:

1. Escribir un trabajo de información

a. Sobre una novela: Investigar en qué circunstancias se escribió esa novela. ¿Por qué la escribió su autor? ¿Qué intención tenía cuando lo hizo? ¿Lo hizo para dar testimonio de algo? ¿Qué ideas presenta el autor? ¿Cómo fue recibida la obra cuando se publicó?

b. Sobre un autor: Sus datos biográficos, su formación intelectual y la influencia de esa formación sobre la novela estudiada, o sobre su obra en general; la influencia que tuvo sobre él la sociedad en la que le tocó vivir, o cualquier otro aspecto de su vida que pueda tener interés.

2. Escribir un trabajo de crítica

a. Sobre una novela se puede investigar lo que han dicho los críticos literarios que la comentaron, lo cual es una labor informativa, añadiendo luego los propios comentarios del estudiante autor del trabajo.

b. Se puede hacer lo mismo sobre un autor, considerando el conjunto de su obra, su estilo o estilos, su ideología, su visión del mundo. Las posibilidades son muchas, y las citadas aquí son sólo algunas.

El segundo paso es buscar los datos que necesitamos para realizar el trabajo. Los ficheros electrónicos de una biblioteca nos permiten buscar la información que necesitamos **por autor**, **por materias** o **por título**.

Después de encontrar y leer los libros, seleccionamos los párrafos que vamos a citar, y es aquí donde hay que tener cuidado para no apropiarnos de ideas ajenas presentándolas como propias. El manual mencionado anteriormente nos ayudará. Vamos a imaginarnos que estamos escribiendo un trabajo sobre el autor de una novela cuya acción ocurre durante la guerra civil de España (1936–1939). Queremos situar a ese autor en un contexto histórico, y consultamos un libro en el que se ha estudiado el tema de la literatura de esa guerra. En él encontramos un párrafo que nos parece interesante:

«Es frecuente entre los novelistas de la guerra civil hacer un esfuerzo para desmitificar la violencia como solución de los problemas de la sociedad».

Como al final del trabajo incluiremos la información detallada sobre los libros consultados, no necesitamos dar en el texto la ficha completa de cada uno de ellos. Hay varias maneras de incluir la cita anterior:

a. Incluir el nombre del autor en nuestro texto, luego dar la cita y al final, entre paréntesis, la página del libro en la cual se encuentra:

Dice Ponce de León: «Es frecuente entre los novelistas de la guerra civil hacer un esfuerzo para desmitificar la violencia como solución de los problemas de la sociedad» (56).

b. Incluir el nombre del autor en el texto, y luego hacer una paráfrasis de lo que él ha dicho, sin citarlo textualmente:

Dice Ponce de León que muchos novelistas de la guerra civil hicieron un esfuerzo para desmitificar la violencia como solución de los problemas sociales (56).

c. Dar el nombre del autor en la referencia:

Se ha dicho que «es frecuente entre los novelistas de la guerra civil hacer un esfuerzo para desmitificar la violencia como solución de los problemas de la sociedad» (Ponce de León 56).

d. Dar el nombre del autor en la referencia, después de la paráfrasis:

Se ha dicho que, con frecuencia, los novelistas de esta guerra se esfuerzan en desmitificar la violencia como solución de los problemas sociales (Ponce de León 56).

Lo que no podemos hacer en ningún caso es presentar esa idea de Ponce de León sin mencionar, de una forma u otra, que la hemos tomado de su libro. Al final del trabajo, en la bibliografía, incluiremos la información completa del libro consultado:

Ponce de León, José Luis. *La novela española de la guerra civil (1936–1939)*. Madrid: Insula, 1971.

Hay otros muchos problemas que el manual de la MLA nos soluciona. Es un librito muy útil que todo estudiante debe tener.

POSIBLES TEMAS PARA UNA COMPOSICIÓN

ATAJO.

Grammar: Prepositions

Phrases: Writing an essay; Writing an introduction, a conclusion; Writing about an author/narrator, about characters, about the structure, theme, plot, or scene

a. Usted puede escoger un libro que haya leído recientemente, y escribir un trabajo en el que siga el método mencionado anteriormente: Buscar información sobre el autor y las circunstancias en las cuales escribió su libro; qué han dicho otros(as) críticos; hacer citas; escribir notas a pie de página, si son necesarias, y escribir una bibliografía de libros consultados.

b. Otra posibilidad más fácil, pero quizá más divertida y creativa, es inventar un(a) autor(a) de una novela, unos críticos que han escrito sobre él o ella, unas citas imaginadas por usted y una bibliografía imaginaria pero, eso sí, hecho todo muy seriamente, siguiendo el método presentado.

c. Escribir la ficha bibliográfica de este libro de conversación y composición.

MÁS TEMAS PARA UNA CONVERSACIÓN / COMPOSICIÓN

1. El argot en el vocabulario de la juventud

2. Diferencias de vocabulario, diferencias de clase social

3. La ciudad norteamericana típica

4. La vida urbana en los Estados Unidos

5. Problemas sociales de las ciudades

6. *Suburbia*, ni campo ni ciudad, ni chicha ni limoná

7. La americanización de los inmigrantes

8. La cultura norteamericana y su influencia en el mundo

9. Influencias extranjeras en los Estados Unidos

libros de interés para este curso

Los profesores y estudiantes de conversación y composición en español pueden encontrar de interés esta breve bibliografía. Incluye algunos libros publicados después de 1980 que ayudarán al estudiante de español en el difícil y fascinante campo de la comunicación a través de dos lenguas y dos culturas.

A. DICCIONARIOS GENERALES

El gran decano de los diccionarios es, naturalmente, el de la

> Real Academia Española, *Diccionario de la Lengua Española,* Madrid: Espasa Calpe, 1997.

Esta edición es un buen libro de consulta que incluye muchos americanismos.

Se pueden encontrar otros diccionarios mas asequibles por su precio, y más manejables por su tamaño. Por ejemplo, el de

> Ramón García Pelayo y Gross, *Pequeño Larousse Ilustrado.* México: Ediciones Larousse,1984.

Hay otros muchos diccionarios publicados en diferentes países hispánicos, algunos en edición de bolsillo, que ayudarán al estudiante a ampliar su vocabulario español desde el punto de vista del español mismo.

B. DICCIONARIOS DE SINÓNIMOS

Indispensables para enriquecer el vocabulario. Estos diccionarios no dan definiciones de conceptos sino, como dice su nombre, alternativas a cada vocablo. Ayudan a evitar repeticiones, y enriquecen el vocabulario. El rey de estos diccionarios es:

> Varios autores, *Diccionario ideológico de la lengua española.* Barcelona: Bibliograf, 1998.

Hay otros, sin embargo, también muy prácticos, más económicos y manejables, como:

> *Diccionario SIGMAR. Sinónimos. Antónimos. Parónimos.* Buenos Aires: Editorial SIGMAR, 1996.

> Samuel Gili Gaya, *Vox. Diccionario de sinónimos.* Barcelona: Bibliograf, 1981.

Joaquim Horta Massenes, *Diccionario de sinónimos e ideas afines y de la rima.* Madrid: Paraninfo, 1981.

C. DICCIONARIOS BILINGÜES

Hay muchos. De particular interés por sus buenas explicaciones de los falsos cognados, esas palabras traidoras que tantos errores producen, es el de

Ramón García Pelayo, *Gran diccionario moderno inglés-español, español-inglés Larousse.* México: Ediciones Larousse, 1983.

No es un diccionario que un estudiante llevaría a clase, pues es grande y pesado, pero es una magnífica obra de consulta. Entre los diccionarios manejables por su tamaño, muy útil es el

Dictionary of Spoken Spanish. Words, Phrases and Sentences. Garden City, N.Y.: Doubleday & Co., 1980.

Este diccionario no incluye tantas palabras como otros diccionarios, pero explica el uso de cada expresión dando frases completas, algo más instructivo que una simple lista de significados.

Un diccionario visual muy interesante es:

Qué es qué. What's What. Enciclopedia visual bilingüe español-inglés. Barcelona: Ediciones Folio, S. A., 1988.

Este libro, basado en fotografías o dibujos, como el manual de instrucciones de una cámara o de una lavadora, nos enseña que el microphone jack de un vídeo es el «conector de micrófono», y que el washer de un faucet es la «arandela» de un «grifo». Libro muy útil para aprender misteriosos vocablos de nuestro propio idioma. Del mismo tipo:

The Oxford-Duden Pictorial Spanish & English Diccionary. Oxford: Clarendon Press, 1988.

D. DICCIONARIOS ESPECIALES

En ellos se encuentran listas de palabras agrupadas por actividades o temas, algo que ayuda mucho cuando hay que escribir sobre una materia determinada.

Rafael del Moral, *Diccionario temático del español.* Madrid: Verbum, 1998.

Mick Zollo, *Spanish Vocabulary Handbook.* Princeton: Berlitz Publishing Co., 1998.

Y si el «argot» interesa, es buena idea consultar:

David Burke, *Street Spanish. The Best of Spanish Slang.* John Wiley & Sons, 1997.

Este librito tiene dos secuelas, con el mismo título, publicadas en 1998. Otro es:

Víctor León, *Diccionario del "argot" español.* Madrid: Alianza Editorial, 1980.

Si el interés se concentra en el vocabulario usado en las Américas, vale la pena buscar en:

Agustín Martínez, ed., *Multicultural Spanish Dictionary*. Rockville, MD.: Schreiber Publishing Inc., 1999.

Rafael Olivares, *NTC Dictionary of Latin American Spanish*. Lincolnwood, Ill.: National Textbook Co., 1997.

Raúl Caplán, *Diccionario de Hispanoamericanismos*. Madrid: Cátedra, 1997.

Diccionario práctico de americanismos. León: Editorial Everest, 1996.

Brian Steele, *Diccionario de americanismos*. Madrid: Sociedad General Española de Librería, 1990.

Para las variantes que hay en el español de algunos hispanoparlantes en los Estados Unidos:

Roberto Galván y Richard V. Techner, *El diccionario del español chicano*. Lincolnwood, Ill.: National Textbook Company, 1989.

E. DICCIONARIOS DE ANGLICISMOS

El anglicismo es como el catarro: es muy difícil de evitar cuando se está expuesto a él. Aparece en los periódicos, en las revistas de actualidad, en la televisión y en el cine doblado.

Hay un librito hecho para hispanoparlantes que estudian inglés que también puede ser útil para los angloparlantes que estudian español:

The English Linguistic Study Group, *English False Friends*. Madrid: Editorial Anglo-Didáctica, 1997.

Otro libro para estudiantes de inglés, que puede servir también para los angloparlantes que estudian español es:

Alfonso Torrents dels Prats, *Diccionario de modismos ingleses norteamercianos*. Barcelona: Editorial Juventud, 1985.

Este libro nos enseña sutilezas culturales y nos explica, por ejemplo, que un *red herring*, no es ciertamente, un arenque colorado, sino un pretexto para desviar la atención.

F. DICCIONARIOS DE DIFICULTADES Y GUÍAS DE ORTOGRAFÍA

Un gran libro de consulta, caro y voluminoso, pero que debe estar en toda biblioteca al alcance de profesores y estudiantes, es el de

María Moliner, *Diccionario de uso del español*. 2 vol. Madrid: Gredos, 1998.

Más modestos y baratos, pero utilísimos también, son:

José Martínez de Sousa, *Diccionario de usos y dudas del español actual*. Barcelona: Vox, 1998.

Equipo de Expertos, *Cómo evitar los errores más frecuentes en el castellano.* Barcelona: Editorial De Vecchi, 1992.

Dudas del idioma español. Panamá: Editorial América, 1987.

Diccionario Sopena de dudas y dificultades del idioma, Barcelona: Sopena, 1981.

Por suerte hay varios libritos que muchos hispanos consultan cuando dudan sobre los signos de puntuación, o entre la v de vaca y la b de burro, la ge y la jota, la elle y la y griega o la ausencia o presencia de una fastidiosa hache. Algunos de ellos son:

Larouse, *Ortografía. Reglas y ejercicios.* México: Larouse-Planeta, 1996.

Cómo escribir sin faltas de ortografía. Panamá: Editorial América, 1989.

J. M. Zinqui, *Ortografía práctica. Método fácil para evitar las faltas al escribir.* Barcelona: Editorial del Vecchi, 1982.

Emilio Sabaté, *Para escribir correctamente.* Barcelona: Editorial Juventud, 1981.

G. DE INTERÉS PARA ESTUDIANTES BILINGÜES

La gran población hispánica de los Estados Unidos ha mostrado una admirable lealtad a su lengua española, lengua que no ha abandonado a pesar de la inevitable presión del inglés. Esta presión se nota, y es natural que así sea. Varios libros ayudan a identificar las interferencias lingüísticas, entre ellos:

Silvia Burunat, *El español y su estructura: lectura y escritura para bilingües.* New York, N. Y. : Holt, 1983.

Guadalupe Valdés, *Como se escribe.* New York: Scribner's Sons, 1982.

Hugo A. Mejías y Gloria Garza-Swan, *Nuestro español. Curso para estudiantes bilingües.* New York, N.Y.: Macmillan Publishing Co., 1981.

H. DE INTERÉS PARA TODOS

G. Martín Vivaldi, *Curso de redacción. Del pensamiento a la palabra.* Madrid: Paraninfo, 1981.

En él se pueden encontrar aspectos teóricos y prácticos del arte de escribir, explicados de una manera clara y sencilla.

Esta breve bibliografía no incluye otros muchos libros, algunos de ellos también muy útiles, que se pueden conseguir en las librerías internacionales de este país, a través de los muchos importadores que nos mantienen en contacto con la industria editorial hispánica y, naturalmente, en la Red (Internet), donde el material es muy abundante. Basten como muestra:

La Página del Idioma Español (http://www.el-castellano.com) donde se puede comprar libros o leer periódicos de los países de habla española, y donde se encuentran diccionarios digitales, consultas de gramática, foros para conversar sobre el castellano y otras muchas secciones que sería muy largo enumerar.

En el ordenador también se puede consultar el material ofrecido por una institución dedicada a la divulgación de la cultura hispánica:

Instituto Cervantes (http://www.cervantes.es)

Y la Red también nos ofrece un diccionario de términos de la informática:

Glosario básico inglés-español para usuarios de Internet (http://www.ati.es/PUBLICACIONES/novatica/glointv2.html)

Con tantas promesas de valiosa información, es buena idea «explorar la red», expresión que debemos usar para no caer en la tentación de «surfear», horrible anglicismo que, desgraciadamente, se oye con frecuencia.

vocabulario general

En este vocabulario no se incluyen las palabras básicas que todo estudiante de este nivel ha aprendido en cursos más elementales. Tampoco aparecen los "buenos cognados" como *elemental* o *singular*.

El significado de las palabras que aparecen **en negritas** en los *Diálogos* y en la sección *Ampliación de vocabulario* ya está dado en las glosas al margen o en el contexto. Este vocabulario incluye esas palabras sólo cuando el contexto pueda no ser suficiente para ver claramente cuál es su equivalente en inglés.

Los nombres sólo aparecen en masculino cuando su forma femenina es regular (juez – jueza). Se da el artículo de las excepciones o irregularidades (ala, el); de las palabras con final en **-e** (golpe, el); de las que se usan en plural (celos, los) y de las que usadas en plural suelen llevar en artículo en singular (rascacielos, el). Los adjetivos aparecen en masculino cuando su forma femenina es regular (sencillo – sencilla).

A

abogado lawyer
abuelo grandfather
aburrido boring
aburrirse to be bored
acabar to finish
acabar de + inf. to have just + verb
acercarse a to get close to
acera sidewalk
acordarse de + inf. to remember
acostumbrarse a to get used to
acuerdo, estar de to agree
además de besides
adormecer to induce to sleep
advertir to warn
aficionado(a), ser to be fond of
aficionarse a to take a liking to
acera sidewalk
aguja needle

ahorcar to hang
ala del sombrero brim
alegrar to cheer up
alegrarse de + inf. to be glad to
alrededor de around
alzarse to rise
amante, el/la lover, mistress
amenazar to threaten
ancho wide
animar to encourage
anterior previous
anuncio advertisement
apresurarse a to hurry to
apagar to switch off
ardiente burning
arriesgarse a to risk
asombroso astonishing
asunto issue
atrapar to catch
atravesar to cross

atreverse a   to dare
aunque   even though
avergonzado   ashamed
ayudar   to help

B

balón, el   ball
barco   boat
bastar   to suffice
biblioteca   library
blando   soft
boda   wedding
bolsillo   pocket
borrachera   drunkness
borracho   drunk
borracho, ponerse   to get drunk
broma   joke
buscar   to look for
buho, el   owl

C

caber   to fit
cabeza   head
caer   to fall
caja   box, safe
callarse   to be silent
calor, el   heat
campana   bell
cansado   tired
cansarse de   to get tired of
cara   face
cariñoso   affectionate
caro   expensive
carta   letter (message)
cartas, jugar a las   play cards
cartel   poster
caso, hacer   to pay attention to
castaño (adj.)   brown
catarro   cold
celos, los   jealousy
celoso   jealous
cesto   basket
césped, el   grass

cielo   sky, heaven
citar   to quote
clave, la   key
clavo   nail
codo   elbow
colgar   to hang
collar   necklace
colmo, ser el   to top it all
colocar   to place
comenzar a   to begin to
comprobado   proven
conducta   behavior
conducir   to drive
conjunto   whole
conseguir   to get, to achieve
conserva, bote de   can
convertirse en   to change into
copa   glass, drink
cordero   lamb
corrida de toros   bullfight
cortar   to cut
criarse   to grow up
crimen, el   murder
cuadro   picture, painting
cuantos, unos   a few
cuerno   horn
cuidar   to take care of

D

deber   duty
decano   dean
dedicarse a   to devote oneself to
dejar   to let
dejar de + inf.   to stop –ing
dependiente   clerk
derecho   right
derribar   to topple
desgraciadamente   unfortunately
desilusión, la   disappointment
despacho   office
detenerse a   to stop to
diablo   devil
dibujo   drawing
disco   record
disparar   to shoot

disponerse a   to get ready to
dispuesto   ready
doler   to hurt
dolor, el   pain
dormitorio   bedroom
ducharse   to take a shower
dueño   owner
durar   to last
débil   weak

E

escaparate, el   shop window
empuje   push
echarse a   to start to
ejército   army
embargo, sin   however
emborracharse   to get drunk
empezar   to start
empeñarse en   to insist
enamorarse de   to fall in love with
encargarse de   to take care of
enfermedad, la   sickness
enfermo   sick
entrada   ticket (theatre)
equipo   team
escoger   to choose
escritor   writer
escuchar   to listen
esperanza   hope
esquina   corner
estampilla   stamp
estatura   height (in people)
estirar   to stretch
estornudar   to sneeze
estrella   star
evitar   to avoid
exigir   to demand
extranjero   abroad, foreigner

F

fabricante, el/la   manufacturer
falta   lack
falta de   lack of
felicidad, la   happiness

feliz   happy
feúcho   ugly
fijarse en   to look
firmar   to sign
frente, la   forehead
freír   to fry
fuego   fire

G

gaita   bagpipe
golpe, el   blow
guapo   handsome
guerra   war

H

habitación, la   room
habituarse a   to get used to
hambre, el   hunger
hartarse de   to get tired of
herir   to hurt
hierba   grass
hocico   muzzle
horno   oven
hueso   bone

I

impuesto   tax
inalcanzable   unattainable
incomodado   angry
incomodarse   to get angry

J

jefe el, la   boss
joyero   jeweler
juez, el   judge

L

ladrón, el   thief
lanzado   daring
lanzarse   to rush at
lástima   pity

lavar   to wash
lector   reader
levantarse   to stand up
letrero   sign
ley, la   law
librería   bookstore
ligero   light
limpio   clean
llave, la   key
llegada   arrival
lluvia   rain
loco   crazy
luchar   to fight
lugar, el   place
lugar, en — de   instead of
lío   mess

M

maleta   suitcase
mandar   to command, to send
manso   tame
manta   blanket
marcharse   to leave
matar   to kill
matricularse   to register
mayúscula   capital letter
mejorar   to improve
mentir   to lie
mercado   market
miedo   fear
minúscula   low case letter
modo, en cierto   in a certain way
morder (ue)   to bite
morir   to die
mostaza   mustard
mueble, el   furniture
mundial   world (adjective)
mundo   world

N

nacer   to be born
navegar a vela   to sail
negarse a   to refuse
negocio   business
noruego   Norwegian

notar   to notice
novio, el   boyfriend, groom

O

obligar a   to force to
ocupado   busy
ocuparse de + inf.   to take care of
oficio   trade
olvidarse de   to forget

P

paisaje, el   landscape
pájaro   bird
papel, hacer el   to play the part
pararse a   to stop to
parecer   to seem
partir de   to start from
pasar   to happen
pasear   to go for a walk
pata   leg
patada   kick
país, el   country
pedazo   piece
peligro   danger
peligroso   dangerous
pelo, tomar el   to pull one's leg
pelota   ball
película   film
pensamiento   thought
penúltimo   before last
personaje, el   character
piso   floor
pez, el   fish
plato   dish
playa   beach
plazo   deadline
ponerse a   to start to
postal, la   postcard
premio   prize
principio   beginning
prisa, tener   to be in a hurry
procurar   to try
propio   own
propuesta   proposal
próximo   next

puente, el   bridge
puerto   harbour
puesto   position, job

Q

quedar en   to agree
quejarse de   to complain

R

rama   branch
rascacielos, el   skyscraper
rasgo   features
rato   moment
raza   breed
raíz, la   root
recoger   to pick up
recuerdo   souvenir, memory
refrán, el   saying
regalo   gift
regir   to rule
regla   rule
regresar   to return
rehusar   to refuse
relamerse   to lick
relato   telling
rendirse   to surrender
renunciar a   to resign
repartir   distribute
rescate, el   ransom
resolver   to solve
respirar   to breathe
retener   to keep
retrato   portrait
revés, al   the other way around
rey, el   king
rodilla   knee
rojo   red
rubio   blond
ruido   noise

S

saltar   to jump
secar   to dry

seguir   to follow
seguro   sure, insurance
según   according to
sello   stamp
selva   jungle
sencillo   simple
siglo   century
significado   meaning
siguiente   following
sinvergüenza   shameless
soler + inf.   to usually + verb
solicitar   to apply
solicitud, la   application
soltero   bachelor
sombra   shadow
sonrisa   smile
sortija   ring
soñar con   to dream of
subasta   auction
suceder   to happen
sucio   dirty
sueco   Swedish
suelo   floor
sueño   sleep, dream
suerte, la   luck

T

tampoco   neither
tanto, por lo   therefore
tardar   to be late
tarjeta   card
taza   cup
teatro, obra de   play
tejado   roof
tienda   shop
timbre, el   doorbell
tirarse de   to jump off
tire/jale   pull
traje de baño   swimsuit
tomar el pelo   to pull one's leg
tonto   silly
torero   bullfighter
toro   bull
tratar de   to be about
tribunal, el   court of law
trozo   piece

té, el tea
tónico, acento stress

U

útil useful
uva grape

V

vacilación, la hesitation
vacío (adj.) empty
valla fence
vestido dress

valija suitcase
valor courage
veces, a sometimes
vecino neighbor
vendados, ojos blindfold
vez, la time
viajar to travel
viaje, el trip
viento wind
violador rapist
voluntad, fuerza de willpower
vuelo flight
vueltas, dar to turn

índice de dificultades y ejercicios

Este índice sólo incluye las expresiones estudiadas en la sección *Dificultades y ejercicios*. Nombres y adjetivos aparecen en masculino, y sólo se da el artículo determinado cuando un final en **-e** no indica el género (paisaje, el) o cuando la palabra cambia de significado según sea masculina o femenina (editorial, el; editorial, la). Los números indican la página donde aparece cada palabra. Las palabras inglesas que hay en esta lista indican donde se encuentran sus equivalentes en español.

VOCABULARIO

PHOTO CREDITS

APUNTES

APUNTES

APUNTES